U0789799

全国高职高专建筑类专业规划教材

建设工程投资控制

主　编　陈健玲

副主编　吴渝玲　武锡颖

　　　　刘德科　殷　乐

主　审　何向红

黄河水利出版社

·郑州·

内容提要

本书是全国高职高专建筑类专业规划教材，是根据教育部对高职高专教育的教学基本要求及全国水利水电高职教研会制定的建设工程投资控制课程教学大纲编写完成的。全书由建设工程投资控制概述、建设工程投资构成、建设工程投资确定的依据、建设工程投资决策、建设工程设计阶段的投资控制、建设工程施工招标阶段的投资控制、建设工程施工阶段的投资控制、建设工程竣工决算等8章组成。

本书主要作为高职高专土建类建筑工程监理专业的教学用书，也可作为建筑工程技术专业、工程造价等专业的教学参考用书，同时可作为岗位培训教材或供土建工程技术人员学习参考。

图书在版编目(CIP)数据

建设工程投资控制/陈健玲主编. —郑州：黄河水利出版社，2011.1 (2014.1 重印)

全国高职高专建筑类专业规划教材

ISBN 978-7-80734-936-5

Ⅰ.①建… Ⅱ.①陈… Ⅲ.①基本建设投资-控制-高等学校：技术学校-教材 Ⅳ.①F283

中国版本图书馆 CIP 数据核字(2010)第 237215 号

组稿编辑：王路平 电话：0371-66022212 E-mail：hhslwlp@163.com

简 群 66026749 w_jq001@163.com

出 版 社：黄河水利出版社

地址：河南省郑州市顺河路黄委会综合楼 14 层 邮政编码：450003

发行单位：黄河水利出版社

发行部电话：0371-66026940、66020550、66028024、66022620(传真)

E-mail：hhslcbs@126.com

承印单位：河南地质彩色印刷厂

开本：787 mm×1 092 mm 1/16

印张：18.25

字数：420 千字 印数：8 001—12 000

版次：2011 年 1 月第 1 版 印次：2014 年 1 月第 3 次印刷

2012 年 6 月修订

定价：33.00 元

前　言

本书是根据《教育部、财政部关于实施国家示范性高等职业院校建设计划，加快高等职业教育改革与发展的意见》（教高[2006]14号）、《教育部关于全面提高高等职业教育教学质量的若干意见》（教高[2006]16号）等文件精神，由全国水利水电高职教研会拟定的教材编写规划，在中国水利教育协会指导下，由全国水利水电高职教研会组织编写的建筑类专业规划教材。本套教材以学生能力培养为主线，具有鲜明的时代特点，体现出实用性、实践性、创新性的教材特色，是一套理论联系实际、教学面向生产的高职高专教育精品规划教材。

本书根据最新的法律、法规和合同文本，结合国内建设工程投资控制的研究与实践，借鉴国际工程管理的经验，系统地介绍了建设工程投资构成、确定的依据以及在工程建设各个阶段投资控制的要点、竣工决算的方法等，同时还编入了一些典型工程实例。本书注重实践性，旨在使学生掌握建设工程投资控制的理论和方法。

本书编写人员及编写分工如下：湖南水利水电职业技术学院陈健玲编写前言和附录，长江工程职业技术学院胡凯编写第一章和第八章，湖北水利水电职业技术学院金芳编写第二章，河南水利与环境职业学院武锡颖编写第三章，湖南水利水电职业技术学院殷乐编写第四章，杨凌职业技术学院刘德科编写第五章，四川水利职业技术学院陈燕萍编写第六章，重庆水利电力职业技术学院吴渝玲编写第七章。本书由陈健玲担任主编并负责全书的统稿，由吴渝玲、武锡颖、刘德科、殷乐担任副主编，由长江工程职业技术学院何向红担任主审。

本书是为适应国家高等职业技术教育的发展而编写的，突出了建设工程投资控制的实战操作，可作为高等职业技术学院建筑类专业及其他相关专业的教材，也可供工程建设经营管理、设计、施工等部门工作人员参考。

本书在编写中参考和引用了所列参考文献中的部分内容，谨向这些文献的作者致以衷心的谢意！

由于编者水平有限，书中疏漏和不妥之处在所难免，欢迎广大师生及读者批评指正。

编　者

2010年8月

目　录

前　言
第一章　建设工程投资控制概述 …………………………………………（1）
第一节　建设工程投资的概念 …………………………………………（1）
第二节　建设工程投资控制原理 ………………………………………（2）
第三节　建设工程投资控制的任务 ……………………………………（5）
本章小结 …………………………………………………………………（7）
复习思考题 ………………………………………………………………（8）
第二章　建设工程投资构成 ……………………………………………（9）
第一节　建设工程投资构成概述 ………………………………………（9）
第二节　设备及工器具购置费的构成 …………………………………（11）
第三节　建筑安装工程费用的构成 ……………………………………（15）
第四节　工程建设其他费用的构成 ……………………………………（31）
第五节　预备费、建设期利息和铺底流动资金 ………………………（38）
本章小结 …………………………………………………………………（40）
复习思考题 ………………………………………………………………（41）
第三章　建设工程投资确定的依据 ……………………………………（43）
第一节　建设工程定额 …………………………………………………（43）
第二节　工程量清单 ……………………………………………………（49）
第三节　其他确定依据 …………………………………………………（57）
第四节　企业定额 ………………………………………………………（60）
本章小结 …………………………………………………………………（66）
复习思考题 ………………………………………………………………（66）
第四章　建设工程投资决策 ……………………………………………（67）
第一节　可行性研究 ……………………………………………………（67）
第二节　建设工程投资估算的编制与审查 ……………………………（82）
第三节　资金的时间价值 ………………………………………………（91）
第四节　项目评价 ………………………………………………………（100）
第五节　不确定性分析 …………………………………………………（121）
本章小结 …………………………………………………………………（125）
复习思考题 ………………………………………………………………（127）
第五章　建设工程设计阶段的投资控制 ………………………………（129）
第一节　提高设计经济合理性的途径 …………………………………（129）
第二节　价值工程 ………………………………………………………（134）

第三节 设计概算的编制与审查 …………………………………………………… (141)
第四节 施工图预算的编制与审查 ……………………………………………… (152)
本章小结 ……………………………………………………………………………… (160)
复习思考题 …………………………………………………………………………… (161)
第六章 建设工程施工招标阶段的投资控制 …………………………………… (162)
第一节 建设工程承包合同价格分类 …………………………………………… (162)
第二节 建设工程招标投标价格 ………………………………………………… (166)
第三节 招标工程标底价格的编制 ……………………………………………… (168)
第四节 工程投标报价的计算 …………………………………………………… (180)
本章小结 ……………………………………………………………………………… (187)
复习思考题 …………………………………………………………………………… (187)
第七章 建设工程施工阶段的投资控制 ………………………………………… (188)
第一节 施工阶段投资目标控制 ………………………………………………… (188)
第二节 工程计量 ……………………………………………………………………… (195)
第三节 工程变更价款的确定 …………………………………………………… (198)
第四节 索赔控制 ……………………………………………………………………… (204)
第五节 工程结算 ……………………………………………………………………… (217)
第六节 投资偏差分析 ……………………………………………………………… (240)
第七节 案例分析 ……………………………………………………………………… (247)
本章小结 ……………………………………………………………………………… (256)
复习思考题 …………………………………………………………………………… (256)
第八章 建设工程竣工决算 ……………………………………………………… (258)
第一节 竣工决算概述 ……………………………………………………………… (258)
第二节 新增资产价值的确定 …………………………………………………… (260)
第三节 竣工财务决算的编制方法 ……………………………………………… (263)
本章小结 ……………………………………………………………………………… (270)
复习思考题 …………………………………………………………………………… (270)
附录 工程量清单计价的格式 …………………………………………………… (271)
参考文献 ……………………………………………………………………………… (286)

第一章　建设工程投资控制概述

第一节　建设工程投资的概念

一、建设工程投资的概念

（一）建设工程总投资

建设工程总投资一般是指进行某项工程建设花费的全部费用。生产性建设工程总投资包括建设投资和铺底流动资金两部分，非生产性建设工程总投资则只包括建设投资。

（二）建设投资

建设投资由设备及工器具购置费、建筑安装工程费用、工程建设其他费用、预备费（包括基本预备费和涨价预备费）、建设期利息和固定资产投资方向调节税（目前暂不征）组成。建设投资分为静态投资部分和动态投资部分。

（三）工程造价

工程造价是指进行某项工程建设预计或实际发生的全部固定资产投资费用。它通常有两种含义：一是，本章乃至本书所阐述的建设投资；二是，为建成一项工程，预计或实际在土地、设备、技术劳务以及承包市场等交易活动中所形成的建筑安装工程价格和建设工程的总价格。

二、建设工程投资的特点

建设工程投资的特点由建设工程的特点决定。

（一）建设工程投资数额巨大

建设工程投资数额巨大，动辄上千万元、数十亿元。建设工程投资数额巨大的特点使它关系到国家、行业或地区的重大经济利益，对国计民生也会产生重大的影响。

（二）建设工程投资差异明显

每个建设工程都有其特定的用途、功能、规模，每项工程的结构、空间分割、设备配置和内外装饰都有不同的要求，工程内容和实物形态都有其差异性。同样的工程处于不同的地区在人工、材料、机械消耗上也有差异，所以建设工程投资的差异十分明显。

（三）建设工程投资需单独计算

建设工程的实物形态千差万别，每个工程都有专门的用途，其结构、面积、造型和装饰也不尽相同，再加上不同地区构成投资费用的各种要素的差异，最终导致建设工程投资的千差万别。因此，建设工程只能通过特殊的程序（编制估算、概算、预算、合同价、结算价及最后确定竣工决算等），就每项工程单独计算其投资。

（四）建设工程投资确定依据复杂

建设工程投资的确定依据繁多，关系复杂。在不同的建设阶段有不同的确定依据，且互为基础和指导，互相影响。如预算定额是概算定额（指标）编制的基础，概算定额（指标）又是估算指标编制的基础，反过来，估算指标又控制概算定额（指标）的水平，概算定额（指标）又控制预算定额的水平；间接费定额以直接费定额为基础，两者共同构成了建设工程投资的内容等，这些都说明了建设工程投资的确定依据复杂的特点。

（五）建设工程投资确定层次繁多

基本建设项目可以划分为单项工程、单位工程、分部工程、分项工程。其中，单项工程是指具有独立的设计文件，可以独立施工，竣工后能独立发挥生产能力或使用效益的工程。单位工程是单项工程的组成部分，是指具有独立的设计，可以独立组织施工，但竣工后不能独立发挥生产能力或使用效益的工程。如某车间是一个单项工程，车间由若干工段组成，每个工段都有独立的建筑物，车间还设有食堂、浴室等生活设施，这些工段、食堂、浴室的建筑均为单位工程。建设工程还可以根据其中各个组成部分的内容，分为一般土建工程、特殊构筑物工程、工业管道工程、卫生工程、电气照明工程等，几幢同类型的建筑物不能作为一个单位工程。分部工程指的是在单位工程中，应按结构部位、路段长度及施工特点或施工任务划分为若干个的工程。分项工程指的是在分部工程中，应按不同的施工方法、材料、工序及路段长度等划分为若干个的工程。

建设工程投资的确定需分别计算分部分项工程投资、单位工程投资、单项工程投资，最后才形成建设工程投资。可见，建设工程投资的确定层次繁多，应理解分部工程、分项工程、单位工程、单项工程、建设项目几个层次的含义。

（六）建设工程投资需动态跟踪调整

建设工程投资从立项到竣工验收交付使用有一个较长的建设期，在这个期间会出现一些不可预见的变化因素对建设工程投资产生影响。如工程设计变更，设备、材料、人工价格变化，国家利率、汇率调整，因不可抗力出现或者承发包双方原因造成的索赔事件等，都必然导致建筑工程投资发生变动。所以，建设工程投资在整个建设期内都是不确定的，需随时进行动态跟踪、调整，直至竣工决算后才能真正形成建设工程投资。

第二节　建设工程投资控制原理

所谓建设工程投资控制，就是在投资决策阶段、设计阶段、招标阶段、施工阶段及竣工阶段，把建设工程投资控制在批准的投资限额以内，尽可能地减少建设经费，以达到最大效益；并随时纠正发生的偏差，以保证项目投资管理目标的实现，以求在建设工程中合理使用人力、物力、财力，取得较好的投资效益和社会效益。

一、投资控制的动态原理

投资控制是项目控制的主要内容之一。这种控制是动态的，并贯穿于项目建设的始终。图 1-1 展示了建设工程投资控制原理。

这个流程应每两周或一个月循环一次，其表达的含义如下：

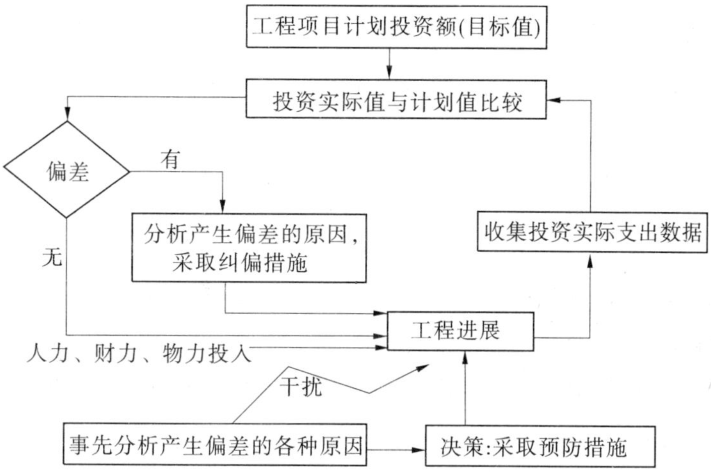

图 1-1　建设工程投资控制原理

(1)项目投入,即把人力、物力、财力投入项目实施中。

(2)在工程进展过程中,必定存在各种各样的干扰,如恶劣天气、设计出图不及时等。

(3)收集实际数据,即对工程进展情况进行评估。

(4)把投资目标的计划值与实际值进行比较。

(5)检查实际值与计划值有无偏差,如果没有偏差,则工程继续进展,继续投入人力、物力和财力等。

(6)如果有偏差,则需要分析产生偏差的原因,采取控制措施。

在这一动态控制过程中,应着重做好以下几项工作:

(1)对计划目标值进行论证和分析。

(2)及时对工程进展做出评估,即收集实际数据。

(3)进行项目计划值与实际值的比较,以判断是否存在偏差。

(4)采取控制措施以确保投资控制目标的实现。

二、投资控制的目标

建设工程投资控制的目标,就是通过有效的投资控制工作和具体的投资控制措施,在满足进度和质量要求的前提下,力求使工程实际投资不超过计划投资。

"实际投资不超过计划投资"可能表现为以下几种情况:一是,在投资目标分解的各个层次上,实际投资均不超过计划投资;二是,在投资目标分解的较低层次上,实际投资在有些情况下超过计划投资,在大多数情况下不超过计划投资,因而在投资目标分解的较高层次上,实际投资不超过计划投资;三是,实际总投资未超过计划总投资,在投资目标分解的各个层次上,都出现实际投资超过计划投资的情况,但在大多数情况下实际投资未超过计划投资。

投资估算是建设工程设计方案选择和进行初步设计的投资控制目标。设计概算是进行技术设计和施工图设计的投资控制目标。施工图预算或建筑安装工程承包合同价是施工阶段的投资控制目标。

三、投资控制的重点

建设工程投资控制贯穿于工程建设整个过程，在通常情况下，对建设项目的投资实行有效控制应抓住以下六个环节：

(1)建设项目决策阶段，控制项目可行性研究的投资估算。

(2)初步设计阶段，依据投资决策阶段确认的可行性研究报告，控制工程设计和初步设计概算。

(3)施工图设计阶段，依据审定的初步设计和初步设计概算投资，组织施工图设计和编制施工图预算投资。

(4)招标投标阶段，依据施工图设计和施工图预算投资，组织工程招标和承发包，精确计算工程量，合理确定工程合同价。

(5)建设项目施工阶段，监督合同的执行，有效控制工程实施中的变动(变更)，监督和控制合同价款的支付。

(6)竣工验收阶段，严格工程竣工验收阶段的工程结算和建设项目竣工决算。

大量的实践表明，项目建设不同阶段对项目投资影响的程度是不同的，对建设项目投资影响最大的是建设项目投资决策阶段和工程设计阶段。在初步设计阶段，影响项目投资的程度为75%～95%；在技术设计阶段，影响项目投资的程度为35%～75%；在施工图设计阶段，影响项目投资的程度为5%～35%。图1-2是国外描述的不同建设阶段影响投资程度的坐标图，该图与我国情况大致相同。

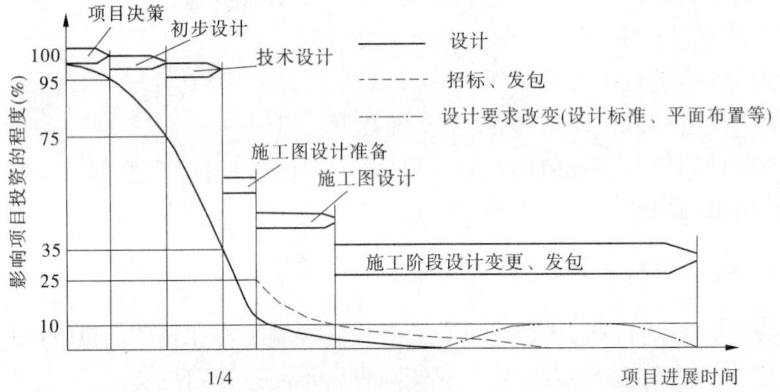

图1-2　国外不同建设阶段影响投资程度的坐标图

在投资决策阶段，出资人确定投资方向，决定项目建设规模，提出项目建设控制目标是进行建设项目投资控制的前提；在工程设计阶段，通过优化比选确定项目工程建设方案，选择工艺流程和设备配置是进行建设项目投资控制的基础；在施工图设计和工程招标、发包阶段，要把投资控制目标分解并落实到每一个具体的工程项目；在工程建设实施阶段的主要任务是采取有效措施进行监督和控制。从项目建设的全过程来看，在项目投资决策阶段、工程设计阶段和工程承发包阶段，建设项目业主在项目投资管理和控制工作中拥有充分的自主权和决策权，是建设项目业主进行投资控制的重点；在建设项目实施阶段，建设项目业主必须与设备材料供应方、工程施工承包方、工程监理单位以及金融机构密切配合，充分协商，共同采取措施，才能获得有效的投资控制效果。

综上所述，项目投资控制的重点在于施工以前的投资决策和设计阶段，而在项目做出投资决策后，项目投资控制的关键就在于设计。

四、投资控制的措施

从组织上采取措施，包括明确项目组织结构，明确项目投资控制者及其任务，以使项目投资控制有专人负责，明确管理职能分工。

从技术上采取措施，包括重视设计多方案的选择，严格审查监督初步设计、技术设计、施工图设计、施工组织设计，深入技术领域研究节约投资的可能性。

从经济上采取措施，包括动态地比较项目投资的实际值和计划值，严格审核各项费用支出，采取节约投资的奖励措施等。

技术与经济相结合是投资控制的有效措施。

第三节　建设工程投资控制的任务

一、国外项目监理机构在建设工程投资控制中的主要任务

近几十年来，各工业发达国家，在工程建设中实行监理制度已成为通行的惯例，并形成了许多不同的形式和流派，其中影响最大的有两类，即项目管理咨询公司（PM）和工料测量师行（QS）。

（一）项目管理咨询公司

项目管理咨询公司是在欧洲大陆和美国广泛实行的建设工程监理机构，其国际性组织是国际咨询工程师联合会（FIDIC）。该组织1980年制定的IGRA－1980PM文件，是用于监理工程师与业主或建设单位之间订立委托监理的国际通用合同文本，该文本明确指出，监理工程师的根本任务是：进行项目管理，在业主所要求的进度、质量和投资的限制之内完成项目。其可向业主提供的监理服务范围包括以下八个方面：项目的经济可行性分析，项目的财务管理，与项目有关的技术转让，项目的资源管理，环境对项目的影响，项目建设的工程技术，物资采购与工程发包，施工管理。其中涉及项目投资控制的具体任务是：项目的投资效益分析（多方案），初步设计时的投资估算，项目实施时的预算控制，工程合同的签订和实施，物资采购，工程量的核实，工时与投资的预测，工时与投资的核实，有关控制措施的制定，发行企业债券，保险审议，其他财务管理等。

（二）工料测量师行

在英联邦国家，负责项目投资控制的通常是工料测量师行。公司开办人称为合伙人，他们是公司的所有者，在法律上代表公司，在经济上自负盈亏，并亲自进行管理。合伙人本身必须是经过英国皇家测量师协会授予称号的工料测量师，如果一个人只拥有资金，而不是工料测量师，则不能做工料测量师行合伙人。英联邦国家的基本建设程序一般分为两大阶段，即合同签订前、后两阶段。工料测量师在工程建设中的主要任务和作用如下

所述。

1. 在立约前阶段的任务

(1)在工程建设开始阶段,业主提出建设任务和要求。这时工料测量师要和建筑师、工程师共同研究提出初步投资建议,对拟建项目做出初步的经济评价,并和业主讨论在工程建设过程中工料测量师行的服务内容、收费标准;同时,着手一般准备工作和今后行动计划。

(2)在可行性研究阶段,工料测量师根据建筑师和工程师提供的建设工程的规模、场址、技术协作条件,对各种拟建方案制定初步估算,有的还要为业主估算竣工后的经营费用和维护保养费,从而向业主提交估价和建议,以便业主决定项目执行方案,确保该方案在功能上、技术上和财务上的可行性。

(3)在方案建议(有的称总体建议)阶段,工料测量师按照不同的设计方案编制估算书,除反映总投资额外,还要提供分部工程的投资额,以便业主能确定拟建项目的布局、设计和施工方案。工料测量师还应为拟建项目获得当局批准而向业主提供必要的报告。

(4)在初步设计阶段,根据建筑师、工程师草拟的图纸,制定建设投资分项初步概算。根据概算及建设程序,制定资金支出初步估算表,以保证投资得到最有效的运用,并可作为确定项目投资限额使用。

(5)在详细设计阶段,根据近似的工料数量及当时的价格,制定更详细的分项概算,并将它们与项目投资限额相比较。

(6)对不同的设计及材料进行成本研究,并向建筑师、工程师或设计人员提出成本建议,协助他们在投资限额范围内设计。

(7)就工程的招标程序、合同安排、合同内容方面提供建议。

(8)制定招标文件、工料清单、合同条款、工料说明书及投标书,供业主招标或业主与选定的承包人议价。

(9)研究并分析收回的投标,包括进行详尽的技术及数据审核,并向业主提交对各项投标的分析报告。

(10)为总承包单位及指定供货单位或分包单位制定正式合同文件。

2. 在立约后阶段的任务

(1)工程开工后,对工程进度进行估计,并向业主提出中期付款的建议。

(2)工程进行期间,定期制定最终成本估计报告书,反映施工中存在的问题及投资的支付情况。

(3)制定工程变更清单,并与承包人达成费用上增减的协议。

(4)就考虑中的工程变更的大约费用,向建筑师提供建议。

(5)审核及评估承包人提出的索赔,并进行协商。

(6)与工程项目顾问团的其他成员(建筑师、工程师等)紧密合作,在施工阶段严格控制成本。

(7)办理工程竣工结算。该结算是工程最终成本的详细说明。

(8)回顾分析项目管理和执行情况。

工料测量师行受雇于业主,根据工程规模的大小、难易程度,按总投资的0.5% ~3%

收费，同时对项目投资控制负有重大责任。如果项目建设成本最后在缺乏充足正当理由的情况下超支较多，业主付不起，则将要求工料测量师行对建设成本超支额及应付银行贷款利息进行赔偿。所以，工料测量师行在接受项目投资控制委托，特别是接受工期较长、难度较大的项目投资控制委托时，都要买专业保险，以防估价失误时因对业主进行赔偿而破产。由于工料测量师在工程建设中的主要任务就是对项目投资进行全面系统的控制，因而他们被誉为“工程建设的经济专家”和“工程建设中管理财务的经理”。

二、我国项目监理机构在建设工程投资控制中的主要任务

建设工程投资控制是我国建设工程监理的一项重要任务，贯穿于工程建设的各个阶段，也贯穿于监理工作的各个阶段。

（一）建设前期阶段

建设前期阶段的主要任务包括：进行工程项目的机会研究、初步可行性研究、编制项目建议书，进行可行性研究，对拟建项目进行市场调查和预测，编制投资估算，进行环境影响评价、财务评价、国民经济评价和社会评价。

（二）设计阶段

设计阶段的主要任务包括：协助业主提出设计要求，组织设计方案竞赛或设计招标，用技术经济方法组织评选设计方案；协助设计单位开展限额设计工作，编制本阶段资金使用计划，并进行付款控制；进行设计挖潜，用价值工程等方法对设计进行技术经济分析、比较、论证，在保证功能的前提下进一步寻找节约投资的可能性；审查设计概预算，即使概算不超估算，预算不超概算。

（三）施工招标阶段

施工招标阶段的主要任务包括：准备与发送招标文件，编制工程量清单和招标工程标底；协助评审投标书，提出评标建议；协助业主与承包单位签订承包合同。

（四）施工阶段

施工阶段的主要任务包括：对工程项目造价目标进行风险分析，并制定防范性对策；在工程变更实施前与建设单位、承包单位协商确定工程变更的价款；进行工程量计算和工程款支付；建立月完成工程量和工作量统计表，对实际完成量与计划完成量进行比较、分析，制定调整措施；收集、整理有关的施工和监理资料，为处理费用索赔提供证据；按施工合同的有关规定进行竣工结算，对竣工结算的价款总额与建设单位和承包单位进行协商。

因监理工作过失造成重大事故的监理企业，要对事故的损失承担一定的经济补偿责任，补偿办法由监理合同事先约定。

本章小结

本章介绍了建设工程投资的概念及其相关费用组成，诸如建筑安装工程费、工程建设相关费用、静态投资、动态投资等。在此基础上总结了建设工程投资的特点，分析了建设工程投资控制的目标和建设工程投资控制的重点，提出了建设工程投资控制的相关措施。此外，本章还介绍了国外工程项目监理机构在建设工程投资控制中的主要任务，以及我国

监理机构在建设工程投资控制中的主要任务。

复习思考题

1-1 简述建设工程总投资的概念。

1-2 简述建设工程投资的特点。

1-3 简述建设工程投资控制的目标。

1-4 简述建设工程投资控制的重点。

1-5 我国监理机构和国外项目监理机构在建设工程投资控制中的任务有什么不同?

第二章　建设工程投资构成

第一节　建设工程投资构成概述

一、我国现行建设工程投资构成

建设工程投资是指在工程项目建设阶段所需要的全部费用的总和。生产性建设项目总投资包括建设投资、建设期利息和流动资产投资三部分；非生产性建设项目总投资包括建设投资和建设期利息两部分。其中，建设投资和建设期利息之和对应于固定资产投资，固定资产投资与建设项目的工程造价在量上相等。

根据国家发展和改革委员会、建设部发布的《建设项目经济评价方法与参数（第三版）》（发改投资[2006]1325 号）的规定，建设投资包括工程费用、工程建设其他费用和预备费三部分。工程费用是指直接构成固定资产实体的各种费用，可分为设备及工器具购置费和建筑安装工程费用。我国现行建设工程总投资的具体构成内容见图 2-1。

- 建设工程总投资
  - 建设投资
    - 设备及工器具购置费
      - 设备购置费
        - 设备原价
        - 设备运杂费
      - 工器具及生产家具购置费
    - 建筑安装工程费用
      - 直接费
      - 间接费
      - 利润
      - 税金
    - 工程建设其他费用
      - 固定资产其他费
      - 无形资产费
      - 其他资产费
    - 预备费
      - 基本预备费
      - 涨价预备费
  - 建设期利息
  - 流动资产投资——铺底流动资金

图 2-1　我国现行建设工程总投资构成

二、世界银行和国际咨询工程师联合会建设工程投资构成

1978 年，世界银行、国际咨询工程师联合会对项目的总建设成本（相当于我国的建设工程总投资）作了统一规定，工程项目总建设成本包括项目直接建设成本、项目间接建设成本、应急费和建设成本上升费等。各部分详细内容如下。

（一）项目直接建设成本

项目直接建设成本包括以下内容：

(1)土地征购费。

(2)场外设施费用,如道路、码头、桥梁、机场、输电线路等设施费用。

(3)场地费用,指用于场地准备、厂区道路、铁路、围栏、场内设施等的建设费用。

(4)工艺设备费,指主要设备、辅助设备及零配件的购置费用,包括海运包装费用、交货港离岸价,但不包括税金。

(5)设备安装费,指设备供应商的监理费用,本国劳务及工资费用,辅助材料、施工设备、消耗品和工具等费用,以及安装承包商的管理费和利润等。

(6)管理系统费用,指与系统的材料及劳务相关的全部费用。

(7)电气设备费,其内容与第(4)项相似。

(8)电气安装费,指设备供应商的监理费用,本国劳务及工资费用,辅助材料、电缆、管道和工具费用,以及营造承包商的管理费和利润。

(9)仪器仪表费,指所有自动仪表、控制板、配线和辅助材料的费用,以及供应商监理费用、外国或本国劳务及工资费用、承包商的管理费和利润。

(10)机械的绝缘和油漆费,指与机械及管道的绝缘和油漆相关的全部费用。

(11)工艺建筑费,指原材料、劳务费以及与基础、建筑结构、屋顶、内外装修、公共设施有关的全部费用。

(12)服务性建筑费用,其内容与第(11)项相似。

(13)工厂普通公共设施费,包括材料和劳务费,以及与供水、燃料供应、通风、蒸汽、下水道、污物处理等公共设施有关的费用。

(14)其他当地费用,指那些不能归类于以上任何一个项目,不能计入项目间接成本,但在建设期间又是必不可少的当地费用。如临时设备、临时公共设施及场地的维持费,营地设施及其管理,建筑保险和债券,杂项开支等费用。

(二)项目间接建设成本

项目间接建设成本包括以下内容:

(1)项目管理费,包括如下四方面内容:①总部人员的薪金和福利费,以及用于初步和详细工程设计、采购、时间和成本控制、行政和其他一般管理的费用;②施工管理现场人员的薪金、福利费和用于施工现场监督、质量保证、现场采购、时间及成本控制、行政及其他施工管理机构的费用;③零星杂项费用,如返工、差旅、生活津贴、业务支出等;④各种酬金。

(2)开工试车费,指工厂投料试车必需的劳务和材料费用(项目直接成本包括项目完工后的试车和空运转费用)。

(3)业主的行政性费用,指业主的项目管理人员费用及支出(其中某些费用必须排除在外,并在“估算基础”中详细说明)。

(4)生产前费用,指前期研究、勘测、建矿、采矿等费用(其中一些费用必须排除在外,并在“估算基础”中详细说明)。

(5)运费和保险费,指海运、国内运输、许可证及佣金、海洋保险、综合保险等费用。

(6)地方税,指关税、地方税及对特殊项目征收的税金。

（三）应急费

应急费用包括以下内容：

（1）未明确项目的准备金。此项准备金用于在估算时不可能明确的潜在项目，包括那些在做成本估算时因为缺乏完整、准确和详细的资料而不能完全预见与不能注明的项目，并且这些项目是必须完成的，或它们的费用是必定要发生的，在每一个组成部分中均单独以一定的百分比确定，并作为估算的一个项目单独列出。此项准备金不是为了支付工作范围以外可能增加的项目，不是用以应付天灾、非正常经济情况及罢工等情况，也不是用来补偿估算的任何误差，而是用来支付那些几乎可以肯定要发生的费用。因此，它是估算不可缺少的一个组成部分。

（2）不可预见准备金。此项准备金（在未明确项目的准备金之外）用于在估算达到了一定的完整性并符合技术标准的基础上，由于物质、社会和经济的变化，导致估算增加的情况。此种情况可能发生，也可能不发生。因此，不可预见准备金只是一种储备，可能不动用。

（四）建设成本上升费

通常，估算中使用的构成工资率、材料和设备价格基础的截止日期就是估算日期，必须对该日期或已知成本基础进行调整，以补偿直至工程结束时的未知价格增长。

工程的各个主要组成部分（国内劳务和相关成本、本国材料、外国材料、本国设备、外国设备、项目管理机构）的细目划分确定以后，便可确定每一个主要组成部分的增长率。这个增长率是一项判断因素，它以已发表的国内和国际成本指数、公司记录等为依据，并与实际供应进行核对，然后根据确定的增长率和从工程进度表中获得的每项活动的中点值，计算出每项主要组成部分的成本上升值。

第二节　设备及工器具购置费的构成

设备及工器具购置费由设备购置费和工器具及生产家具购置费组成。在工业建设工程中，设备及工器具购置费与资本的有机构成相联系，设备及工器具购置费占投资费用的比例大小，意味着生产技术的进步和资本有机构成的程度。

一、设备购置费的构成和计算

设备购置费是指为建设工程购置或自制的达到固定资产标准的设备、工器具的费用。所谓固定资产标准，是指使用年限在一年以上，单位价值在国家或各主管部门规定的限额以上。例如，1992 年财政部规定，大、中、小型工业企业固定资产的限额标准分别为 2 000 元、1 500 元和 1 000 元以上。新建项目和扩建项目的新建车间购置或自制的全部设备、工器具，不论是否达到固定资产标准，均计入设备及工器具购置费中。设备购置费包括设备原价或进口设备抵岸价和设备运杂费。即

$$\text{设备购置费} = \text{设备原价或进口设备抵岸价} + \text{设备运杂费} \tag{2-1}$$

式（2-1）中，设备原价是指国产标准设备、非标准设备的原价。设备运杂费是指设备

原价中未包括的包装和包装材料费、运输费、装卸费、采购费及仓库保管费、供销部门手续费等。如果设备是由设备成套公司供应的,成套公司的服务费也应计入设备运杂费之中。

(一)国产标准设备原价

国产标准设备是指按照主管部门颁布的标准图纸和技术要求,由设备生产厂批量生产的、符合国家质量检验标准的设备。国产标准设备原价一般指的是设备制造厂的交货价,即出厂价。如设备由设备成套公司供应,则以订货合同价为设备原价。有的设备有两种出厂价,即带有备件的出厂价和不带有备件的出厂价。在计算设备原价时,一般按带有备件的出厂价计算。

(二)国产非标准设备原价

国产非标准设备是指国家尚无定型标准,各设备生产厂不可能在工艺过程中采用批量生产,只能按订货要求并根据具体的设备图纸制造的设备。国产非标准设备原价有多种不同的计算方法,如成本计算估价法、系列设备插入估价法、分部组合估价法、定额估价法等,但无论哪种方法都应该使国产非标准设备计价的准确度接近实际出厂价,并且计算方法要简便。

(三)进口设备抵岸价的构成及其计算

进口设备抵岸价是指抵达买方边境港口或边境车站,且缴完关税以后的价格。

1.进口设备的交货方式

进口设备的交货方式可分为内陆交货类、目的地交货类和装运港交货类。

内陆交货类即卖方在出口国内陆的某个地点完成交货任务。在交货地点,卖方及时提交合同规定的货物和有关凭证,并承担交货前的一切费用和风险;买方按时接受货物,交付货款,承担接货后的一切费用和风险,并自行办理出口手续和装运出口。货物的所有权也在交货后由卖方转移给买方。

目的地交货类即卖方要在进口国的港口或内地交货,包括目的港船上交货价、目的港船边交货价(FOS)和目的港码头交货价(关税已付)及完税后交货价(进口国目的地的指定地点)。它们的特点是:买卖双方承担的责任、费用和风险是以目的地约定交货点为分界线,只有当卖方在交货点将货物置于买方控制下方算交货,方能向买方收取货款。这类交货价对卖方来说承担的风险较大,在国际贸易中卖方一般不愿意采用这类交货方式。

装运港交货类即卖方在出口国装运港完成交货任务,主要有装运港船上交货价(FOB),习惯称为离岸价;运费在内价(CFR);运费、保险费在内价(CIF),习惯称为到岸价。它们的特点主要是:卖方按照约定的时间在装运港交货,只要卖方把合同规定的货物装船后提供货运单据就完成交货任务,并可凭单据收回货款。

采用装运港船上交货价(FOB)时,卖方的责任是:负责在合同规定的装运港口和规定的期限内,将货物装上买方指定的船只,并及时通知买方;负责货物装船前的一切费用和风险;负责办理出口手续;提供出口国政府或有关方面签发的证件;负责提供有关装运单据。买方的责任是:负责租船或订舱,支付运费,并将船期、船名通知卖方;承担货物装船后的一切费用和风险;负责办理保险及支付保险费,办理在目的港的进口和收货手续;接受卖方提供的有关装运单据,并按合同规定支付货款。

2. 进口设备抵岸价的构成

进口设备如果采用装运港船上交货价(FOB),其抵岸价构成可概括为

$$进口设备抵岸价 = 货价 + 国外运费 + 国外运输保险费 + 银行财务费 + 外贸手续费 + 进口关税 + 增值税 + 消费税 + 海关监管手续费 + 车辆购置税 \tag{2-2}$$

(1)进口设备的货价。一般可采用下列公式计算

$$货价 = 离岸价 \times 人民币外汇牌价 \tag{2-3}$$

(2)国外运费。我国进口设备大部分采用海洋运输方式,小部分采用铁路运输方式,个别采用航空运输方式。

$$国外运费 = 离岸价 \times 运费费率 \tag{2-4}$$

或

$$国外运费 = 运量 \times 单位运价 \tag{2-5}$$

式中:运费费率或单位运价参照有关部门或进出口公司的规定。

(3)国外运输保险费。对外贸易货物运输保险是由保险人(保险公司)与被保险人(出口人或进口人)订立保险契约,在被保险人交付议定的保险费后,保险人根据保险契约的规定对货物在运输过程中发生的承保责任范围内的损失给予经济上的补偿。计算公式为

$$国外运输保险费 = \frac{离岸价 + 国外运费}{1 - 国外保险费费率} \times 国外保险费费率 \tag{2-6}$$

(4)银行财务费。一般指银行手续费,计算公式为

$$银行财务费 = 离岸价 \times 银行财务费费率 \tag{2-7}$$

式中,银行财务费费率一般为0.4%~0.5%。

(5)外贸手续费。指按对外经济贸易部规定的外贸手续费费率计取的费用,外贸手续费费率一般取1.5%。计算公式为

$$外贸手续费 = 到岸价 \times 外贸手续费费率 \tag{2-8}$$

式中

$$到岸价 = 离岸价 + 国外运费 + 国外运输保险费 \tag{2-9}$$

(6)进口关税。指由海关对进出国境的货物和物品征收的一种税,用于流转性课税。计算公式为

$$进口关税 = 到岸价 \times 进口关税税率 \tag{2-10}$$

(7)增值税。指我国政府对从事进口贸易的单位和个人,在进口商品报关进口后征收的税种。我国增值税条例规定,进口应税产品均按组成计税价格,依税率直接计算应纳税额,不扣除任何项目的金额或已纳税额。即

$$进口产品增值税额 = 组成计税价格 \times 增值税税率 \tag{2-11}$$

$$组成计税价格 = 到岸价 + 进口关税 + 消费税 \tag{2-12}$$

式中,增值税税率为17%。

(8)消费税。对部分进口产品(如轿车等)征收。计算公式为

$$消费税 = \frac{到岸价 + 关税}{1 - 消费税税率} \times 消费税税率 \tag{2-13}$$

(9)海关监管手续费。指海关对发生减免进口税或实行保税的进口设备实施监管和提供服务收取的手续费。全额收取关税的设备,不收取海关监管手续费。

$$海关监督手续费 = 到岸价 \times 海关监督手续费费率 \tag{2-14}$$

(10)进口车辆购置税。进口车辆需缴进口车辆购置税。计算公式为

$$进口车辆购置税 = 组成计税价格 \times 车辆购置税税率 \tag{2-15}$$

【例2-1】 从某国进口设备,质量1 000 t,装运港船上交货价为400万美元,工程建设项目位于国内某省会城市。如果国外运费标准为300美元/t,海上运输保险费费率为3‰,银行财务费费率为5‰,外贸手续费费率为1.5%,关税税率为22%,增值税税率为17%,消费税税率为10%,银行外汇牌价为1美元=6.8元人民币,对该设备的原价进行估算。

解 进口设备的货价 = 400 × 6.8 = 2 720(万元)

国外运费 = 300 × 1 000 × 6.8 = 204(万元)

$$国外运输保险费 = \frac{2\ 720 + 204}{1 - 3‰} \times 3‰ = 8.80(万元)$$

到岸价 = 2 720 + 204 + 8.80 = 2 932.8(万元)

银行财务费 = 2 720 × 5‰ = 13.6(万元)

外贸手续费 = 2 932.8 × 1.5% = 43.99(万元)

进口关税 = 2 932.8 × 22% = 645.22(万元)

$$消费税 = \frac{2\ 932.8 + 645.22}{1 - 10\%} \times 10\% = 397.56(万元)$$

增值税 = (2 932.8 + 645.22 + 397.56) × 17% = 675.85(万元)

进口设备原价 = 2 720 + 204 + 8.80 + 13.6 + 43.99 + 645.22 + 675.85 + 397.56
= 4 709.02(万元)

(四)设备运杂费

1.设备运杂费的构成

设备运杂费通常由下列各项构成:

(1)国产标准设备由设备制造厂交货地点起至工地仓库(或施工组织设计指定的需要安装设备的堆放地点)所发生的运费和装卸费;进口设备则由我国到岸港口、边境车站起至工地仓库(或施工组织设计指定的需要安装设备的堆放地点)所发生的运费和装卸费。

(2)在设备出厂价格中没有包含的设备包装和包装材料器具费;在设备出厂价或进口设备价格中如已包括了此项费用,则不应重复计算。

(3)供销部门的手续费,按有关部门规定的统一费率计算。

(4)建设单位(或工程承包公司)的采购与仓库保管费,是指采购、验收、保管和收发设备所发生的各种费用,包括设备采购、保管和管理人员工资、工资附加费、办公费、差旅交通费、设备供应部门办公和仓库所占固定资产使用费、工具用具使用费、劳动保护费、检

验试验费等。这些费用可按主管部门规定的采购保管费率计算。

2. 设备运杂费的计算

设备运杂费按设备原价乘以设备运杂费率计算。其计算公式为

$$设备运杂费 = 设备原价 \times 设备运杂费率 \tag{2-16}$$

式中,设备运杂费率按各部门及省、市等的规定计取。

二、工器具及生产家具购置费的构成及计算

工器具及生产家具购置费,是指新建项目或扩建项目初步设计规定的,保证初期正常生产所必须购置的没有达到固定资产标准的设备、仪器、工卡模具、器具、生产家具和备品备件等的购置费用。其一般计算公式为

$$工器具及生产家具购置费 = 设备购置费 \times 定额费率 \tag{2-17}$$

第三节　建筑安装工程费用的构成

一、建筑安装工程费用概述

(一)建筑安装工程费用内容

1. 建筑工程费用内容

(1)各类房屋建筑工程和列入房屋建筑工程预算的供水、供暖、卫生、通风、煤气等设备费用及其装设、油饰工程的费用,列入建筑工程预算的各种管道、电力、电信和电缆导线敷设工程的费用。

(2)设备基础、支柱、工作台、烟囱、水塔、水池、灰塔等建筑工程以及各种炉窑的砌筑工程和金属结构工程的费用。

(3)为施工而进行的场地平整,工程和水文地质勘察,原有建筑物和障碍物的拆除以及施工临时用水、电、气、路和完工后的场地清理,环境绿化、美化等工作的费用。

(4)矿井开凿、井巷延伸、露天矿剥离,石油、天然气钻井,修建铁路、公路、桥梁、水库、堤坝、灌渠及防洪等工程的费用。

2. 安装工程费用内容

(1)生产、动力、起重、运输、传动和医疗、试验等各种需要安装的机械设备的装配费用,与设备相连的工作台、梯子、栏杆等设施的工程费用,附属于被安装设备的管线敷设工程费用,以及被安装设备的绝缘、防腐、保温、油漆等工作的材料费和安装费。

(2)为测定安装工程质量,对单台设备进行单机试运转、对系统设备进行系统联动无负荷试运转工作的调试费。

(二)我国现行建筑安装工程费用项目构成

根据建设部《关于印发〈建筑安装工程费用项目组成〉的通知》(建标[2003]206 号),我国现行建筑安装工程费用项目主要由直接费、间接费、利润和税金四部分组成。其具体构成如图 2-2 所示。

- 建筑安装工程费用
  - 直接费
    - 直接工程费
      - 人工费
      - 材料费
      - 施工机械使用费
    - 措施费
      - 安全、文明施工费
        - 环境保护费
        - 安全施工费
        - 文明施工费
        - 临时设施费
      - 夜间施工增加费
      - 二次搬运费
      - 冬、雨季施工增加费
      - 大型机械设备进出场及安拆费
      - 施工排水费
      - 施工降水费
      - 地上地下设施、建筑物的临时保护设施费
      - 已完工程及设备保护费
      - 专业措施项目费
        - 混凝土、钢筋混凝土模板及支架费
        - 脚手架费
  - 间接费
    - 规费
      - 工程排污费
      - 社会保障费
        - 养老保险费
        - 失业保险费
        - 医疗保险费
      - 住房公积金
      - 危险作业意外伤害保险
    - 企业管理费
      - 管理人员工资
      - 办公费
      - 差旅交通费
      - 固定资产使用费
      - 工具用具使用费
      - 劳动保险费
      - 工会经费
      - 职工教育经费
      - 财产保险费
      - 财务费
      - 税金
      - 其他
  - 利润
  - 税金

图 2-2　建筑安装工程费用项目构成

二、直接费

建筑安装工程直接费由直接工程费和措施费组成。

（一）直接工程费

直接工程费是指施工过程中耗费的构成工程实体的各项费用，包括人工费、材料费、施工机械使用费。

1. 人工费

人工费是指直接从事建筑安装工程施工作业的生产工人开支的各项费用。构成人工费的基本要素有两个，即人工工日消耗量和人工日工资单价。

（1）人工工日消耗量，是指在正常施工生产条件下，建筑安装产品（分部分项工程或结构构件）必须消耗的某种技术等级的人工工日数量。它由分项工程所综合的各个工序施工劳动定额包括的基本用工、其他用工两部分组成。

（2）相应等级的日工资单价，包括生产工人基本工资、工资性补贴、生产工人辅助工资、职工福利费及生产工人劳动保护费。

①基本工资。指发放给生产工人的基本工资。

$$日基本工资(G_1) = \frac{生产工人平均月工资}{年平均每月法定工作日} \tag{2-18}$$

②工资性补贴。指按规定标准发放的物价补贴，煤、燃气补贴，交通补贴，住房补贴，流动施工津贴等。

$$日工资性补贴(G_2) = \frac{\sum 年发放标准}{全年日历日 - 法定假日} + \frac{\sum 月发放标准}{年平均每月法定工作日} + 每工作日发放标准 \tag{2-19}$$

③生产工人辅助工资。指生产工人年有效施工天数以外非作业天数的工资，包括职工学习、培训期间的工资，调动工作、探亲、休假期间的工资，因气候影响的停工工资，女工哺乳时间的工资，病假在六个月以内的工资及产、婚、丧假期的工资。

$$日生产工人辅助工资(G_3) = \frac{全年无效工作日 \times (G_1 + G_2)}{全年日历日 - 法定假日} \tag{2-20}$$

④职工福利费。指按规定标准计提的职工福利费。

$$日职工福利费(G_4) = (G_1 + G_2 + G_3) \times 福利费计提比例 \tag{2-21}$$

⑤生产工人劳动保护费。指按规定标准发放的劳动保护用品的购置费及修理费，徒工服装补贴，防暑降温费，在有碍身体健康环境中施工的保健费用等。

$$日生产工人劳动保护费(G_5) = \frac{生产工人年平均支出劳动保护费}{全年日历日 - 法定假日} \tag{2-22}$$

$$日工资单价(G) = G_1 + G_2 + G_3 + G_4 + G_5 \tag{2-23}$$

人工费的基本计算公式为

$$人工费 = \sum(工日消耗量 \times 日工资单价) \tag{2-24}$$

2. 材料费

材料费是指施工过程中耗费的构成工程实体的原材料、辅助材料、构配件、零件、半成品的费用。构成材料费的基本要素是材料消耗量、材料基价和检验试验费。

1）材料消耗量

材料消耗量是指在合理使用材料的条件下，建筑安装产品（分部分项工程或结构构件)必须消耗的一定品种规格的原材料、辅助材料、构配件、零件、半成品等的数量标准。它包括材料净用量和材料不可避免的损耗量。

2)材料基价

材料基价是指材料在购买、运输、保管过程中形成的价格,其内容包括材料原价(或供应价格)、材料运杂费、运输损耗费、采购及保管费等。

(1)材料原价(或供应价格)。指材料的出厂价格,进口材料抵岸价或销售部门的批发牌价和市场采购价格(或信息价)。

(2)材料运杂费:指材料自来源地运至工地仓库或指定堆放地点所发生的全部费用。

(3)运输损耗费:指材料在运输装卸过程中不可避免的损耗。

$$\text{运输损耗费} = (\text{材料原价} + \text{材料运杂费}) \times \text{运输损耗率} \tag{2-25}$$

(4)采购及保管费:指在组织采购、供应和保管材料过程中所需要的各项费用,包括采购费、仓储费、工地保管费、仓储损耗。

$$\text{采购及保管费} = (\text{材料原价} + \text{材料运杂费} + \text{运输损耗费}) \times \text{采购及保管费率} \tag{2-26}$$

综上所述,材料基价的计算公式为

$$\text{材料基价} = [(\text{材料原价} + \text{材料运杂费}) \times (1 + \text{运输损耗率}(\%))] \times (1 + \text{采购及保管费率}(\%)) \tag{2-27}$$

3)检验试验费

检验试验费是指对建筑材料、构件和建筑安装物进行一般鉴定、检查所发生的费用,包括自设实验室进行试验所耗用的材料和化学药品等费用,不包括新结构、新材料的试验费和建设单位对具有出厂合格证明的材料进行检验,对构件做破坏性试验及其他特殊要求检验试验的费用。

$$\text{检验试验费} = \sum(\text{单位材料量检验试验费} \times \text{材料消耗量}) \tag{2-28}$$

材料费的基本计算公式为

$$\text{材料费} = \sum[(\text{材料消耗量} \times \text{材料基价}) + \text{检验试验费}] \tag{2-29}$$

3. 施工机械使用费

施工机械使用费是指施工机械作业所发生的机械使用费、机械安拆费和场外运费。构成施工机械使用费的基本要素是施工机械台班消耗量和机械台班单价。

1)施工机械台班消耗量

施工机械台班消耗量是指在正常施工条件下,建筑安装产品(分部分项工程或结构构件)必须消耗的某类某种型号施工机械的台班数量。

2)机械台班单价

机械台班单价的内容包括台班折旧费、台班大修理费、台班经常修理费、台班安拆费及场外运费、台班人工费、台班燃料动力费和台班其他费用等。

(1)台班折旧费。指施工机械在规定的使用期限内,陆续收回其原值及购置资金的时间价值。其计算公式如下

$$\text{台班折旧费} = \frac{\text{机械预算价格} \times (1 - \text{残值率}) \times \text{时间价值系数}}{\text{耐用总台班}} \tag{2-30}$$

$$时间价值系数 = 1 + \frac{折旧年限 + 1}{2} \times 年折现率 \tag{2-31}$$

$$耐用总台班 = 折旧年限 \times 年工作台班 \tag{2-32}$$

（2）台班大修理费。指施工机械按规定的大修理间隔台班进行必要的大修理，以恢复其正常功能所需的费用。台班大修理费是机械使用期限内全部大修理费之和在台班费用中的分摊额，它取决于一次大修理费用、寿命期内大修理次数和耐用总台班的数量。其计算公式如下

$$台班大修理费 = \frac{一次大修理费 \times 寿命期内大修理次数}{耐用总台班} \tag{2-33}$$

（3）台班经常修理费。指机械设备除大修理外的各级保养及临时故障排除所需的费用。包括为保障机械正常运转所需替换设备与随机配备的工具附具的摊销及维护费用、机械运转及日常保养所需润滑与擦拭材料费用和机械停滞期间的维护与保养费用等。其计算公式如下

$$台班经常修理费 = \frac{\sum(各级保养一次费用 \times 寿命期各级保养总次数) + 临时故障排除费}{耐用总台班} + 替换设备和工具附具台班摊销费 + 例保辅料费 \tag{2-34}$$

（4）台班安拆费及场外运费。安拆费指施工机械在现场进行安装与拆卸所需的人工、材料、机械和试运转费用以及机械辅助设施的折旧、搭设、拆除等费用；场外运费指施工机械整体或分体自停放地点运至施工现场或由一施工地点运至另一施工地点的运输、装卸、辅助材料及架线等费用。

台班安拆费及场外运费根据施工机械的不同分为计入台班单价、单独计算和不计算三种类型。

①工地间移动较为频繁的小型机械及部分中型机械，其台班安拆费及场外运费应计入台班单价，计算公式如下

$$台班安拆费及场外运费 = \frac{一次安拆费及场外运费 \times 年平均安拆次数}{年工作台班} \tag{2-35}$$

②移动有一定难度的特、大型（包括少数中型）机械，其台班安拆费及场外运费应单独计算。

③不需安装、拆卸且自身又能开行的机械和固定在车间不需安装、拆卸及运输的机械，其安拆费及场外运费不计算。

④自升式塔式起重机安装、拆卸费用的超高起点及其增加费，各地区可根据具体情况确定。

（5）台班人工费。指机上司机（司炉）和其他操作人员的工作日人工费及上述人员在施工机械规定的年工作台班以外的人工费。其计算公式如下

$$台班人工费 = 人工消耗量 \times \left(1 + \frac{年制度工作日 - 年工作台班}{年工作台班}\right) \times 人工日工资单价 \tag{2-36}$$

（6）台班燃料动力费。指施工机械在运转作业中所消耗的固体燃料（煤、木柴）、液体燃料（汽油、柴油）及水、电等费用。计算公式如下

$$台班燃料动力费 = 台班燃料动力消耗量 \times 相应单价 \tag{2-37}$$

(7)台班其他费用。指按照国家和有关部门规定应缴纳的养路费、车船使用税、保险费及年检费用等。其计算公式如下

$$台班其他费用 = \frac{年养路费 + 年车船使用税 + 年保险费 + 年检费用}{年工作台班} \tag{2-38}$$

$$\begin{aligned}机械台班单价 = {}& 台班折旧费 + 台班大修理费 + 台班经常修理费 + 台班安拆费及场 \\ & 外运费 + 台班人工费 + 台班燃料动力费 + 台班其他费用\end{aligned} \tag{2-39}$$

施工机械使用费的基本计算公式为

$$施工机械使用费 = \sum(施工机械台班消耗量 \times 机械台班单价) \tag{2-40}$$

(二)措施费

措施费是指为完成工程项目施工,发生于该工程施工前和施工过程中非工程实体项目的费用。综合《建筑安装工程费用项目组成》、《建设工程工程量清单计价规范》(GB 50500—2008)以及《建筑工程安全防护、文明施工措施费用及使用管理规定》(建办[2005]89号)的规定,措施费可以归纳为以下几项。

1. 安全、文明施工费

安全、文明施工费,是指按照国家现行的建筑施工安全、施工现场环境与卫生标准和有关规定,购置和更新施工安全防护用具及设施、改善安全生产条件和作业环境所需要的费用。它由《建筑安装工程费用项目组成》中措施费所含的环境保护费、文明施工费、安全施工费、临时设施费组成。

1)环境保护费

环境保护费是指施工现场为达到环保部门要求所需要的各项费用。

$$环境保护费 = 直接工程费 \times 环境保护费费率(\%) \tag{2-41}$$

$$环境保护费费率(\%) = \frac{本项费用年度平均支出}{全年建安产值 \times 直接工程费占总造价比例} \tag{2-42}$$

2)文明施工费

文明施工费是指施工现场文明施工所需要的各项费用。

$$文明施工费 = 直接工程费 \times 文明施工费费率(\%) \tag{2-43}$$

$$文明施工费费率(\%) = \frac{本项费用年度平均支出}{全年建安产值 \times 直接工程费占总造价比例} \tag{2-44}$$

3)安全施工费

安全施工费是指施工现场安全施工所需要的各项费用。

$$安全施工费 = 直接工程费 \times 安全施工费费率(\%) \tag{2-45}$$

$$安全施工费费率(\%) = \frac{本项费用年度平均支出}{全年建安产值 \times 直接工程费占总造价比例} \tag{2-46}$$

4)临时设施费

临时设施费是指施工企业为进行建筑工程施工所必须搭设的生活和生产用的临时建筑物、构筑物和其他临时设施费等。临时设施包括:临时宿舍、文化福利及公用事业房屋与构筑物,仓库、办公室、加工厂以及规定范围内的道路、水、电、管线等临时设施和小型临

时设施。临时设施费包括:临时设施的搭设、维修、拆除费或摊销费。

$$临时设施费 = (周转使用临建费 + 一次性使用临建费) \times (1 + 其他临时设施所占比例) \quad (2\text{-}47)$$

(1)周转使用临建费的计算。

$$周转使用临建费 = \sum\left[\frac{临时面积 \times 每平方米造价}{使用年限 \times 365 \times 利用率} \times 工期(天)\right] + 一次性拆除费 \quad (2\text{-}48)$$

(2)一次性使用临建费的计算。

$$一次性使用临建费 = \sum 临建面积 \times 每平方米造价 \times (1 - 残值率) + 一次性拆除费 \quad (2\text{-}49)$$

(3)其他临时设施在临时设施费中所占的比例,可由各地区造价管理部门依据典型施工企业的成本资料经分析后综合测定。

2. 夜间施工增加费

夜间施工增加费是指因夜间施工所发生的夜班补助费、夜间施工降效、夜间施工照明设备摊销及照明用电等费用。其计算公式如下

$$夜间施工增加费 = \left(1 - \frac{合同工期}{定额工期}\right) \times \frac{直接工程费中的人工费合计}{平均日工资单价} \times 每工日夜间施工费开支 \quad (2\text{-}50)$$

3. 二次搬运费

二次搬运费是指因施工场地狭小等特殊情况而发生的二次搬运费用。其计算公式如下

$$二次搬运费 = 直接工程费 \times 二次搬运费费率(\%) \quad (2\text{-}51)$$

$$二次搬运费费率(\%) = \frac{年平均二次搬运费开支额}{全年建安产值 \times 直接工程费占总造价的比例} \quad (2\text{-}52)$$

4. 冬、雨季施工增加费

冬、雨季施工增加费是指在冬、雨季施工期间,为了确保工程质量,采取保温、防雨措施等所增加的材料费、人工费和设施费用,以及因工效和机械作业效率降低所增加的费用。其计算公式如下

$$冬、雨季施工增加费 = 直接工程费 \times 冬、雨季施工增加费费率(\%) \quad (2\text{-}53)$$

$$冬、雨季施工增加费费率(\%) = \frac{年平均冬、雨季施工增加费开支额}{全年建安产值 \times 直接工程费占总造价的比例} \quad (2\text{-}54)$$

5. 大型机械设备进出场及安拆费

大型机械设备进出场及安拆费是指机械整体或分体自停放场地运至施工现场或由一个施工地点运至另一个施工地点所发生的机械进出场运输及转移费用,以及机械在施工现场进行安装、拆卸所需的人工费、材料费、机械费、试运转费和安装所需的辅助设施的费用。其计算公式如下

$$大型机械设备进出场及安拆费 = \frac{一次进出场及安拆费 \times 年平均安拆次数}{年工作台班} \quad (2\text{-}55)$$

6. 施工排水费

施工排水费是指为确保工程在正常条件下施工，采取各种排水措施所发生的各种费用。其计算公式如下

$$施工排水费 = \sum(排水机械台班费 \times 排水周期 + 排水使用材料费、人工费) \tag{2-56}$$

7. 施工降水费

施工降水费是指为确保工程在正常条件下施工，采取各种降水措施所发生的各种费用。其计算公式如下

$$施工降水费 = \sum(降水机械台班费 \times 降水周期 + 降水使用材料费、人工费) \tag{2-57}$$

8. 地上地下设施、建筑物的临时保护设施费

地上地下设施、建筑物的临时保护设施费是指为了保护施工现场的一些成品免受其他施工工序的破坏，而在施工现场搭设一些临时保护设施所发生的费用。这两项费用一般都以直接工程费为取费依据，根据工程所在地工程造价管理机构测定的相应费率计算支出。

9. 已完工程及设备保护费

已完工程及设备保护费是指竣工验收前，对已完工程及设备进行保护所需的费用。其计算公式如下

$$已完工程及设备保护费 = 成品保护所需机械费 + 材料费 + 人工费 \tag{2-58}$$

10. 专业措施项目费

根据《建设工程工程量清单计价规范》(GB 50500—2008)的规定，上述九项措施项目均为各专业工程可列的通用措施项目。此外，原《建筑安装工程费用项目组成》(建标[2003]206 号)中的混凝土、钢筋混凝土模板及支架费被列为建筑工程的专业措施项目，脚手架费被列为建筑工程、装饰装修工程和市政工程的专业措施项目。

1) 混凝土、钢筋混凝土模板及支架费

混凝土、钢筋混凝土模板及支架费是指混凝土施工过程中需要的各种钢模板、木模板、支架等的支、拆、运输费及模板、支架的摊销(或租赁)费。模板及支架分自有和租赁两种，采取不同的方法计算。

(1) 自有模板及支架费的计算。

$$模板及支架费 = 模板摊销量 \times 模板价格 + 支、拆、运输费 \tag{2-59}$$

$$模板摊销量 = 一次使用量 \times (1 + 施工损耗) \times \left[\frac{1 + (周转次数 - 1) \times 补损率}{周转次数} - \frac{(1 - 补损率) \times 50\%}{周转次数}\right] \tag{2-60}$$

(2) 租赁模板及支架费的计算。

$$租赁费 = 模板使用量 \times 使用日期 \times 租赁价格 + 支、拆、运输费 \tag{2-61}$$

2) 脚手架费

脚手架费是指施工需要的各种脚手架的搭、拆、运输费及脚手架的摊销(或租赁)费。

脚手架同样分自有和租赁两种，采取不同的计算方法。

(1)自有脚手架费的计算。

$$脚手架费 = 脚手架摊销量 \times 脚手架价格 + 搭、拆、运输费 \tag{2-62}$$

$$脚手架摊销量 = \frac{单位一次使用费 \times (1 - 残值率)}{耐用期 \div 一次使用期} \tag{2-63}$$

(2)租赁脚手架费的计算。

$$租赁费 = 脚手架每日租金 \times 搭设周期 + 搭、拆、运输费 \tag{2-64}$$

三、间接费

建筑安装工程间接费是指虽不直接由施工的工艺过程所引起，但却与工程的总体条件有关的建筑安装企业为组织施工和进行经营管理以及间接为建筑安装生产服务的各项费用。按现行规定，建筑安装工程间接费由规费和企业管理费组成。

(一)规费

规费是指政府和有关权力部门规定必须缴纳的费用。

1. 规费的内容

1)工程排污费

工程排污费是指施工现场按规定缴纳的工程排污费。

2)社会保障费

社会保障费包括以下内容：

(1)养老保险费。指企业按照国家规定标准为职工缴纳的基本养老保险费。

(2)失业保险费。指企业按照国家规定标准为职工缴纳的失业保险费。

(3)医疗保险费。指企业按照国家规定标准为职工缴纳的基本医疗保险费。

3)住房公积金

住房公积金是指企业按照国家规定标准为职工缴纳的住房公积金。

4)危险作业意外伤害保险

危险作业意外伤害保险是指按照建筑法规定，企业为从事危险作业的建筑安装施工人员支付的意外伤害保险费。

2. 规费的计算

规费的计算公式为

$$规费 = 计算基数 \times 规费费率 \tag{2-65}$$

规费的计算可采用以直接费、人工费和机械费合计或人工费为计算基数，投标人在投标报价时，规费一般按国家及有关部门规定的计算公式和费率标准执行。

(二)企业管理费

企业管理费是指建筑安装企业组织施工生产和经营管理所需的费用。

1. 企业管理费的内容

(1)管理人员工资。指管理人员的基本工资、工资性补贴、职工福利费、劳动保护费等。

(2)办公费。指企业管理办公用的文具、纸张、账表、印刷、邮电、书报、会议、水电、烧水和集体取暖(包括现场临时宿舍取暖)用煤等费用。

(3)差旅交通费。指职工因公出差、调动工作的差旅费和住勤补助费,市内交通费和误餐补助费,职工探亲路费,劳动力招募费,职工离退休、退职一次性路费,工伤人员就医路费,工地转移费以及管理部门使用的交通工具的油料、燃料、养路费及牌照费。

(4)固定资产使用费。指管理和试验部门及附属生产单位使用的属于固定资产的房屋、设备仪器等的折旧、大修、维修或租赁费。

(5)工具用具使用费。指管理使用的不属于固定资产的生产工具、器具、家具、交通工具和检验、试验、测绘、消防用具等的购置、维修和摊销费。

(6)劳动保险费。指由企业支付离退休职工的易地安家补助费、职工退职金、六个月以上的病假人员工资、职工死亡丧葬补助费、抚恤费、按规定支付给离休干部的各项经费。

(7)工会经费。指企业按职工工资总额计提的工会经费。

(8)职工教育经费。指企业为职工学习先进技术和提高文化水平,按职工工资总额计提的费用。

(9)财产保险费。指施工管理用财产、车辆保险。

(10)财务费。指企业为筹集资金而发生的各种费用。

(11)税金。指企业按规定缴纳的房产税、车船使用税、土地使用税、印花税等。

(12)其他。包括技术转让费、技术开发费、业务招待费、绿化费、广告费、公证费、法律顾问费、审计费、咨询费等。

2. 企业管理费的计算

企业管理费的计算主要有两种方法,即公式计算法和费用分析法。

1)公式计算法

利用公式计算企业管理费的方法比较简单,也是投标人经常采用的一种计算方法,其计算公式为

$$企业管理费 = 计算基数 \times 企业管理费费率 \tag{2-66}$$

其中,企业管理费费率的计算基数不同,可分为以下三种:

(1)以直接费为计算基数

$$企业管理费费率(\%) = \frac{生产工人年平均管理费}{年有效施工天数 \times 人工单价} \times 人工费占直接费比例 \tag{2-67}$$

(2)以人工费和机械费合计为计算基数

$$企业管理费费率(\%) = \frac{生产工人年平均管理费}{年有效施工天数 \times (人工单价 + 每一工日机械使用费)} \tag{2-68}$$

(3)以人工费为计算基数

$$企业管理费费率(\%) = \frac{生产工人年平均管理费}{年有效施工天数 \times 人工单价} \tag{2-69}$$

2)费用分析法

用费用分析法计算企业管理费就是根据企业管理费的构成,结合具体的工程项目确

定各项费用的发生额，其计算公式为

$$企业管理费 = 管理人员工资 + 办公费 + 差旅交通费 + 固定资产使用费 + 工具用具使用费 + 劳动保险费 + 工会经费 + 职工教育经费 + 财产保险费 + 财务费 + 税金 + 其他 \tag{2-70}$$

四、利润及税金

建筑安装工程费用中的利润及税金是建筑安装企业职工为社会劳动所创造的那部分价值在建筑安装工程造价中的体现。

(一)利润

利润是指施工企业完成所承包工程获得的盈利。利润的计算同样可以取不同的计算基数。

(1)以直接费为计算基数时利润的计算方法如下

$$利润 = (直接费 + 间接费) \times 相应利润率(\%) \tag{2-71}$$

(2)以人工费和机械费为计算基数时利润的计算方法如下

$$利润 = 直接费中的人工费和机械费合计 \times 相应利润率(\%) \tag{2-72}$$

(3)以人工费为计算基数时利润的计算方法如下

$$利润 = 直接费中的人工费合计 \times 相应利润率(\%) \tag{2-73}$$

在建筑产品的市场定价过程中，应根据市场的竞争状况适当确定利润水平。取定的利润水平过高可能会导致丧失一定的市场机会，取定的利润水平过低又会面临很大的市场风险，相对于相对固定的成本水平来说，利润率的选定体现了企业的定价政策，利润率的确定是否合理也反映出企业的市场成熟度。

(二)税金

建筑安装工程税金是指国家税法规定的应计入建筑安装工程造价内的营业税、城市维护建设税及教育费附加等。

1. 营业税

营业税是按计税营业额乘以营业税税率确定的。其中，建筑安装企业营业税税率为3%。计算公式为

$$营业税 = 计税营业额 \times 3\% \tag{2-74}$$

计税营业额是含税营业额，指从事建筑、安装、修缮、装饰及其他工程作业收取的全部收入，包括建筑、修缮、装饰工程所用原材料及其他物资和动力的价款，当安装设备的价值作为安装工程产值时，也包括所安装设备的价款，建筑业的总承包人将工程分包或转包给他人的，其营业额中不包括付给分包人或转包人的价款。营业税的纳税地点为应税劳务的发生地。

2. 城市维护建设税

城市维护建设税是国家为筹集城市维护和建设资金，稳定和扩大城市、乡镇维护建设的资金来源，而对有经营收入的单位和个人征收的一种税。城市维护建设税是按应纳营业税额乘以适用税率确定的，计算公式为

$$应纳税额 = 应纳营业税额 \times 适用税率(\%) \tag{2-75}$$

城市维护建设税的纳税地点为市区的，适用税率为7%；纳税地点为县镇的，适用税率为5%；纳税地点为农村的，适用税率为1%。城市维护建设税的纳税地点与营业税纳税地点相同。

3. 教育费附加

教育费附加是按应纳营业税额乘以3%确定的，计算公式为

$$应纳税额 = 应纳营业税额 \times 3\% \tag{2-76}$$

建筑安装企业的教育费附加要与其营业税同时缴纳。即使办有职工子弟学校的建筑安装企业，也应当先缴纳教育费附加，教育部门可根据企业的办学情况，酌情返还给办学单位，作为对办学经费的补助。

4. 税金的综合计算

为了计算上的方便，可将营业税、城市维护建设税和教育费附加合并在一起计算，以工程成本加利润为基数计算税金。即

$$税金 = (直接费 + 间接费 + 利润) \times 综合税率(\%) \tag{2-77}$$

$$综合税率(\%) = \left[\frac{1}{1 - 营业税税率 \times (1 + 城市维护建设税税率 + 教育费附加率)} - 1\right] \times 100\% \tag{2-78}$$

综合税率的计算因企业纳税地点的不同而不同。

(1)纳税地点在市区的企业综合税率的计算方法为

$$税率(\%) = \left[\frac{1}{1 - 3\% \times (1 + 7\% + 3\%)} - 1\right] \times 100\% = 3.41\%$$

(2)纳税地点在县镇的企业综合税率的计算方法为

$$税率(\%) = \left[\frac{1}{1 - 3\% \times (1 + 5\% + 3\%)} - 1\right] \times 100\% = 3.35\%$$

(3)纳税地点在农村的企业综合税率的计算方法为

$$税率(\%) = \left[\frac{1}{1 - 3\% \times (1 + 1\% + 3\%)} - 1\right] \times 100\% = 3.22\%$$

【例2-2】 某市建筑公司承建某县政府办公楼，工程不含税造价为1 000万元，求该施工企业应缴纳的营业税、城市维护建设税和教育费附加分别是多少？

解 含税营业额 = 1 000 + 1 000 × 3.35% = 1 033.5(万元)

应缴纳的营业税 = 1 033.5 × 3% = 31.01(万元)

应缴纳的城市维护建设税 = 31.01 × 5% = 1.55(万元)

应缴纳的教育费附加 = 31.01 × 3% = 0.93(万元)

五、建筑安装工程费用计算程序

根据建设部第107号令《建筑工程施工发包与承包计价管理办法》的规定，发包与承包价的计算方法分为工料单价法和综合单价法，其计价程序如下。

(一)工料单价法计价程序

工料单价法是计算出分部分项工程量后乘以工料单价，合计得到直接工程费，直接工

程费以人工、材料、机械的消耗量及其相应价格确定。直接工程费汇总后再加措施费、间接费、利润、税金生成工程承发包价，其计算程序分为三种。

1. 以直接费为计算基数

以直接费为计算基数的工料单价法计价程序见表2-1。

表2-1 以直接费为计算基数的工料单价法计价程序

序号	费用项目	计算方法	说明
(1)	直接工程费	按预算表	
(2)	措施费	按规定标准计算	
(3)	直接费小计	(1)+(2)	
(4)	间接费	(3)×相应费率	
(5)	利润	[(3)+(4)]×相应利润率	
(6)	合计	(3)+(4)+(5)	
(7)	含税造价	(6)×(1+相应税率)	

【例2-3】 某土方工程直接工程费为300万元，以直接费为计算基数计算建筑安装工程费用，其中措施费为直接工程费的5%，间接费费率为8%，利润率为4%，综合税率为3.41%。列表计算该工程的建筑安装工程造价。

解 建筑安装工程造价计算过程见表2-2。

表2-2 建筑安装工程造价计算过程 （单位：万元）

序号	费用项目	计算方法
(1)	直接工程费	300
(2)	措施费	(1)×5%=15
(3)	直接费小计	(1)+(2)=300+15=315
(4)	间接费	(3)×8%=315×8%=25.2
(5)	利润	[(3)+(4)]×4%=(315+25.2)×4%=13.608
(6)	不含税造价	(3)+(4)+(5)=315+25.2+13.608=353.808
(7)	税金	(6)×3.41%=353.808×3.41%=12.065
(8)	含税造价	(6)+(7)=353.808+12.065=365.873

2. 以人工费和机械费为计算基数

以人工费和机械费为计算基数的工料单价法计价程序见表2-3。

表 2-3　以人工费和机械费为计算基数的工料单价法计价程序

序号	费用项目	计算方法	说明
(1)	直接工程费	按预算表	
(2)	其中人工费和机械费	按预算表	
(3)	措施费	按规定标准计算	
(4)	其中人工费和机械费	按规定标准计算	
(5)	直接费小计	(1)+(3)	
(6)	其中人工费和机械费	(2)+(4)	
(7)	间接费	(6)×相应费率	
(8)	利润	(6)×相应利润率	
(9)	合计	(5)+(7)+(8)	
(10)	含税造价	(9)×(1+相应税率)	

3. *以人工费为计算基数*

以人工费为计算基数的工料单价法计价程序见表 2-4。

表 2-4　以人工费为计算基数的工料单价法计价程序

序号	费用项目	计算方法	说明
(1)	直接工程费	按预算表	
(2)	直接工程费中人工费	按预算表	
(3)	措施费	按规定标准计算	
(4)	措施费中人工费	按规定标准计算	
(5)	直接费小计	(1)+(3)	
(6)	人工费小计	(2)+(4)	
(7)	间接费	(6)×相应费率	
(8)	利润	(6)×相应利润率	
(9)	合计	(5)+(7)+(8)	
(10)	含税造价	(9)×(1+相应税率)	

(二)综合单价法计价程序

综合单价分为全费用综合单价和部分费用综合单价。全费用综合单价的单价内容包括直接工程费、措施费、间接费、利润和税金。由于大多数情况下措施费由投标人单独报价,而不包括在综合单价中,此时综合单价仅包括直接工程费、间接费、利润和税金。

综合单价如果是全费用综合单价,则综合单价乘以各分项工程量汇总后,就生成工程承发包价格。如果综合单价是部分费用综合单价,如综合单价不包括措施费,则综合单价乘以各分项工程量汇总后，还须加上措施费才得到工程承发包价格。

由于各分部分项工程中的人工、材料、机械含量的比例不同，各分项工程可根据其材料费占人工费、材料费、机械费合计的比例（以字母“C”代表该项比值）在以下三种计算程序中选择一种计算其综合单价。

（1）当 $C > C_0$（C_0 为本地区原费用定额测算所选典型工程材料费占人工费、材料费和机械费合计的比例）时，可采用以人工费、材料费、机械费合计为基数计算该分项的间接费和利润。以直接工程费为计算基数的综合单价法计价程序见表2-5。

表2-5　以直接工程费为计算基数的综合单价法计价程序

序号	费用项目	计算方法	说明
(1)	分项直接工程费	人工费＋材料费＋机械费	
(2)	间接费	(1)×相应费率	
(3)	利润	[(1)＋(2)]×相应利润率	
(4)	合计	(1)＋(2)＋(3)	
(5)	含税造价	(4)×(1＋相应税率)	

（2）当 $C < C_0$ 时，可采用以人工费和机械费合计为基数计算该分项的间接费和利润，见表2-6。

表2-6　以人工费和机械费合计为计算基数的综合单价法计价程序

序号	费用项目	计算方法	说明
(1)	分项直接工程费	人工费＋材料费＋机械费	
(2)	其中人工费和机械费	人工费＋机械费	
(3)	间接费	(2)×相应费率	
(4)	利润	(2)×相应利润率	
(5)	合计	(1)＋(3)＋(4)	
(6)	含税造价	(5)×(1＋相应税率)	

（3）当该分项的直接工程费仅为人工费，无材料费和机械费时，可采用以人工费为基数计算该分项的间接费和利润，见表2-7。

表2-7　以人工费为计算基数的综合单价法计价程序

序号	费用项目	计算方法	说明
(1)	分项直接工程费	人工费＋材料费＋机械费	
(2)	直接工程费中人工费	人工费	
(3)	间接费	(2)×相应费率	
(4)	利润	(2)×相应利润率	
(5)	合计	(1)＋(3)＋(4)	
(6)	含税造价	(5)×(1＋相应税率)	

六、国际工程项目建筑安装工程费用的构成

国际工程项目建筑安装工程费用因承包项目范围的不同以及各承包公司的分类方法不一致，没有统一的模式，但基本构成如图 2-3 所示。

- 国际工程项目建筑安装工程费用
  - 工程总成本
    - 直接费
      - 人工费
      - 材料设备费
      - 施工机械使用费
    - 间接费
      - 现场管理费
      - 临时设施工程费
      - 保函手续费
      - 保险费
      - 贷款利息
      - 税金
      - 业务费
      - 其他
    - 分包费
    - 公司总部管理费
  - 暂列金额
  - 盈余
    - 利润
    - 风险费

图 2-3　国际工程项目建筑安装工程费用构成

（一）直接费

直接费是指直接用于工程的人工费、材料设备费和施工机械使用费。

1. 人工费

人工费指直接从事施工以及附属辅助性生产的工人工资，包括国内工人工资、外籍工人工资，但不包括管理人员及后勤服务人员工资。

2. 材料设备费

材料设备费指用于永久工程的所有建筑材料、设备的费用。材料设备采购的途径不同，其费用构成也不同，但均应包括材料设备的购买价格以及从采购地到达工程现场过程中所发生的运输费、保管费等其他费用。

3. 施工机械使用费

施工机械使用费指用于施工的各类机械、装备的使用费，包括机械的基本折旧费、机械保险费、燃料动力费以及驾驶操作人工费等。

（二）间接费

国际工程的间接费项目较多，但并无统一的规定，经常遇到的费用项目包括以下内容。

1. 现场管理费

现场管理费指除直接用于各分部分项工程施工所需的人工、材料设备和施工机械等开支外的，为工程现场管理所需要的各项开支项目。一般包括：管理人员和后勤服务人员

工资、办公费、差旅交通费、医疗费、劳动保护费、固定资产折旧、工具用具使用费、检验试验费及其他费用。

2. 临时设施工程费

临时设施工程费包括生活用房、生产用房和室外工程等临时房屋的建设费(或房租)、水、电、暖、卫及通信设施费等。

3. 保函手续费

国际工程招标投标及实施过程中涉及投标保函、履约保函、预付款保函、维修保函。银行为承包商出具以上保函时,都要收取一定的手续费。

4. 保险费

国际工程中的保险项目一般有工程保险、第三者责任保险、机动车辆保险、人身意外保险、材料设备运输保险、施工机械保险等,其中后三项保险的费用已分别计入直接费中的人工、材料设备和机械使用费。

5. 贷款利息

承包商本身资金不足时,要用银行贷款组织施工,需向银行支付利息。

6. 税金

承包商应按工程所在国的税收制度缴纳税额。

7. 业务费

业务费包括为监理工程师创造现场工作、生活条件而开支的费用,为争取中标或加快收取工程款的代理人佣金、法律顾问费、广告宣传费、考察联络费、业务资料费、咨询费等。

(三)分包费

分包费包括分包商的报价和总包管理费。

(四)公司总部管理费

公司总部管理费也叫公司管理费或上级管理费,是公司为承包工程提供服务而收取的一项费用。公司总部管理费包括总部人员工资、行政管理费用、办公室的租金、邮政通信费用、电费、暖气费、修理费、车辆使用费、办公用品费、财务费用等。

(五)暂列金额

暂列金额是指包括在合同中,供工程任何部分的施工,或提供货物、材料、设备、服务,或提供不可预料事件之费用的一项金额。暂列金额是业主方的备用金,是由业主的咨询工程师事先确定并填入招标文件中的金额。

(六)盈余

盈余包括利润和风险费。利润对业主而言是允许的利润,对投标者而言则是计划利润。风险费也称不可预见费,或称意外费。承包商要承受来自气候、通货膨胀、合同条件、币值波动等的风险,为防范风险所需要的各项费用以及补偿费用,计入标价中。

第四节　工程建设其他费用的构成

工程建设其他费用是指从工程筹建到工程竣工验收交付使用的整个建设期间,除建筑安装工程费用和设备及工器具购置费外的,为保证工程建设顺利完成和交付使用后能够正常发挥效用而发生的一些费用。工程建设其他费用按内容大体可分为固定资产其他费用、无形资产费用和其他资产费用。

一、固定资产其他费用

固定资产其他费用是固定资产费用的一部分,固定资产费用是指项目投产时将直接形成固定资产的建设投资,包括已在本章第二节与第三节中详细介绍的工程费用以及在工程建设其他费用中按规定将形成固定资产的费用,后者被称为固定资产其他费用。

(一)建设管理费

建设管理费是指建设单位从项目筹建开始直至工程竣工验收合格或交付使用发生的项目建设管理费用。

1. 建设管理费的内容

1)建设单位管理费

建设单位管理费是指建设单位发生的管理性质的开支。包括:工作人员工资、工资性补贴、施工现场津贴、职工福利费、住房基金、基本养老保险费、基本医疗保险费、失业保险费、工伤保险费、办公费、差旅交通费、劳动保护费、工具用具使用费、固定资产使用费、必要的办公及生活用品购置费、必要的通信设备及交通工具购置费、零星固定资产购置费、招募生产工人费、技术图书资料费、业务招待费、设计审查费、工程招标费、合同契约公证费、法律顾问费、咨询费、完工清理费、竣工验收费、印花税和其他管理性开支。

2)工程监理费

工程监理费是指建设单位委托工程监理单位实施工程监理的费用。此项费用应按国家发展和改革委员会与建设部联合发布的《建设工程监理与相关服务收费管理规定》(发改价格[2007]670 号)计算。依法必须实行监理的建设工程施工阶段的监理收费实行政府指导价,其他建设工程施工阶段的监理收费和其他阶段的监理与相关服务收费实行市场调节价。

2. 建设单位管理费的计算

建设单位管理费按照工程费用(包括设备及工器具购置费和建筑安装工程费用)乘以建设单位管理费费率计算。

$$\text{建设单位管理费} = \text{工程费用} \times \text{建设单位管理费费率} \tag{2-79}$$

建设单位管理费费率按照建设项目的不同性质、不同规模确定。有的建设项目按照建设工期和规定的金额计算建设单位管理费。如采用监理,建设单位部分管理工作量转移至监理单位。工程监理费应根据委托的监理工作范围和监理深度在监理合同中商定或按当地或所属行业部门的有关规定计算;如建设单位采用工程总承包方式,其总包管理费由建设单位与总承包单位根据总包工作范围在合同中商定,从建设单位管理费中支出。

(二)建设用地费

任何一个建设项目都固定于一定地点与地面相连接,必须占用一定量的土地,也就必然要发生为获得建设用地而支出的费用,这就是建设用地费。它是指通过划拨方式取得土地使用权而支付的土地征用及迁移补偿费,或者通过土地使用权出让方式取得土地使用权而支付的土地使用权出让金。

1. 土地征用及迁移补偿费

土地征用及迁移补偿费，是指建设项目通过划拨方式取得无限期的土地使用权，依照《中华人民共和国土地管理法》等规定所支付的费用。其总和一般不得超过被征土地年产值的30倍，土地年产值则按该地被征用前三年的平均产量和国家规定的价格计算。其内容如下。

（1）土地补偿费。征用耕地（包括菜地）的补偿标准，按政府规定，为该耕地被征用前三年平均年产值的6～10倍，具体补偿标准由省、自治区、直辖市人民政府在此范围内制定。征用园地、鱼塘、藕塘、苇塘、宅基地、林地、牧场、草原等的补偿标准，由省、自治区、直辖市人民政府制定。征收无收益的土地，不予补偿。

（2）青苗补偿费和被征用土地上的房屋、水井、树木等附着物补偿费。这些补偿费的标准由省、自治区、直辖市人民政府制定。征用城市郊区的菜地时，还应按照有关规定向国家缴纳新菜地开发建设基金。地上附着物及青苗补偿费归地上附着物及青苗的所有者所有。

（3）安置补助费。征用耕地、菜地的，其安置补助费按照需要安置的农业人口数计算。每一个需要安置的农业人口的安置补助费标准为该耕地被征用前三年平均年产值的4～6倍。但是，每公顷被征用耕地的安置补助费最高不得超过被征用前三年平均年产值的15倍。征用土地的安置补助费必须专款专用，不得挪作他用。需要安置的人员由农村集体经济组织安置的，安置补助费支付给农村集体经济组织，由农村集体经济组织管理和使用；由其他单位安置的，安置补助费支付给安置单位；不需要统一安置的，安置补助费发放给被安置人员个人或者征得被安置人员同意后用于支付被安置人员的保险费用。市、县和乡（镇）人民政府应当加强对安置补助费使用情况的监督。

（4）缴纳的耕地占用税或城镇土地使用税、土地登记费及征地管理费等。县、市土地管理机关从征地费中提取土地管理费的比率要按征地工作量大小，视不同情况，在1%～4%幅度内提取。

（5）征地动迁费。包括征用土地上的房屋及附属构筑物、城市公共设施等拆除、迁建补偿费、搬迁运输费，企业单位因搬迁造成的减产、停工损失补贴费，拆迁管理费等。

（6）水利水电工程水库淹没处理补偿费。包括农村移民安置迁建费，城市迁建补偿费，库区工矿企业、交通、电力、通信、广播、管网、水利等的恢复及迁建补偿费，库底清理费，防护工程费，环境影响补偿费用等。

2. 土地使用权出让金

土地使用权出让金，指建设项目通过土地使用权出让方式，取得有限期的土地使用权，依照《中华人民共和国城镇国有土地使用权出让和转让暂行条例》规定支付的土地使用权出让金。

（1）明确国家是城市土地的唯一所有者，并分层次、有偿、有限期地出让、转让城市土地。第一层次是城市政府将国有土地使用权出让给用地者，该层次由城市政府垄断经营。出让对象可以是有法人资格的企事业单位，也可以是外商。第二层次及以下层次的转让则发生在使用者之间。

（2）城市土地的出让和转让可采用协议、招标、公开拍卖等方式。

①协议方式由用地单位申请,经市政府批准同意后双方洽谈具体地块及地价。该方式适用于市政工程、公益事业用地,以及需要减免地价的机关和部队用地与需要重点扶持、优先发展的产业用地。

②招标方式是在规定的期限内,由用地单位以书面形式投标,市政府根据投标报价、所提供的规划方案以及企业信誉综合考虑,择优选取。该方式适用于一般工程建设用地。

③公开拍卖是指在指定的地点和时间,由申请用地者叫价应价,价高者得。这完全是由市场竞争决定的,适用于盈利高的行业用地。

(3)在有偿出让和转让土地时,政府对地价不作统一规定,但应坚持以下原则:

①地价对目前的投资环境不产生大的影响;

②地价与当地的社会经济承受能力相适应;

③地价要考虑已投入的土地开发费用、土地市场供求关系、土地用途和使用年限。

(4)关于政府有偿出让土地使用权的年限,各地可根据时间、区位等各种条件作不同的规定。

根据《中华人民共和国城镇国有土地使用权出让和转让暂行条例》,土地使用权出让最高年限按下列用途确定:

①居住用地 70 年;

②工业用地 50 年;

③教育、科技、文化、卫生、体育用地 50 年;

④商业、旅游、娱乐用地 40 年;

⑤综合或者其他用地 50 年。

(5)土地有偿出让和转让,土地使用者和所有者要签约,明确使用者对土地享有的权利和对土地所有者应承担的义务。

①有偿出让和转让使用权,要向土地受让者征收契税;

②转让土地如有增值,要向转让者征收土地增值税;

③在土地转让期间,国家要区别不同地段、不同用途向土地使用者收取土地占用费。

(三)可行性研究费

可行性研究费是指在建设项目前期工作中,编制和评估项目建议书(或预可行性研究报告)、可行性研究报告所需的费用。此项费用应根据前期研究委托合同计列,或参照《国家计委关于印发〈建设项目前期工作咨询收费暂行规定〉的通知》(计投资[1999]1283 号)规定计算。

(四)研究试验费

研究试验费是指为建设项目提供和验证设计参数、数据、资料等所进行的必要的试验费用以及设计规定在施工中必须进行试验、验证所需的费用。包括自行或委托其他部门研究试验所需的人工费、材料费、试验设备及仪器使用费等。这项费用按照设计单位根据本工程项目的需要提出的研究试验内容和要求计算。在计算时要注意不应该包括以下项目:

(1)应由科技三项费用(即新产品试制费、中间试验费和重要科学研究补助费)开支的项目。

(2)应在建筑安装费用中列支的施工企业对建筑材料、构件和建筑物进行一般鉴定、检查所发生的费用及技术革新的研究试验费。

(3)应由勘察设计费或工程费用中开支的项目。

(五)勘察设计费

勘察设计费是指委托勘察设计单位进行工程水文地质勘察、工程设计所发生的各项费用,包括工程勘察费、初步设计费(基础设计费)、施工图设计费(详细设计费)、设计模型制作费。此项费用应按《关于发布〈工程勘察设计收费管理规定〉的通知》(计价格[2002]10号)的规定计算。

(六)环境影响评价费

环境影响评价费是指按照《中华人民共和国环境保护法》、《中华人民共和国环境影响评价法》等规定,为全面、详细评价本建设项目对环境可能产生的污染或造成的重大影响所需的费用。包括编制环境影响报告书、环境影响报告表,以及对环境影响报告书、环境影响报告表进行评估等所需要的费用。此项费用可参照《关于规范环境影响咨询收费有关问题的通知》(计价格[2002]125号)的规定计算。

(七)劳动安全卫生评价费

劳动安全卫生评价费是指按照劳动部《建设项目(工程)劳动安全卫生监察规定》和《建设项目(工程)劳动安全卫生预评价管理办法》的规定,为预测和分析建设项目存在的职业危险、危害因素的种类与危险危害程度,提出先进、科学、合理可行的劳动安全卫生技术和管理对策所需的费用。包括编制建设项目劳动安全卫生预评价大纲和劳动安全卫生预评价报告书以及编制上述文件所进行的工程分析和环境现状调查等所需的费用。必须进行劳动安全卫生预评价的项目包括:

(1)属于《国家计划委员会、国家基本建设委员会、财政部关于基本建设项目和大中型划分标准的规定》中规定的大中型建设项目。

(2)属于《建筑设计防火规范》(GB 50016—2006)中规定的火灾危险性生产类别为甲类的建设项目。

(3)属于劳动部颁布的《爆炸危险场所安全规定》中规定的爆炸危险场所等级为特别危险场所和高度危险场所的建设项目。

(4)大量生产或使用《职业性接触毒物危害程度分级》(GB 5044—85)规定的Ⅰ级、Ⅱ级危害程度的职业性接触毒物的建设项目。

(5)大量生产或使用石棉粉料或含有10%以上的游离二氧化硅粉料的建设项目。

(6)其他由劳动行政部门确认的危险、危害因素大的建设项目。

(八)场地准备及临时设施费

1.场地准备及临时设施费的内容

(1)建设项目场地准备费是指建设项目为达到工程开工条件而进行的场地平整和对建设场地余留的有碍于施工建设的设施进行拆除清理的费用。

(2)建设单位临时设施费是指为满足施工建设需要而供到场地界区的、未列入工程费用的临时水、电、路、气、通信等其他工程费用和建设单位的现场临时建筑物的搭设、维修、拆除、摊销或建设期间租赁费用,以及施工期间专用公路或桥梁的加固、养护、维修等费用。

2. 场地准备及临时设施费的计算

(1)场地准备及临时设施应尽量与永久性工程统一考虑。建设场地的大型土石方工程应计入工程费用中的总图运输费用中。

(2)新建项目的场地准备和临时设施费应根据实际工程量估算,或按工程费用的比例计算。改扩建项目一般只计拆除清理费。

$$场地准备及临时设施费 = 工程费用 \times 费率 + 拆除清理费 \tag{2-80}$$

(3)发生拆除清理费时可按新建同类工程造价或主材料、设备费的比例计算。凡可回收材料的拆除工程采用以料抵工方式冲抵拆除清理费。

(4)此项费用不包括已列入建筑安装工程费用中的施工单位临时设施费用。

(九)引进技术和进口设备其他费用

(1)引进项目图纸资料翻译复制费、备品备件测绘费。可根据引进项目的具体情况计列或按引进货价(FOB)的比例估列,引进项目发生备品备件测绘费时按具体情况估列。

(2)出国人员费用。包括买方人员出国设计联络、出国考察、联合设计、监造、培训等所发生的旅费及生活费等。

依据合同或协议规定的出国人次、期限以及相应的费用标准计算。生活费按照财政部、外交部规定的现行标准计算,旅费按中国民航公布的票价计算。

(3)来华人员费用。包括卖方来华工程技术人员的现场办公费、往返现场交通费用、接待费用等。依据引进合同或协议有关条款及来华技术人员派遣计划进行计算。来华人员接待费用可按每人次费用指标计算。引进合同价款中已包括的费用内容不得重复计算。

(4)银行担保及承诺费。指引进项目由国内金融机构出面承担风险和责任担保所发生的费用,以及支付贷款机构的承诺费用。应按担保或承诺协议计取。投资估算和概算编制时可以以担保金额或承诺金额为基数乘以费率计算。

(十)工程保险费

工程保险费是指建设项目在建设期间根据需要对建筑工程、安装工程、机器设备和人身安全进行投保而发生的保险费用。包括建筑工程一切险、安装工程一切险、引进设备财产保险和人身意外伤害险等。

根据不同的工程类别,分别以其建筑、安装工程费乘以建筑、安装工程保险费率计算。民用建筑(住宅楼、综合性大楼、商场、旅馆、医院、学校)占建筑工程费的2‰~4‰,其他建筑(工业厂房、仓库、道路、码头、水坝、隧道、桥梁、管道等)占建筑工程费的3‰~6‰,安装工程(农业、工业、机械、电子、电器、纺织、矿山、石油、化学及钢铁工业、钢结构桥梁)占建筑工程费的3‰~6‰。

(十一)联合试运转费

联合试运转费是指新建项目或新增加生产能力的工程,在交付生产前按照批准的设计文件所规定的工程质量标准和技术要求,进行整个生产线或装置的负荷联合试运转或局部联动试车所发生的费用支出(试运转支出大于收入的差额部分费用)。

试运转支出包括试运转所需的原材料、燃料及动力消耗、低值易耗品、其他物料消耗、工具用具使用费、机械使用费、保险金、施工单位参加试运转人员工资,以及专家指导费等。试运转收入包括试运转期间的产品销售收入和其他收入。

联合试运转费不包括应由设备安装工程费用开支的调试费及试车费用,以及在试运转中暴露出来的因施工原因或设备缺陷等发生的处理费用。

(十二)特殊设备安全监督检验费

特殊设备安全监督检验费是指在施工现场组装的锅炉及压力容器、压力管道、消防设备、燃气设备、电梯等特殊设备和设施,由安全监察部门按照有关安全监察条例和实施细则以及设计技术要求进行安全检验,应由建设项目支付的,向安全监察部门缴纳的费用。此项费用按照建设项目所在省(自治区、直辖市)安全监察部门的规定标准计算。无具体规定的,在编制投资估算和概算时可按受检设备现场安装费的比例估算。

(十三)市政公用设施费

市政公用设施费是指使用市政公用设施的建设项目,按照项目所在地省一级人民政府有关规定缴纳的市政公用设施建设配套费用,以及绿化工程补偿费用。此项费用按工程所在地人民政府规定的标准计列。

二、无形资产费用

无形资产费用是指直接形成无形资产的建设投资,主要是指专利及专有技术使用费。

(一)专利及专有技术使用费的主要内容

(1)国外设计及技术资料费,引进有效专利、专有技术使用费和技术保密费。

(2)国内有效专利、专有技术使用费。

(3)商标权、商誉和特许经营权费等。

(二)专利及专有技术使用费的计算

在专利及专有技术使用费计算时应注意以下问题:

(1)按专利使用许可协议和专有技术使用合同的规定计列。

(2)专有技术的界定应以省、部级鉴定批准为依据。

(3)项目投资中只计需在建设期支付的专利及专有技术使用费。协议或合同规定在生产期支付的使用费应在生产成本中核算。

(4)一次性支付的商标权、商誉和特许经营权费按协议或合同规定计列。协议或合同规定在生产期支付的商标权或特许经营权费应在生产成本中核算。

(5)为项目配套的专用设施投资,包括专用铁路线、专用公路、专用通信设施、送变电站、地下管道、专用码头等,如由项目建设单位负责投资但产权不归属本单位的,应做无形资产处理。

三、其他资产费用

其他资产费用是指建设投资中除形成固定资产和无形资产外的部分,主要包括生产准备及开办费等。

(一)生产准备及开办费的内容

生产准备及开办费是指建设项目为保证正常生产(或营业、使用)而发生的人员培训费、提前进厂费以及投产使用必备的生产办公、生活家具用具及工器具等购置费用。其包括以下几个方面：

(1)人员培训费及提前进厂费。包括自行组织培训或委托其他单位培训的人员工资、工资性补贴、职工福利费、差旅交通费、劳动保护费、学习资料费等。

(2)为保证初期正常生产(或营业、使用)所必需的生产办公、生活家具用具购置费。

(3)为保证初期正常生产(或营业、使用)所必需的第一套不够固定资产标准的生产工具、器具、用具购置费。不包括备品备件费。

(二)生产准备及开办费的计算

(1)新建项目以设计定员为基数计算,改扩建项目以新增设计定员为基数计算

$$生产准备费 = 设计定员 \times 生产准备费指标(元/人) \tag{2-81}$$

(2)可采用综合的生产准备费指标进行计算,也可以按费用内容的分类指标计算。

第五节　预备费、建设期利息和铺底流动资金

一、预备费

按我国现行规定,预备费包括基本预备费和涨价预备费。

(一)基本预备费

1.基本预备费的内容

基本预备费是指针对在项目实施过程可能发生的难以预料的支出,需要事先预留的费用,又称工程建设不可预见费。其主要指设计变更及施工过程中可能增加工程量的费用。基本预备费一般由以下三部分构成:

(1)在批准的初步设计范围内,技术设计、施工图设计及施工过程中所增加的工程费用,设计变更、工程变更、材料代用、局部地基处理等增加的费用。

(2)一般自然灾害造成的损失和预防自然灾害所采取的措施费用。实行工程保险的工程项目,该费用应适当降低。

(3)竣工验收时为鉴定工程质量对隐蔽工程进行必要的挖掘和修复费用。

2.基本预备费的计算

基本预备费是按设备及工器具购置费、建筑安装工程费用和工程建设其他费用三者之和为计取基础,乘以基本预备费费率进行计算。

$$基本预备费 = (设备及工器具购置费 + 建筑安装工程费用 + 工程建设其他费用) \times 基本预备费费率 \tag{2-82}$$

式中,基本预备费费率的取值应执行国家及部门的有关规定。

(二)涨价预备费

1.涨价预备费的内容

涨价预备费是指针对建设项目在建设期间由于材料、人工、设备等价格可能发生变化引起工程造价变化,而事先预留的费用,亦称为价格变动不可预见费。涨价预备费的内容包括:人工、设备、材料、施工机械的价差费,建筑安装工程费用及工程建设其他费用调整,

以及利率、汇率调整等增加的费用。

2. 涨价预备费的计算

涨价预备费一般根据国家规定的投资综合价格指数，以估算年份价格水平的投资额为基数，采用复利方法计算。计算公式为

$$PF = \sum_{t=1}^{n} I_t[(1+f)^m(1+f)^{0.5}(1+f)^{t-1} - 1] \tag{2-83}$$

式中 PF——涨价预备费；

n——建设期年份数；

I_t——建设期中第 t 年的投资计划额，包括设备及工器具购置费、建筑安装工程费用、工程建设其他费用及基本预备费，即第 t 年的静态投资；

f——年均投资价格上涨率；

m——建设前期年限（从编制估算到开工建设相隔的时间），年。

【例 2-4】 某建设项目建筑安装工程费 5 000 万元，设备购置费 3 000 万元，工程建设其他费用 2 000 万元，已知基本预备费费率为 5%，项目建设前期年限为 1 年，建设期为 3 年，各年投资计划额为：第一年完成投资额的 20%，第二年完成投资额的 60%，第三年完成投资额的 20%。年均投资价格上涨率为 6%，求建设项目建设期间涨价预备费。

解 基本预备费 =（5 000 + 3 000 + 2 000）× 5% = 500（万元）

静态投资 = 5 000 + 3 000 + 2 000 + 500 = 10 500（万元）

建设期第一年完成投资额（I_1）= 10 500 × 20% = 2 100（万元）

第一年涨价预备费（PF_1）= $I_1[(1+f)(1+f)^{0.5} - 1]$ = 191.81（万元）

建设期第二年完成投资额（I_2）= 10 500 × 60% = 6 300（万元）

第二年涨价预备费（PF_2）= $I_2[(1+f)(1+f)^{0.5}(1+f) - 1]$ = 987.95（万元）

建设期第三年完成投资额（I_3）= 10 500 × 20% = 2 100（万元）

第三年涨价预备费（PF_3）= $I_3[(1+f)(1+f)^{0.5}(1+f)^2 - 1]$ = 475.07（万元）

所以，建设期的涨价预备费为

$$PF = PF_1 + PF_2 + PF_3 = 191.81 + 987.95 + 475.07 = 1\ 654.83（万元）$$

二、建设期利息

建设期利息包括向国内银行和其他非银行金融机构贷款、出口信贷、外国政府贷款、国际商业银行贷款及在境内外发行的债券等在建设期间内应偿还的借款利息。

当总贷款是分年均衡发放时，建设期利息的计算可按当年借款在年中支用考虑，即当年贷款按半年计息，上年贷款按全年计息。计算公式为

各年应计利息 =（年初借款本息累计 + 本年借款额/2）× 年利率　　(2-84)

国外贷款利息的计算中，还应包括国外贷款银行根据贷款协议向贷款方以年利率的方式收取的手续费、管理费、承诺费，以及国内代理机构经国家主管部门批准的以年利率的方式向贷款单位收取的转贷费、担保费、管理费等。

【例 2-5】 某新建项目，建设期为 3 年，分年均衡进行贷款，第一年贷款 300 万元，第二年贷款 600 万元，第三年贷款 400 万元，年利率为 6%，建设期内利息只计息不支付，计

算建设期贷款利息。

解 在建设期,各年利息计算如下

$$第一年应计利息=\frac{1}{2}\times300\times6\%=9(万元)$$

$$第二年应计利息=(300+9+\frac{1}{2}\times600)\times6\%=36.54(万元)$$

$$第三年应计利息=(300+9+600+36.54+\frac{1}{2}\times400)\times6\%=68.73(万元)$$

所以,建设期利息 $=9+36.54+68.73=114.27$(万元)

三、铺底流动资金

铺底流动资金是指生产性建设工程为保证生产和经营正常进行,按规定应列入建设工程总投资的铺底的流动资金。一般按项目建成后所需全部流动资金的30%计算。而流动资金是指生产性项目投产后,用于购买原材料、燃料、支付工资福利和其他经费等所需要的周转资金。

【例2-6】 某建设工程在建设期初的建筑安装工程费用和设备及工器具购置费为45 000万元。按本项目实施进度计划,项目建设期为3年,投资分年使用比例为:第一年25%,第二年55%,第三年20%,建设期内预计年平均价格总水平上涨率为5%。建设期利息为1 395万元,工程建设其他费用为3 860万元,基本预备费费率为10%。试估算该项目的建设投资。

解 (1)计算基本预备费。

$$基本预备费=(45\ 000+3\ 860)\times10\%=4\ 886(万元)$$

(2)计算涨价预备费。

$$\begin{aligned}第一年涨价预备费&=(45\ 000+3\ 860+4\ 886)\times25\%\times[(1+5\%)^{0.5}-1]\\&=331.82(万元)\end{aligned}$$

$$\begin{aligned}第二年涨价预备费&=(45\ 000+3\ 860+4\ 886)\times55\%\times[(1+5\%)^{0.5}\times\\&\quad(1+5\%)-1]=2\ 244.51(万元)\end{aligned}$$

$$\begin{aligned}第三年涨价预备费&=(45\ 000+3\ 860+4\ 886)\times20\%\times[(1+5\%)^{0.5}\times\\&\quad(1+5\%)^2-1]=1\ 394.45(万元)\end{aligned}$$

$$建设期涨价预备费=331.82+2\ 244.51+1\ 394.45=3\ 970.78(万元)$$

(3)建设投资。

$$\begin{aligned}建设投资&=设备及工器具购置费+工程建设其他费用+建筑安装工程费用+预备费\\&=45\ 000+3\ 860+4\ 886+3\ 970.78=57\ 716.78(万元)\end{aligned}$$

本章小结

我国建设工程投资构成比较复杂,且近年来国家相关部门作了相应的修改,本章主要介绍建设工程投资各组成部分的定义、具体内容及计算方法等,现就其基本要点归纳如下：

(1)生产性建设项目总投资包括建设投资、建设期利息和流动资金三部分，非生产性建设项目总投资包括建设投资和建设期利息两部分。建设投资包括工程费用、工程建设其他费用和预备费三部分。这里要注意，建设投资内容已作了修改，与以往不同的是其组成中不再包含建设期利息。

(2)世界银行和国际咨询工程师联合会建设工程投资构成与我国建设工程投资构成的区别；掌握未明确项目的准备金和不可预见的准备金之间的不同。

(3)设备及工器具购置费由设备购置费和工器具及生产家具购置费组成；进口设备的交货方式可分为内陆交货类、目的地交货类和装运港交货类，三种交货方式买卖双方的责任与义务有差别。

(4)掌握进口设备抵岸价的计算方法。

(5)建筑安装工程费用由直接费、间接费、利润和税金四部分组成。直接费由直接工程费和措施费组成；间接费由规费和企业管理费组成。这里要注意，直接费中的措施费和间接费中的规费作了修改；理解各项费用的含义，掌握各项费用的计算方法。

(6)了解国外建筑安装工程费用的构成及其与我国建筑安装工程费用构成的区别，掌握暂列金额的内容。

(7)工程建设其他费用按内容大体可分为固定资产其他费用、无形资产费用和其他资产费用；理解各项费用的含义，掌握其具体组成内容。

(8)理解基本预备费和涨价预备费的区别；掌握涨价预备费和建设期贷款利息的计算方法；涨价预备费是以建筑安装工程费用、设备及工器具购置费、工程建设其他费用及基本预备费之和为计算基数；建设期利息的计算按当年借款在年中支用考虑。

(9)通过本章的学习，要了解建设工程投资构成中主要费用的基本概念，熟悉建设工程投资构成的内容，掌握建设工程投资构成中各项费用的计算标准和计算程序。

复习思考题

2-1 简述我国现行建设工程投资构成。

2-2 简述设备及工器具购置费的构成及计算原理。

2-3 简述我国现行建筑安装工程费用的构成及计算原理。

2-4 什么是直接费？什么是间接费？两者有何区别？

2-5 什么是工程建设其他费用，它由哪些费用构成？

2-6 预备费中的基本预备费和涨价预备费分别由哪些内容组成？

2-7 某项目进口一台设备，其国际运费为 3 万元，运输保险费费率为 0.3%，银行财务费用为 2.5 万元，外贸手续费为 18.9 万元，关税税率为 20%，增值税税率为 17%，抵岸价为 1 425.4 万元，该批设备无消费税、海关监管手续费，则进口设备的离岸价和到岸价分别为多少？

2-8 某市拟建项目建筑安装工程费用构成中，直接费为 300 万元，间接费为 200 万元，利润为 100 万元，措施费为 150 万元，则该项目的直接工程费和该项目的建筑安装工程费用各为多少?

2-9 某项目建设期为两年,各年计划投资额如下:第一年静态投资10 000万元,第二年静态投资20 000万元,年平均投资价格上涨率为5%,计算该项目的涨价预备费为多少?

2-10 某新建项目,建设期为3年,分年均衡进行贷款,第一年贷款1 000万元,第二年贷款2 000万元,第三年贷款500万元,年贷款利率为6%,则该项目第三年贷款利息为多少?

第三章　建设工程投资确定的依据

第一节　建设工程定额

一、定额的概念

定额是人们根据不同的需要，对某一事物规定的数量标准，是一种规定的额度。在现代社会经济生活和社会生活中，定额作为一种管理手段被广泛应用，例如分配领域的工资标准、生产和流通领域的原材料消耗标准、技术方面的设计标准等。定额已经成为人们对社会经济进行计划、组织、指挥、协调和控制等一系列管理活动的重要依据。

建设工程定额是指在正常施工条件和合理劳动组织、合理使用材料及机械的条件下，完成单位合格产品所必须消耗资源的数量标准，其中的资源主要包括在建设生产过程中所投入的人工、机械、材料和资金等生产要素。建设工程定额反映了工程建设投入和产出的关系，一般，它除了规定数量标准，还规定了具体的工作内容、质量标准和安全要求等。

"正常施工条件"是指绝大多数施工企业和施工队、班组，在合理组织施工的条件下所处的施工条件。施工条件一般包括：工人的技术等级是否与工作等级相符、工具与设备的地点的组织及其准备工作是否及时、安全技术措施的执行情况、气候条件、劳动竞赛开展情况等。正常施工条件是界定定额研究对象的前提条件，因为针对不同的自然条件、社会条件、经济条件和技术条件，完成单位建设工程产品的消耗内容和数量是不同的。

正常的施工条件应该符合有关的技术规范，符合正确的施工组织和劳动组织条件，符合已经推广的先进施工方法、施工技术和操作。它是施工企业和施工队（班组）应该具备也能具备的施工条件。

"合理劳动组织、合理使用材料及机械"是指应该按照定额规定的劳动组织条件来组织生产（包括人员、设备的配置和质量标准），施工过程中应当遵守国家现行的施工规范、规程和标准等。

"单位合格产品"中的"单位"是指定额子目中所规定的定额计量单位，其因定额性质的不同而不同。如预算定额一般以分项工程来划分定额子目，每一子目的计量单位因其性质的不同而不同，砖墙、混凝土以"m^3"为单位，钢筋以"t"为单位，门窗多以"m^2"为单位。"合格"是指施工生产所完成的成品或半成品必须符合国家或行业现行的施工验收规范和质量评定标准的要求。"产品"指的是工程建设成品，称为工程建设定额的标准对象。由于工程建设产品具有构造复杂、产品规模大、种类繁多、生产周期长等技术经济特点，造成了外延的不确定性，因此不同的工程建设定额有不同的定额格式，它可以指整个工程项目的建设过程，也可以指工程施工中的某个阶段，甚至可以指某个施工作业过程或某个施工工艺环节。

由以上分析可以看出，建设工程定额不仅规定了建设工程投入与产出的数量标准，同时还规定了具体的工作内容、质量标准和安全要求。

在理解上述工程建设定额概念时，还必须注意以下两个问题：

(1)工程建设定额属于生产消费定额的性质。定额一般可以划分为生产性定额和非生产性定额两大类。其中，生产性定额主要是指在一定生产力水平条件下，完成单位合格产品所必须消耗的人工、材料、机械及资金的数量标准，它反映了在一定的社会生产力水平条件下的产品生产和消费之间的数量关系。工程建设是物质资料的生产过程，而物质资料的生产过程也是生产的消费过程。一个工程项目的建成，要消耗大量的人力、物力和资金。而工程建设定额反映的，正是在一定的生产力发展水平条件下，完成工程建设中的某项产品与各种生产消费之间的特定的数量关系。

(2)工程建设定额的定额水平，反映了当时的生产力发展水平。人们一般把定额所反映的资源消耗量的大小称为定额水平。定额水平受一定时期生产力发展水平的制约。一般来说，生产力发展水平高，则生产效率高，生产过程中的消耗就少，定额所规定的资源消耗量应相应地降低，称为定额水平高；反之，生产力发展水平低，则生产效率低，生产过程中的消耗就多，定额所规定的资源消耗量应相应地提高，称为定额水平低。

二、定额的产生和发展

定额是一定时期社会生产力发展的反映。

根据我国史书记载，在《大唐六典》中就有各种用工量的计算方法。北宋时期，分行业将工料限量与设计、施工、材料结合在一起的《营造法式》，是由国家制定的一部建筑工程定额。到了清代，为适应营造业的发展，专门设置了“洋房”和“算房”两个部门，“洋房”负责图样设计，“算房”则专门负责施工预算。可见，定额的使用范围逐渐扩大，定额的功能也在不断增加。

19世纪末20世纪初，西方资本主义国家生产日益扩大，生产技术迅速发展，劳动分工和协作也越来越细，对生产消耗进行科学管理的要求也更加迫切。当时，在美、法、英等国家中都有企业科学管理的活动开展，并逐渐形成了系统的经济管理理论。现在被称为“古典管理理论”的代表人物是美国人泰罗、法国人法约尔和英国人威克等。

实际上，企业管理成为科学是从美国人泰罗开始的。当时，美国资本主义正处于上升时期，工业发展迅速，传统的企业管理已不适应生产力的需要，阻碍着社会经济的发展，因此改善企业管理成为生产发展的迫切需要。泰罗为适应当时的客观要求，首先开始了关于企业管理的研究，以解决提高工人劳动生产效率的问题。泰罗把工作时间分为若干组成部分，并测定每一操作过程的时间消耗，制定出工时定额，作为衡量工人工作效率的尺度。同时，还研究工人劳动中的操作和动作，制定出工作时间的标准操作方法，从而制定出比较高的工时定额。制定工时定额，实行标准的操作方法，以及采用差别的计件工资，构成泰罗制的主体。工时定额由此出现。

随着现代科学技术的不断发展，运筹学、系统工程、电子计算机等科学技术作为管理手段的应用，并从社会学和心理学的角度研究管理，强调重视社会环境、人际关系对人行为的影响，主张采用诱导的方法鼓励工人发挥主动性和积极性，而不是对工人采用管束和强制的方法。20 世纪 70 年代产生了系统论,从而把管理科学和行为科学结合起来,并通过对企业的人、物和环境等生产要素进行全面系统的分析研究,以实现企业管理的最优化。

综上所述,可知定额的产生是随着管理科学而产生的,也将随着管理科学的进步而发展,是企业实行科学管理的重要基础。

三、定额的作用和特性

(一)建设工程定额的作用

定额是科学管理的产物,是实行科学管理的基础,它在社会主义市场经济中具有以下重要地位与作用:

(1)定额是投资决策和价格决策的依据。定额可以对建筑市场行为进行有效的规范,如投资者可以利用定额提供的信息提高项目决策的科学性,优化投资行为,还可以利用定额权衡自己的财务状况、支付能力,预测资金投入和预期回报,并在投标报价时做出正确的价格决策,以获取更多的经济效益。

(2)定额是企业实行科学管理的基础。企业利用定额促使工人节约社会劳动时间和提高劳动生产效率,获取更多利润;计算工程造价,把生产的各类消耗控制在规定的限额内,以降低工程成本。

(3)定额有利于完善建筑市场信息系统。它的可靠性和灵敏性是市场成熟与效率的标志。实行定额管理可对大量建筑市场信息进行加工整理,也可以对建筑市场信息进行传递,同时还可对建筑市场信息进行反馈。

(二)建设工程定额的特性

在社会主义市场经济的条件下,定额一般具有以下几方面的特性:

(1)定额的科学性。主要表现为定额的编制是自觉遵循客观规律的要求,通过对施工生产过程进行长期的观察、测定、综合、分析,在广泛收集资料和总结的基础上,实事求是地运用科学的方法制定出来的。定额的编制技术和方法吸取了现代管理的成就,具有一整套既严密又科学的确定定额水平和行之有效的方法。

(2)定额的权威性。主要表现在定额是由国家主管机关或其授权的各地管理部门组织编制的,定额一经批准颁发,任何单位都必须严格遵守和贯彻执行。

(3)定额的群众性。主要表现在定额来源于群众,因此定额的制定和执行都具有广泛的群众基础,并能为广大群众所接受。

(4)定额的时效性:定额的时效性主要表现在定额所规定的各种工料消耗量由一定时期的社会生产力水平确定。当生产条件发生较大变化时,定额制定授权部门必须对定额进行修订与补充。因此,定额具有一定的时效性。

(5)定额的相对稳定性。定额的相对稳定性主要表现在定额制定颁发后,有一个相对稳定的执行时期,通常为 5 ~ 10 年。

四、定额的分类

建设工程定额的种类较多,为对建设工程定额有一个全面的了解,按照不同的原则和方法对其进行科学的分类,见图 3-1 及图 3-2。

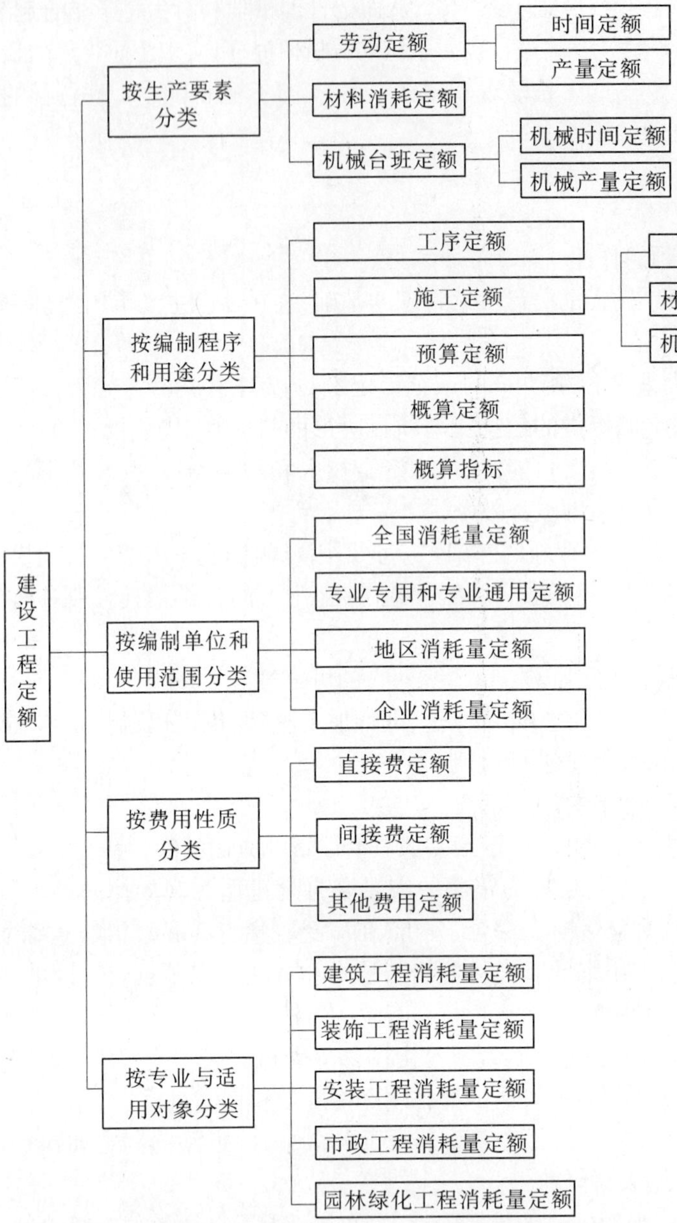

图 3-1　建设工程定额传统分类

(一)按照反映的生产要素消耗内容分类

按照反映的生产要素消耗内容可将建设工程定额分为人工定额、材料消耗定额和机械台班定额。

1. 人工定额

人工定额也称劳动定额,它是在正常的施工技术组织条件下,所必需的劳动消耗量标准。这个标准是企业对工人在单位时间内完成产品数量、质量的综合要求。劳动定额反映的是活劳动消耗。

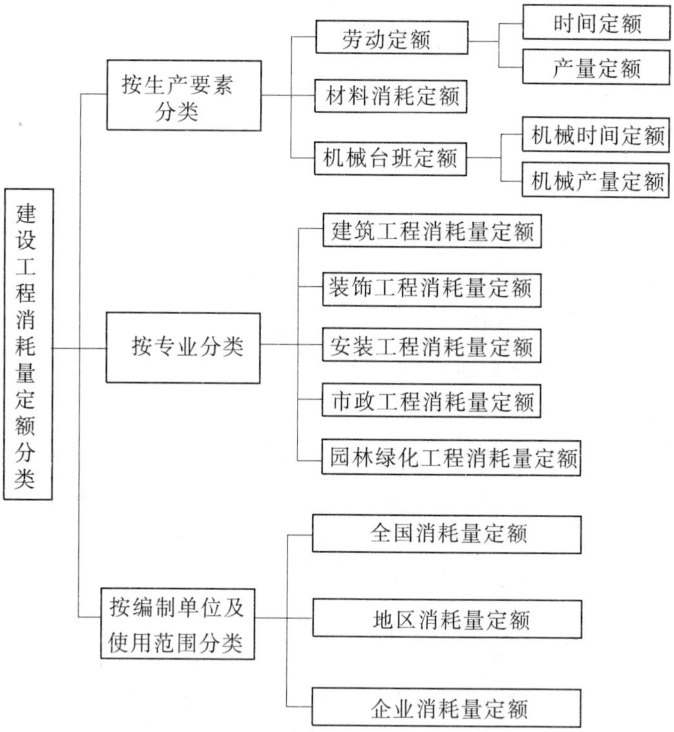

图 3-2　建设工程定额现代分类

人工定额反映生产工人在正常施工条件下的劳动效率，表明每个工人完成单位合格产品必须消耗的劳动时间（时间定额），或者在一定的劳动时间中所生产的合格产品数量（产量定额）。

2. 材料消耗定额

材料消耗定额是在合理和节约使用材料的条件下，生产单位质量合格产品所必须消耗的一定规格的材料、成品、半成品和水、电等资源的数量标准。

3. 机械台班定额

机械台班定额是指施工机械在正常施工条件下完成单位合格产品所必需的工作时间，它反映了合理、均衡地组织作业和使用机械时，该机械在单位时间内的生产效率。

（二）按照编制程序和用途分类

按照编制程序和用途可将建设工程定额分为施工定额、预算定额（基础定额）、概算定额、概算指标、投资估算指标。

施工定额是以同一性质的施工过程——工序作为研究对象，表示生产产品数量与时间消耗综合关系的定额。施工定额是施工企业（建筑安装企业）为组织生产和加强管理在企业内部使用的一种定额，属于企业定额的性质。施工定额是工程建设定额中分项最细、定额子目最多的一种定额，也是工程建设定额中的基础性定额。施工定额主要直接用于工程的施工管理，同时也是编制预算定额的基础。

预算定额是以建筑物或构筑物各个分部分项工程为对象编制的。预算定额是以施工定额为基础综合扩大编制的，同时也是编制概算定额的基础。它是编制施工图预算的重要基础，同时也可以用做编制施工组织设计、施工技术财务计划的参考。

概算定额是以扩大的分部分项工程为对象编制的。概算定额是编制扩大初步设计概算、确定建设项目投资额的依据。概算定额一般是在预算定额的基础上综合扩大而成的，每一综合分项概算定额都包含了数项预算定额。

概算指标是概算定额的扩大与合并，它是以整个建筑物和构筑物为对象，以更为扩大的计量单位来编制的。概算指标的设定和初步设计的深度相适应，一般是在概算定额和预算定额的基础上编制的，是设计单位编制设计概算或建设单位编制年度投资计划的依据，也可作为编制估算指标的基础。

投资估算指标是在项目建议书和可行性研究阶段编制投资估算、计算投资需要量时使用的一种指标，是合理确定项目投资的基础。它往往以独立的单项工程或完整的工程项目为计算对象，编制内容是所有项目费用之和。

（三）按照投资的费用性质分类

按照投资的费用性质可将建设工程定额分为建筑工程定额、设备安装工程定额、建筑安装工程费用定额、工器具定额以及工程建设其他费用定额等。

建筑工程定额是建筑工程的施工定额、预算定额、概算定额和估算指标的统称。建筑工程一般理解为房屋和构筑物工程。建筑工程定额在整个建设工程定额中占有重要的地位。

设备安装工程定额是安装工程的施工定额、预算定额、概算定额和估算指标的统称。设备安装工程一般是指对需要安装的设备进行定位、组合、校正、调试等工作的工程。在通用定额中有时把建筑工程定额和安装工程定额合二为一，称为建筑安装工程定额。建筑安装工程定额属于直接工程费定额，仅仅包括施工过程中人工、材料、机械台班消耗的数量标准。

建筑安装工程费用定额一般包括两部分内容：措施费定额和间接费定额。

工器具定额是为新建项目或扩建项目投产运转首次配置的工具、器具数量标准。工具和器具是指按照有关规定不够固定资产标准而起劳动手段作用的工具、器具和生产用家具。

工程建设其他费用定额是独立于建筑安装工程定额、设备和工器具购置之外的其他费用开支的标准。工程建设其他费用定额是按各项独立费用分别编制的，以便合理控制这些费用的开支。

（四）按照专业性质分类

按照专业性质可将建设工程定额分为全国通用定额、行业通用定额和专业专用定额。

全国通用定额是指在部门间和地区间都可以使用的定额。

行业通用定额是指具有专业特点在行业部门内可以通用的定额。

专业专用定额是特殊专业的定额，只能在指定的范围内使用。

（五）按照主编单位和管理权限分类

按照主编单位和管理权限可将建设工程定额分为全国统一定额、行业统一定额、地区统一定额、企业定额及补充定额。

全国统一定额是由国家建设行政主管部门，综合全国工程建设中技术和施工组织管理的情况编制，并在全国范围内执行的定额。

行业统一定额是由行业建设行政主管部门，考虑到各行业部门专业工程技术特点以及施工生产和管理水平编制的，一般只在本行业和相同专业性质的范围内使用。

地区统一定额是由地区建设行政主管部门，考虑地区性特点和全国统一定额水平作适当调整和补充而编制的，仅在本地区范围内使用。

企业定额是指由施工企业考虑本企业的具体情况，参照国家、部门或地区定额进行编制，只在本企业内部使用的定额。企业定额水平应高于国家现行定额，才能满足生产技术发展、企业管理和增强市场竞争能力的需要。

补充定额是指随着设计、施工技术的发展，在现行定额不能满足需要的情况下，为了补充缺陷所编制的定额。补充定额只能在指定的范围内使用，可以作为以后修订定额的基础。

第二节　工程量清单

一、工程量清单的作用

工程量清单是指由建设工程招标人发出的，对招标工程的全部项目，按统一的工程量计算规则、项目划分和计量单位计算出的工程数量列出的表格。它是按照招标要求和施工设计图纸要求规定将拟建招标工程的全部项目与内容，依据统一的工程量计算规则、统一的工程量清单项目编制规则要求，计算拟建招标工程的分部分项工程数量的表格。

工程量清单是招标文件的组成部分，是由招标人发出的一套注有拟建工程各实物工程名称、性质、特征、单位、数量及开办项目、税费等相关表格组成的文件。在理解工程量清单的概念时，首先，应注意到，工程量清单是一份由招标人提供的文件，编制人是招标人或其委托的工程造价咨询单位。其次，从性质上说，工程量清单是招标文件的组成部分，一经中标且签订合同，即成为合同的组成部分，因此无论是招标人还是投标人都应该慎重对待。最后，工程量清单的描述对象是拟建工程，其内容涉及清单项目的性质、数量等，并以表格为主要表现形式。作为招标文件的组成部分，一个最基本的功能是作为信息的载体，为潜在的投标者提供必要的信息。此外，其还具有以下作用：

(1)实行工程量清单计价，是规范建设市场秩序，适应社会主义市场经济发展的需要，工程量清单计价是市场形成工程造价的主要形式，工程量清单计价有利于发挥企业自主报价的能力，实现由政府定价向市场定价的转变；有利于规范业主在招标中的行为，有效避免招标单位在招标中盲目压价的行为，从而真正体现公开、公平、公正的原则，适应市场经济规律。

(2)实行工程量清单计价，是促进建设市场有序竞争和健康发展的需要。工程量清单招标投标，对招标人来说，由于工程量清单是招标文件的组成部分，招标人必须编制出准确的工程量清单，并承担相应的风险，可促进招标人提高管理水平。由于工程量清单是公开的，将避免工程招标中弄虚作假、暗箱操作等不规范的行为。对投标人来说，要正确进行工程量清单报价，必须对单位工程成本、利润进行分析，精心选择施工方案，合理组织施工，合理控制现场费用和施工技术措施费用。此外，工程量清单对保证工程款的支付、结算都起到重要的作用。

(3)实行工程量清单计价，有利于我国工程造价政府管理职能的转变。实行工程量清单计价，将过去由政府控制的指令性定额计价转变为适应市场经济规律的工程量清单计价方法，由过去政府直接干预转变为对工程造价依法监督，有效地加强了政府对工程造价的宏观控制。

(4)实行工程量清单计价，是适应我国加入世界贸易组织(WTO)，融入世界大市场的需要。随着我国改革开放的进一步加快，中国经济日益融入全球市场，特别是我国加入世界贸易组织后，建设市场将进一步对外开放。国外的企业以及投资的项目越来越多地进入国内市场，我国企业走出国门投资和经营的项目也在增加。为了适应这种对外开放的建设市场形式，就必须与国际通行的计价方法相适应，为建设市场主体创造一个与国际管理接轨的市场竞争环境。工程量清单计价是国际通行的计价办法，在我国实行工程量清单计价，有利于提高国内建设各主体方参与国际化竞争的能力。

二、工程量清单的编制

工程量清单是招标文件的重要组成部分，主要由分部分项工程量清单、措施项目清单和其他项目清单等组成，是编制标底和投标报价的依据，是签订工程合同、调整工程量和办理竣工结算的基础。

工程量清单由有编制招标文件能力的招标人或受其委托具有相应资质的工程造价咨询机构、招标代理机构依据有关计价办法、招标文件的有关要求、设计文件和施工现场实际情况进行编制。

(一)工程量清单的编制原则

(1)工程量清单应包括由承包人完成工程施工的全部项目，用工程量和文字清楚地表示。工程量清单发出后，若发现清单的工程量与施工设计图纸不一致，可通过招标补充通知或招标答疑会议纪要予以更正。

(2)工程量清单编制应遵循“四统一”的原则，即统一项目编码、统一项目名称、统一工程量计算规则、统一计量单位，且都要按计价规范的规定执行。

(二)工程量清单格式的编制

1.封面

封面由招标人填写、签字和盖章。

2.填表须知

填表须知主要包括下列内容：①工程量清单及其计价格式中要求签字、盖章的地方，必须由规定的单位和人员签字、盖章；②工程量清单及其计价格式中的任何内容不得随意删除或涂改；③工程量清单计价格式中列明的所有需要填报的单价和合价，投标人均应填报，未填报的单价和合价，视为此项费用已包含在工程量清单的其他单价和合价中；④明确金额的表示币种。

3.总说明

总说明应按下列内容填写：①工程概况，如建设规模、工程特征、计划工期、施工现场实际情况、交通运输情况、自然地理条件、环境保护要求等；②工程招标和分包范围；③工程量清单编制依据；④工程质量、材料、施工等的特殊要求；⑤招标人自行采购材料的名称、规格型号、数量等；⑥其他项目清单中招标人部分(包括预留金、材料购置费等)的金额数量；⑦其他需说明的问题。

4. 分部分项工程量清单

分部分项工程量清单应包括项目编码、项目名称、计量单位和工程数量四个部分。分部分项工程量清单为不可调整的闭口清单，投标人对投标文件提供的分部分项工程量清单必须逐一计价，对清单所列内容不允许作任何更改变动。投标人如果认为清单内容有不妥或遗漏，只能通过质疑的方式由清单编制人作统一的修改更正，并将修正后的工程量清单发往所有的投标人。

工程量清单的项目设置规则是为了统一工程量清单项目名称、项目编码、计量单位和工程量计算而制定的，是编制工程量清单的依据。在《建设工程工程量清单计价规范》（GB 50500—2008）中，对工程量清单项目的设置作了明确的规定。

1）项目编码

项目编码以五级编码设置，用12位阿拉伯数字表示。第一、二、三、四级编码统一；第五级编码由工程量清单编制人区分具体工程的清单项目特征而分别编码。各级编码代表的含义如下：

（1）第一级表示分类码（分二位），建筑工程为01、装饰装修工程为02、安装工程为03、市政工程为04、园林绿化工程为05。

（2）第二级表示章顺序码（分二位），如建筑工程的土方工程（0101…）。

（3）第三级表示节顺序码（分二位），如混凝土工程中的现浇柱（010402…）。

（4）第四级表示清单项目码（分三位），如现浇混凝土板中的现浇有梁板（010405001…）。

（5）第五级表示具体清单项目码（分三位）。

工程量清单项目编码结构如图3-3所示（以建筑工程为例）。

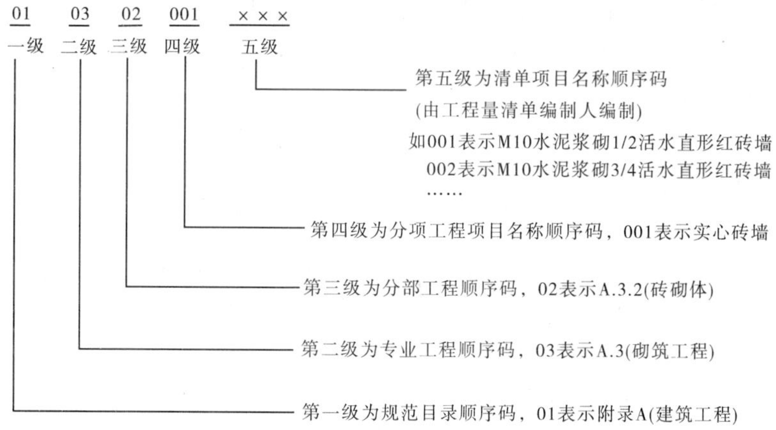

图3-3 工程量清单项目编码结构

2）项目名称

项目名称原则上以形成工程实体而命名。项目名称如有缺项，招标人可按相应的原则进行补充，并报当地工程造价管理部门备案。

3）项目特征

项目特征是对项目的准确描述，是影响价格的因素，是设置具体清单项目的依据。项目特征按不同的工程部位、施工工艺或材料品种、规格等分别列项。凡项目特征中未描述的其他独有特征，由清单编制人视项目具体情况确定，以准确描述清单项目为准。

4）计量单位

计量单位应采用基本单位，除各专业另有特殊规定外，均按以下单位计量：

（1）以质量计算的项目——吨或千克（t或kg）；

（2）以体积计算的项目——立方米（m^3）；

（3）以面积计算的项目——平方米（m^2）；

（4）以长度计算的项目——米（m）；

（5）以自然计量单位计算的项目——个、套、块、樘、组、台……

（6）没有具体数量的项目——系统、项……

各专业有特殊计量单位的，再另外加以说明。

5. 措施项目清单

措施项目清单应根据拟建工程的具体情况列项。措施项目指为完成工程项目施工，发生于该工程施工前和施工过程中技术、生活、安全等方面的非工程实体项目。

1）措施项目清单的编制规则

《建设工程工程量清单计价规范》（GB 50500—2008）有以下规定：措施项目清单应根据拟建工程的具体情况，参照措施项目一览表（见表3-1）列项。

表3-1　通用措施项目一览表

序号	项目名称
1	安全文明施工（含环境保护、文明施工、安全施工、临时设施）
2	夜间施工
3	二次搬运
4	冬、雨季施工
5	大型机械设备进出场及安拆
6	施工排水
7	施工降水
8	地上、地下设施，建筑物的临时保护设施
9	已完工程及设备保护

编制措施项目清单，措施项目中可以计算工程量的项目清单宜采用分部分项工程量清单的方式编制，列出项目编码、项目名称、项目特征、计量单位和工程量计算规则；不能计算工程量的项目清单，以“项”为计量单位。

2）措施项目清单的编制依据

（1）拟建工程的施工组织设计。

（2）拟建工程的施工技术方案。

（3）与拟建工程相关的工程施工规范与工程验收规范。

(4)招标文件。

(5)设计文件。

3)措施项目清单的设置

措施项目清单的设置，首先，要参考拟建工程的施工组织设计，以确定环境保护、文明安全施工、材料的二次搬运等项目；其次，参阅施工技术方案，以确定夜间施工、大型机具进出场及安拆、混凝土模板与支架、脚手架、施工排水降水、垂直运输机械、组装平台、大型机具使用等项目。参阅相关的施工规范与工程验收规范，可以确定施工技术方案没有表述的，但是为了满足施工规范与工程验收规范要求而必须发生的技术措施；招标文件中提出的某些必须通过一定的技术措施才能实现的要求，设计文件中一些不足以写进技术方案的，但是要通过一定的技术措施才能实现的内容，都需要设置措施项目清单。《建设工程工程量清单计价规范》(GB 50500—2008)规定了措施清单项目及其列项条件，投标人可以根据实际情况变更、增减列项。

6. 其他项目清单

其他项目清单应根据拟建工程的具体情况，参照下列内容列项：

(1)暂列金额。指招标人在工程量清单中暂定并包括在合同价款中的一笔款项。用于施工合同签订时尚未确定或者不可预见的材料、设备及服务的采购，施工中可能发生的工程变更、合同约定调整因素出现时的工程价款调整以及发生的索赔、现场签证确认等的费用。

(2)暂估价。包括材料暂估单价、专业工程暂估价。招标人在工程量清单中提供的用于支付必然发生但暂时不能确定价格的材料的单价以及专业工程的金额。

(3)计日工。在施工过程中，完成发包人提出的施工图纸以外的零星项目或工作，按合同中约定的综合单价计价。

(4)总承包服务费。总承包人为配合协调发包人进行的为工程分包自行采购的设备和材料等进行管理、服务以及施工现场管理、竣工资料汇总整理等服务所需的费用。

7. 规费项目清单编制、税金项目清单编制

规费项目清单应按照工程排污费、工程定额测定费、社会保障费列项，包括养老保险费、失业保险费、医疗保险费、住房公积金、危险作业意外伤害保险。出现本规范第 3.5.1 条未列的项目，应根据省级政府或省级有关权力部门的规定列项。

税金项目清单应包括：营业税、城市维护建设税、教育费附加等内容。如果国家税法发生变化，税务部门依据税法增加了税种，应对税金项目清单进行补充。

三、工程量清单计价的方法

以招标人提供的工程量清单为平台，投标人根据自身的技术、财务、管理能力进行投标报价，招标人根据具体的评标细则进行优选，这种计价方式是市场定价体系的具体表现形式。

工程量清单计价的基本过程可以概括为：在统一的工程量清单计量规则的基础上，制定工程量清单项目设置规则，根据具体工程的施工图纸计算出各个清单项目的工程量，再根据各种渠道所获得的工程造价信息和经验数据计算得到工程造价。这一基本的计价过程如图 3-4 所示。

从图 3-4 可以看出，其编制过程可以分为工程量清单格式的编制和利用工程量清单

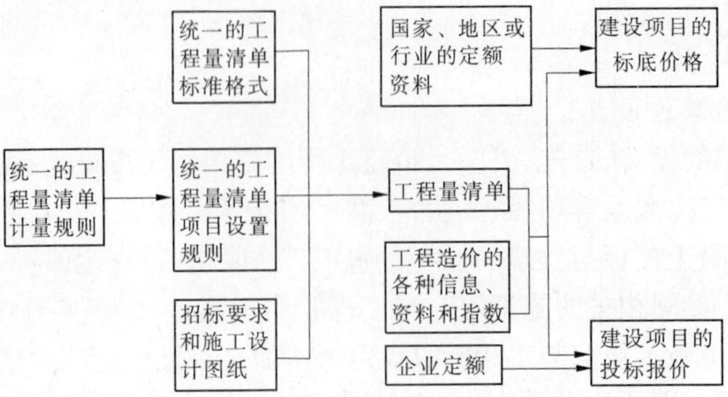

图 3-4　工程量清单计价过程示意

来编制投标报价两个阶段。投标报价是在业主提供的工程量计算结果的基础上，根据企业自身所掌握的各种信息、资料，结合企业定额编制得出的。

$$分部分项工程费 = \sum(分部分项工程量 \times 分部分项工程单价) \tag{3-1}$$

式中，分部分项工程单价由人工费、材料费、机械费、管理费、利润等组成，并考虑风险费用。

$$措施项目费 = \sum(措施项目工程量 \times 措施项目综合单价) \tag{3-2}$$

式中，措施项目包括通用项目、建筑工程措施项目、安装工程措施项目和市政工程措施项目，措施项目综合单价的构成与分部分项工程单价构成类似。

$$单位工程报价 = 分部分项工程费 + 措施项目费 + 其他项目费 + 规费 + 税金 \tag{3-3}$$

$$单项工程报价 = \sum 单位工程报价 \tag{3-4}$$

$$建设项目总报价 = \sum 单项工程报价 \tag{3-5}$$

就我国目前的实践而言，工程量清单计价作为一种市场价格的形成机制，其使用主要在工程招标投标阶段。因此，工程量清单计价的操作过程可以从招标、投标、评标三个阶段来阐述。

（一）工程招标阶段

招标单位在工程方案、初步设计或部分施工图设计完成后即可委托标底编制单位（或招标代理单位）按照统一的工程量计量规则，再以单位工程为对象，计算并列出各分部分项工程的工程量清单（应附有有关的施工内容说明），作为招标文件的组成部分发放给各投标单位。其工程量清单的粗细程度、准确程度取决于工程的设计深度及编制人员的技术水平和经验。在分部分项工程量清单中，项目编号、项目名称、计量单位和工程数量等项由招标单位根据全国统一的工程量清单项目设置规则与计量规则填写。单价与合价由投标人根据自己的施工组织设计（如工程量的大小、施工方案的选择、施工机械和劳动力的配备、材料供应等）以及招标单位对工程的质量要求等因素综合评定后填写。

（二）投标单位作标书阶段

投标单位接到招标文件后，首先，要对招标文件进行透彻的分析研究，对图纸进行仔细的理解。其次，要对招标文件中所列的工程量清单进行审核，审核中，要视招标单位是否允许对工程量清单内所列的工程量误差进行调整决定审核办法。如果允许调整工程量,就要详细审核工程量清单内所列的各工程项目的工程量,对有较大误差的,通过招标单位答疑会提出调整意见,取得招标单位同意后进行调整;如果不允许调整工程量,则不需要对工程量进行详细的审核,只对主要项目或工程量大的项目进行审核,发现这些项目有较大误差时,可以利用调整这些项目单价的方法解决。最后,工程量套用单价及汇总计算。工程量单价的套用有两种方法:一种是工料单价法,另一种是综合单价法。工料单价法即工程量清单的单价,按照现行预算定额的工、料、机消耗标准及预算价格确定。其他直接费、现场经费、管理费、利润、有关文件规定的调价、风险金、税金等费用计入其他相应标价计算表中。综合单价法即工程量清单的单价综合了直接工程费、间接费、有关文件规定的调价、材料价格差价、利润、风险金、税金等一切费用。工料单价法虽然价格的构成比较清楚,但缺点也是明显的,由于反映不出工程实际的质量要求和投标企业的真实技术水平,容易使企业再次陷入定额计价的老路。综合单价法的优点是当工程量发生变更时,易于查对,能够反映本企业的技术能力及工程管理能力。根据我国现行的工程量清单计价办法,工程量单价采用的是综合单价。

(三)评标阶段

在评标时可以对投标单位的最终总报价以及分项工程综合单价的合理性进行评分。由于采用了工程量清单计价方法,所有投标单位都站在同一起跑线上,因而竞争更为公平合理,有利于实现优胜劣汰,而且在评标时应坚持倾向于合理低标价中标的原则。当然,在评标时仍然可以采用综合计分的方法,不仅考虑报价因素,而且对投标单位的施工组织设计、企业业绩和信誉等按一定的权重分值分别进行计分,按总评分的高低确定中标单位;或者采用两阶段评标的办法,即先对投标单位的技术方案进行评价,在技术方案可行的前提下,再以投标单位的报价作为评标定标的唯一因素,这样既可以保证工程建设质量,又有利于业主选择一个合理的、报价较低的单位中标。

四、工程量清单计价的格式

(一)计价格式的内容

工程量清单计价格式由下列内容组成。

1. 封面

封面由以下内容组成:

(1)工程量清单见附录封—1。

(2)招标控制价见附录封—2。

(3)投标总价见附录封—3。

(4)竣工结算总价见附录封—4。

填表须知主要包括下列内容:

(1)工程量清单及其计价格式中所要求签字、盖章的地方,必须有规定的单位和人员签字、盖章。

(2)工程量清单及其计价格式中的任何内容不得随意删除或涂改。

(3)工程量清单计价格式中列明的所有需要填报的单价和合价,投标人均应填报,未填报的单价和合价,视为此项费用已包含在工程量清单的其他单价和合价中。

(4)明确金额的表示币种。

2. 总说明

总说明应按以下内容填写:

(1)工程概况,即建设规模、工程特征、计划工期、施工现场实际情况、交通运输情况、自然地理条件、环境保护要求等。

(2)工程招标和分包范围。

(3)工程量清单编制依据。

(4)工程质量、材料、施工等的特殊要求。

(5)招标人自行采购材料的名称、规格、型号、数量等。

(6)其他项目清单中属招标人部分的(包括预留金、材料购置费等)金额数量。

(7)其他需说明的问题。

3. 汇总表

(1)工程项目招标控制价/投标报价汇总表见附表1。

(2)单项工程招标控制价/投标报价汇总表见附表2。

(3)单位工程招标控制价/投标报价汇总表见附表3。

(4)工程项目竣工结算汇总表见附表4。

(5)单项工程竣工结算汇总表见附表5。

(6)单位工程竣工结算汇总表见附表6。

4. 分部分项工程量清单表

(1)分部分项工程量清单计价表见附表7。

(2)工程量清单综合单价分析表见附表8。

5. 措施项目清单表

(1)措施项目清单与计价表(一)见附表9。

(2)措施项目清单与计价表(二)见附表10。

6. 其他项目清单表

(1)其他项目清单与计价汇总表见附表11。

(2)暂列金额明细表见附表12。

(3)材料暂估单价表见附表13。

(4)专业工程暂估价表见附表14。

(5)计日工表见附表15。

(6)总承包服务费计价表见附表16。

(7)索赔与现场签证计价汇总表见附表17。

(8)费用索赔申请(核准)表见附表18。

(9)现场签证表见附表19。

7. 规费、税金项目清单与计价表

规费、税金项目清单与计价表见附表20。

8. 工程款支付申请(核准)表

工程款支付申请(核准)表见附表21。

(二)计价表格使用规定

工程量清单与计价宜采用统一格式。各省、自治区、直辖市建设行政主管部门和行业建设主管部门可根据本地区、本行业的实际情况,在本规范计价表格的基础上补充完善。

工程量清单的编制应符合下列规定:

(1)工程量清单编制使用表格包括:封—1、附表7、附表9~附表16、附表20。

(2)招标控制价、投标报价、竣工结算的编制应符合下列规定:

①招标控制价使用表格包括:封—2、附表1~附表3、附表7~附表16、附表20。

②投标报价使用的表格包括:封—3、附表1~附表3、附表7~附表16、附表20。

③竣工结算使用的表格包括:封—4、附表4~附表16、附表20、附表21。

(3)封面应按规定的内容填写、签字、盖章,除承包人自行编制的投标报价和竣工结算外,受委托编制的招标控制价、投标报价、竣工结算若为造价员编制的,应有负责审核的造价工程师签字、盖章以及工程造价咨询人盖章。

(4)总说明应按下列内容填写:

①工程概况。建设规模、工程特征、计划工期、合同工期、实际工期、施工现场及变化情况、施工组织设计的特点、自然地理条件、环境保护要求等。

②编制依据。投标人应按招标文件的要求,附工程量清单综合单价分析表。工程量清单与计价表中列明的所有需要填写的单价和合价,投标人均应填写,未填写的单价和合价,视为此项费用已包含在工程量清单的其他单价和合价中。

第三节 其他确定依据

在工程量清单计价的编制过程中,其他确定依据有很多,一般主要有以下三个方面。

一、工程技术文件

(一)建设工程设计文件

建设工程设计文件会审后的施工图纸及图纸会审纪要,其完整地反映了工程的具体内容、各部位的具体做法、结果尺寸,所以它是编制工程量清单及投标报价的重要依据。

熟悉图纸的重点,首先检查图纸是否齐全,设计要求采用的标准图集是否具备,图示尺寸是否有误,建筑施工图、结构施工图、细部大样详图之间是否交圈,总之,对设计图纸和说明的要求要完全看懂,从而掌握设计意图。在熟悉施工图的过程中,要随时将发现的和不明白的问题作书面记录,以便将来施工图纸会审时解决。

对施工图纸的熟悉和审核,一般的顺序和要求如下:

(1)总平面图。了解新建工程位置、坐标、标高、等高线、地上地下障碍物、地形地貌等情况。

(2)基础平面图。可以提供基础工程做法、基础槽底标高、计算尺寸、管道及盖板的布置等情况,同时要了解节点大样、首层平面图柱列轴线、基础、墙身、楼梯基础等各部位尺寸。

(3)结构施工图。包括各层平面图、节点大样、结构部件模板配筋图等。要结合建筑平面图、剖面图对结构尺寸、总长度、分段长度、总高度、分层高度、大样详图、节点标高、构件规格数量等数据进行校对。有关构件间的标高和尺寸必须交圈对口,以免发生差错。

(4)建筑施工图。包括各层平面图、立面图、剖面图、楼梯详图、特殊房间布置图等。要核对其室内开间、进深、高度、檐高、屋面泛水坡度、建筑配件细部等尺寸有无矛盾,要逐层核对。各种变形缝的做法要求,尤其是特殊项目的特殊要求(如防水、吸音、采光、遮光、各种高级装饰、防火(防烟)、各种自控装置等),都要了解其具体做法、设计要求和材料供应方式,以便结合综合基价规定,考虑材料预算价格和单位估价表的补充,以免在编制预算中遗漏。

对木门窗、木装修项目,要根据建筑平面图、立面图和大样详图核对门窗樘数、标准图代号、面积尺寸、玻璃、铁纱、油漆等要求,以及压缝条、贴脸、挂镜线、门窗套、墙裙、护墙板、吊顶、特殊五金、木地板及其防潮、防水、填充材料等做法和尺寸有无差错,非标准门窗有无详图,尤其是高级装修如铝合金制品、中空玻璃、高级面板装饰等做法及材料供应方式,都要记录下来,以便向设计单位和业主了解情况、解决问题。

对于设计单位提供的施工图,一般都由业主组织设计单位和承包商、监理单位进行认真细致的审查,这种共同审查施工图纸的方法,称为图纸会审(又称技术交底)。

在图纸会审会上,除由设计单位介绍施工图的主要特点和施工要求,某些特殊材料,需要安装的设备以及它们的规格、型号要求外,还要回答和解决承包商与业主针对施工图纸提出的问题,对原施工图作出必要的修改、补充或说明,必要时设计单位应进行图纸修改或补图。最后,将需要修改、补充或说明的内容整理打印成文,经三方会签,称为图纸会审纪要,作为设计文件的一部分在施工时一并执行。

工程造价人员应积极参加图纸会审,将熟悉图纸过程中发现和不明白的问题提出来,请设计单位解答,这对理解设计意图、准确编制招标投标文件有很大帮助。

(二)与建设工程项目有关的标准、规范、技术资料

与建设工程项目有关的标准、规范、技术资料(如03G101图集等)等,反映了工程的技术特征及施工方法,它是工程量清单及工程量清单计价编制的重要依据。

(三)招标文件及其补充通知、答疑纪要

招标文件应当包括招标项目的技术要求和投标报价要求。招标文件是招标人编制工程量清单、投标人参与投标活动、进行投标报价的行动指南。招标文件一般包括投标人须知前附表、投标人须知、合同通用条款、合同专用条款、技术规范、图纸、评标和定标办法、工程量清单以及必要的附表,如各种担保或保函的格式等。

招标文件应当包括招标项目的技术要求和投标报价要求。工程量清单是招标文件的组成部分,工程量清单体现了招标人要求投标人完成的工程项目及相应的工程数量,全面反映了投标报价要求,是投标人进行报价的依据,因此工程量清单是招标文件不可分割的一部分。

工程量清单与招标文件其他部分的关联:工程量清单与招标文件的各部分共为一体,在招标文件中与工程量清单关联最密切的有投标人须知中的发包范围、合同通用条款、合同专用条款等。

招标人应将工程量清单连同招标文件的其他内容一并发(售)给投标人,招标人对编制的工程量清单的准确性和完整性负责，投标人依据工程量清单进行报价，对清单不负有核实的义务，更不具有修改和调整的权利。

工程量清单作为投标人报价的共同平台，其准确性——数量不算错、完整性——不缺项漏项，均由招标人负责，如招标人委托工程造价咨询人编制，责任仍由招标人承担，至于造价咨询人承担的具体责任应由招标人通过咨询合同约定。

在工程建设的各个阶段，都有可能发生索赔，一般，施工阶段索赔发生的最多。然而索赔的“种子”不是在合同履行中产生的，而是在招标中已经埋下，正是招标文件引发了索赔的开始。

在招标文件及工程量清单编制时，编制人员对索赔事件应有良好的预见性，尽量减少索赔的可能性。

二、要素市场价格信息

（一）地区材料

地区材料覆盖范围大，而定额中的材料是有限的，实际工程遇到定额中没有而地区材料中有的材料，则采用地区材料预算价格。

（二）信息价

材料费在工程成本中占较大比重，在市场经济条件下，材料的价格是随市场变化而变化的。为使工程造价尽可能接近实际，各地区工程造价管理总站都会定期公布信息价，并且会有明确的调价规定。

因此，合理确定材料预算价格及其调价规定是编制工程量清单及工程量清单计价的重要依据。

三、建设工程环境条件

施工现场情况、工程特点决定了建设地点的土质、地质情况，土石方开挖的施工方法及余土外运方式与运距，施工机械的使用情况是工程施工的制约因素，必然影响工程成本，是编制工程量清单和投标报价时必须考虑的，所以要尽可能了解清楚。

（1）施工现场条件，可通过踏勘现场和研究招标单位提供的地基勘探报告资料了解。施工现场条件主要有：场地的地理位置，地上、地下有无障碍物，地基土质及其承载力，进出场通道，给水排水、供电和通信设施，材料堆放场地的最大容量，是否需要二次搬运，临时设施场地等。

（2）自然条件中影响施工的主要是风、雨、气温等因素。施工季节不同对施工过程的要求不同。例如，在北方进行冬季施工时，就要考虑防冻保温的问题，混凝土中要加防冻剂，现浇混凝土构件外要加草袋等。雨季施工时要考虑在施工现场抽排水的问题。不同的施工环境和条件对人工、机械、现场的安全防护措施、资源调配等有不同的要求。因此，不同的施工环境与条件也会引起企业定额相应部分消耗量的变化，每个项目应充分考虑季节、环境、施工条件对项目成本的影响。

（3）建材供应条件，包括砂石等地方材料的采购和运输，钢材、水泥、木材等材料的供应来源和价格，当地供应构配件的能力和价格，租赁建筑机械的可能性和价格等。

第四节　企业定额

一、企业定额的概念及特点

（一）企业定额的概念

企业定额是指建筑安装企业根据本企业的技术水平和管理水平，编制完成单位合格产品所必需的人工、材料和施工机械台班的消耗量，以及其他生产经营要素消耗的数量标准。企业定额是一种事先规定的消耗标准。

企业定额是企业内部根据自身的生产力水平，结合企业实际情况编制的符合本企业实际利益的定额。它是一个企业自身的劳动生产率、成本降低率、机械利用率、管理费用节约率和材料合理使用等的集中体现，也是企业采用先进工艺改变常规施工程序从而大大节约企业成本开支的方法。企业定额水平一般应高于国家现行定额水平，才能满足生产技术发展、企业管理和市场竞争的需要，才能在激烈的市场竞争中赢得利润。

对于建筑安装企业而言，企业定额反映企业施工生产和生产消费之间的数量关系，是施工企业生产力水平的体现。

企业的技术和管理水平不同，企业定额的定额水平也就不同。因此，企业定额是施工企业进行施工管理和投标报价的基础与依据，是企业的商业机密，是企业参与市场竞争的核心竞争力的具体表现。

（二）企业定额的特点

企业定额具有以下特点：

（1）企业定额各单项的平均造价要比社会平均价低，体现企业定额的先进合理性，至少要基本持平，否则，就失去企业定额的实际意义。

（2）企业定额要体现本企业在某方面的技术优势，以及本企业的局部管理或全面管理方面的优势。

（3）企业所有的各项单价都是动态的、变化的，具有市场性。

（4）企业定额要紧紧联系施工方案、施工工艺并与其能全面接轨。

二、企业定额的作用

（一）企业定额是施工企业进行建设工程投标报价的重要依据

工程量清单计价的国家标准是《建设工程工程量清单计价规范》（GB 50500—2008）。工程量清单计价，是一种与市场经济相适应，通过市场形成建设工程价格的计价模式，它要求各投标企业必须通过能综合反映企业的施工技术、管理水平、机械设备、工艺能力、工人操作能力的企业定额来进行投标报价，这样才能真正体现出个别成本的差距，实现市场竞争。因此，实现工程量清单计价的关键及核心就在于企业定额的编制和使用。

企业定额反映企业的生产力水平、管理水平和市场竞争力。企业定额中的工时、物料、机具消耗量的确定，是建立在价格与价值基本统一的基础上的，反映的是一定时期本企业的生产力水平。它以体现企业自身实力和市场价格水平的报价参与市场竞争,是科学、合理、先进的企业管理水平的体现,是衡量建筑产品企业个别成本水平的尺度标准。经营要保证产生一定利润,盈利是一个企业的生产目标,没有盈利,就没有扩大再生产,企业就不可能发展。企业定额的应用,促使了企业在市场竞争中按实际消耗水平报价。在现阶段市场经济萌芽初期,为规范承发包行为,为建筑企业在市场竞争中求生存、求发展,企业定额的建立和运用一定会产生深远与重大的影响。

(二)企业定额的建立和运用可以提高企业管理水平

企业定额反映的是一定时期单位工程的人、材、机及其他费用的消耗水平,它是动态和发展的,因此就需要一批优秀的技术经济人才来研究和测定,企业定额真正地体现了管理水平。

企业不仅要提高管理水平,还要加强和重视企业成本核算。工程项目是企业利润的源泉,降低工程成本就成了增加利润的主要渠道。用企业定额对直接影响成本的资金因素、工期因素、质量因素、环境因素、技术因素、招标人对市场占有率因素等作准确的测算、分析和评判是提高企业管理水平的重要工作,是企业科学地进行经营决策的依据。它对加强成本管理,挖掘企业降低成本的潜力,提高经济效益具有重大的意义。

(三)企业定额是业内推广先进技术和鼓励创新的工具

企业定额代表企业的先进施工技术水平、施工机具和施工方法。它实际上也是企业推动技术创新和管理创新的一种重要手段。

(四)企业定额的建立和运用可以规范承发包行为

施工企业经营活动的主导思想应通过工程项目的承建来谋求质量、工期、信誉的最优化。这样,企业才能走向良性循环的发展道路,建筑业也才能走向可持续发展的道路。企业定额的应用,促使企业在市场竞争中按实际消耗水平报价,避免施工企业为在竞标中取胜,无节制的压价,造成企业效率低下、生产亏损,避免业主在招标中产生腐败现象。价格是商品价值的货币表现,只有“价实”才能“货真”,价不实必然导致货不真。施工企业“杀鸡取卵”的竞标损害了施工质量,不仅对施工企业乃至建筑行业的可持续发展均会产生不利影响,而且长此下去会严重扰乱建筑市场。

三、企业定额的编制原则与依据

(一)企业定额的编制原则

1. 平均先进原则

平均先进是就企业定额的水平而言的,它应该是在正常的施工条件下能够达到或者超越的水平;平均先进水平是对于大部分的施工班组或者大部分的工人而言,经过自身的努力都应该能够达到或者超越的水平。平均先进水平可以使施工工人不断提高自身的施工作业水平,节约劳动时间,减少劳动损耗,有鼓励先进劳动者、勉励中进劳动者、促进后进劳动者的作用。

2. 简明适用原则

简明适用是就企业定额的内容和形式而言的,旨在方便定额的贯彻和执行,即努力使企业定额达到项目齐全、粗细恰当、步距合理的效果。

企业定额要满足我国工程量清单计价规范的要求，因此在编制过程中应依据国家规范在项目编号、项目名称、项目特征、工作内容、计量单位及工程量计算规则等方面保持一致(即六个统一)，这样才便于施工企业在市场中的竞争，便于投标报价，也才能进一步对社会平均消耗水平和企业个别消耗水平进行对比分析。

3. 以专家为主进行定额编制的原则

编制企业定额，要以专家为主。所谓的专家，就是指那些经验丰富、技术与管理知识全面、有一定政策水平的稳定的人员，同时也要注意必须走群众路线，尤其是在现场测定和组织新定额试点时。

4. 独立自主进行编制的原则

企业独立自主地编制定额，主要是自主地确定定额水平，自主地划分定额项目，自主地根据需要增加新的定额项目。

5. 进行动态管理的原则

在某段特定的时期内，企业定额是稳定不变的，但是这种稳定性是相对于某段时期而言的，如果时间变了，企业定额必将随之改变，这就是企业定额的时效性。当已有的企业定额已经不能满足市场竞争的要求时，则需重新编制和修订。

6. 保密原则

企业定额的指标体系及标准要严格保密。工程项目在投标报价的过程中企业现行的定额水平如被竞争对手获取，会给企业带来不可估量的损失。因此，企业要有自我保护意识和相应的保密措施。

(二)企业定额的编制依据

1. 有关的法律法规及相关的制度和政策等

有关的法律法规及相关的制度和政策包括：建筑安装工人技术等级标准、建筑安装工人及管理人员工资标准、劳动保护制度、工资奖励制度、用工制度、利税制度、八小时工作日制度等。

2. 技术依据

技术依据分为规范类和技术测定及统计资料类两类。规范类即国家颁发施行(或试行)的各种规范、规程、标准和制度。技术测定及统计资料类主要是指科学试验、现场技术测定数据和工时消耗的单项与综合统计资料。

3. 经济依据

经济依据主要是指《全国统一建筑安装工程量劳动定额》、《全国统一安装工程焊接材料消耗定额》、《全国统一施工机械台班费用定额》、《全国统一建筑工程基础定额》、《建设工程工程量清单计价规范》(GB 50500—2008)及《建筑安装工程费用项目组成》等定额和市场人工、材料、机械的价格信息。

四、企业定额的编制方法

(一)企业定额的编制内容

企业定额的编制内容应包括：编制方案，总说明，工程量计算规则，定额划项，定额水平的制定(人工、材料、机械台班消耗水平和管理成本费的测算与制定)，定额水平的测算

（典型工程测算及与全国基础定额的对比测算），定额编制基础资料的整理、归类和编写。

按《建设工程工程量清单计价规范》（GB 50500—2008）的要求，编制的内容包括：

（1）工程实体消耗定额，即构成工程实体的分部（项）工程的人工、材料、机械定额消耗量。实体消耗量就是构成工程实体的人工、材料、机械台班的消耗量，其中人工消耗量要根据本企业工人的操作水平确定。材料消耗量不仅包括施工材料的净消耗量，还应包括施工损耗。机械消耗量应考虑机械的摊销率。

（2）措施性消耗定额，即有助于工程实体形成的临时设施、技术措施等定额消耗量。措施性消耗量是指为保证工程正常施工所采取的措施的消耗，是根据工程当时当地的情况以及施工经验进行的合理配置。应包括模板的选择、配置与周转，脚手架的合理使用与搭拆，各种机械设备的合理配置等措施性项目。

（3）由计费规则、计价程序、有关规定及相关说明组成的编制规定。各种费用标准，是为施工准备、组织施工生产和管理所需的各项费用，企业管理人员的工资，各种基金、保险费、办公费、工会经费、财务费用、经常费用等。

企业定额的构成及表现形式应视编制的目的而定，可参照统一定额，也可以采用灵活多变的形式，以满足需要和便于使用为准。例如，企业定额的编制目的如果是控制工耗和计算工人的劳动报酬，应采用劳动定额的形式；如果是企业进行工程成本核算，以及为投标报价提供依据，应采取施工定额或定额估价表的形式。

（二）企业定额的编制方法

企业定额的编制方法很多，与其他类型定额的编制方法基本一致，概括起来，主要有统计分析法、经验估计法、比较类推法和技术测定法。在编制企业定额时注意以下几点：一是，对相关的国家、行业和地方定额进行研究，摸清企业定额的编制原则、方法，包含的内容和定额水平；二是，对相关国家、行业和地方劳动定额及预算定额进行比较，确定它们之间的水平相差幅度，然后根据企业历年已完工程的成本数据资料进行统计分析处理，确定各个分项子目企业定额消耗水平；三是，对于初步确定的企业定额框架和内容，通过反复征求意见和试点运行，验证定额水平的合理性和科学性，及时收集整理，逐步形成定额系统和完善定额子目内容。

编制企业定额的关键工作是确定人工、材料和机械台班消耗量，同时还要考虑措施性消耗量及其费用的确定。

1.人工消耗量的确定方法

1）技术测定法

技术测定法是根据先进合理的技术文件及组织条件对定额各部分的人工、材料和机械台班消耗等进行实地观察和计算，然后通过分析计算测定的资料，从而制定、修改定额的一种方法。技术测定法通常采用的方法有写实记录法、测时法、工作日写实法以及简易测定法四种。采用技术测定法编制定额，数据准确可靠，因素分析细致，定额水平的精确度高，适用于生产技术组织条件比较正常、稳定、产品批量大的施工过程，是编制定额的主要方法。但采用此法，技术要求高，工作量较大且比较复杂。

2）统计分析法

统计分析法是指依据数学中统计分析的原理，结合目前企业生产技术水平和管理水平的变化，对过往的实际典型工程实际消耗的统计资料和原始记录进行整理、分析与研究。该方法相对其他方法简单易行，且所确定的定额消耗水平与实际的消耗量水平非常接近。但是使用该方法要求收集大量典型工程的结算资料及其他相关资料，所选择的工程项目也要有代表性、典型性，并且要求该工程的资料一定要完整。统计分析法通常与技术测定法并用。对于还不存在企业定额的企业来说，这是一条编制企业定额的捷径。

3）经验估计法

经验估计法是由定额管理专业人员、工程技术人员和老工人结合在一起，根据个人或集体在从事生产、组织生产、管理生产和贯彻定额中所积累的经验，参考有关的技术资料，通过座谈讨论、反复平衡编制定额的一种方法。

这种方法简单易行，工作量小，速度快，可以缩短编制定额的时间。但由于受到估工人员的经验和水平的局限，又缺乏科学资料依据，估工定额往往容易出现偏高或偏低的现象。因而，它只适用于产品品种规格多、批量小、不易计算工作量的施工（生产）作业，通常作为一次性定额使用。

4）比较类推法

比较类推法，也称"典型定额法"，是以同类型或相似类型产品或工序的典型定额项目的定额水平或技术测定的实耗工时为依据，经过分析比较，类推出同一组定额中各相邻项目定额水平的方法。其具体方法包括比例数示法和坐标图示法两种。这种方法简便，工作量小，只要典型定额选择恰当，切合实际，具有代表性，类推出的定额水平一般比较合理，也符合编制定额全面和快速的要求。这种方法适用于同类产品品种规格多、批量小的施工（生产）过程。

2. 材料消耗量的确定方法

常规材料消耗量按实际消耗测定，并测定其损耗系数；对采用新工艺、新材料因素的材料，可以调查其他专业施工队伍的含量作为标准，待完工核算盈亏，调整含量标准。

1）观察法

通过对施工现场的实地考察，在施工技术、组织及产品质量均符合技术规范的要求，材料的品种型号、质量也符合设计要求，操作工人能合理使用材料和保证产品质量时，测定完成某一合格单位产品的施工过程所需的材料消耗量。在该方法中，所选定的观察对象须符合下列要求：建筑结构典型，施工符合技术规范的要求，材料品种和质量应符合设计要求，被测定工人应节约使用材料并保证产品质量。

观测成果中包括必要的材料消耗量和不可避免的材料消耗量，但是只有必要的材料消耗量才可以用于定额的编制中，并且要对其进行分析整理，以确定较为准确的材料消耗量。

2）试验法

在实验室通过专门的仪器设备确定材料消耗量比施工现场测定的数据要精确，这是因为实验室的条件比施工现场的工作设备条件好。但是对于从实验室取得的数据并不能直接用于定额的编制，因为实际的施工现场条件与实验室还是有一定的差别的，因此所取得的数据要与施工现场的条件相结合，并考虑在施工现场的影响因素。

3）统计法

统计法指根据分部分项工程材料的发、退料数量和完成产品数量以及本企业已完工程的历史材料进行统计和计算来编制材料消耗量的方法。这种方法比较简单,不需要组织专人测定或试验。但是这种方法依赖于企业的历史数据和在建工程,因此对于常见的项目准确性可能会较高,对于不常见的项目或是变化较多的项目,因为样本数据有限,其准确性程度可能会较低。

3. 机械台班消耗量的确定方法

首先应该区分开是自有机械还是租赁机械。在施工中确定采用哪些机械方式,需要企业根据自身的历史资料测定临界值,在实际操作中可根据具体情况进行调整。确定机械台班的小时劳动生产率是测定机械台班消耗量的基础。首先测定现场施工机械在正常条件下的小时劳动生产率,然后依施工机械的小时劳动生产率和施工机械的使用系数确定施工机械的台班消耗量。当个别项目的消耗较大时,可以经过测定进行调整,对缺项部分进行补充。对个别项目进行测定的方法应结合测定人工消耗量的方法选择使用。机械消耗量应考虑机械摊销率。这种现场测定的方法是我国多年来专业测定定额的方法,技术简便,应用面比较广。

4. 措施性消耗量及其费用的确定方法

措施性消耗量可结合企业自身的施工技术、管理水平、工人的操作水平等条件,经过对以往工程各项费用消耗数据的汇总整理分析,得到各项费用每建筑平方米的消耗费用标准,据此标准按建筑平方米单价固定费用形式编入定额。项目部管理费的确定,按配备人员工资、保险、办公及招待费等子目消耗内容进行测定。大型机械的数量、规格、型号和租用期,根据招标文件和招标图纸由施工组织设计确定,大型机械按租赁考虑,公司内部有租赁分公司的,租赁价格由分公司每月发布一次;周转材料的数量由施工组织设计确定。

(三)企业定额的编制程序

企业定额的编制需要工程技术、工程预算、工程财务、工程造价管理、工程项目管理等技术业务比较过硬的人员参与,需要投入大量的人力、物力、财力才能编制成型,初步成型以后还要经过多次反复检查与验证其合理性后,才能最后确定。建筑施工企业(承包商)经过努力完全可以在短时间内,经过筹备、积累、调研、编制、审核、试行等阶段,以达到建立企业定额的目的。其编制的主要程序可分为以下五个阶段。

1. 规划阶段

首先,应该把建立企业定额作为提高企业管理水平和竞争力的大事,提到领导团队的议事日程中。定额编制小组应该由企业的领导者、企业的营销人员、定额专职编制人员、生产一线的工人和工程技术人员等部分组成,具体实施企业定额的编制工作,各部分的工作和职能各不相同。这几部分的人员之间相互配合,才能保证企业定额的顺利编制。工作团队应根据要求,提出建立企业定额的整体计划和各阶段的具体计划,确定编制的原则和方法。

2. 积累阶段

积累阶段由各专业人员负责收集、积累本专业有关定额调研和测定内容的资料,了解企业劳动生产率、执行劳动定额情况、一线工人比例,以及项目和公司管理人员、材料人员、劳保人员的比例等;一线工人的工资情况、项目和公司管理费用收支情况、利润、技术措施费、文明施工费、劳保支出情况等;常用材料的采购成本,包括材料供应价格、运杂费、采购保管情况;周转材料和现场材料的使用,包括领退材料情况以及损耗等;技术设备水平、设备完好率及折旧情况、设备净值、设备维修费用及工器具情况等;采用新技术、新工艺、新材料和推广技术革新降低成本的情况等。

3. 调研阶段

整体研究分析企业最近几年的工程承包经济效益,调研企业的人工费、材料费、机械设备使用费、现场经费、企业管理费、施工技术措施费、施工组织措施费、社会保险费用、利润、税金等费用的收支情况和现行定额相应费用的差异及原因分析。

4. 编制阶段

应根据编制的原则和方法进行,以实事求是计算实际成本并满足施工需要和投标报价需要为前提,建立定额的框架结构,确定编制依据,将分部分项工程按定额章、节具体划分定额子目。组织有关人员召开研讨会,认真细致逐项分析,拟订编制方法。按照国家《建设工程工程量清单计价规范》(GB 50500—2008)的要求,统一工程量计算规则、统一项目划分、统一计量单位、统一编码并参照管理部门发布的人工、材料、机械消耗量标准进行编制。

5. 审核、试行阶段

试行前的审核只是停留在领导的书面审核阶段,试行阶段才是付诸实践的审核阶段。试行一般应该选择管理水平较高的一两个项目部的两三个工程,重点应该考察分部分项工程的工、料、机消耗量和费用,周转材料使用费,项目部和公司机关应分摊在工程上的管理费,利润等。

本章小结

工程建设是物质资料的生产活动,例如一个工程项目的建成,无论是新建工程、改建工程、扩建工程,还是恢复工程,都要消耗大量的人力、物力和资金。建设工程产品和工程建设生产消费之间存在着客观的、必然的联系。要准确计算产品的价格,必须掌握产品和生产消费之间的这种客观规律。工程建设是一项比一般产品生产更复杂的活动,其价格的计算首先要求具备能够反映工程建设与生产消费之间的客观规律的基础资料,这种基础资料表现为工程计价的基本依据。

本章就分成四部分,即建设工程定额、工程量清单、其他确定依据、企业定额,逐一介绍了建设工程投资确定的依据。

复习思考题

3-1 定额的概念是什么?

3-2 简述定额的地位和作用。

3-3 为什么要使用工程量清单?

3-4 工程量清单编制的主要步骤是什么?

3-5 在工程量清单计价的编制过程中,其他确定依据有哪些?

3-6 为什么需要编制企业定额?

第四章　建设工程投资决策

第一节　可行性研究

一、可行性研究概述

可行性研究和一般的决策科学在本质上是一致的，可行性研究是决策科学在项目领域的应用。近几十年来，可行性研究的理论和实践得到了飞速的发展，已经基本上形成了相对独立的方法体系和学科体系。

（一）可行性研究

1. 可行性研究的定义

可行性研究有广义和狭义之分。广义的可行性研究是指决策过程中所进行的全部分析论证工作，包括方案构想、机会分析、初步可行性研究和详细可行性研究，以及对一个具体的方案所进行的详细的分析论证，以便直接作为决断的基础和依据，不包括在此之前的机会分析等。而狭义的可行性研究是指研究投资项目建设在可能基础上技术问题的经济效果，即如何将拟建项目的建设条件方面、技术方面、经济方面等有机地、最优地统一起来，以取得最佳经济效果。

可行性研究现在已经逐步形成了比较规范和稳定的内容与程序，并且逐步突破了作为方法论的局限，成为现代项目决策的基本内容和主要工作方法。在实际使用中，一些国家政府部门、世界性组织和大型的企业都把可行性研究作为强制性方法在项目决策中推行。

可行性研究一般要解决下述问题：

（1）技术上是否先进、实用、可靠。

（2）在经济、人力、物力、财力上的投资是否合理，市场销售和生产能力是否有可能性。

（3）对经济效益、社会效益及对环境的影响进行预测。

（4）选定最佳投资方案，提出结论性意见和建议。

2. 投资项目的可行性研究

投资项目可行性研究是指在项目投资决策阶段，对拟议项目进行的全面的技术经济分析论证，它是投资项目前期工作的重要内容与方法，是投资项目周期最重要的环节。投资项目可行性研究作为一项工作，包括项目前期对与拟议项目有关的自然、社会、经济、技术资料的调查、分析与预测研究，构造和比选可能的投资方案，论证项目投资的必要性，项目对主体的适用性和风险性，技术上的先进性和适用性，经济上的盈利性以及投资条件上的可能性和可行性，从而为投资决策提供全面、系统、客观的依据。

作为一种方法，投资项目可行性研究是一种综合性的决策论证分析，包括多种市场调查与预测方法、方案构造和比选决策方法、风险分析方法、技术经济分析方法及一些技术方法。

作为一门学科，投资项目可行性研究是横跨工程技术科学、经济管理科学和自然科学的新兴综合性学科，其研究的对象是项目投资决策中的技术经济问题，目的是有效地利用有限的资源，获取尽可能高的投资效益。

作为投资项目周期的有机组成部分，投资项目可行性研究是决定或影响投资的最重要的阶段，在这个阶段要做出关于投资方案、投资实施的方向性的决策。成功的可行性研究工作，不仅要明确回答拟议项目是否应该投资或推荐较好的投资选择，为投资决策提供科学的依据，还应该为进一步的规划、设计和实施提供指导的原则、框架与基础。

（二）可行性研究的作用

1. 作为投资项目决策的基本依据

一项投资活动能否成功、效益如何受社会多方面因素的影响，包括经济的、技术的、政治法律的、管理的以及自然的因素。如何对这些因素进行科学的调查与预测、分析与计算、比较与评价，是一项非常重要而又十分复杂的系统性工作，应该说是一种高智力的跨专业和资源的活动。其难度显然非常大，可行性研究为这种工作提供了科学的方法和分析模式。

投资项目可行性研究是投资决策的基本依据，但并不是唯一的依据。这就是说，决策者还可以按自身的偏好（包括对风险的态度、价值观念及对事业和效益的选择）、经验和其他信息，确定最后的决策结论。因此，投资项目决策结论和可行性研究结论虽然从总体上看应该统一，但在一些特定的情况下，两者的结论可能并不一致，这是非常正常的。当然，不能据此否定可行性研究对决策的作用，一方面，两者在绝大多数情况下是一致的，不一致是个别现象；另一方面，在后一种情况下，决策者通过可行性研究已经详细地了解了投资方案的各方面情况，这种不一致是建立在信息充分的基础上的，事实上可行性研究的成果正是这种信息的重要组成部分。

2. 作为编制投资项目规划设计及组织实施的依据

投资项目可行性研究的基本任务之一就是要构造多种可能的投资方案，甚至可以认为可行性研究本身就是关于拟议项目的总体性方案，其中包括项目的目标、规模、地点、融资、功能方案及技术方案等，当然这本身就是关于一个项目的总体规划和设计，自然应该作为项目进一步规划和设计的基础。同时，可行性研究报告中提出的产品方案、建设规模、厂址、工艺流程、主要设备选型和总图布置等方面可以直接作为编制规划设计的准则与依据。

二、可行性研究的基本工作步骤

根据工程项目的投资建设程序和国家计划委员会颁布的《关于建设项目进行可行性研究的试行管理办法》，我国工程项目的可行性研究一般要经历如下工作程序。

（一）提出项目建议书和初步可行性研究报告

工程项目投资商或开发商必须根据国家经济发展的长远规划、经济建设的方针和技术经济政策，结合资源情况、建设布局等条件，在详细调查研究、收集资料、勘察建设地点以及初步分析投资效果的基础上，提出需要进行可行性研究的项目建议书和初步可行性研究报告。

(二)进行可行性研究或委托有关单位进行可行性研究工作

当项目建议书经审定批准后，工程项目的投资商或开发商即可自行进行或委托有关具有研究资格的设计单位、咨询单位进行可行性研究工作。

(三)承担单位进行可行性研究工作

承担单位在承接研究任务后，即可按以下五个步骤进行：

(1)组建研究小组，制定研究计划。承担可行性研究工作的单位首先要掌握工程项目建议书和有关项目背景资料，了解委托者的意图和要求，明确研究内容，并在此基础上组建研究小组，制定工作计划并安排实施进度。

(2)进行调查研究，收集有关资料。这一阶段的主要任务是通过调查研究和技术分析，进一步明确工程项目建设的必要性和现实性，为下一步工作提供基础资料。

(3)进行方案设计与优选。根据项目建议书的要求，结合调查研究情况，在收集一定基础资料、基础数据的基础上，建立几种可供选择的技术方案及投资实施方案，结合有关实际条件和情况进行方案比较论证，并会同委托单位协商明确选择方案的重大原则和优选标准，从若干个可行的实施方案中推荐优选方案。

(4)进行经济分析和评价。项目经济评价人员可根据调查资料选定与拟建工程项目有关的经济评价基础数据和定额指标参数，并对所选定的可行性投资实施方案进行详细及必要的财务预测、财务评价和国民经济评价(必要时还可进行社会效果分析)，结合工程项目基础数据进行不确定性分析或风险分析，论证工程项目在财务上的盈利性和经济上的合理性，进一步提出资金筹措建议和制定工程项目实施的总进度计划。

(5)编制可行性研究报告。在对拟建工程项目进行详细认真的技术经济分析论证，阐明项目投资建设的必要性、技术上的可行性和经济上的合理性之后，即可编制可行性研究报告。其简要步骤流程如图 4-1 所示。

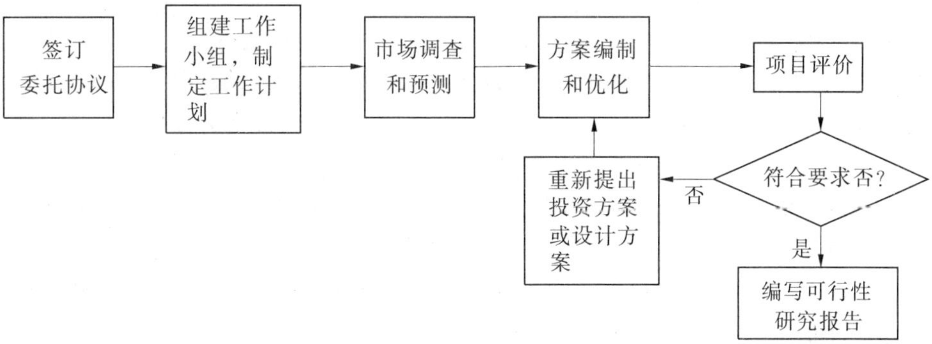

图 4-1　可行性研究简要步骤流程图

市场需求调查和预测是可行性研究的前提，技术方案和建设条件是可行性研究的基础，经济评价是可行性研究的核心，最后选定最佳投资方案是为项目建设投资、决策提供科学的依据。

三、市场调查和预测方法

(一)市场调查方法

调查的方法很多,按调查资料的来源不同可以分为原始资料调查和二手资料调查;按调查的组织形式可以分为统计报表和专门调查;按调查所包括的调查单位是否完全可分为全面调查和非全面调查,其中非全面调查依调查对象产生的方法不同又可分为重点调查、典型调查和抽样调查;按调查时间的连续性可以分为经常调查和一次性调查。在实际工作中,一般可以根据调查对象、调查内容、调查目的选用适当的方法或方法组合进行调查。市场调查常用的方法如下。

1. 观察调查法

观察调查法是指调查人员到调查现场直接或借助观察仪器观察,记录被调查者的行为和表情,从而获得有关市场信息的一种调查方法。这种方法的特点是不直接向被调查者发问,在其没有觉察的情况下,从旁观察。其优点是被调查者的意见不受外在因素的影响,收集的信息来自客观实际,准确性较高;缺点是观察到的只是一些现象,了解不到被调查者内在因素的变化,调查人员根据观察到的现象作出的判断,往往又要受调查人员主观因素的影响,而且调查活动处于被动状态,要耗费大量的时间和精力,调查效率较低。观察调查法是最原始的调查方法,随着科技的发展,其所用的工具和具体方法也在不断更新,所以至今仍不失为调查方法家族中重要的一员。

2. 询问调查法

询问调查法,是调查人员通过走访、邮寄、电话和留置问卷等方式,向调查者发问或征求意见来收集所需市场信息的一种调查方法。这种方法的优点是调查人员与被调查者之间可以直接沟通,信息直接来自于被调查者,消除了调查人员主观因素的影响;缺点是当被调查者不愿配合时,调查效果较差。询问调查法是一种最常用、最基本的调查方法,它依据传递询问内容的方式以及调查者与被调查者接触的方式不同,可分为走访调查法、邮寄调查法、电话调查法和留置问卷调查法。

(1)走访调查法,也称个人访问法或面谈访问法,是调查者直接面对被调查者了解情况、获得资料的方法。它是一种最常用的询问调查法。询问的具体方式主要有两种:一是采用自由谈话方式;二是采用直接的与结构性询问方式,即调查人员按事先拟好的调查项目,逐一向被调查者提问,请调查者逐一回答。

(2)邮寄调查法,是将设计好的调查表通过邮局寄给被调查者,请其按要求填答后在规定日期寄还的一种调查方法。

(3)电话调查法,是指通过电话向被调查者询问调查内容的一种调查方法。这一方法随着现代通信技术的不断发展而日益普遍。

(4)留置问卷调查法,是调查人员将调查表当面交给被调查者,并对有关问题作适当解释说明,然后留给被调查者事后自行填写回答,与被调查人员约定日期回收,也可以由被调查者寄回。这种调查方法介于走访调查法和邮寄调查法之间。

四种询问调查法各有优缺点,现从回收率、灵活性、准确性、速度、费用、调查范围和复杂程度等七个方面进行比较,见表4-1。

表 4-1　询问调查法比较表

项目	方法			
	走访调查法	邮寄调查法	电话调查法	留置问卷调查法
回收率	高	低	较高	较高
灵活性	强	差	较强	较强
准确性	高	较高	高	高
速度	较快	较快	快	慢
费用	高	低	较低	高
调查范围	窄	广	较广	窄
复杂程度	复杂	简单	较简单	复杂

3. 实验调查法

实验调查法是指通过实际的、小规模的营销活动来调查关于某一产品或某项营销措施执行效果等市场信息的一种调查方法。实验内容包括产品的质量、品种、商标、外观、价格、促销方式和销售渠道等。常做的实验是新产品试销或展销，借此检验用户对新产品的态度和意见。这种方法的优点是方法客观，真实感强，准确性高；缺点是组织费时，困难大，费用高。

4. 抽样调查法

抽样调查法按照总体中每一个样本单位被抽取的概率是否相等进行区别，可以分为随机抽样调查法和非随机抽样调查法。

1）随机抽样调查法

随机抽样调查法又称概率抽样法，是指对调查对象的任何一部分，不作任何有目的的选择，用随机的方法去抽取个体，进而推算总体特征的一种方法。每一个个体都有同等机会被抽中，可以排除人为的影响，因而使样本能较好地代表总体，可以用从样本中得出的结论来推断总体特征。随机抽样调查法会产生抽样误差，但抽样平均误差可以计算出来，并可在调查前将它控制在一定范围之内。

随机抽样调查法又有以下几种：

（1）简单随机抽样，又称纯随机抽样，是对总体中的个体不进行任何组合，仅按照随机原则直接从总体 N 个个体中抽取几个作为样本，以保证总体中个体在抽选时都有相等的机会的方法。简单随机抽样通常借助随机数表、抽签等来完成。这种方法存在一些不足，如不能利用总体的一些已知的信息、个体分散时不易操作等。

（2）类型随机抽样，又称分层抽样，是根据总体单位具有的某种标志将所有个体分成若干类型，再从各类型中随机抽取必要数目样本单位的方法。类型随机抽样把总体中标志值比较接近的个体归为一组，使各类内的分布比较均匀，而且保证各组都有被选中的机会，因此具有较好的抽样效果。对产品的调查，可按不同的型号、不同的地区分类进行；对竞争对手的调查，可按规模、促销手段、销售方式等标志分类进行。在总体情况复杂、个体之间差异较大、样本单位数量较多的调查对象中适合采用类型随机抽样。

(3)系统随机抽样。系统随机抽样是指事先将总体中个体按某一标志进行分类，然后按照固定顺序和间隔来抽选调查个体的方法。个体的顺序排列可以是无关标志，也可以是有关标志。系统抽样实际上是一种特殊的类型抽样。如果类型抽样中，把总体划分为若干相等部分，每一部分只抽一个样本单位，在这种情况下，类型抽样就变成系统抽样了。

(4)整群随机抽样。整群随机抽样是指将总体中的个体按照一定的属性或条件分成若干群，然后以群为单位从中随机地抽取一些群，并对所选群中的个体进行全面调查，从而推断总体情况的方法。只要缩小群与群之间的差距，扩大群内个体的差异，就能使"群"具有很强的代表性，从而使结果更能接近实际。

2)非随机抽样调查法

非随机抽样调查法是指不按照随机原则，而是按照调查者主观设定的某个标准抽选样本单位的调查方法。此方法对样本单位的排选是经过调查人思考后有意识进行的。一般来说，非随机抽样调查法有以下几种方式：

(1)偶遇抽样法，又称方便抽样，是根据调查者的方便与否，以尽可能使调查对象对总体具有代表性为原则的一种抽样方法。这种方法常用于非正式的探索性调查。通常，在总体各单位标志差异不大时，采用此法可获得具有较强代表性的调查结果。

(2)判断抽样法，又称立意抽样，是按照调查者的主观判断选取调查单位组成样本的一种方法。采用此方法的前提为调查者必须对总体的有关特性有相当的了解，判断样本单位代表性大小完全凭调查者的经验、知识等。在精确度要求不很高的情况下，通常可采用此种方法。

(3)配额抽样法，又称定额抽样，这是一种与类型抽样相对应的非随机抽样，是指调查者首先将总体中的所有单位按其一定属性或特征分成若干组，然后采用偶遇抽样法或判断抽样的方式抽选样本单位的一种方法。

非随机抽样方式灵活，能适应多变的市场环境。因此，小规模的经常性的市场调查更多地采用非随机抽样调查法。非随机抽样调查法的缺点是不能判断误差，对所调查结果的把握程度难以精确估计。

(二)常用预测方法

1.弹性系数预测法

弹性系数预测法是根据产品的价格或收入弹性，来预测产品需求量或供给量的一种预测方法。它依所用弹性系数的不同，可划分为需求价格弹性预测法、供给价格弹性预测法、需求收入弹性预测法、交叉弹性预测法。

1)需求价格弹性预测法

需求价格弹性是指商品或劳务需求量的变化率与其价格变化率的比率。其计算公式为

$$E_d = \frac{\dfrac{Q_t - Q_0}{Q_0}}{\dfrac{P_t - P_0}{P_0}} = \frac{\dfrac{\Delta Q}{Q_0}}{\dfrac{\Delta P}{P_0}} \tag{4-1}$$

式中　E_d——需求的价格弹性系数；

Q_0——价格变动前的需求量；

Q_t——价格变动后的需求量；

P_0——基期价格；

P_t——变动后的价格；

ΔQ——需求变化量；

ΔP——价格变动量。

需求价格弹性预测法的预测模型为

$$Q_t = Q_0 + \frac{E_d Q_0 \Delta P}{P_0} \tag{4-2}$$

或

$$Q_t = Q_0(1 + E_d P_r) \tag{4-3}$$

式中　P_r——价格变化率。

2）供给价格弹性预测法

供给价格弹性是指商品或劳务供给量的变化率与其价格变化率的比率。其计算公式为

$$E_s = \frac{\frac{Q_t - Q_0}{Q_0}}{\frac{P_t - P_0}{P_0}} = \frac{\frac{\Delta Q}{Q_0}}{\frac{\Delta P}{P_0}} \tag{4-4}$$

式中　Q_0——价格变动前的供给量；

Q_t——价格变动后的供给量；

E_s——供给的价格弹性系数；

其他符号意义同前。

供给价格弹性预测法的预测模型为

$$Q_t = Q_0 + \frac{E_s Q_0 \Delta P}{P_0} \tag{4-5}$$

或

$$Q_t = Q_0(1 + E_s P_r) \tag{4-6}$$

式中　P_r——价格变化率。

3）需求收入弹性预测法

需求收入弹性是指商品或劳务需求量的变化率与收入变化率的比率。其计算公式为

$$E_y = \frac{\frac{Q_t - Q_0}{Q_0}}{\frac{Y_t - Y_0}{Y_0}} = \frac{\frac{\Delta Q}{Q_0}}{\frac{\Delta Y}{Y_0}} \tag{4-7}$$

式中　E_y——需求的收入弹性系数；

Q_0——收入变动前的需求量：

Q_t——收入变动后的需求量；

Y_0——基期收入；

Y_t——变动后的收入；

ΔQ——需求变化量；

ΔY——收入变动量。

需求收入弹性预测法的预测模型为

$$Q_t = Q_0(1 + E_y Y_r) \tag{4-8}$$

式中 Y_r——预期收入增长率。

2. 季节指数法

某些预测对象的发展变化过程，除含有随机变动和线性趋势外，还包括由于自然条件、生产条件和生活习惯的影响，在一年内随着季节的转变而引起的周期性变动。有些产品是季节生产常年消费，如粮、棉、油等；有些产品是常年生产季节消费，如汗衫、毛衣等；有些产品是季节生产季节消费，如瓜果、蔬菜等。季节周期是指预测对象按一定规则循环变动的整个周期。常见的有以 12 个月的数据为一个季节周期的。

进行季节指数预测的基本思路是：先建立描述整个时间序列总体发展趋势的数学方程，再考虑季节变动对预测对象的影响，计算出季节指数；然后将两者综合而得到能够描述总体发展趋势与季节性变动的预测模型，并用于预测。季节指数预测模型为

$$\hat{Y}_r = Y' F_k \tag{4-9}$$

式中 $\hat{Y}_r$——第 r 周期的预测值；

Y'——反映总体发展趋势的数学方程；

F_k——季节周期中第 k 周期的季节指数。

如果时间序列具有线性增长趋势，则 Y' 为一直线方程

$$Y' = a + bt$$

相关直线方程可由多个季度实际数据统计求得。

3. 相关回归分析法

在实际问题中，有时因变量和自变量之间的依存关系并非都是线性形式，而是非线性形式，这时，求出的拟合模型就不再是一条直线，而是一条曲线，在统计上称之为非线性回归或曲线回归。非线性回归按照自变量的个数，可以分为一元非线性回归和多元非线性回归。曲线的形式也因实际统计资料的不同而有多种，如双曲线、指数曲线、S 形曲线等。在什么情况下拟合什么样的曲线，有的要根据理论分析或过去积累的经验来确定，有的则必须根据实际资料的散点图来确定。通常的做法是，采用变量代换法把非线性回归问题转换成线性回归问题来处理，使线性回归分析的方法也能用于非线性回归问题的研究。

4. 增长曲线

运用某种函数曲线拟合预测对象的历史统计数据，从而建立能描述其发展过程的预测模型，然后以模型外推进行预测，这是趋势外推预测法的主要特点。

增长曲线预测方法，是以时间为自变量，以预测对象的变化特征和演变规律构造模型并进行外推预测的一类方法。增长曲线一般是非线性函数，它有许多类型，这里只介绍其中的两种。

1）龚玻兹曲线预测模型

龚玻兹是英国统计学家和数学家，他在大量的观察研究中总结出龚玻兹曲线（见

图 4-2)，其形式为

$$y = ka^{b^t} \tag{4-10}$$

式中　y——函数值；

t——时间；

k——渐近线值(极限值)；

a,b——模型参数。

先对式(4-10)两边取对数，使其变为以下形式

$$\lg y = \lg k + b^t \lg a$$

将历史数据分成三等份，设每一等份有 M 个数据，再将模型有关数据的实际值取对数 $\lg y_t$。把第一部分中各年的 $\lg y$ 相加，计为 $\sum_1 \lg y$，同理得到 $\sum_2 \lg y$，$\sum_3 \lg y$，经过数学处理，得到如下的参数解

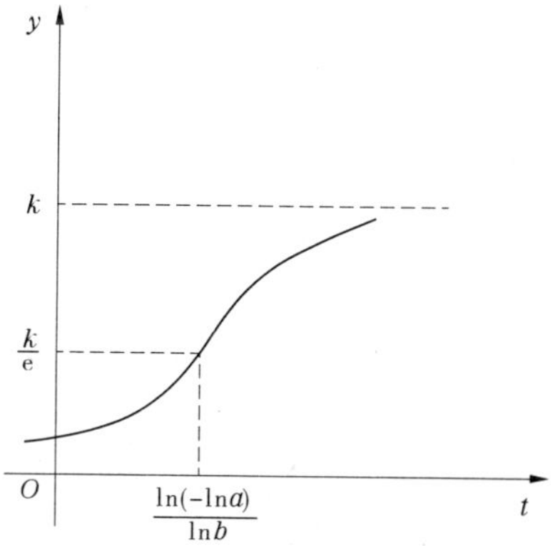

图 4-2　龚玻兹曲线

$$b = \sqrt[n]{\frac{\sum_3 \lg y - \sum_2 \lg y}{\sum_2 \lg y - \sum_1 \lg y}}$$

$$\lg a = \left(\sum_2 \lg y - \sum_1 \lg y\right)\frac{b-1}{(b^n-1)^2}$$

$$\lg k = \frac{1}{n}\left(\sum_1 \lg y - \frac{b^n-1}{b-1}\lg a\right)$$

2)逻辑曲线

1938 年，比利时数学家维哈尔斯特在研究人口增长规律时，归纳出著名的罗吉斯曲线，又称为生长曲线或逻辑曲线。该曲线是一种有理论依据、广泛应用于长期预测的数学模型。其方程式如下

$$y = \frac{k}{1 + be^{-at}} \tag{4-11}$$

式中　y——函数值；

t——时间；

k——模型参数(极限值)；

a,b——模型参数，取常数；

e——自然常数。

逻辑曲线的图形见图 4-3。

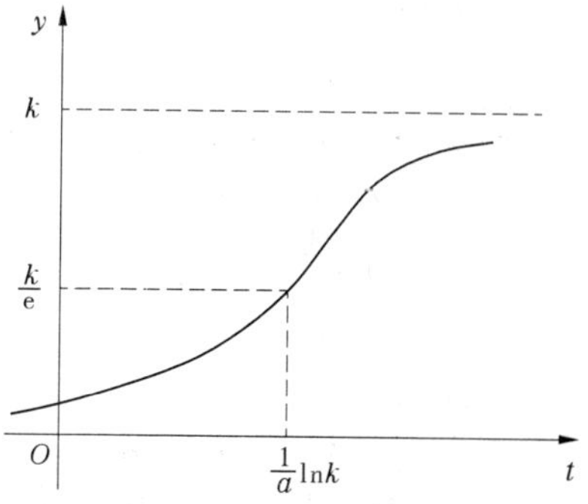

图 4-3　逻辑曲线

四、可行性研究报告

根据国家计划委员会《关于建设项目进行可行性研究的试行管理办法》规定的工业项目可行性研究报告，可行性研究报告编写规范以工业项目可行性研究报告为例，一般包括以下 11 项内容。

（一）总论

总论作为可行性研究报告的首要部分，要综合叙述研究报告中各部分的主要问题和研究结论，并对项目的可行与否提出最终建议，为可行性研究的审批提供方便。

1. 项目背景

(1)项目名称。

(2)项目的承办单位。

(3)项目的主管部门。

(4)项目拟建地区和地点。

(5)承担可行性研究工作的单位和法人代表。

(6)研究工作依据。

(7)研究工作概况：项目建设的必要性，项目发展及可行性研究工作概况。

2. 可行性研究结论

在可行性研究中，对项目的产品销售、原料供应、生产规模、厂址、技术方案、资金总额及筹措、项目的财务效益和国民经济、社会效益等重大问题，都应得出明确的结论。可行性研究结论包括：市场预测和项目规模、原材料、燃料和动力供应、厂址、项目工程技术方案、环境保护、工厂组织及劳动定员、项目建设进度、投资估算和资金筹措、项目财务和经济评价、项目综合评价结论。

3. 主要技术经济指标表

在总论部分中，可将研究报告中各部分的主要技术经济指标汇总，列出主要技术经济指标表，使审批者和决策者对项目全貌有一个综合了解。

4. 存在的问题及建议

对可行性研究中提出的项目的主要问题进行说明，并提出解决的建议。

（二）项目背景和发展概况

这一部分主要应说明项目的发起过程、提出的理由、前期工作的发展过程、投资者的意向、投资的必要性等可行性研究的工作基础。为此，需将项目的提出背景与发展概况作系统叙述，说明项目提出的背景，投资理由，在可行性研究前已经进行的工作情况及其成果，重要问题的决策和决策过程等情况。在叙述项目发展概况的同时，应能清楚地提出本项目可行性研究的重点和问题。

(1)项目提出的背景：国家或行业发展规划，项目发起人以及发起缘由。

(2)项目发展概况。项目发展概况指项目在可行性研究前所进行的工作情况，包括：①已进行的调查研究项目及其成果；②试验试制工作（项目）情况；③厂址初勘和初步测量工作情况；④项目建议书（初步可行性研究报告）的编制、提出及审批过程。

(3)投资的必要性。

（三）市场分析与建设规模

市场分析在可行性研究中的重要地位在于，任何一个项目，其生产规模的确定、技术的选择，投资估算甚至厂址的选择，都必须在对市场需求情况有充分了解以后才能决定。而且市场分析的结果，还可以决定产品的价格、销售收入，最终影响到项目的盈利性和可行性。在可行性研究报告中，要详细阐述市场需求预测、价格分析，并确定建设规模。

1. 市场调查

(1)拟建项目产出物用途调查。

(2)产品现有生产能力调查。

(3)产品产量及销售量调查。

(4)替代产品调查。

(5)产品价格调查。

(6)国外市场调查。

2. 市场预测

市场预测是市场调查在时间上和空间上的延续,是利用市场调查所得到的信息资料,根据市场信息资料分析报告的结论,对本项目产品未来市场需求量及相关因素所进行的定量和定性的判断与分析。在可行性研究工作中,市场预测的结论是制定产品方案,确定项目建设规模所必需的依据。

(1)国内市场需求预测:①本产品消耗对象;②本产品的消费条件;③本产品更新周期的特点;④可能出现的替代产品;⑤本产品使用中可能产生的新用途。

(2)产品出口或进口替代分析:替代出口分析,出口可行性分析。

(3)价格预测。

3. 市场推销战略

在商品经济环境中,企业要根据市场情况,制定合适的销售战略,争取扩大市场份额,稳定销售价格,提高产品竞争能力。因此,在可行性研究中,要对市场推销战略进行研究。

(1)推销方式:投资者分成,企业自销,国家部分收购,经销人代销及代销人情况分析。

(2)推销措施。

(3)促销价格制度。

(4)产品销售费用预测。

(4)产品方案和建设规模:产品方案,列出产品名称,产品规格标准。

(5)产品销售收入预测。根据确定的产品方案、建设方案和建设规模及预测的产品价可以估算产品销售收入。

(四)建设条件与厂址选择

根据前面部分中关于产品方案和建设规模的论证与建议,在这一部分中按建议的产品方案和建设规模来研究资源、原材料、燃料、动力等需求与供应的可靠性,并对可供选择的厂址作进一步技术和经济分析,确定新厂址方案。

1. 资源和原材料

(1)资源详述。

(2)原材料及主要辅助材料供应:原材料及主要辅助材料需要量和供应,燃料动力及其他公用设施的供应,主要原材料、燃料动力费用估算。

(3)需要做生产试验的原材料。

2. 建设地区的选择

选择建厂地区,除须符合行业布局、国土开发整治规划外,还应考虑资源、区域地质、交通运输和环境保护等四要素。

3. 厂址选择

(1)厂址多方案比较:地形、地貌、地质的比较,占用土地情况的比较,拆迁情况的比较,各项费用的比较。

(2)厂址推荐方案:绘制推荐厂址的位置图,叙述厂址地貌、地理、地形的优缺点和推荐理由,环境条件的分析,占用土地种类分析,推荐厂址的主要技术经济数据。

(五)工厂技术方案

技术方案是可行性研究的重要组成部分。

技术方案主要研究项目应采用的生产方法、工艺和工艺流程,重要设备及其相应的总平面布置,主要车间组成及建、构筑物型式等技术方案,并在此基础上,估算土建工程量和其他工程量。在这一部分中,除文字叙述外,还应将一些重要数据和指标列表说明,并绘制总平面布置图、工艺流程示意图等。

1. 项目组成

凡由本项目投资的厂内、厂外所有单项工程和配套工程,包括生产设施、后勤、运输、生活福利设施等,均属项目组成的范围。

2. 生产技术方案

生产技术方案是指产品生产所采用的工艺技术、生产方法、主要设备、测量自控装备等。

(1)产品标准:叙述本项目主要产品和副产品的质量标准。

(2)生产方法。

(3)技术参数和工艺流程。

(4)主要工艺设备选择。

(5)主要原材料、燃料、动力消耗指标。

(6)主要生产车间布置方案。

3. 总平面布置和运输

(1)总平面布置原则。

总平面布置应根据项目各单项工程、工艺流程、物料投入与产出、废弃物排出及原材料贮存、厂内外交通运输等情况,按厂地的自然条件、生产要求与功能以及行业和专业的设计规范进行安排。

(2)厂内外运输方案。

(3)仓贮方案。

(4)占地面积及分析。

4. 土建工程

(1)主要建、构筑物的建筑特征及结构设计。

(2)特殊基础工程的设计。

(3)建筑材料。

(4)土建工程造价估算。

5. 其他工程

(1)给水排水工程。

(2)动力及公用工程。

(3)地震设防。

(4)生活福利设施。

(六)环境保护与劳动安全

在项目建设中,必须贯彻执行国家有关环境保护和职业安全卫生方面的法规、法律,对项目可能给环境造成的近期影响和远期影响,对影响劳动者健康和安全的因素,都要在可行性研究阶段进行分析,提出防治措施,并对其进行评价,推荐技术可行、经济,且布局合理,对环境有害影响较小的最佳方案。按照国家现行规定,凡从事对环境有影响的建设项目都必须执行环境影响报告书的审批制度,同时,在可行性研究报告中,对环境保护和劳动安全要有专门论述。

(1)建设地区的环境现状。

(2)项目主要污染源和污染物:①主要污染源;②主要污染物。

(3)项目拟采用的环境保护标准。

(4)治理环境的方案。

(5)环境监测制度的建议。

(6)环境保护投资估算。

(7)环境影响评价结论。

(8)劳动保护与安全卫生:①生产过程中职业危害因素的分析;②职业安全卫生主要设施;③劳动安全与职业卫生机构;④消防措施和设施方案建议。

(七)企业组织和劳动定员

在可行性研究报告中,根据项目规模、项目组成和工艺流程,研究提出相应的企业组织机构、劳动定员总数、劳动力来源及相应的人员培训计划。

1. 企业组织

(1)企业组织形式。

(2)企业工作制度。

2. 劳动定员和人员培训

(1)劳动定员。

(2)年总工资和职工年平均工资估算。

(3)人员培训及费用估算。

(八)项目实施进度安排

项目实施时期的进度安排也是可行性研究报告中的一个重要组成部分。所谓项目实施时期亦可称为投资时间,是指从正式确定建设项目到项目达到正常生产这段时间。这一时期包括:项目实施准备,资金筹集安排,勘察设计和设备订货,施工准备,施工和生产准备,试运转直到竣工验收和交付使用等各工作阶段。这些阶段的各项投资活动和各个工作环节,有些是相互影响、前后紧密衔接的,也有些是同时开展、相互交叉进行的。因此,在可行性研究阶段,需将项目实施时期各个阶段的各个工作环节进行统一规划,综合平衡，做出合理又切实可行的安排。

1. 项目实施的各阶段

(1)建立项目实施管理机构。

(2)资金筹集安排。

(3)技术获得与转让。

(4)勘察设计和设备订货。

(5)施工准备。

(6)施工和生产准备。

(7)竣工验收。

2. 项目实施进度表

(1)横道图。

(2)网络图。

3. 项目实施费用

(1)建设单位管理费。

(2)生产筹备费。

(3)生产职工培训费。

(4)办公和生活家具购置费。

(5)勘察设计费。

(6)其他应支出的费用。

(九)投资估算与资金筹措

建设项目的投资估算与资金筹措分析，是项目可行性研究内容的重要组成部分。每个项目均需计算所需要的投资总额，分析投资的筹措方式，并制定用款计划。

1. 项目总投资估算

建设项目总投资包括固定资产投资总额和流动资金，则建设项目总投资估算包括固定资产投资估算和流动资金估算。

2. 资金筹措

一个建设项目所需要的投资资金，可以从多个来源渠道获得。项目可行性研究阶段，资金筹措工作是根据对建设项目固定资产投资估算和流动资金估算的结果，研究落实资金的来源渠道和筹措方式，从中选择条件优惠的资金。可行性研究报告中，应对每一种来源渠道的资金及其筹措方式逐一论述，并附有必要的计算表格和附件。可行性研究中，应对下列内容加以说明：①资金来源；②项目筹资方案。

3. 投资使用计划

(1)投资使用计划。

(2)借款偿还计划。

(十)财务效益、经济效益和社会效益评价

在建设项目的技术路线确定以后，必须对不同的方案进行财务和经济效益评价，判断项目在经济上是否可行，并比选出优秀方案。本部分的评价结论是建议方案取舍的主要依据之一，也是对建设项目进行投资决策的重要依据。

本部分就可行性研究报告中财务效益、经济效益与社会效益评价的主要内容做一概要说明。

1. 生产成本和销售收入估算

(1)生产总成本。

(2)单位成本。

(3)销售收入估算。

2. 财务评价

财务评价是考察项目建成后的获利能力、债务偿还能力及外汇平衡能力的财务状况，以判断建设项目在财务上的可行性。财务评价多用静态分析与动态分析相结合，以动态分析为主的办法进行，并用财务评价指标分别和相应的基准参数——财务基准收益率、行业平均投资回收期、平均投资利润率、投资利税率相比较，以判断项目在财务上是否可行。

3. 国民经济评价

国民经济评价是项目经济评价的核心部分，是决策部门考虑项目取舍的重要依据。建设项目国民经济评价采用费用与效益分析的方法，运用影子价格、影子汇率、影子工资和社会折现率等参数，计算项目对国民经济的净贡献，评价项目在经济上的合理性。国民经济评价采用国民经济盈利能力分析和外汇效果分析，以经济内部收益率(*EIRR*)作为主要的评价指标。根据项目的具体特点和实际需要，也可计算经济净现值(*ENPV*)指标，涉及产品出口创汇或替代进口节汇的项目，要计算经济外汇净现值(*ENPVF*)、经济换汇成本或经济节汇成本。

4. 不确定性分析

在对建设项目进行评价时，所采用的数据多数来自预测和估算。由于资料和信息的有限性，将来的实际情况可能与此有出入，这对项目投资决策会带来风险。为避免或尽可能减少风险，就要分析不确定性因素对项目经济评价指标的影响，以确定项目的可靠性，这就是不确定性分析。根据分析内容和侧重面不同，不确定性分析可分为盈亏平衡分析、敏感性分析和概率分析。在可行性研究中，一般要进行盈亏平衡分析、敏感性分析和概率分析，可视项目情况而定。

5. 社会效益和社会影响分析

在可行性研究中，除对以上各项指标进行计算和分析外，还应对项目的社会效益和社会影响进行分析，也就是对不能定量的效益影响进行定性描述。

(十一)可行性研究结论与建议

1. 结论与建议

根据前文的研究分析结果，对项目在技术上、经济上进行全面的评价，对建设方案进行总结，提出结论性意见和建议。主要内容有：对推荐的拟建方案建设条件、产品方案、工艺技术、经济效益、社会效益、环境影响的结论性意见；对主要的对比方案进行说明；对可行性研究中尚未解决的主要问题提出解决办法和建议；对应修改的主要问题进行说明，提出修改意见；对不可行的项目，提出不可行的主要问题及处理意见；可行性研究中主要争议问题的结论；可行性研究报告附件。凡属于项目可行性研究范围，但在研究报告以外单独成册的文件，均需列为可行性研究报告的附件，所列附件应注明名称、日期、编号。

2. 附件

(1)项目建议书(初步可行性报告)。

(2)项目立项批文。

(3)厂址选择报告书。

(4)资源勘探报告。

(5)贷款意向书。

(6)环境影响报告。

(7)需单独进行可行性研究的单项工程或配套工程的可行性研究报告。

(8)需要的市场调查报告。

(9)引进技术项目的考察报告。

(10)引进外资的各类协议文件。

(11)其他主要对比方案说明。

(12)其他。

3. 附图

(1)厂址地形或位置图(设有等高线)。

(2)总平面布置方案图(设有标高)。

(3)工艺流程图。

(4)主要车间布置方案简图。

(5)其他。

第二节 建设工程投资估算的编制与审查

一、投资估算概述

(一)投资估算及其性质

建设项目投资估算(简称投资估算),亦称项目投资估算,是指投资项目从立项经可行性研究到建成交付使用,所需全部建设费用的文件。投资估算一经批准,即为该项目国家控制各类建设项目投资的最高限额,经审批后的投资估算不得任意突破。

投资估算实质上就是该项目建设的国家宏观控制的计划价格,即是计划投资的最高限额。

(二)投资估算的阶段划分及估算内容

1. 投资估算的阶段划分

由于项目投资种类和工程类型较多,投资估算也就自然形成了专业分工,通常可按工业与民用建设项目来划分专业。虽然各类专业建设项目均有特定的投资估算程序和估算指标,但无论是工业建设项目,还是民用建设项目,投资估算均应包括三个阶段,即可行性研究阶段的估算、设计阶段的估算和交付使用后的估算。

1)可行性研究阶段的估算

可行性研究阶段的估算是可行性研究的重要组成部分,它的准确程度将直接影响项目投资的经济效益和社会效益。现行制度规定，负责审批可行性研究报告的部门或单位，在审批可行性研究报告的同时，必须认真审批投资估算，并对所批准的项目投资估算质量负责。由此可见，可行性研究本身不是目的，只是衡量一个项目投资与否的手段，关键是投资估算质量的高低。

2）设计阶段的估算

设计阶段的估算是在可行性研究估算的基础上进行的。当可行性研究报告（或设计任务书）投资估算批准后，先行进入实施准备过程的就是委托设计。从某种意义上讲，设计过程就是如何正确分配和使用投资的过程。可见，设计阶段的估算，应对后续设计三个阶段所需的投资总额起到控制作用，当然，这有赖于可行性研究阶段估算的准确程度。设计阶段的估算，必须依据批准的设计任务书规定的建设投资规模，在优化设计方案的基础上，对项目建设全部投资，通过各阶段设计进行估算，只有这样才能使项目建设概预算的编制具有可靠的投资来源。然而，由于多种原因，设计阶段投资估算的质量，不仅取决于资料的占有程度，而且也与估算师的经验、能力及估算指标的深度、采用的估算方法等都有直接关系，因此设计阶段的估算与可行性研究阶段的估算相比，必须存在一个幅度。一般，从估算投资总额的角度来说，前者大于后者在10%的幅度内是允许的。

3）交付使用后的估算

一个建设项目从可行性研究阶段的估算到设计阶段的估算，实质上是项目决策、筹措（规划）建设资金投资总量支出的过程。项目建设交付使用后的估算，是检验前两个阶段估算准确度与偏离程度及其产生原因，评价项目投资经济效益的过程。从投资估算阶段划分及分类的角度来说，交付使用（生产）阶段的估算、评价，其重要性绝不亚于前两个阶段的估算，从一定意义上说，与前两个阶段相比显得尤为重要。因为这不仅是投资估算三个阶段内在规律的客观需要，也是由我国估算技术水平、特定的经济环境和投资管理体制所决定的。通过对项目建设全过程实际投资与前两个阶段预先计算投资估算的比较研究，可为改善阶段性投资估算方法、估算指标编制深度和宏观投资计划与管理，提供反馈信息。总之，对已交付使用项目进行估算，可以总结过去和展望未来，作出必要的估算评价。

目前，我国项目交付使用后的估算工作，一般是以项目建设决算报告资料为基础，通过项目建设后评估的有关评价指标和方法来完成的。

综上所述，上述三个阶段的划分不是绝对的，而是相互衔接、相互联系的。

2. 投资估算的主要内容

在明确投资估算阶段划分之后，各阶段估算的主要内容如下。

1）可行性研究阶段投资估算的内容

投资前期所进行的投资估算，是与可行性研究的阶段性相联系的，一般来说，投资前期可行性研究可分为对投资机会的选定，即机会研究阶段；投资项目的初步选择和确定，即初步可行性研究阶段；投资项目规划的制定，即可行性研究阶段。这三个阶段均应根据可行性研究纲要规定的内容和项目建设的不同技术条件，编制出不同深度的估算。每个阶段对投资估算的准确性要求和估算收费见表4-2，可以看出，可行性研究是进入实质性研究的阶段，其投资估算的主要内容应包括：建设用地及与之相联系的基础设施投资估算；建设实施阶段，即建筑工程、设备购置、安装工程、生产或经营用工器具购置和其他工程等费用投资估算；投产或交付使用后铺底流动资金估算。所有这些估算内容均需根据国家有关规定和有关估算指标、标准定额等资料，以估算编制期的价格、利率、税金等，预估出全部投资额，以便保证满足投资，不留缺口。估算时，可参照近似项目已完工程或在建工程的分类清单或有关投资估算指标。

表 4-2　投资估算阶段比较

阶段	投资估算准确性(%)	估算收费(占工程费用)(%)
机会研究	30	0.1~0.2
初步可行性研究	20	0.15~0.25
可行性研究	10	0.2~0.3

2)设计阶段投资估算的内容

设计阶段的投资估算要以可行性研究阶段确定的投资费用为基础，其估算的主要内容与可行性研究阶段的估算内容较近似，但要注意投资额幅度的把握(以不超出可行性研究估算的10%为宜，否则要重新审批投资额)。估算时，视项目规模大小，可分为工业建设项目估算和整体性民用与公用建设项目估算(如新建住宅小区、医院、宾馆、学校等)。这两种类型的项目建设投资，均应包括建筑红线以内的征地、拆迁、三通一平，主体工程和电源、水源、动力等辅助工程；基础土石方工程、道路、围墙、大门、构筑物和庭院绿化等室外总图工程，直至红线以外的市政公用工程、水暖电器管线等安装工程；生活及办公用具购置、筹建开办、不可预见和其他工程费用等的估算。

一般工业建设项目总投资除上述投资估算内容外，还应包括工艺设备、附属及辅助设备购置及其安装估算，公用系统、总图运输系统及厂内外生活福利设施、铁路专用线路、110 kVA 以下输配电所需设备及安装费的估算。

一般民用单项工程的投资估算，除应包括上述投资估算内容外，还应特别注意该单项工程的其他工程费用估算是否列入。

总之，设计阶段投资估算的全部内容，应为后续项目投资总概算的编制创造先决条件和提供基础。从全过程投资估算内容来看，应采用静态投资估算与动态投资估算相结合的方法，即以静态投资估算为基础，估算出该项目建筑工程、设备购置、安装工程、工器具购置和其他工程费用等不包括时间变化因素所需要的投资，在此基础上再按建设期间不同年度的物价、税率、利率和费率等动态因素，估算和调整有关静态部分的资金投入量，这样由静态投资、动态投资所形成的投资估算才是完整的项目建设总投资。这样比只讲固定资产投资估算更科学，投资估算内涵更准确，有利于提高投资估算、评价、决策和管理。

3)项目交付使用后的估算内容

如前所述，项目交付使用后的估算是以其竣工运营或交付使用后的预决算报告及相关的财务报表为基础的，对前两个阶段的投资估算，即项目前期可行性研究估算和设计阶段投资估算，做出对比性分析、估算和评价。对项目是否打足投资和“三超”做出因果判断，检验投资估算的科学性、准确性和效益性。这种仅就项目投资总额使用、分配上做出的投资后期估算、评价，是建设项目后评估的重要组成部分，也可以根据需要作为项目投资估算体系中三个阶段的组成部分单独进行。项目交付使用后的估算主要内容包括：对前期可行性研究阶段估算评价、设计阶段估算评价、项目投资概预决算及费用评价和项目交付后投资效果与效益评价。

在我国项目交付使用后估算尚处在起步和理论探讨阶段，还没有给予足够的重视。实际上，它是建立市场经济风险机制和法人责任制，约束交易行为，检验建设项目投资是否用在刀刃上的重要手段。

（三）铺底流动资金的估算

1. 扩大指标估算法

扩大指标估算法也称类比估算法、比率估算法，是按照同类企业流动资金占某种基数的比率来估算流动资金。一般常用基数有销售收入、经营成本、总成本费用、固定资产投资、单位产量等。其公式为

$$流动资金额 = 使用基数额 \times 该基数流动资金率 \tag{4-12}$$

2. 分项详细估算法

该法是国际上通行的流动资金估算方法，准确度较高。

$$流动资金 = 流动资产 - 流动负债 \tag{4-13}$$

$$流动负债 = 应付账款 + 预收账款 \tag{4-14}$$

$$流动资产 = 应收账款 + 预付账款 + 存货 + 现金 \tag{4-15}$$

$$流动资金本年增加额 = 本年流动资金 - 上年流动资金 \tag{4-16}$$

$$流动资金的周转次数 = 360 \div 最低周转天数 \tag{4-17}$$

1）存货估算

存货指企业在生产经营过程中为销售、生产或耗用而储备的物质。

$$存货 = 外购原材料 + 外购燃料 + 在产品 + 产成品 \tag{4-18}$$

（1）外购原材料、燃料。

$$外购原材料 = 年外购原材料费用 \div 外购原材料年周转次数 \tag{4-19}$$

$$外购燃料 = 年外购燃料费用 \div 外购燃料年周转次数 \tag{4-20}$$

（2）在产品。

$$\begin{aligned}在产品 = {}&（年外购原材料、燃料、动力费 + 年工资及福利费 + 年修理费 + \\&年其他制造费用）\div 在产品年周转次数\end{aligned} \tag{4-21}$$

（3）产成品。

$$产成品 = （年经营成本 - 年其他营业费用）\div 产成品年周转次数 \tag{4-22}$$

2）应收账款

应收账款指企业因销售商品、提供劳务以及办理工程结算等业务，应向购货单位、接受劳务的单位收取的账款。

$$应收账款 = 年经营成本 \div 应收账款周转次数 \tag{4-23}$$

3）预付账款

$$预付账款 = 预付的外购原材料、燃料或服务年费用 \div 预付账款周转次数 \tag{4-24}$$

4）现金

现金包括库存现金和银行存款。

$$现金需要量 = （年工资及福利费 + 年其他费用）÷ 现金年周转次数 \quad (4\text{-}25)$$

5）应付账款

$$应付账款 = （年外购原材料 + 燃料及动力费）÷ 应付账款周转次数 \quad (4\text{-}26)$$

6）预收账款

$$预收账款 = 预收的营业收入年金额 ÷ 预收账款周转次数 \quad (4\text{-}27)$$

3. 投资估算编制方法

投资估算编制方法见表4-3。

表4-3　投资估算编制方法

估算内容		估算方法		适用范围
投资估算	建设投资估算	生产能力指数法	$x = y(\frac{c_2}{c_1})^n \times c_f$	多用于估算同类而不同生产能力拟建项目投资或设备投资
		分项比例估算法	$C = E(1 + f_1p_1 + f_2p_2 + f_3p_3) + I$	适用于设备投资占比例较大的项目
		资金周转率法	$总投资 = \frac{产品年产量 \times 产品单价}{资金周转率}$	此法简单、易行、省时、省费用，适用于估算结果精度低的项目
		单位面积综合指标估算法	单项工程投资额 = 建筑面积 × 造价/单位面积 × 浮动价格指数 ± 结构和建筑标准部分的价差	适用于单项工程投资估算
	流动资金估算	分项详细估算法	参照现有同类企业状况进行分项详细估算	
		扩大指标估算法	可按建设投资或经营成本或年销售收入的一定比例估算，也可按单位产量占用流动资金的比例进行估算	对小型项目或个别项目采用此法

二、流动资金估算

（一）流动资金的定义

流动资金指项目投产后为维持正常生产所需的投资，主要用于购买原材料、备品备件、低值易耗品、在产品及产成品占压资金等方面。

（二）流动资金的估算方法

1. 产值资金率法

产值资金率是指百元产值流动资金占用率，一般参照类似企业的统计数据确定。

$$流动资金投资额 = 年产值 \times 产值资金率 \tag{4-28}$$

2. 定额法

按流动资金投资细项分别采用定额指标估算后加总流动资金投资额。

当有大量进口原材料和出口产品时，要计算流动资金外汇需要量，编制外汇流动资金估算表。

3. 详细估算法

先分别计算出储备资金、生产资金、成品资金、货币资金与结算资金的需要量，然后将各项汇总求得流动资金的投资量。

三、建设项目投资估算审查

建设项目投资估算审查是对建设项目在项目建议书和可行性研究阶段所确定的投资估算额进行的审查，以评价投资估算的估算方法、依据的条件、投资估算额是否确切，为项目的财务评价和经济分析提供正确的投资依据，从而保证项目决策的科学性及正确性。

（一）工程项目投资估算的划分与审查的关系

投资估算是指在整个投资决策过程中，依据现有的资料和一定的估算方法，对工程项目的投资数额进行估计。在项目建议书阶段可以对投资额进行毛估、粗估、初步估算，而在项目可行性研究阶段对投资额进行控制估算。

1. 毛估

毛估是以假设的工程项目为依据而进行的投资估算，其结果既不能用来肯定一个项目，也不能用来否定一个项目，只能用来判断一个项目从经济性方面考虑是否值得进一步研究，属于投资机会研究。由于其估算误差很大，有时可能超过 ±30%，故审查时不作为重点，但可选用多种估算方法并结合项目所在行业特性进行多方案比选，为下一步估算选择适当的估算方法做好准备。

2. 粗估

粗估是以一个概念性项目为依据而进行的投资估算，又称研究性估算。它是在选定了投资机会以后，进行再研究时做的估算，属于更具体的投资机会研究。一般情况下，可以用来判断一个项目从经济性方面考虑是否可行，指导进一步的研究。由于它难以满足工程概算的要求，其估算误差一般在 ±30% 以内，可据此编制项目建议书，申请项目立项，故在审查时，对投资估算方法进一步确定，对估算所依据的资料、条件进一步明确。

3. 初步估算

初步估算是依据概念性项目和未来可能的建设装备条件编制的，是在投资机会研究的基础上，进一步弄清项目的投资规模、原材料来源、工艺技术以及建设地点、组织机构、建设进度、环境保护等情况，进行经济效益评价，判断项目的可行性并做出的初步投资估算，属于初步可行性研究阶段。由于可行性论证比较充分，估算资料充足，条件也更加明确，其估算误差一般在 ±10% 以内，有时可以达到概算水平，故在审查时，对估算的方法、条件、依据进一步确定。

4. 控制估算

控制估算是经过详细可行性研究，证明项目可行，决策最佳方案，在工程项目设计之前,为便于对设计概算进行控制所做的估算,故又称为确定性估算,它是毛估、粗估、初步估算的继续。可以据此进行项目筹资和做出进行设计、施工的决定,其估算误差应控制在±10%以内,故在投资估算审查时应把控制估算作为重点进行审查。

上述针对控制估算的审查就是本书所称的投资估算审查,但是没有哪一个投资项目是完全按照所述估算模式按部就班进行的。对投资估算审查主要是为工程项目正确决策提供依据,为后继各阶段造价管理提供正确的控制总目标。

(二)投资估算审查的内容

1. 审查投资估算的编制依据

投资估算所采用的依据必须具有合法性、有效性、时效性和准确性。

(1)合法性。必须对投资估算编制依据的合法性进行鉴定,即投资估算所采用的各种编制依据必须经过国家和主管部门的批准,符合国家有关编制政策规定,未经批准的不能采用。

(2)有效性。必须对编制依据的有效性进行鉴定。各种编制依据都应根据国家有关部门的现行规定进行,不能脱离现行的国家各种财务规定去做投资估算,如有新的管理规定和办法,应按新的规定和办法执行。

(3)时效性和准确性。项目投资估算所需的数据资料很多,例如:已运行的同类型项目的投资、设备和材料价格、运杂费率以及有关的定额、指标、标准、规定等,这些资料都与时间有密切关系,都可能随时间发生不同程度的变化。因此,进行投资估算审查时必须注意数据的时效性和准确性。

2. 审查投资估算的构成内容

根据工程造价的构成,建设项目投资估算包括固定资产投资估算和铺底流动资金估算。

(1)固定资产投资。固定资产是动态的,因为它是由工程项目静态投资和动态投资组成的。工程项目静态投资是指项目的建筑安装工程费用、设备及工器具购置费、其他费用、基本预备费等;动态投资是指建设期贷款利息、汇率变动部分、国家批准的其他税费以及涨价预备费(建设期间价格变动引起的投资增加额)等。

(2)铺底流动资金。铺底流动资金是指项目投产后所需的流动资金的30%。根据国家现行规定要求,新建、扩建和技术改造项目,必须将项目建成后所需的铺底流动资金列入投资计划,否则国家不予批准立项,银行不予批准贷款。如有进口原材料、辅助材料、备品备件的项目,还应估算流动资金所用的外汇量。

据此审查项目投资估算内容的完整性,对构成的合理性做出评价和调整。

3. 审查投资估算的估算方法和计算的正确性

根据投资项目的特点、行业类别可选用的具体方法很多。因此,审查投资估算时,应对投资估算采用方法所适用的条件、范围、计算是否正确进行评价;对投资估算采用的工作量,设备、材料和价格等是否正确合理进行评价;对投资比例是否合理,费用或费率是否漏项少算,是否有意压价或高估冒算,是否有提高标准的情况进行评价;对必须进口的国外设备的数量是否经过核实,价格是否合理,是否考虑汇率、税金、利息、物价上涨指数等因素进行评价及投资是否打足等进行评价。

(三)投资估算审查的方法

投资估算审查方法的选用,应根据估算的精度要求进行,因为投资估算的正确与否对项目财务评价和经济分析有着至关重要的影响,同时又对下一阶段的设计概算起到控制作用。国家规定,投资估算与初步设计阶段概算比较,不应大于10%,否则项目应重新报批。因此,在投资估算审查时应按投资估算的内容要求,进行全面审查,针对每项内容的特点可具体采用对比分析和查询核实等方法,要在分析具体原因之后进行费用的调整。凡需调整投资估算的,应提出“投资估算审查调整对比表”,并逐项说明投资增减的原因,提出调整投资内容,减少初期投入的意见和措施等。

【例 4-1】 某新建化工项目投资估算审查。

背景资料:某新建化工项目采用新工艺,拟生产国内市场急需的某特种橡胶材料,计划年产量 15 万 t。此项目属扩建工程,建在原有厂区内,故不需要新征土地,没有大量土方工程,并可利用原厂区公用工程和辅助设施,而厂区已与一条专用铁路、一条高等级公路相通,原材料、燃料和动力供应充足。

根据可行性研究报告。该项目计算期 16 年,其中建设期 3 年,投产期 3 年。项目投资估算17 445.75万元(含外汇 708.77 万美元),财务内部收益率为 14.76%,项目财务效益证明经济上可行,而财务不确定分析表明,项目具有一定的投资风险,项目社会效益较好,环境评估可行。

采用会审方式组织专家评审,经专家审查对比,核实情况如下。

1. 投资估算编制依据审查

专家审查组对投资估算的编制依据进行了详细鉴定分析,认为该项目选取投资估算定额和税费符合规定,引进设备价格是按类似工程估算的;国内设备、材料价格按中国石化总公司《工程建设设备材料统一基价》、《机械产品目录》,产品样本等选用,每年按 6% 的涨价系数换算到报告编制年份;安装工程根据中国石化总公司文件《石油化工安装工程概算指标》及类似工程的指标对比估算;外汇汇率、关税、增值税和海关费等经核实基本按现行规定和当前情况估算;固定资产方向调节税根据当时国家规定:特种橡胶和大中型合成橡胶税率按零税率计算等。其投资估算编制依据经审查,认为合法、有效。

投资估算编制内容和方法的审查。专家审查组经过对投资估算编制内容和方法的审查,认为投资估算内容编制比较完整,静态估算选用方法合理,计算正确无误;动态估算选用方法合理,基本预备费和建设期涨价预备费均按可行性研究投资估算费用计,基本正确,建设期利息计算正确,税费计算基本正确。因此,也不存在有意压价或高估冒算。

现需要调整的主要内容如下。

(1)国外引进部分。

专家组审查认为软件费用偏高,审减 58.77 万元;

引进设备的关税和增值税偏低,应增加 470.63 万元。

(2)国内部分。

审查后认为原可行性研究报告中投资估算没有考虑污水处理厂改造费用 200 万元,

应补充进来。

(3)预备费。基本预备费可不作考虑,但是涨价预备费可作如下调整:

原可行性研究报告中没有考虑到外汇汇率的变化,审查调整为1 568.21万元(含外汇85.05万美元),增加156万元;

设备、材料价差相应调整53.65万美元;

由于固定资产投资调整,增加807.64万元的贷款,建设期利息由原来的1 644.11万元(含外汇98.27万美元)调整为1 745.71万元(含外汇107.13万美元)。

根据上述投资估算调整,审查该项目固定资产投资总额为17 844.71万元(含外汇1 137.18万美元),比原来可行性研究报告固定资产投资额增909.24万元(含外汇88.05万美元)。

2.铺底流动资金审查

可行性研究报告中的流动资金占用额是按2个月工厂成本计算,根据调整后的工厂成本重新计算流动资金占用额为1 750.67万元(扩大指标法)。本项比可行性研究报告增加49.75万元。由于生产工厂用的原料和辅助材料绝大部分是公司内部供应,审查认为只要做好产供销的管理,流动资金估算是正确的,则铺底流动资金由510.28万元调整到525.20万元。

3.工程项目投资估算审查

审查后工程项目投资估算总额18 369.91万元(含外汇1 137.18万美元),比项目可行性研究报告总投资增加924.16万元,其中固定资产投资增加909.24万元,铺底流动资金增加14.92万元。

(四)投资估算审查要点

首先,要整体考查编制依据的时效性、准确性;其次,要看估算方法的科学性、适用性;再次,要观察编制内容与拟建项目规划要求的一致性;最后,核实投资估算的费用项目、费用数额是否真实。

具体审查步骤如下:

第一步:熟悉设计方案和各种资料,对各项主要工程数量进行必要的核对和计算;

第二步:研究建设安排和实施方案的内容与要求是否合理可行,如建设工期、工程进度等,核查其与批准的项目建议书投资估算文件的规定是否相符,如有变动,分析其是否合理;

第三步:根据主要工程数量和选用的并经调整好的分项估算指标,计算出人工和材料的实物量;

第四步:取定人工费单价,计算材料预算价格;

第五步:根据确定的总体实施方案的要求,结合建设项目的实际情况,取定各项费率标准;

第六步:根据确定的人工、材料的预算价格和各项费率标准,计算出各项费用,并进行累计汇总(若已经具有以综合价格的形式编制的估算指标,则在计算出实物量后,可直接套用估算指标)。

第三节　资金的时间价值

一、资金的时间价值

(一)资金的时间价值概念

货币转化为资金投入生产经营活动后,在正常情况下,资金由于运转(资金循环与周转)随着时间的推移而产生增值,这个增值部分就是资金的时间价值。资金的时间价值是在生产经营过程中产生的,来源于劳动者为社会的劳动所创造的剩余产品价值。时间价值体现资金的盈利能力,反映出资金的运用具有明显的时间因素特征。现将这一概念的表述分析如下。

1. 资金的时间价值的产生与创造

资金的时间价值是在生产经营过程中产生的,为进行生产经营活动,需要用一定数量的货币资金购买生产资料,要聘用职工并支付劳动报酬。货币资金转化为生产资金,这些生产要素在生产中的结合,经过职工的劳动制造出新产品,通过市场流通实现产品的价值后,收回新的货币资金。新收回的货币资金较原投入的资金在数量上产生增值,这个增值就是资金的时间价值。

货币转化为资金实现循环周转的运动过程,才能产生时间价值。如果将货币锁在保险柜里不能使它转化为资金,那就不会产生时间价值。同时还需要指出,资金自身不会转变其形态,随着时间的推移产生时间价值,而是必须通过职工的劳动才能产生时间价值,所以说资金的时间价值是由劳动者创造的。

2. 资金的时间价值体现资金的盈利能力

资金的时间价值作为经济范畴有两个客观存在前提:一是商品货币关系的存在和发展,商品实现的价值在弥补生产费用后要有剩余;二是商品经济的发展使资金借贷关系普遍存在,具体讲,就是资金所有者同资金使用者分离,形成资金所有权同资金使用权相分离。当前,我国已初步建立社会主义市场经济体制,这两个前提条件是具备的。

在市场经济条件下,货币资金的所有者将资金使用权让渡给生产经营者,生产经营者将资金投入生产经营活动使资金增值,并从中分出一部分付给资金所有者作为让渡使用权的报酬(剩余的部分才是经营者的净收益)。资金借用的时间越长,付给的报酬越多,这种报酬就是利息,一定期间的利息额与借入资金额的比率就是利息率。随着资金借贷关系的普遍化,经常要计算利息用来付给资金所有者作为报酬,使人们逐渐树立起资金具有时间价值的观念。于是,资金的时间价值就以利息或利息率的形式体现着资金的盈利能力。

以此为例,经营者将自有资金用于生产经营活动,也要扣除资金增值的一部分作为对使用自有资金的报酬,并相应地计算经营利润和利润率,因而经营利润和利润率也视为资金的时间价值,同样体现着资金的盈利能力。

3. 资金的时间价值反映着资金的运用具有明显的时间因素特征

资金时间价值量的大小不仅与资金额多少有关,而且与资金的使用情况有关。由于在一定期限内,资金投入或资金产出的时刻不同,资金作用的延续时间不同,因而资金时间价值量就有差别,从而影响资金的使用效益。

资金的时间价值作为经济范畴,对于工程经济分析既有深刻的理论指导意义,又有重要的实际意义。

(二)衡量资金的时间价值的尺度

1. 绝对尺度——利息和利润

通常把通过银行借贷资金所付出的或得到的比本金多的那部分资金增值称为利息,而将资金投入生产和流通领域所获得的那部分资金增值称为利润。利息和利润都体现了资金的盈利能力,所以借贷利息和经营利润均可视为资金使用的报酬,都是衡量资金的时间价值的绝对尺度。

2. 相对尺度——利息率和利润率

利息率或利润率是指单位时间(通常为年)内产生的利息或利润与原来的本金(或资金额)的比率,也称资金报酬率,用百分数表示。利息率和利润率反映了资金随时间变化的增值率,是衡量资金的时间价值的相对尺度。

(三)计算资金的时间价值的基本方法

计算资金的时间价值的基本方法有单利法和复利法两种。

1. 单利法

所谓单利,是指所要支付的利息仅与借入本金的时间长度成正比,计算公式如下

$$I = Pni \tag{4-29}$$

式中 I——利息;

P——本金(需要计算利息的金额);

n——利期(计算利息的期数,一般有年、月、日等);

i——利率(在计算利息的时间内计算利息的一个百分率或千分率),年利率(年息)用%表示,月利率(月息)用‰表示。

计算利息时,本金和利息的和称为本利和,记为 F,即

$$F = P + I = P(1 + ni) \tag{4-30}$$

【例 4-2】 年初存入一笔资金 1 000 元,年利率为 6%,按单利公式计算年末应付的本利和为多少?

解 利用式(4-29)计算年末利息应为

$$I = 1\,000 \times 1 \times 6\% = 60(\text{元})$$

本利和为

$$F = P + I = 1\,000 + 60 = 1\,060(\text{元})$$

故年末应付本利和为 1 060 元。

2. 复利法

复利计息时用本金和前期累计利息总额之和作为基数来计算下一期的利息。复利公式为

$$I = P[(1 + i)^n - 1] \tag{4-31}$$

公式中各字母所代表意义与单利公式相同。

这里我们用复利公式来计算例4-2，来看两者的区别。

第一年：

$$I = Pni = 1\ 000 \times 1 \times 6\% = 60(\text{元})$$

$$I = P[(1+i)^n - 1] = 1\ 000 \times [(1+6\%)^1 - 1] = 60(\text{元})$$

在第一年年末，单利计算利息与复利计算利息都是60元。

第二年：

$$I = Pni = 1\ 000 \times 2 \times 6\% = 120(\text{元})$$

$$I = P[(1+i)^n - 1] = 1\ 000 \times [(1+6\%)^2 - 1] = 123.6(\text{元})$$

第三年：

$$I = Pni = 1\ 000 \times 3 \times 6\% = 180(\text{元})$$

$$I = P[(1+i)^n - 1] = 1\ 000 \times [(1+6\%)^3 - 1] = 191.01(\text{元})$$

很明显，随着利期的增长，复利利息的增长速度超过了单利利息的增长速度。

3. 实际利率、名义利率与连续利率

1) 实际利率与名义利率的含义

首先，举例说明实际利率与名义利率的含义：

年利率为12%，每年计息1次——12%为实际利率；

年利率为12%，每年计息12次——12%为名义利率，实际相当于月利率为1%。

2) 实际利率与名义利率的关系

设 P 为年初本金，F 为年末本利和，L 为年内产生的利息，r 为名义利率，i 为实际利率，m 为在一年中的计息次数。

因此，单位计息周期的利率为 r/m，年末本利和为

$$F = P\left(1 + \frac{r}{m}\right)^m \tag{4-32}$$

在一年内产生的利息为

$$L = F - P = P\left[\left(1 + \frac{r}{m}\right)^m - 1\right] \tag{4-33}$$

据利率定义，得

$$i = \frac{L}{P} = \left(1 + \frac{r}{m}\right)^m - 1 \tag{4-34}$$

在进行分析计算时，对名义利率一般有两种处理方法：将其换算为实际利率后，再进行计算；直接按单位计息周期利率来计算，但计息期数要作相应调整。

3) 连续利率

计息周期无限缩短(即计息次数 $m \to \infty$)时的实际利率为

$$i_{\text{连}} = \lim_{m\to\infty}\left[\left(1 + \frac{r}{m}\right)^m - 1\right] = \lim_{m\to\infty}\left[\left(1 + \frac{1}{\frac{m}{r}}\right)^{\frac{m}{r}\times r} - 1\right] = e^r - 1 \tag{4-35}$$

因此，间断复利系数与连续复利系数的关系如式(4-35)所示。计算时，可以直接计算，也可以查复利系数表知，该系数为11.435 9。

4. 现金流量图及其画法

现金流量图是反映技术方案(工程项目)在整个寿命周期内各年现金流入和现金流出状况的图解,其形式如图 4-4 所示。

现金流量图的画法如下:

(1)画一水平线并标出时间坐标(一般以年为单位),这条带有时间坐标的水平线表示一个技术方案或工程项目,是投资对象,可叫做系统。

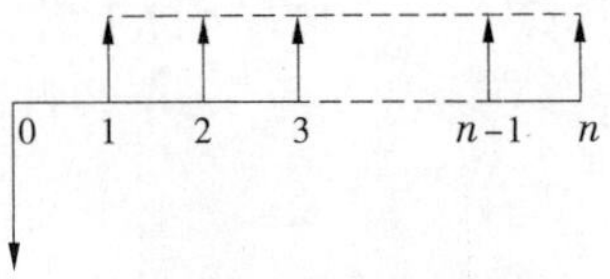

图 4-4 现金流量图

(2)以相对水平线时间坐标的箭线来表示这个系统各年的现金流入和现金流出的状况。现金流入的箭线方向向上,表示为收入,画在水平线的上方,现金流出的箭线方向向下,表示为支出,画在水平线的下方。

(3)箭线的长短与现金流入或现金流出的量成正比。除零期外,每期的现金流量都标在该期的期末。根据这样的画法可以认为:某一期期末发生的现金流量与下一期期初发生的现金流量在时间上是重合的。

为了形象地描述技术方案在整个寿命周期内的现金流动情况,画出现金流量图有时很有必要,对于正确分析问题和进行经济计算非常有帮助。

5. 资金等值概念

在同一投资系统中,处于不同时刻、数额不同的两笔(或两笔以上)相关的资金,按照一定的利率和计息方式折算到某一相同时刻所得到的资金数额若相等,则称这两笔或多笔资金是"等值"的。

资金的等值是考虑了资金的时间价值的等值。这样在同一系统中不同时刻发生的相关资金,即使数额不等,其价值也可能相等。决定资金等值的因素有以下三个:①资金数额;②资金发生的时间;③利率。其中利率是关键因素,资金的等值计算是以同一个时期发生的现金净流量进行衡量的。

二、资金的时间价值计算的种类

(一)基本参数

(1)现值(P):现在值,即相对于将来值的任何较早时间的价值。

(2)终值(F):将来值,即相对于现在值的任何以后时间的价值。

(3)等额年金或年值(A):n 次等额支付系列中的一次支付,在各个计息期末实现。

(4)利率、折现或贴现率、收益率(i)。

(5)计息期数(n)。

(二)基本公式

1. 一次支付类型

1)复利终值公式(一次支付终值公式、整付本利和公式)

$$F = P(1+i)^n = P(F/P,i,n) \tag{4-36}$$

如果有一项资金 P 按年利率 i 进行投资,n 年以后本利和应为多少?这项活动可用现金流量图表示(见图 4-5),n 年末的将来值 $F=P(1+i)^n$。

为了计算方便,我们可以按照不同的利率 i 和计息基数 n 计算出 $(1+i)^n$ 值,列成一个系数表。这个系数$(1+i)^n$叫做一次支付复利系数，可以在有关资料中查找，通常用$(F/P,i,n)$表示。这样，$F=P(1+i)^n$可以写成$F=P(F/P,i,n)$。

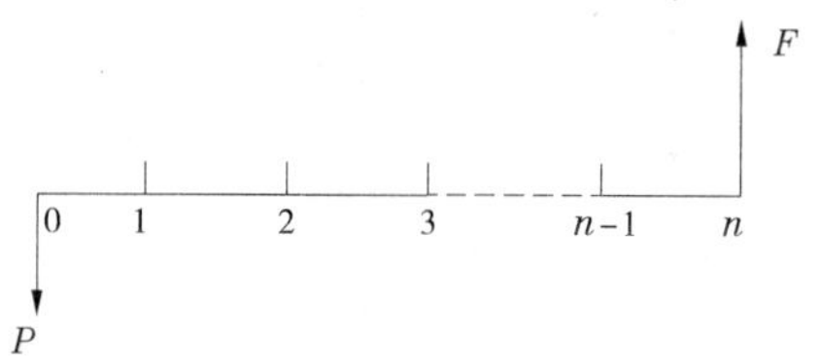

图 4-5　一次支付复利现金流量图

【例 4-3】　因工程需要向银行贷款 1 000 万元，年利率为 7%，5 年后一次还清，试问到期应偿还本利和共多少？

解　已知 $P=1\ 000$ 万元，$i=7\%$，$n=5$ 年，由式(4-36)得

$$F=P(F/P,i,n)=P(F/P,7\%,5)=1\ 000\times1.403=1\ 403(\text{万元})$$

2)复利现值公式(一次支付现值公式)

$$P=F(1+i)^{-n}=F(P/F,i,n) \tag{4-37}$$

由$F=P(1+i)^n$变换成由将来值求现值的公式$P=F[1/(1+i)^n]$，其中$[1/(1+i)^n]$叫做一次支付现值系数，又称为现值因子，并用$(P/F,i,n)$表示，其值可从复利系数表中查找，利用这个系数可以求出将来金额F的现值P。此处，i称为贴现率或折现率，这种把终值折算为现值的过程称为贴现或折现。

【例 4-4】　某人 10 年后需 20 万元用于孩子上学，银行的存款年利率为 6%，若按复利方式计息，问现在应存多少钱才能在 10 年后得到这笔款项？

解　已知 $F=20$ 万元，$i=6\%$，$n=10$ 年，由式(4-37)得

$$P=F(P/F,i,n)=F(P/F,6\%,10)=20\times0.558\ 4=11.17(\text{万元})$$

2. 等额分付类型

等额分付类型公式指所分析的系统中现金流入与现金流出可在多个时间点上发生，而不是集中在某一个时间点，即形成一个序列现金流量，并且这个序列现金流量数额的大小是相等的。等额多次支付类型包括四个基本公式，即等额分付终值公式、等额分付偿债基金公式、等额分付年金资本回收公式和等额分付现值公式。

1)等额分付终值公式(等额年金终值公式)

$$F=A\frac{(1+i)^n-1}{i}=A(F/A,i,n) \tag{4-38}$$

在工程经济研究中，常常需要求出银行在若干期的期末支付等额的资金，最后所积累起来的资金。这种财务情况可用图 4-6 表示。在利率为i的情况下，n年末积累的资金为

$$F=A+A(1+i)+\cdots+A(1+i)^{n-2}+A(1+i)^{n-1}$$

等式两边分别乘以$1+i$可得

$$F(1+i)=A(1+i)+A(1+i)^2+\cdots+A(1+i)^{n-1}+A(1+i)^n$$

将两个等式两边分别相减，得到一个新的等式

$$Fi=A[(1+i)^n-1]$$

整理得

$$F=A\frac{(1+i)^n-1}{i}$$

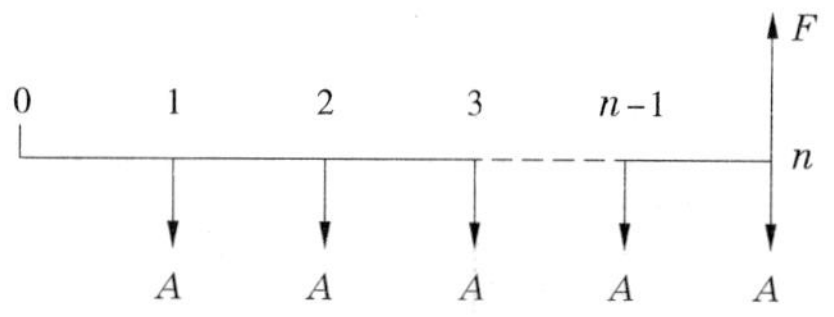

图 4-6　等额支付现金流量图

式中，$\frac{(1+i)^n-1}{i}$叫做等额支付系列复利系数，通常用$(F/A,i,n)$表示。系数的值可以用$\frac{(1+i)^n-1}{i}$计算求得，也可查复利系数表求得。

【例 4-5】 设每年年末存款 100 元，年利率 $i=10\%$，第十年末的本利和（期值或终值）F 为多少？

解 已知 $A=100$ 元，$i=10\%$，$n=10$ 年。由式(4-38)得

$$F=A(F/A,i,n)=100(F/A,10\%,10)=100\times 15.937=1\ 593.7(\text{元})$$

即第十年年末可得本利和为 1 593.7 元。

2）等额分付偿债基金公式（等额存储偿债基金公式）

$$A=F\frac{i}{(1+i)^n-1}=F(A/F,i,n) \tag{4-39}$$

等额分付终值公式与等额分付偿债基金公式相反，如为了在第 n 年年末能筹集一笔钱 F，按年利率 i 计算，从现在起连续几年每年年末必须存储多少？将公式 $F=A\frac{(1+i)^n-1}{i}$变换可得到等额分付偿债基金公式 $A=F\frac{i}{(1+i)^n-1}$，$\frac{i}{(1+i)^n-1}$叫做等额分付偿债基金系数，用符号$(A/F,i,n)$表示。系数的值可以用$\frac{i}{(1+i)^n-1}$计算求得，也可查复利系数表求得。

【例 4-6】 如果要在第五年年末得到资金 1 000 元，按年利率 6% 计算，从现在起连续 5 年每年必须存储的 A 值为多少？

解 已知 $F=1\ 000$ 元，$i=6\%$，$n=5$ 年。由式(4-39)得

$$A=F(A/F,i,n)=1\ 000(A/F,6\%,5)=1\ 000\times 0.177\ 4=177.40(\text{元})$$

3）等额分付年金资本回收公式

$$A=P\frac{i(1+i)^n}{(1+i)^n-1}=P(A/P,i,n) \tag{4-40}$$

如果以年利率 i 存入一项资金 P。希望在今后 n 年内把本利和在每年年末以等额资金 A 的方式取出。这项活动可用图 4-7 表示。

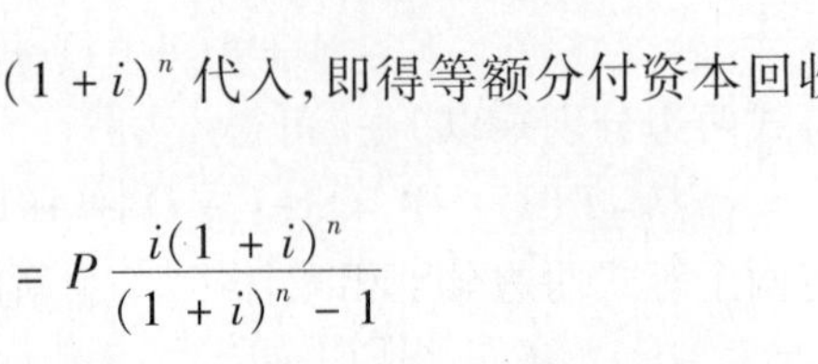

图 4-7 等额支付系列

根据等额分付偿债基金公式(4-39)，将 $F=P(1+i)^n$ 代入，即得等额分付资本回收公式

$$A=P(1+i)^n\frac{i}{(1+i)^n-1}=P\frac{i(1+i)^n}{(1+i)^n-1}$$

式中，$\frac{i(1+i)^n}{(1+i)^n-1}$的值叫做等额分付资本回收系数，用符号$(A/P,i,n)$表示。系数的值可以由$\frac{i(1+i)^n}{(1+i)^n-1}$计算求得，也可查复利系数表求得。

【例 4-7】 1980 年底借到某工程的建设资金 $P=1$ 亿元，规定于 1981 年起每年年末

等额偿还本息 A，于 2000 年底偿清全部本息，按年利率 $i=10\%$ 计息，问 A 为多少？

解 已知 $P=1$ 亿元，$i=10\%$，$n=20$ 年，由式(4-40)得

$$A=P\times\frac{i(1+i)^n}{(1+i)^n-1}=1\times10^8\times\frac{0.1\times(1+0.1)^{20}}{(1+0.1)^{20}-1}$$
$$=1\times10^8\times0.1175=1175(\text{万元})$$

4）等额分付现值公式

$$P=A\frac{(1+i)^n-1}{i(1+i)^n}=A(P/A,i,n)\tag{4-41}$$

等额分付现值公式与式(4-40)相反，按年利率 i 计算，为了能在今后几年中每年年末提取相等金额 A，现在必须投资多少？

把式(4-40)倒过来，得到等额分付现值公式。$\frac{(1+i)^n-1}{i(1+i)^n}$ 的值叫做等额分付现值系数，用符号 $(P/A,i,n)$ 表示，系数的值可以由 $\frac{(1+i)^n-1}{i(1+i)^n}$ 计算求得，也可查复利系数表求得。

【例 4-8】 假如有一新建水电站投入运行后，每年出售产品电能可获得效益 1.2 亿元，当水电站运行 50 年时，采用折现率 $i=7\%$，其总效益的现值为多少？

解 已知 $A=1.2$ 亿元（假定发生在年末），$i=7\%$，$n=50$ 年。由式(4-41)得

$$P=A\frac{(1+i)^n-1}{i(1+i)^n}=1.2\times\frac{(1+0.07)^{50}-1}{0.07\times(1+0.07)^{50}}=16.561(\text{亿元})$$

即 50 年的总效益现值 P 为 16.561 亿元。相应 50 年的总效益终值 F 为 $16.561\times(1+0.07)^{50}=487.83$（亿元）。

3. 定差数列的等值计算公式

如果每年现金流量的增加额或减少额都相等，则称之为等差（或定差）数列现金流量。

1）等差数列现值公式

设有一资金序列 A_t 是等差数列（等差为 G），则有 $A_t=A_1+(t-1)G(t=1\sim n)$，现金流量图如图 4-8 所示。

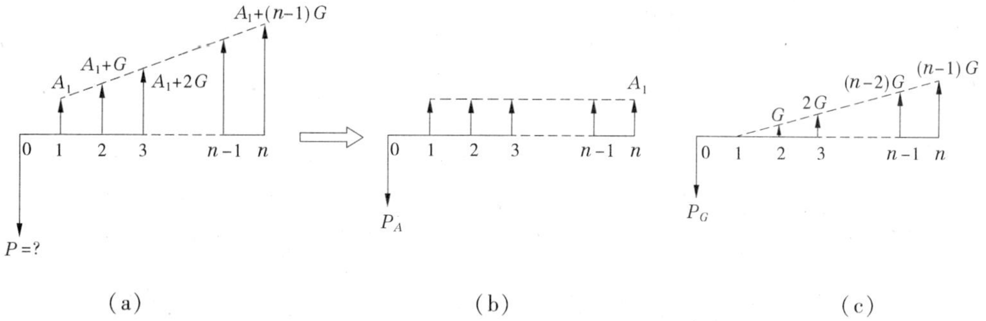

图 4-8 等差数列现值的现金流量图

因 $P=P_A+P_G$，又 $P_A=A_1(P/A,i,n)$，P_G 计算公式为

$$P_G = G\left[\frac{1}{(1+i)^2} + \frac{2}{(1+i)^3} + \cdots + \frac{n-1}{(1+i)^n}\right] \tag{1}$$

式(1)两边同乘$(1+i)$,得

$$P_G(1+i) = G\left[\frac{1}{(1+i)} + \frac{2}{(1+i)^2} + \cdots + \frac{n-1}{(1+i)^{n-1}}\right] \tag{2}$$

式(2)－式(1),得

$$\begin{aligned} P_G i &= G\left[\frac{1}{(1+i)} + \frac{1}{(1+i)^2} + \cdots + \frac{1}{(1+i)^{n-1}} - \frac{n-1}{(1+i)^n}\right] \\ &= G\left[\frac{1}{(1+i)} + \frac{1}{(1+i)^2} + \cdots + \frac{1}{(1+i)^{n-1}} + \frac{1}{(1+i)^n}\right] - \frac{Gn}{(1+i)^n} \\ &= G\left[\frac{(1+i)^n - 1}{i(1+i)^n}\right] - \frac{Gn}{(1+i)^n} \end{aligned}$$

所以

$$P_G = G\left\{\frac{1}{i}\left[\frac{(1+i)^n - 1}{i(1+i)^n} - \frac{n}{(1+i)^n}\right]\right\} = G(P/G,i,n) \tag{4-42}$$

故 $$P = A_1(P/A,i,n) + G(P/G,i,n)$$

式中,$(P/G,i,n)$称为定差现值系数。

2)现金流量等差递增的公式

(1)有限年的公式。

$$P = \left(\frac{A_1}{i} + \frac{G}{i^2}\right)\left[1 - \frac{1}{(1+i)^n}\right] - \frac{G}{i} \times \frac{n}{(1+i)^n} \tag{4-43}$$

(2)无限年的公式($n \to \infty$)。

$$P = \frac{A_1}{i} + \frac{G}{i^2} \tag{4-44}$$

3)现金流量等差递减的公式

(1)有限年的公式。

$$P = \left(\frac{A_1}{i} - \frac{G}{i^2}\right)\left[1 - \frac{1}{(1+i)^n}\right] + \frac{G}{i} \times \frac{n}{(1+i)^n} \tag{4-45}$$

(2)无限年的公式($n \to \infty$)。

$$P = \frac{A_1}{i} - \frac{G}{i^2} \tag{4-46}$$

4)定差数列等额年金公式

因$A = A_1 + A_G$,且

$$\begin{aligned} A_G = P_G(A/P,i,n) &= \frac{G}{i}\left[\frac{(1+i)^n - 1}{i(1+i)^n} - \frac{n}{(1+i)^n}\right]\left[\frac{i(1+i)^n}{(1+i)^n - 1}\right] \\ &= G\left[\frac{1}{i} - \frac{n}{(1+i)^n - 1}\right] \end{aligned}$$

故 $$A = A_1 + G(A_G/G,i,n) \tag{4-47}$$

注意:等差G从第二年开始,其现值必位于G开始的前两年。

4. 等比数列的等值计算公式

设 A_1 为第一年年末的净现金流量，g 为现金流量逐年递增的比率，其余符号意义同前。

1）现金流量按等比递增的公式（见图 4-9）

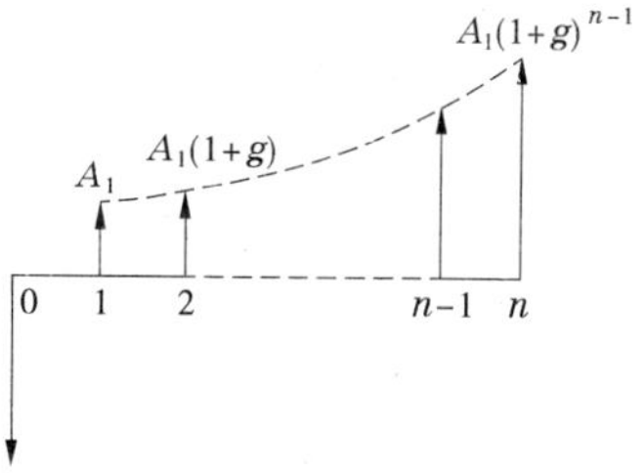

图 4-9　按等比递增的现金流量图

（1）有限年的公式。

$$\left.\begin{aligned} P &= \frac{A_1}{i-g}\left[1-\left(\frac{1+g}{1-i}\right)^n\right] \qquad (i \neq g) \\ P &= \frac{A_1}{1+i} \times n \qquad (i = g) \end{aligned}\right\} \tag{4-48}$$

（2）无限年的公式（适用于 $i > g$ 的情况）。

$$P = \frac{A_1}{i-g} \tag{4-49}$$

2）现金流量按等比递减的公式

（1）有限年的公式。

$$P = \frac{A_1}{i+g}\left[1-\left(\frac{1-g}{1+i}\right)^n\right] \tag{4-50}$$

（2）无限年的公式。

$$P = \frac{A_1}{i+g} \tag{4-51}$$

5. 公式的引申运用

1）延期年金的等值计算

【例 4-9】　设利率为 10%，现存入多少钱，才能正好从第四年到第八年的每年年末等额提取 2 万元？

解　$P = 2(P/A,10\%,5)(P/F,10\%,3) = 5.7$（万元）

2）永续年金的等值计算

【例 4-10】　某地方政府一次性投入 5 000 万元建一条地方公路，年维护费为 150 万元，折现率为 10%，求现值。

解　该公路可按无限寿命考虑，年维护费为等额年金，可利用年金现值公式求当 $n \to \infty$ 时的极限来解决。

因为　$$P = \lim_{n \to \infty} A\left[\frac{(1+i)^n - 1}{i(1+i)^n}\right] = \frac{A}{i}$$

所以该例题的现值为　$$P = 5\,000 + \frac{150}{10\%} = 6\,500\text{（万元）}$$

3）计息周期小于资金收付周期的等值计算

【例 4-11】　每半年存款 1 000 元，年利率 8%，每季计息一次，复利计息。问第五年年末存款金额为多少？

解法 1　按收付周期实际利率计算。

半年期实际利率　$i_{eff} = (1 + 8\%/4)^2 - 1 = 4.04\%$

$$F = 1\,000(F/A,4.04\%,2 \times 5) = 1\,000 \times 12.029 = 12\,029\text{（元）}$$

解法2 按计息周期利率，且把每一次收付看做一次支付来计算。

$$F=1\ 000(1+8\%/4)^{18}+1\ 000(1+8\%/4)^{16}+\cdots+1\ 000=12\ 028.4(元)$$

解法3 按计息周期利率，且把每一次收付变为等值的计息周期末的等额年金来计算。

$$A=1\ 000(A/F,2\%,2)=495(元)$$

$$F=495(F/A,2\%,20)=12\ 028.5(元)$$

第四节 项目评价

一、财务评价

(一)财务评价的定义和内容

项目经济评价是工程项目可行性研究的有机组成部分和重要内容，是项目和方案选择及决策的主要依据。可行性研究内容涉及拟建项目建设及生产经营活动的方方面面，但最终都会归结到经济评价当中，使项目经济评价成为可行性研究的核心。这是在市场经济条件下，对投资项目研究和管理的必然要求。

财务评价是根据现有的财税制度和规定，以财务预测为基础，计算一个工程项目的财务收入和支出，测算项目投资所能产生的利润，并分析工程项目的盈利能力、清偿能力以及外汇平衡等财务状况，从而判断该工程项目在财务上的可行性。

财务评价主要是分析工程项目的投资获利能力、财务清偿能力和资本结构。其分析方法很多，归纳起来主要有两种，即不考虑时间因素的静态分析法和考虑时间因素的动态分析法。

财务分析主要包括盈利能力分析和偿债能力分析。必要时，对有项目法人的项目还需要对主体企业的盈利能力和财务状况进行分析。在对初步确定的建设方案(称为基本方案)进行财务分析后，还应进行不确定性分析，包括盈亏平衡分析和敏感性分析。常常需要将财务评价的结果进行反馈，完善初步确定的建设方案，有时甚至会对初步确定的建设方案进行较大的调整。

项目决策分析与评价强调在全过程中进行方案比选。多方案比选也是财务评价的内容之一。

投资估算和融资方案是财务评价的基础，但在实际操作过程中，三者互有交叉。投资决策和融资决策的先后顺序与相辅相成的关系也促成了这种交叉。在财务评价的分析方法和指标体系设置上体现了这种交叉。首先要做的是项目财务盈利能力分析，它不考虑融资问题，是融资前分析。其结果体现项目方案本身设计的合理性，用于初步投资决策以及方案或项目的比选，也就是说，用于考察项目是否基本可行，是否值得去为之融资。这对项目发起人、投资者、债权人和政府管理部门都是有用的。如果第一步分析的结论是“可”，那么进一步去寻求适宜的资金来源和融资方案，就需要借助对项目的融资后分析，即资本金盈利能力分析和偿债能力分析，投资者和债权人可据此做出最终的投融资决策。

可将财务评价的内容归纳为财务评价的准备工作和财务分析与评价两个部分。财务评价的准备工作是指财务评价基础数据与参数的确定、估算与分析；财务分析与评价工作包括盈利能力分析、偿债能力分析和不确定性分析，实践中这两部分工作互有交叉。

（二）财务评价的基本原则

1. 费用与效益计算范围的一致性原则

为了正确评价项目的获利能力，必须遵循费用与效益计算范围的一致性原则。如果在投资估算中包括了某项工程，那么因建设了该工程而增加的效益就应该考虑，否则就会低估了项目的效益；反之，如果考虑了该工程对项目效益的贡献，但投资却未计算进去，那么项目的效益就会被高估。只有将投入和产出的估算限定在同一范围内，计算的净效益才是投入的真实回报。

2. 费用与效益识别的有无对比原则

有无对比是国际上项目评价中通用的费用与效益识别的基本原则，项目评价的许多方面都需要遵循这条原则，财务评价也不例外。“有”是指实施项目后的将来状况，“无”是指不实施项目时的将来状况。在识别项目的效益和费用时，须注意只有“有无对比”的差额部分才是由于项目的建设增加的效益和费用，即增量效益和费用。

有些项目即使不实施，现状效益也会由于各种原因发生变化。例如农业灌溉项目，若没有该项目，将来的农产品产量也会由于气候、施肥、种子、耕作技术的变化而变化；再如计算交通运输项目效益的基础车流量，在无该项目时，也会由于地域经济的变化而改变。采用有无对比的方法，就是为了识别那些真正应该算做项目效益的部分，即增量效益，排除那些由于其他原因产生的效益；同时也要找出与增量效益相对应的增量费用，只有这样才能真正体现项目投资的净效益。

有无对比直接适用于依托老厂进行的改扩建与技术改造项目、停缓建后又恢复建设项目的增量效益分析：对于从无到有进行建设的新项目，也同样适用该原则，只是通常认为无项目与现状相同，其效益与费用均为零。

3. 动态分析与静态分析相结合，以动态分析为主的原则

国际通行的财务评价都是以动态分析方法为主，即根据资金的时间价值原理，考虑项目整个计算期内各年的效益和费用，采用现金流量分析的方法，计算内部收益率和净现值等评价指标。我国于 1987 年和 1993 年由国家发展计划委员会和建设部发布施行的《建设项目经济评价方法与参数》（以下简称《方法与参数》）第 1 版和第 2 版，都采用了动态分析与静态分析相结合，以动态分析为主的原则制定出一整套项目评价方法与指标体系，并一直沿用至今。2002 年由国家发展计划委员会办公厅发文试行的《投资项目可行性研究指南》同样采用这条原则。

4. 基础数据确定中的稳妥原则

财务评价结果的准确性取决于基础数据的可靠性。财务评价中需要的大量基础数据都来自预测和估计，难免有不确定性。为了使财务评价结果能提供较为可靠的信息，避免人为的乐观估计所带来的风险，更好地满足投资决策的需要，在基础数据的确定和选取中遵循稳妥原则是十分必要的。

（三）财务评价涉及的各种价格体系

影响价格变动的因素很多，但归纳起来，不外乎两类：一类是相对价格变动因素；另一

类是绝对价格变动因素。

相对价格是指商品间的价格比例关系。导致商品相对价格发生变化的因素很复杂，例如供应量的变化、价格政策的变化、劳动生产率的变化等均可能引起商品间比价的改变；消费水平的变化、消费习惯的改变、可替代产品的出现等引起供求关系发生变化，从而使需求供给价格发生变化，引起商品间比价的改变等。

绝对价格是指用货币单位表示的商品价格水平。绝对价格变动一般体现为物价总水平的变化，即因货币贬值（通货膨胀）引起的所有商品价格的普遍上涨，或因货币升值（退货紧缩）引起的所有商品价格的普遍低落。

在项目财务评价中，要对项目整个计算期内的价格进行预测，涉及如何处理价格变动的问题，包括通货膨胀因素问题。在整个计算期的若干年内，是采用同一个固定价格还是各年都变动以及如何变动，也就是投资项目的财务评价采用什么价格体系的问题。

财务评价涉及的价格体系有三种，即固定价格体系、实价体系和时价体系，同时涉及三种价格，即基价、实价和时价。

基价，是指以基年价格水平表示的、不考虑其后价格变动的价格，也称固定价格。如果采用基价，项目计算期内各年价格都是相同的，就形成了财务评价的固定价格体系。一般选择评价工作进行的年份为基年，也有选择预计的开始建设年份为基年的。

实价，是以基年价格水平表示的，只反映相对价格变动因素影响的价格。可以由时价中扣除通货膨胀因素影响来求得实价。

时价，顾名思义是指任何时候的当时市场价格。它包含了相对价格变动和绝对价格变动的影响，以当时的价格水平表示。以基价为基础，按照预计的各种货物的不同价格上涨率（可称为时价上涨率）分别求出它们在计算期内任何一年的时价。

财务分析的取价原则上要求财务分析采用预测价格，现金流量分析原则上应采用实价体系，偿债能力分析原则上应采用时价体系。

（四）财务评价指标

1. 静态投资回收期

静态投资回收期是指用投资方案所产生的净现金收入补偿原投资所需要的时间长度。

静态投资回收期可用下式计算

$$\sum_{t=0}^{P_t}(CI-CO)_t=0 \quad 或 \quad \sum_{t=0}^{P_t}F_t=0 \tag{4-52}$$

式中 P_t——静态投资回收期；

CI——现金流入量；

CO——现金流出量；

F_t——在时间 P_t 内净现金流量。

静态投资回收期有两种计算方法：

（1）项目建成后各年净收益（即现金流量）均相同时，则

$$P_t=K/R \tag{4-53}$$

式中 K——全部投资；

R——每年净收益。

(2)项目建成各年净收益不相同时,则可按累计净现金流量计算

$$P_t = [\text{累计净现金流量为正值的第一年年份}] - 1 + (\text{上一年累计现金流量绝对值}/\text{当年净现金流量}) \quad (4\text{-}54)$$

当求出的 $P_t \leqslant$ 行业基准投资回收期 P_c 时,项目投资是可行的;如果 $P_t > P_c$,则项目投资是不可行的。

2. 投资收益率(投资效果系数)(E)

投资收益率是指在项目达到设计能力后,其每年的净收益与项目全部投资的比率,它是反映项目单位投资的盈利状况的指标,可用下式计算

$$E = (\text{年净收益}/\text{项目全部投资}) \times 100\% \quad (4\text{-}55)$$

或

$$E = (\text{年平均净收益}/\text{项目全部投资}) \times 100\% \quad (4\text{-}56)$$

如果 $E \geqslant E_{行业}$,则项目可行;如果 $E < E_{行业}$,则项目不可行。$E_{行业}$ 为行业平均投资收益率。

投资收益率又分为投资利润率、投资利税率和资本利润率等。

3. 净现值与净现值率

净现值是指把不同时间上发生的净现金流量,通过某个规定的利率统一折算成现值,然后求其代数和,它是评估项目在计算期内盈利能力的主要动态评价指标。可按下式计算

$$NPV = \sum_{t=0}^{n} F_t(P/F, i_c, t) = \sum_{t=0}^{n} F_t(1 + i_c)^{-t} = \sum_{t=0}^{n} (CI - CO)_t(1 + i)^{-t} \quad (4\text{-}57)$$

式中 NPV——净现值;

F_t——第 t 年的净现金流量;

i_c——标准折现率;

n——计算期;

CO——计算期内第 t 年的现金流出;

CI——计算期内第 t 年的现金流入;

P——计算期内第 t 年的现值;

F——计算期内第 t 年的终值。

当求出的 $NPV > 0$ 时,此投资项目可行,因为项目收益不仅能达到标准折算率的水平,而且还有盈余,这表明项目盈利能力超过项目投资的收益期望值。

当求出的 $NPV = 0$ 时,方案可以考虑,因为这时项目实施后的投资收益水平等于标准折现率,即其盈利能力能达到所期望的最低财务盈利水平。

当 $NPV < 0$ 时,方案不可行,因为项目收益水平低于标准折现率,盈利能力水平低,可能亏损。

净现值率是指项目的净现值与投资总额现值的比值,它表示单位投资现值所能带来的净现值,是判断项目单位投资的盈利能力的指标,可用下式表达

$$NPVR = NPV/K_p \quad (4\text{-}58)$$

式中 $NPVR$——项目净现值率;

NPV——项目净现值;

K_p——全部投资的现值之和。

4. 内部收益率

必须指出:在计算期内,方案净现金流量序列的正负值符号只改变一次的现金流量的投资方案,其净现值的大小与折现率的高低有关,折现率越大,净现值越小;折现率越小,净现值越大。随着折现率的不断增大,净现值将由大变小,由正变负。当 $NPV=0$ 时的折现率为 i,则将 i 称为内部收益率。

在 NPV 表达公式中,i_c 称为标准折现率或基准收益率,它表示投资项目最低盈利的期望值,是决定项目可行性的重要参数。这个参数确定应合理,定得过高,会导致现值之和变小,可能使经济效益较好的方案被拒绝;如该收益率定得过低,可能使决策者接受经济效益不好的方案而造成损失,通常以行业平均收益率为基础而制定。

5. 工程项目投资方案经济效益评价

工程项目投资方案经济效益评价包括单方案评估与多方案比选。

1) 单方案评估

单方案评估的步骤如下:

(1) 绘出项目的现金流量图和现金流量表;

(2) 计算项目的各项评价指标,如 NPV、NAV、IRR 等;

(3) 当 $NPV \geqslant 0$、$NAV \geqslant 0$、$IRR \geqslant i_c$ 时,工程项目投资方案是可行的。

2) 多方案比选

多方案比选是指对提出的多个方案,选择适当的评价指标与评价方法进行各方案经济效益的比较,择优选出最佳方案。多方案比选时,各方案之间通常有三种关系:

(1) 各方案之间互不相容、互相排斥的关系;

(2) 相关关系,任一方案的取舍均会对其他方案的取舍有影响;

(3) 各方案现金流量是不相关联的,各具有独立性。

二、国民经济评价

(一) 国民经济评价的概念和必要性

1. 国民经济评价的概念

国民经济评价是按合理配置稀缺资源和社会经济可持续发展的原则,采用影子价格、社会折现率等国民经济评价参数,从国民经济全局的角度出发,考察工程项目的经济合理性。

2. 评价的必要性

正常运作的市场通常是资源在不同用途之间和不同时间上配置的有效机制。市场正常运作的条件包括:

(1) 所有资源的产权一般来说是清晰的;

(2) 所有稀缺资源必须进入市场,由供求来决定其价格;

(3) 完全竞争;

(4) 人类行为无明显的外部效应,公共物品数量不多;

(5) 短期行为不存在。

3. 市场失灵的若干定义

市场失灵：不满足以上条件，市场就不能有效配置资源，即市场失灵。严重的市场失灵包括：

(1)资源产权不完全或不存在。产权是有效利用、交换、管理资源等的先决条件。

(2)无市场、薄市场。导致资源的价格偏低或无价格，易造成资源浪费。

(3)外部效应(是指企业或个人行为对其外部所造成的影响)。它造成内部成本(直接成本或私人成本)和社会成本的不一致，导致实际价格不同于最优价格。

社会成本 = 内部成本 + 外部成本

(4)公共物品(是指只有外部效应的产品)。它有两个方面的特性：一是公共物品的消费没有机会成本，即个人对公共物品的消费并不影响其他消费者对同一公共物品的消费；二是供给的不可分性，即为一个消费者生产公共物品就必须为所有消费者生产该物品。由于消费者不会为消费公共物品而付钱，企业就不愿意提供公共物品，因此自由市场不能提供公共物品，或提供过少的公共物品和过多的私人物品。

(5)短视计划。为满足当前消费而提前使用资源，这就不利于自然资源的保护和可持续发展。

在市场经济条件下，企业财务评价可以反映出建设项目给企业带来的直接效果，但由于市场失灵现象的存在，财务评价不可能将建设项目产生的效果全部反映出来。正是由于国民经济评价关系到宏观经济的持续健康发展和国民经济结构布局的合理性，所以说国民经济评价是非常必要的。

(二)国民经济评价与财务评价的关系

1. 相同点

(1)评价方法相同。它们都是经济效果评价，都使用基本的经济评价理论，即效益与费用比较的理论方法。

(2)评价的基础工作相同。两种分析都要在完成产品需求预测、工艺技术选择、投资估算、资金筹措方案等可行性研究内容的基础上进行。

(3)评价的计算期相同。

2. 不同点

(1)评价的角度不同。

(2)费用和效益的含义及划分范围不同。财务评价只根据项目直接发生的财务收支，计算项目的费用和效益。国民经济评价则从全社会的角度考察项目的费用和效益，从全社会的角度考虑，这时项目的有些收入和支出不能作为社会费用或收益，例如，税金和补贴、银行贷款利息。

(3)采用的价格体系不同。财务评价用市场预测价格，国民经济评价用影子价格。

(4)使用的参数不同。财务评价用基准收益率，国民经济评价用社会折现率。财务基准收益率依分析问题角度的不同而不同，而社会折现率在全国各行业各地区都是一致的。

(5)评价的内容不同。财务评价主要包括盈利性评价和清偿能力分析；国民经济评价主要包括盈利能力分析，没有清偿能力分析。

(6)应用的不确定性分析方法不同。盈亏平衡分析只适用于财务评价，敏感性分析和风险分析可同时用于财务评价与国民经济评价。

(三)国民经济效益与费用

国民经济效益分为直接效益和间接效益,国民经济费用分为直接费用和间接费用。直接效益和直接费用可称为内部效果,间接效益和间接费用可称为外部效果。

1. 直接效益和直接费用——内部效果

(1)直接效益是项目产出物直接生成,并在项目范围内计算的经济效益。一般表现为:增加项目产出物或者服务的数量以满足国内需求的效益;替代效益较低的相同或类似企业的产出物或者服务,使被替代企业减产(停产)从而减少国家有用资源耗费或者损失的效益;增加出口或者减少进口从而增加或者节支的外汇等。

(2)直接费用是项目使用投入物所形成的,并在项目范围内计算的费用。一般表现为:其他部门为本项目提供投入物,需要扩大生产规模所耗费的资源费用;减少对其他项目或者最终消费投入物的供应而放弃的效益;增加进口或者减少出口从而耗用或者减少的外汇等。

2. 间接效益和间接费用——外部效果

外部效果是指项目对国民经济作出的贡献与国民经济为项目付出的代价中,在直接效益与直接费用中未得到反映的那部分效益(间接效益)与费用(间接费用)。外部效果应包括以下几个方面:

(1)产业关联效果。例如建设一个水电站,一般除发电、防洪、灌溉和供水等直接效果外,还必然带来养殖业和水上运输的发展,以及旅游业的增进等间接效益。此外,农牧业还会因土地淹没而遭受一定的损失(间接费用)。

(2)环境和生态效果。例如,发电厂排放的烟尘可使附近田园的作物产量减少、质量下降,化工厂排放的污水可使附近江河的鱼类资源骤减。

(3)技术扩散和示范效果。技术扩散和示范效果是由于建设技术先进的项目会培养及造就大量的技术人员与管理人员,他们除为本项目服务外,由于人员流动、技术交流对整个社会经济发展也会带来好处。

需要注意的是,为防止外部效果计算扩大化,项目的外部效果一般只计算一次相关效果,不应连续计算。

3. 转移支付

项目的某些财务收益和支出,从国民经济角度看,并没有造成资源的实际增加或减少,而是国民经济内部的"转移支付",不计做项目的国民经济效益与费用。转移支付的主要内容包括:

(1)税金。将企业的货币收入转移到政府手中,是收入的再分配。

(2)补贴。使资源的支配权从政府转移给了企业。

(3)国内贷款的还本付息。仅代表资源支配权的转移。

(4)国外贷款的还本付息。处理分以下三种情况:

①评价国内投资经济效益的处理办法。在分析时,由于还本付息意味着国内资源流入国外,因而应当视做费用。

②国外贷款不指定用途时的处理办法。这种情况下,与贷款对应的实际资源虽然来

自国外，但受贷国在如何有效利用这些资源的问题上，面临着与国内资源同样的优化配置任务，因而应当对包括国外贷款在内的全部资源的利用效果作出评价。在这种评价中，国外贷款还本付息不视做收益，也不视做费用。

③出口应采用影子汇率换算系数计算影子汇率。目前，我国的影子汇率换算系数取值为1.08。

【例4-12】 已知2003年3月4日国家外汇牌价中人民币对美元的比值为828.99/100，试求人民币对美元的影子汇率。

解 影子汇率 = 影子汇率换算系数 × 828.99/100 = 1.08 × 828.99/100 = 8.953 1

4.社会折现率(i_s)

社会折现率是用以衡量资金的时间价值的重要参数，代表社会资金被占用应获得的最低收益率，并用做不同年份价值换算的折现率。目前，社会折现率取值为10%。

5.政府调控价格货物的影子价格

考虑到效率优先、兼顾公平的原则，市场经济条件下有些货物或者服务不能完全由市场机制形成价格，而需由政府调控价格，例如政府为了帮助城市中低收入家庭解决住房问题，对经济适用房和廉租房制定指导价与最高限价。

政府调控的货物或者服务的价格不能完全反映其真实价值，确定这些货物或者服务的影子价格的原则是：投入物按机会成本分解定价，产出物按对经济增长的边际贡献率或消费者支付意愿定价。如果不上拟建项目，就不能得到国外贷款，这时便无须进行全投资的经济效益评价，可只进行国内投资资金的经济评价。这是因为，全投资经济效益评价的目的在于对包括国外贷款在内的全部资源多种用途进行比较选优，既然国外贷款的用途已经唯一限定，别无其他选择，也就没有必要对其利用效果作出评价了。

(四)国民经济价格体系

1.影子价格

影子价格是指资源处于最佳分配状态时，其边际产出价值，也可说是社会经济处于某种最优状态下，能够反映社会劳动消耗、资源稀缺程度和对最终产品需求情况的价格。

所以，影子价格是人为确定的，是比交换价格更合理的价格，它是一种在国民经济中运用的特殊价格。

2.影子价格的确定

1)影子汇率(*SER*)

影子汇率是指能反映外汇真实价值的汇率。在国民经济评价中，影子汇率通过影子汇率换算系数计算，影子汇率换算系数是影子汇率与国家外汇牌价的比值。

(1)水作为项目投入物的影子价格，按后备水源的边际成本分解定价，或者按恢复水资源存量的成本计算。水作为项目产出物的影子价格，按消费者支付意愿或者按消费者承受能力加政府补贴计算。

(2)电力作为项目投入物时的影子价格，一般按完全成本分解定价，电力过剩时按可变成本分解定价。电力作为项目产出物的影子价格，可按电力对当地经济的边际贡献率定价。

(3)铁路运输作为项目投入物的影子价格，一般按完全成本分解定价，对运能富余的地区，按可变成本分解定价。铁路运输作为产出物的影子价格，可按铁路运输对国民经济的边际贡献率定价。

2)影子工资

影子工资(即劳动力的影子价格)包括劳动力的机会成本和社会为劳动力就业所付出的而职工又未得到的其他代价,如搬迁、培训费等。

影子工资 = 名义工资 × 工资换算系数

这里的名义工资是指财务评价中的工资及职工福利费之和。

3.土地的影子价格

土地的影子价格包括土地的机会成本和土地用于拟建项目而使社会增加的资源消耗,如拆迁费、劳动力安置费等。

土地的影子价格的确定原则:

(1)若项目占用的土地是没有用处的荒山野岭,其机会成本可视为零。

(2)若项目占用的土地是农业用地,其机会成本为原来的农业净收益、拆迁费用和劳动力安置费。

(3)若项目占用的土地是城市用地,应以土地市场价格计算土地的影子价格,主要包括土地出让金、基础设施建设费、拆迁安置补偿费等。

4.自然资源的影子价格

各种自然资源是一种特殊的投入物,项目使用的矿产资源、水资源、森林资源等都是对国家资源的占用和消耗。矿产等不可再生自然资源的影子价格按资源的机会成本计算,水和森林等可再生自然资源的影子价格按资源再生费用计算。

(五)国民经济评价指标

国民经济评价以盈利能力为主,评价指标包括经济净现值和经济内部收益率。

1.经济净现值(*ENPV*)

$$ENPV = \sum_{t=0}^{n} (B - C)_t (1 + i_s)^{-t} \tag{4-59}$$

式中 B——国民经济效益流量;

C——国民经济费用流量;

$(B - C)_t$——第 t 年的国民经济净效益流量;

i_s——社会折现率;

n——计算期。

评价准则:$ENPV \geqslant 0$,项目可行;反之,不可行。

2.经济内部收益率(*EIRR*)

$$\sum_{t=0}^{n} (B - C)_t (1 + EIRR)^{-t} = 0 \tag{4-60}$$

评价准则:$EIRR \geqslant i_s$,项目可行;反之,不可行。

按分析效益费用的口径不同,评价指标可分为整个项目的经济内部收益率和经济净现值、国内投资经济内部收益率和经济净现值。如果项目没有国外投资和国外借款,则全投资指标与国内投资指标相同;如果项目有国外资金流入与流出,则应以国内投资经济内部收益率和经济净现值作为项目国民经济评价的指标。

（六）国民经济效益费用流量表

国民经济效益费用流量表有两种：一种是项目国民经济效益费用流量表；另一种是国内投资国民经济效益费用流量表。

国民经济效益费用流量表一般在项目财务评价的基础上进行调整编制，有些项目也可以直接编制。

在财务评价的基础上编制国民经济效益费用流量表应注意以下问题：

（1）剔除转移支付，即将财务现金流量表中列支的销售税金及附加、所得税、特种基金、国内借款利息作为转移支付剔除。

（2）计算外部效益与外部费用，并保持效益费用计算口径的统一。

（3）用影子价格、影子汇率逐项调整建设投资中的各项费用，剔除涨价预备费、税金、国内借款建设期利息等转移支付项目。进口设备购置费通常要剔除进口关税、增值税等转移支付。建筑安装工程费用按材料费、劳动力的影子价格进行调整；土地费用按土地的影子价格进行调整。

（4）应收款、应付款及现金并没有实际耗用国民经济资源，在国民经济评价中应将其从流动资金中剔除。

（5）用影子价格调整各项经营费用，对主要原材料、燃料及动力费，用影子价格进行调整；对劳动工资及福利费，用影子工资进行调整。

（6）用影子价格调整计算项目产出物的销售收入。

（7）国民经济评价各项销售收入和费用支出中的外汇部分，应用影子汇率进行调整，计算外汇价值。从国外引入的资金和向国外支付的投资收益、贷款本息，也应用影子汇率进行调整。

国内投资国民经济效益费用流量表如表 4-4 所示。

三、环境影响评价

（一）环境影响评价概述

1. 环境影响评价的定义和发展历史

环境影响评价首先于 1969 年 10 月在美国开始。1973 年，我国由高校首次引入环境影响评价概念；1979 年我国建立环境影响评价制度，从此以法律形式确定下来；20 世纪 80 年代以来确立了一系列环境法律法规；90 年代以来陆续制定了一系列环境影响评价技术导则；《中华人民共和国环境影响评价法》于 2003 年 9 月 1 日实施，对环境影响评价的概念、地位、法律责任等进行了明确的规定，从而指引我们更好地进行环境影响评价工作。

环境影响评价是指对规划和建设项目实施后可能造成的环境影响进行分析、预测及评估，提出预防或者减轻不良环境影响的对策和措施，进行跟踪监测的方法与制度。环境影响评价本身是一种科学方法和技术手段，并通过理论研究和实践检验不断改进、拓展及完善，同时环境影响评价又是必须履行的法律义务，是需要由环境保护行政主管部门审批的一项法律制度。因此，为了规范环境影响评价技术和指导开展环境影响评价工作，国家制定的环境影响评价技术导则和相应规范成为最为直接与有效的管理措施，进而规定了环境影响评价的一般原则、技术方法、评价内容和相关评价要求。

表 4-4　国内投资国民经济效益费用流量表　（单位：万元）

序号	项目	计算期								
		1	2	3	4	5	6	7	8	9
1	效益流量			2 766	2 766	2 766	2 766	2 766	2 766	3 662
1.1	销售收入			2 610	2 610	2 610	2 610	2 610	2 610	2 610
1.2	回收固定资产余值									374
1.3	回收流动资金									522
1.4	项目间接效益			156	156	156	156	156	156	156
2	费用流量	2 145	3 250	1 747	1 718	1 689	1 660	1 631	1 602	1 602
2.1	建设投资中国内资金	2 145	3 250							
2.2	流动资金中国内资金									
2.3	经营费用			972	972	972	972	972	972	972
2.4	流到国外的资金			726	697	668	639	610	581	581
2.4.1	国外借款本金偿还			581	581	581	581	581	581	581
2.4.2	国外借款利息支付			145	116	87	58	29		
2.4.3	其他									
2.5	项目间接费用			49	49	49	49	49	49	49
3	国内投资净效益流量（1－2）	－2 145	－3 250	1 019	1 048	1 077	1 106	1 135	1 164	2 060

计算指标：国内投资经济内部收益率：10.7%

国内投资经济净现值：138 万元

项目国民经济效益费用流量表如表 4-5 所示。

表 4-5　项目国民经济效益费用流量表　（单位：万元）

序号	项目	计算期								
		1	2	3	4	5	6	7	8	9
1	效益流量			2 766	2 766	2 766	2 766	2 766	2 766	3 662
1.1	销售收入			2 610	2 610	2 610	2 610	2 610	2 610	2 610
1.2	回收固定资产余值									374

续表 4-5

序号	项目	计算期								
		1	2	3	4	5	6	7	8	9
1.3	回收流动资金									522
1.4	项目间接效益			156	156	156	156	156	156	156
2	费用流量	3 300	6 494	1 021	1 021	1 021	1 021	1 021	1 021	1 021
2.1	建设投资	3 300	5 000							
2.2	流动资金		522							
2.3	经营费用		972	972	972	972	972	972	972	972
2.4	项目间接费用			49	49	49	49	49	49	49
3	净效益流量(1－2)	－3 300	－6 494	1 745	1 745	1 745	1 745	1 745	1 745	2 641
计算指标:项目经济内部收益率:6.8% 项目经济净现值:－966 万元										

2. 环境影响评价在建设项目管理中所处的位置

建设项目从提出到正式验收共有五个阶段,需要履行五道审批手续。五个阶段指项目建议书阶段、可行性研究阶段、设计阶段(又分为初步设计阶段、扩初设计阶段和施工图设计阶段)、施工阶段、试生产竣工验收阶段。五次审批为项目建议书审批、可行性研究审批、设计任务书审批、初步设计审批、开工报告审批。最后由各有关部门审查竣工验收报告。

建设项目环境管理制度规定,环境管理贯彻于建设项目的始终,相应的建设项目的环境管理可分为三个阶段,即项目建议书阶段、环境影响评价阶段和“三同时”管理阶段(环保工程与建设项目的主体工程同时设计、同时施工、同时投产)。

3. 环境影响评价的工作程序

与管理程序相对应,环境影响评价的工作程序可以分为三个主要阶段,即准备阶段、正式工作阶段和环境影响报告编制阶段。

1)准备阶段

准备阶段是环境影响评价的第一阶段,主要完成以下工作内容:首先是研究有关文件,包括国家和地方的法律法规、发展规划和环境功能区划、技术导则和相关标准、建设项目依据、可行性研究资料及其他有关技术资料。其次需进行初步的工程分析,明确建设项目的工程组成,根据工艺流程确定排污环节和主要污染物,同时进行建设项目环境影响区的环境现状调查。结合初步工程分析结果和环境现状资料,可以识别建设项目的环境影响因素,筛选主要的环境影响评价因子,明确评价重点。最后确定各单项环境影响评价的范围和评价工作等级。如果是编制环境影响报告书的建设项目,该阶段的主要成果是编制完成环境影响评价大纲,将以上这些工作的内容和成果全部融入其中;如果是编制环境影响报告表的建设项目,无须编制环境影响评价大纲。

2)正式工作阶段

正式工作阶段是环境影响评价的第二阶段,主要工作是做进一步的工程分析,进行充分的环境现状调查、监测并开展环境质量现状评价,之后根据污染源强弱和环境现状资料进行建设项目的环境影响预测,评价建设项目的环境影响,并开展公众意见调查。最重要的是,要根据建设项目的环境影响、法律法规和标准等的要求以及公众的意愿,提出减少环境污染和生态影响的环境管理措施与工程措施。若建设项目需要进行多个厂址的比选,则需要对各个厂址分别进行预测和评价,并从环境保护角度推荐最佳厂址方案;如果对原选厂址得出了否定的结论,则需要对新选厂址重新进行环境影响评价。

3)环境影响报告编制阶段

环境影响报告书或报告表的编制是环境影响评价的第三阶段,其主要工作是汇总、分析第二阶段工作所得的各种资料、数据,从环境保护的角度确定项目建设的可行性,给出评价结论和提出进一步减缓环境影响的建议,并最终完成环境影响报告书或报告表的编制。以上内容可简要概括为:环境影响评价工作等级划分,评价大纲编写,工程分析,所在地区环境现状调查,建设项目环境影响预测,环境影响报告书编制。

(二)环境影响评价大纲

1.在环境影响评价工作中的作用和地位

环境影响评价大纲简称"环评大纲"或"评价大纲",是环境影响评价报告书的总体设计和行动指南。评价大纲应在开展评价之前编制,它是具体指导环境影响评价的技术文件,也是检查报告书内容和质量的主要依据。由建设单位向负责审批的环境保护部门申报,并抄送行业主管部门。环境保护部门根据情况确定评审方式,提出审查意见。

2.环境影响评价大纲的内容

(1)总则。评价任务的由来,编制依据,控制污染物和环境保护的目标,采用的评价标准,评价项目及其工作等级和重点等。

(2)建设项目概况(如果扩建和改建项目需说明现有工程概况)。

(3)拟建项目地区环境概况(附位置图)。

(4)工程分析的方法、内容及重点。

内容包括工艺过程、资源和能源的消耗、正常和非正常排放;

方法包括类比分析法、物料衡算法、资料分析法。

(5)周围地区的环境现状调查。包括必要的监测和布点图、调查参数、调查范围和调查方法、时期、地点、次数等。

(6)环境影响预测。包括预测方法、内容、范围、时段及有关参数的估值方法,对环境影响综合评价,应说明拟采用的评价方法。

(7)评价工作成果清单。包括拟提出的结论和建议的内容。

(8)评价工作的组织和计划安排。

(9)经费概算。

3. 环境影响评价报告书的编制

1)环境影响评价报告书的编写原则

环境影响评价报告书是环境影响评价程序和内容的书面表现形式之一，是环境影响评价项目的重要技术文件。在编写时应遵循下列原则：

(1)环境影响评价报告书应该全面、客观、公正，概括地反映环境影响评价的全部工作，重点评价项目可另编分项报告书，主要技术问题可另编专题报告书。

(2)文字应简洁、准确，图表要清晰，论点要明确。大(复杂)项目应有总报告和分报告(或附件)，总报告应简明扼要，分报告要把专题报告、计算依据列入。

2)环境影响评价报告书编制的基本要求

(1)环境影响评价报告书总体编排结构应符合《建设项目环境保护管理条例》(1998年11月29日颁布)的要求，科学客观，内容全面，重点突出，实用性强。

(2)基础数据可靠。

(3)预测模式及参数选择合理。

(4)结论观点明确、客观可信。

(5)语句通顺、条理清楚、文字简练、图表清晰、篇幅适中。

(6)环境影响评价报告书应有评价资格证书。

3)环境影响评价报告书的编制要点

(1)总则。

①环境影响评价报告书的由来：说明建设项目立项始末，批准单位及文件，评价项目的委托，完成评价工作概况。

②编制环境影响评价报告书的目的：结合评价项目的特点，阐述报告书的编制目的。

③编制依据：评价委托合同或委托书；建设项目建议书的批准文件或可行性研究报告的批准文件；《建设项目环境保护管理条例》及地方环保部门为贯彻此条例而颁布的实施细则或规定；建设项目的可行性研究报告或设计文件；评价大纲及批准文件。

④评价标准：包括环境质量标准和排放标准，并要说明执行标准的哪一类或哪一级。

⑤评价范围：列出评价范围并简述评价范围确定的理由，给出评价范围的评价地图。

⑥控制及保护目标：应指出建设项目中是否有需特别加以控制的污染源，是否有需要重点保护的目标。

(2)建设项目概况。

①建设规模。包括建设项目的名称、建设性质、厂址的地理位置、产品、产量总投资、利税、资金回收年限、占地面积、土地利用情况、建设项目平面布置(附图)、职工人数、全员劳动生产率。对扩建、改建项目，应说明原有规模。

②生产工艺简介。按产品生产方案分别介绍，原料的投入，经多少次加工，加工的性质，排放出什么污染物及数量，最终产品；应给出生产工艺流程图和重要的化学反应方程式；应说明生产工艺的先进性；对扩建、改建项目，还应对原有的生产工艺、设备及污染防治措施进行分析。

③原料、燃料及用水量。应给出原料、燃料的组成成分及百分含量，列出原料、燃料及用水量的年、月、日、时的消耗量表，最好给出物料平衡图和水量平衡图。

④污染物排放量清单。列出各污染源排放的污染物种类、数量、排放方式和排放去向。对扩建、技改项目，还应列出扩建、技改前后的污染物排放量清单。

⑤建设项目采取的环保措施。说明建设项目拟采用的治污方案、工艺流程、主要设备、处理效果、排放达标情况、投资及运转费等。

⑥工程分析。工程分析是分析建设项目影响环境的因素，根据污染物排放情况及环境背景状况，分析污染物可能影响环境的各个方面，将其主要影响作为预测的重要内容。其主要任务是通过对工程全部组成、一般特征和污染特征的全面分析，从项目总体上综观开发建设活动与环境全局的关系，同时从微观上为环境影响评价工作提供评价所需的基础数据。

四、社会评价

（一）社会评价的概述

社会评价是分析拟建项目对当地社会的影响和当地社会条件对项目的适应性及可接受程度，即评价项目的社会适应性。

社会评价适用于那些社会因素较为复杂、社会影响较为久远、社会效益较为显著、社会矛盾较为突出、社会风险较大的投资项目。其中主要包括需要大量移民搬迁或者占用农田较多的水利枢纽项目、交通运输项目、矿产和油气田开发项目、扶贫项目、农村区域开发项目以及文化教育、卫生等公益性项目。

社会评价的主要内容包括社会影响分析（见表4-6）、社会对项目的适应性和可接受程度分析（见表4-7）、社会风险分析（见表4-8）。

表4-6　社会评价的主要内容

序号	社会因素	影响范围、程度	可能出现的后果	措施建议
1	对居民收入的影响			
2	对居民生活水平与生活质量的影响			
3	对居民就业的影响			
4	对不同利益群体的影响			
5	对脆弱群体的影响			
6	对地区文化、教育、卫生的影响			
7	对基础设施、社会服务质量和城市化进程的影响			
8	对少数民族风俗习惯和宗教的影响			

表 4-7　社会对项目的适应性和可接受程度分析

序号	社会因素	适应程度	可能出现的问题	措施建议
1	不同利益群体			
2	当地组织机构			
3	当地技术文化条件			

表 4-8　社会风险分析

序号	风险因素	持续时间	可能导致的后果	措施建议
1				
2				
3				
4				

社会风险分析是对可能影响项目的各种社会因素进行识别和排序，选择影响面大、持续时间长，并且容易导致较大矛盾的社会因素进行预测，分析可能出现这种风险的社会环境和条件。对可能诱发民族矛盾、宗教矛盾的项目要注重进行这方面的分析，并提出相应措施。

项目方案比较、优化设计的过程，一般有以下几点做法值得注意：

(1)选择厂址。在可行性研究阶段，一般要经过分析比较备选的厂址，从而选定合理的厂址。

比较厂址应对各备选地所在地区的社会经济条件、社会人文条件、组织机构发展、参与的可能性及可能的社会风险等进行深入调查研究，分析评价项目对各备选地的社会环境、自然资源、自然与生态环境以及社会经济等各方面带来的各种影响，分析比较社区各群体对这些影响的反应、态度及参与的意愿等。在分析评价中，要特别注意比较节约耕地，节约水资源，保护环境与生态，保护文物古迹与历史名胜、自然景观，征地拆迁移民的数量及难易等。选择社会效益大、不利影响小(特别是征地拆迁移民的不利影响小)、社会文化条件较好(包括目标人口的文化可接受性)、目标人口吸收能力高、社区领导与群众比较支持、参与的意愿较强等项目与社会容易协调、社会风险小、可保证项目持续实施的地方建厂。

(2)选择适当的技术方法。选择技术方法一般与经济效益密切相关，但也有社会因素需要考虑。通常要将地方现有技术与新技术的关系、新技术的复杂程度，以及当地人民的风俗习惯、文化的可接受性、目标群体能否承受新技术带来的社会经济变化等因素联系起来研究。对于过程项目、当地人民受益型项目，以及在少数民族地区建厂的项目、扶贫项目，尤其要研究当地人民对所选用的技术的可接受性，选择最能反映目标群体的偏好与吸收能力的技术。

(3)考虑目标群体的优先需要、偏好，并提高其吸收能力。这对过程项目和当地人民直接受益型项目是很重要的。考虑群体的优先需要和偏好的做法，首先要对项目目标，按照目标人口各子群体对其需求和需要的程度，进行先后排序，从中了解哪些项目目标是各子群体都迫切需要的，哪些是符合多数子群体的发展意愿的，而哪些则是偏离目标群体的优先需要的，应选择排序位置最高，反映出多数子群体需要的方案。然后，便可据此评判对于每一种项目目标，各子群体愿意参与项目活动的程度。很显然，项目越能反映目标群体的需要与需求，目标群体参与支持项目的积极性就越高。如果需要的话，还应在上述基础上，进一步估算每一种项目目标情况下各子群体可能参与项目活动的具体人数。

（二）评估社会风险

要识别那些可能产生一定社会经济后果的风险，特别要注意那些显著减少效益流、受益者的数量，影响效益的分配和受益者组织的发展，削弱目标群体承担项目能力的风险。对于内部收益率低，主要以扶贫和公平性作为目标的项目来说，对这些风险的评估尤为重要。

一般需要特别注意的项目社会风险主要有：①地方社区组织不健全或项目的社会准备工作不充分；②项目执行机构与目标群体间缺乏合作；③项目效益为当地干部或富裕户所垄断；④扶贫项目与既得利益者有矛盾；⑤效益完全漏失；⑥项目对目标群体或非目标群体的其他当地群众产生意外的不利影响。

（三）进行详细的社会评价

对项目选出的最优方案的各项效益与影响，以及项目与社会相互适应的各项指标，进行详细的单项分析评价，并对不利影响研究采取减轻措施，对受损群众与地方有关设施，以及防止社会风险研究采取补偿措施等后，进行综合分析评价并予以详细论证。

（四）制定项目的参与规划

对促进项目目标群体（包括干部、群众）积极参与项目实施的战略（包括参与的时间、方式、方法、实现途径、主要障碍及相应对策等），拟定一个全面、可行的规划。

五、风险评价

（一）工程项目风险评价的作用和步骤

1. 工程项目风险评价的作用

在工程项目管理中，项目风险评价是一必不可少的环节，作用主要表现在：

（1）通过风险评价，确定风险大小的先后次序。对工程项目中各类风险进行评价，根据它们对项目目标的影响程度，包括风险出现的概率和后果，以确定它们的排序，为考虑风险控制先后和风险控制措施提供依据。

（2）通过风险评价，确定各风险事件间的内在联系。工程项目中各种各样的风险事件，乍看是互不相干的，但当进行详细分析后，便会发现某一些风险事件的风险源是相同的或有着密切的关联。例如，某工程由于使用了不合格的材料，承重结构强度严重达不到规定值，引发了不可预见的重大质量事故，造成了工期拖延、费用失控，以及工程技术性能或质量达不到设计要求等多种后果。对于这种情况，从表面上看，工程进度、费用和质量均出现了风险，但其根源只有一个，即材料质量控制不严格，在以后的管理中只要注重材料质量控制，就可消除此类风险。

（3）通过风险评价，把握风险之间的相互关系，将风险转化为机会。例如，与分项施工承包相比,承包商对工程项目施工总承包存在较多的不确定性,即具有较大的风险性,如对某些子项目没有施工经验。但如果承包商把握机会,将部分不熟悉的施工子项目分包给某一个有经验的专业施工队伍,对总包而言,这可能会挣得更多的利润。当然,还要注意,原认为是机会的东西,在某些条件下也可能会转化为风险。

(4)通过风险评价,可进一步认识已估计风险发生的概率和引起的损失,降低风险估计过程中的不确定性。当发现原估计和现状出入较大,必要时可根据工程项目进展现状,重新估计风险发生的概率和可能的后果。

2. 工程项目风险评价的步骤

工程项目风险评价,一般可按下列步骤进行:

(1)确定项目风险评价标准。工程项目风险评价标准就是工程项目主体针对不同的项目风险,确定可以接受的风险率。一般而言,对单个风险事件和工程项目整体风险均要确定评价标准,可分别称为单个评价标准和整体评价标准。

(2)确定评价时的工程项目风险水平。其包括单个风险水平和整体风险水平。工程项目整体风险水平是综合了所有风险事件之后确定的。需要注意的是,确定工程项目整体风险水平的方法应慎重选择。确定工程项目整体风险水平后,常要和工程项目的整体评价标准相比较,因此整体风险水平的确定方法要和整体评价标准确定的原则与方法相适应,否则两者就缺乏可比性。

(3)比较,即将工程项目单个风险水平和单个评价标准、整体评价标准和整体风险水平进行比较,进而确定它们是否在可接受的范围之内,或者考虑采取什么样的风险应对措施。

(二)工程项目风险评价标准和整体风险水平

1. 工程项目风险评价标准的特性

(1)不同项目主体有不同的项目风险评价标准。就同一个工程项目而言,对不同的项目主体,其有不同的项目管理目标。如工程项目业主,其对工程项目的工期、投资和质量有一整体的目标;在此基础上,进而对各子项目工程在工期、投资和质量方面有较为具体的目标。同一工程项目,对承担其施工的承包人就有不同的管理目标。因此,对同一工程项目,不同的项目主体有其不同的风险评价标准。

(2)项目风险评价标准和项目目标的相关性。工程项目风险评价标准总是和项目的目标相关的。显然,不同的项目目标当然也应具有不同的风险评价标准,其中常用到的是单个风险评价标准和整体风险评价标准。

(3)工程项目风险评价标准的两个层次。项目风险的概念和概率的概念相关,因此将百分之百实现项目目标作为风险评价的标准是不科学的。工程项目风险评价标准应分为计划风险水平和可接受风险水平两个层次:

①计划风险水平,即在项目实施前分析估计得到的或根据以往的管理经验得到的,并认为是合理的风险水平。对这一风险水平,在不需采取特别控制措施的条件下,工程项目目标基本上能得以实现。

②可接受风险水平,即项目主体可以接受的,经过一定的努力,采取适当的控制措施,项目目标能够实现的风险水平。

(4)工程项目风险评价标准的形式。工程项目的具体目标多种多样,因此项目风险评价标准的形式也有风险率、风险损失、风险量等。如工程项目施工进度风险常用风险率作为评价标准，即将不能按目标工期完工的概率作为评价标准；质量风险可用质量事故发生后的费用损失或工期损失作为评价标准；费用风险可用风险量作为评价标准。

2. 工程项目整体风险水平

工程项目整体风险水平对项目管理者而言是一相当重要的概念，但合理地加以衡量却不是件简单的事。工程项目整体风险可按工程结构分解，反之，工程项目整体风险一般由工程项目子项工程的风险构成，而子项工程风险又可按工程项目目标进行分类。因此，工程项目整体风险水平的描述相当复杂。

对工程项目整体风险水平的描述可分两步进行：

（1）按工程项目目标风险的分类方法，分析实现工程项目整体目标的风险。对同一类的风险，其属性相同，因此通过一定的运算，得到各目标的整体风险水平。如工程项目工期风险是由完成各子项目时间的不确定而造成的，因此可以在进度网络计划的基础上，采用 MC 方法或其他方法分析工程项目的工期风险。

（2）综合不同目标风险，得到项目整体风险水平。一般而言，不同目标的风险其属性是不一样的，所以做简单的算术运算是没有实际意义的。因此，需要采用其他一些数学处理，将各种目标的风险有机地综合起来，科学地描述工程项目整体风险水平。

在分析工程项目整体风险水平时，需要特别注意的是不同风险间的依赖关系和因果关系，这是在风险决策过程中十分重要的信息。

（三）工程项目风险水平的比较

工程项目实际风险水平和风险标准的比较分单个风险水平和相应风险标准的比较、整体风险水平和相应风险标准的比较，以及综合性风险水平和相应风险标准的比较。

1. 单个风险水平和相应风险标准的比较

单个风险水平和相应风险标准的比较通常较为简单。例如：估计某工程子项目会滞后 5 天，此时仅需和网络分析计算的时间参数相比较，当该子项目的自由时差大于 5 天时，一般认为该子项目的滞后是可以接受的。当该子项目的自由时差小于 5 天时，这一滞后就会影响到后续项目的正常开始，可能会出现窝工现象；若这滞后的 5 天还大于其总时差，则问题就更大了，因为该子项目的滞后会影响到项目工期。

2. 整体风险水平和相应风险标准的比较

在进行整体风险水平和相应风险标准的比较时，首先要注意到两者的可比性，即整体风险水平的评价原则、方法和口径要与整体标准所依据的原则、方法和口径基本一致，否则其比较就无实际意义。

比较之后的结果无非是两种情况，即风险是可以接受的或风险是不能接受的。当工程项目整体风险小于整体评价标准时，则风险是可以接受的，项目或项目方案是可行的；当工程项目整体风险大于整体评价标准，甚至大得较多时，则风险是不能接受的，就需要考虑是否放弃这个项目或项目的方案。

3. 综合性比较

综合性比较，即将单个风险水平与其相应的评价标准相比较的同时，也将整体风险水平与其对应的评价标准相比较。一般而言，若整体风险不能接受，而且主要的一些单个风险也不能接受，则项目或项目方案是不可行的；若整体风险能被接受，而且主要的一些单个风险也能被接受,则项目或项目的方案是可行的;若整体风险能被接受,而且并不是主要的单个风险不能被接受,此时,对项目或项目的方案可作适当调整就可实施;若整体风险能被接受,而主要的某些单个风险不能被接受,此时,就应从全局出发作进一步的分析,确认机会多于风险时,对项目或项目的方案可作适当调整再实施。

(四)工程项目风险评价方法

风险评价最简单的方法是在所有项目风险中找出最严重的,将其和评价标准相比较,若高于评价标准则拒绝该风险,即放弃该项目或项目的方案;若低于评价标准,则接受该风险,即实施该项目或项目的方案。这种方法虽是最简单的,但也是最保守的,其假定在项目的实施过程中始终存在着最严重的风险,忽视了时间的因素和事物发展变化的规律,在一定程度上也否定了风险管理的必要性。

改进上述方法的思路是:充分利用在工程项目管理中收集到的各种信息,以及管理人员以往的经验积累,首先对单个风险按单项指标进行评价,并根据风险的大小,将其排序;其次对项目整体风险进行评价;最后制定风险管理应对措施。

对工程项目风险进行评价的基本方法有综合评价法、层次分析法、模糊评价法、风险图法、PERT 法等。

1. 综合评价法

综合评价法,也称主观评分法,是一种最常用、最简单,又易于应用的风险评价方法。这种方法分三步进行:首先,识别与评价对象相关的风险因素、风险事件或发生风险的环节,列出风险调查表;其次,请有经验的专家对可能出现的风险因素或风险事件的重要性进行评价;最后,综合整体的风险水平。以下面的例子说明这种方法的具体应用。

【例 4-13】 某公司拟对海外某一国家的水电工程投标。在投标前,项目经理组织有关人员对投标风险进行评价,并采用了综合评价法。

解 评价步骤如下:

第一步,识别可能发生的各种风险事件,见表 4-9。

表 4-9 投标风险综合评价表

可能的风险事件	权重 W	风险事件发生的可能性 C					$W \times C$
		很大(1.0)	比较大(0.8)	中等(0.6)	不大(0.4)	较小(0.2)	
政局不稳	0.05			√			0.03
物价上涨	0.15		√				0.12
业主支付能力	0.1			√			0.06
技术难度	0.2					√	0.04
工期紧迫	0.15			√			0.09
材料供应	0.15		√				0.12
汇率变化	0.1			√			0.06
无后续项目	0.1				√		0.04
$\sum(W \times C) = 0.56$							

第二步，由专家们对可能出现的风险因素或风险事件的重要性进行评价，给出每一风险事件的权重，用其反映某一风险因素对投标风险的影响程度。

第三步，确定每一风险事件发生的可能性，并分5个等级表示。

第四步，将每一风险事件的权重与风险事件发生的可能性的分值相乘，求出该风险事件的得分；再将每一风险事件的得分累加，得到投资风险总分，其即为投标风险评价的结果。显然，风险总分越高，说明投标风险越大。

第五步，将投标风险评价结果和评价标准进行比较。根据该公司的经验，采用这种方法评价投标风险的风险标准为0.8左右。显然，本投标项目的评价结果小于该标准，是可以接受的。因此，这个工程是可以去参加投标的。

2. 层次分析法

层次分析法（Analytical Hierarchy Process，AHP）是美国数学家A. L. Saaty在20世纪70年代提出的。其是一种定性分析和定量分析相结合的评价方法，其在项目风险评价中运用灵活、易于理解，且又具有一定的精度。其评价的基本思路是：评价者将复杂的风险问题分解为若干层次和若干要素，并在同一层次的各要素之间简单地进行比较、判断和计算，得到不同方案的风险水平，从而为方案的选择提供决策依据。该方法既可用于评价工程项目标段划分、工程投标风险、报价风险等单项风险水平，又可用于评价工程项目不同方案等综合风险水平。该方法的特点是：可细化工程项目风险评价因素体系和权重体系，使其更为合理；对方案评价，采用两两比较法，可提高评价的准确程度；对结果的分析处理，可以对评判结果的逻辑性、合理性进行辨别和筛选。

用层次分析法评价工程项目风险，先要确定评价的目标，再明确方案评价的准则和各指标，然后把目标、评价准则连同各方案构成一个层次结构模型。在这个模型中，评价目标、评价准则和评价方案处于不同的层次，用于评价工程项目不同方案等综合风险水平。

3. 模糊评价法

模糊评价法是利用模糊集理论评价工程项目风险的一种方法。工程项目风险很大一部分难以用完全定量的精确数据加以描述，这种不能定量或精确的特性就是模糊性。美国学者L. A. Zadeh在1965年就提出了模糊集理论，该理论在工程技术和管理领域得到了较为广泛的应用。

在工程项目风险评价中，常用“风险大”或“风险小”等词汇来描述，这种描述虽没有给出具体的风险率和可能的损失，但人们对该工程项目风险的状况有了基本的了解，并可考虑适当的风险应对措施。为了能定量地描述对风险的这种模糊概念，可引进隶属度的概念，并用 A 表示隶属度。如某工程项目风险的隶属度 $A=(1/90\%, 0.5/60\%, 0.2/30\%, 0/10\%)$，表示风险率为90%者高风险的程度为1，风险率为60%者高风险的程度仅为0.5，风险率为30%者高风险的程度仅为0.2等，依次类推。显然，此处隶属度 A 表征了模糊性。

4. 风险图法

工程项目风险的大小不仅和风险事件发生的概率有关，而且还与风险损失的多少有关。事先按高低不同的投资净收益率 E 值绘制一系列正态分布标准风险图，作为风险决策分析中决定风险投资项目取舍的标准，这种风险决策分析法叫做风险图法。评价风险的大小,常用风险图表示。

5. PERT 法

PERT(Program Evaluation and Review Technique)是一种进度计划评审技术。它用于解决下述项目的问题:该项目由各项活动组成,实施每项活动有一定的逻辑关系,但完成每项活动所需的时间十分复杂,且具有不确定性;此外,又需要合理地确定完成项目的时间。工程项目施工过程中,根据施工工艺和施工组织的要求,每个施工活动的逻辑关系是确定的,而且在合同管理的环境下,这种逻辑关系是不允许改变的;然而,项目施工活动的时间是不确定的,但完成工程项目的工期是确定的。因此,工程项目施工进度存在着风险。显然,这种风险可以用 PERT 法分析评价。实践表明,PERT 法是评价工程项目进度风险的有力工具,许多学者对其有广泛的研究,并取得了一些研究成果。这些成果在工程上也得到了较好的应用。

第五节　不确定性分析

不确定性分析是指决策方案受到各种事前无法控制的外部因素变化与影响所进行的研究和估计。它是决策分析中常用的一种方法。通过该分析可以尽量弄清和减少不确定性因素对经济效益的影响,预测项目投资对某些不可预见的政治与经济风险的抗冲击能力,从而证明项目投资的可靠性和稳定性,不确定性分析一般可分为盈亏平衡分析、敏感性分析和概率分析。

一、盈亏平衡分析

各种不确定因素(如投资、成本、销售量、产品价格、项目寿命期等)的变化会影响投资方案的经济效果,当这些因素的变化达到某一临界值时,就会影响方案的取舍,盈亏平衡分析的目的就是找出这种临界值,判断投资方案对不确定因素变化的承受能力,为决策提供依据。它通过对项目投产后的盈亏平衡点(或称保本点)的预测分析,帮助我们观察该项目可承受多大的风险而不至于发生亏损的经济界限。

在投资分析中,最常见的盈亏平衡分析是研究产量、成本和利润之间的关系,但盈亏平衡分析的实际用途远比这些广泛,不仅可对单个方案进行分析,而且可对多个方案进行比较。

盈亏平衡分析的公式为

$$\text{生产总成本} = \text{销售收入}$$

$$\text{总成本}(C) = \text{固定成本}(C_F) + \text{单位可变成本}(V) \times \text{总产销量}(Q)$$

$$\text{销售收入}(S)(\text{扣除税金}) = \text{产品销售单价}(P)(1 - \text{销售税率}(t)) \times \text{总产销量}(Q)$$

即

$$C_F + VQ = P(1 - t)Q = (P - T)Q \tag{4-61}$$

式中　T——产品销售税金及附加。

$$\text{盈亏平衡点产量} = \frac{C_F}{P(1 - t) - V} = \frac{C_F}{P - T - V} \tag{4-62}$$

$$\text{盈亏平衡点生产能力利用率} = \frac{C_F}{P(1-t)-V} \times \frac{1}{Q_0} \times 100\% \quad (4\text{-}63)$$

式中 Q_0——设计生产能力的产量,生产能力利用率越低越好。

$$\text{盈亏平衡点产量} = \text{设计生产能力的产量}\ Q_0 \times \text{盈亏平衡点生产能力利用率}$$

【例 4-14】 某建设项目年设计生产能力为 10 000 台,产品单台销售价格为 800 元,年固定成本为 132 万元,单台产品可变成本为 360 元,单台产品销售税金为 40 元。试求盈亏平衡点的产量和生产能力利用率。

解

$$\text{盈亏平衡点的产量} = \frac{\text{年固定成本}}{\text{产品销售单价} - \text{产品销售税金} - \text{单位可变成本}}$$

$$= \frac{1\,320\,000}{800-40-360} = 3\,300(\text{万元})$$

$$\text{盈亏平衡点生产能力利用率} = \frac{C_F}{P-T-V} \times \frac{1}{Q_0} \times 100\%$$

$$= \frac{1\,320\,000}{(800-40-360) \times 10\,000} \times 100\% = 33\%$$

二、敏感性分析

费用的高低判断方案的优劣。在各种不同的情况下,根据实际需要,也可以用投资额、产品价格、经营成本、贷款利率、项目寿命期、期末固定资产残值等作为盈亏平衡分析的共有变量,用净现值、净年值、内部收益率等作为衡量方案经济效果的评价指标。

敏感性分析是投资项目评价中最常见的一种不确定性分析方法。所谓敏感性,是指影响因素的变化对投资项目经济效果的影响程度。若影响因素的小幅度变化能导致经济效果指标的较大变化,则称投资项目的经济效果指标对参数的敏感性大,或称这类影响因素为敏感因素;反之,则称之为非敏感因素。敏感性分析的目的就是通过分析及预测影响工程项目经济评价指标的主要因素(投资、成本、价格、折现率、建设工期等)发生变化时,这些经济评价指标(如净现值、内部收益率、偿还期等)的变化趋势和临界值,从中找出敏感因素,并确定其敏感程度,从而对外部条件发生不利变化时投资方案的承受能力做出判断。

(一)敏感性分析的一般步骤

(1)确定分析指标。

由于投资效果可用多种指标来表示,在进行敏感性分析时,首先必须确定分析指标。一般而言,我们在前面经济评价指标体系中讨论的一系列评价指标,都可以成为敏感性分析指标。在选择时,应根据经济评价深度和项目的特点来选择一种或两种评价指标进行分析。需要注意的是,选定的分析指标,必须与确定性分析的评价指标相一致,这样便于进行对比说明。在技术经济分析评价实践中,最常用的敏感性分析指标主要有投资回收期、方案净现值和内部收益率。

(2)选定不确定因素,并设定它们的变化范围。

影响技术项目方案经济指标的因素众多,不可能也没有必要对全部不确定因素逐个进行分析。在选定需要分析的不确定因素时，可从两个方面考虑：第一，这些因素在可能的变化范围内，对投资效果影响较大；第二，这些因素发生变化的可能性较大。通常设定的不确定因素有产品价格、产销量、项目总投资、年经营成本、项目寿命期、建设工期及投产期、基准折现率、主要原材料和动力的价格等。

(3)计算因素变动对分析指标影响的数量结果。

首先，假定其他设定的不确定因素不变，一次仅变动一个不确定因素，重复计算各种可能的不确定因素的变化对分析指标影响的具体数值。然后，采用敏感性分析计算表或分析图的形式，把不确定因素的变动与分析指标的对应数量关系反映出来，以便于测定敏感因素。

(4)确定敏感因素。

敏感因素是指能引起分析指标产生相应较大变化的因素。测定某特定因素敏感与否，可采用两种方式进行：第一种是相对测定法，即设定要分析的因素均从基准值开始变动，且各因素每次变动幅度相同，比较在同一变动幅度下各因素的变动对经济效果指标的影响就可以判别出各因素的敏感程度。第二种是绝对测定法，即假设各因素均向降低投资效果的方向变动，并设该因素达到可能的"最坏"值，然后计算在此条件下的经济效果指标，看其是否已达到使项目在经济上不可取的程度。如果项目已不能接受，则该因素就是敏感因素。绝对测定法的一个变通方式是先设定有关经济效果指标为其临界值，如净现值等于零、内部收益率为基准折现率，然后求待分析因素的最大允许变动幅度，并与其可能出现的最大变动幅度相比较。如果某因素可能出现的变动幅度超过最大允许变动幅度，则表明该因素是方案的敏感因素。

(5)结合不确定性分析进行综合评价，选择可行的比选方案。

根据敏感因素对技术项目方案评价指标的影响程度，结合不确定性分析的结果做进一步的综合评价，寻求对主要不确定因素变化不敏感的可选方案。

在技术项目方案分析比较中，对主要不确定因素变化不敏感的方案，其抵抗风险的能力比较强，获得满意经济效益的潜力比较大，应优先考虑接受。有时，还根据敏感性分析的结果，采取必要的相应对策。

(二)敏感性分析的方法

1. 单因素敏感性分析

这种方法是每次只变动某一个不确定因素而假定其他的因素都不发生变化，分别计算其对确定性分析指标影响的敏感性分析方法。

某投资方案预计总投资为1 200万元，年产量为10万台，产品价格为35元/台，年经营成本为120万元，方案经济寿命期为10年，届时设备残值为80万元，基准折现率为10%，试就投资额、产品价格及方案寿命期进行敏感性分析。以净现值作为经济评价指标，基准方案的净现值为

$$NPV_0 = -1\ 200 + (10 \times 35 - 120)(P/A, 10\%, 10) + 80(P/F, 10\%, 10) = 244.1(\text{万元})$$

下面用净现值指标分别就投资额、产品价格和寿命期等三个不确定因素作敏感性分析。

设投资额变动的百分比为x，分析投资额变动对方案净现值影响的计算公式为

$$NPV = -1\ 200(1+x) + (10 \times 35 - 120)(P/A,10\%,10) + 80(P/F,10\%,10)$$

设产品价格变动的百分比为 y，分析产品价格变动对方案净现值影响的计算公式为

$$NPV = -1\ 200 + [10 \times 35(1+y) - 120](P/A,10\%,10) + 80(P/F,10\%,10)$$

设寿命期变动的百分比为 z，分析寿命期变动对方案净现值影响的计算公式为

$$NPV = -1\ 200 + (10 \times 35 - 120)[P/A,10\%,10(1+z)] + 80[P/F,10\%,10(1+z)]$$

对投资额、产品价格及方案寿命期逐一按在基准基础上变化 ±10%、±15%、±20% 取值，所对应的方案净现值变化结果如表 4-10 所示。可以看出，在同样的变动率下，产品价格的变动对方案的净现值影响最大，其次是投资额的变动，对寿命期变动的影响最小。

表 4-10　敏感性分析

变动因素	变动率						
	-20%	-15%	-10%	0	10%	15%	20%
投资额	483.96	423.96	363.96	244.19	123.96	63.96	3.96
价格	186.12	78.6	28.92	244.19	459	566.52	647.0
寿命期	64.37	123.55	158.5	244.19	321.89	358.11	392.71

如果以 $NPV=0$ 作为方案是否可接受的临界条件，那么从上面的公式中可以算出，当实际投资额超出预计投资额的 20.3%，或者产品价格下降到比预计价格低 20.3%，或者寿命期比预计寿命期短 26.5% 时，方案就变得不可接受。

根据上面的分析可知，对于本方案来说，产品价格是敏感因素，应对未来产品价格进行更准确的测算。如果未来产品价格变化的可能性较大，则意味着这一方案的风险也较大。

2. 多因素敏感性分析

单因素敏感性分析方法适合于分析项目方案的最敏感因素，但它忽略了各个变动因素综合作用的可能性。无论是哪种类型的技术项目方案，各种不确定因素对项目方案经济效益的影响都是相互交叉综合发生的，而且各个因素的变化率及其发生的概率是随机的。因此，研究分析经济评价指标受多个因素同时变化的综合影响，研究多因素的敏感性分析，更具有实用价值。

多因素敏感性分析要考虑可能发生的各种因素不同变动幅度的多种组合，计算起来要比单因素敏感性分析复杂得多。此处不再赘述。

敏感性分析具有分析指标具体、能与项目方案的经济评价指标紧密结合、分析方法容易掌握、便于分析、便于决策等优点，有助于找出影响项目方案经济效益的敏感因素及其影响程度，对提高项目方案经济评价的可靠性具有重大意义。但是，敏感性分析没有考虑各种不确定因素在未来发生变动的概率，这可能会影响分析结论的准确性。实际上，各种不确定因素在未来发生某一幅度变动的概率一般是有所不同的。可能有这样的情况，通过敏感性分析找出的某一敏感因素未来发生不利变动的概率很小，因而实际上所带来的风险并不大，以至于可以忽略不计，而另一不太敏感的因素未来发生不利变动的概率很

大,实际上带来的风险比那个敏感因素更大。这种问题是敏感性分析所无法解决的,必须借助于概率分析方法。

三、概率分析

概率分析是研究各种不确定因素按一定概率值变动时,对项目方案经济评价指标影响的一种定量分析方法。其目的是在不确定情况下为决策投资项目或方案提供科学依据。

概率分析的关键是确定各种不确定因素变动的概率。概率分析的内容应该根据经济评价的要求和项目方案的特点确定,一般是计算项目方案某个确定性分析指标(例如净现值)的期望值,该指标大于或等于零时的累计概率,通过模拟法测算分析指标的概率分布等。应特别注意,概率分析时所选定的分析指标,应与确定性分析的评价指标保持一致。

概率是指事件的发生而产生某种后果的可能性的大小。概率分析是在选定情况,估计出变化值下的概率,并根据这些概率的大小,来分析测算事件变动对项目经济效益带来的结果和所获结果的稳定性。概率分析是一种定量分析方法,因为事件的发生具有随机性,故又称为简单风险分析。

本章小结

可行性研究是指研究投资项目建设可能基础上的技术问题的经济效果。可行性研究的目的是达到在建设可能基础上经济合理条件下的技术先进方案的评选。

可行性研究的步骤为:组建研究小组,制定研究计划;进行调查研究,收集有关资料;进行方案设计与优选;进行经济分析和评价;编制可行性研究报告。

可行性研究的市场调查方法中询问调查法主要有走访调查法、邮寄调查法、电话调查法和留置问卷调查法。常用预测方法依所用弹性系数的不同可划分为需求价格弹性预测法、供给价格弹性预测法、需求收入弹性预测法。

投资估算实质上就是该项目建设的国家宏观控制的计划价格,即是计划投资的最高限额。投资估算编制方法主要包括生产能力指数法、分项比例估算法、资金周转率法、单位面积综合指标估算法、分项详细估算法和扩大指标估算法。

建设投资分为固定资产费用、无形资产费用、其他资产费用和预备费四部分。建设投资分为静态投资和动态投资两部分,静态投资由建筑工程费、设备及其购置费、安装工程费、工程建设其他费用、基本预备费构成;动态投资部分由涨价预备费和建设期利息构成。

流动资金指项目投产后为维持正常生产所需的投资,主要用于购买原材料、备品备件、低值易耗品、在产品及产成品占压资金等,包括储备资金、生产资金、成品资金、结算资金等。

资金的时间价值是在生产经营过程中产生的剩余劳动价值。资金的时间价值有利息和利润两种表示形式,计算资金的时间价值有单利法和复利法两种方法。

复利法计算公式及系数代号见表 4-11。

表 4-11　复利法计算公式及系数代号

公式名称	已知	求解	系数代号	公式代号
复利终值公式	P	F	$(F/P,i,n)$	$F=P(F/P,i,n)$
复利现值公式	F	P	$(P/F,i,n)$	$P=F(P/F,i,n)$
等额年金终值公式	A	F	$(F/A,i,n)$	$F=A(F/A,i,n)$
等额存储偿债基金公式	F	A	$(A/F,i,n)$	$A=F(A/F,i,n)$
等额分付年金资本回收公式	P	A	$(A/P,i,n)$	$A=P(A/P,i,n)$
等额分付现值公式	A	P	$(P/A,i,n)$	$P=A(P/A,i,n)$

环境影响评价是指对规划和建设项目实施后可能造成的环境影响进行分析、预测和评估，提出预防或者减轻不良环境影响的对策和措施，进行跟踪监测的方法与制度。环境影响评价的主要步骤可简要概括为：环境影响评价工作等级划分，评价大纲编写，工程分析，所在地区环境现状调查，建设项目环境影响预测，环境影响报告书编制。环境标准是为了防止环境污染，维护生态平衡，保护人群健康，对环境保护工作中需要统一的各项技术规范和技术要求所做的规定。

财务评价是根据现有的财税制度和规定，以财务预测为基础，计算一个工程项目的财务收入和支出，测算项目投资所能产生的利润，并分析工程项目的盈利能力、清偿能力以及外汇平衡等财务状况，从而判断该工程项目在财务上的可行性。财务评价涉及的价格体系有三种，即固定价格体系、实价体系和时价体系；同时涉及三种价格，即基价、实价和时价。财务评价指标包括静态投资回收期、投资收益率、净现值与净现值率、内部收益率等。

国民经济评价是按合理配置稀缺资源和社会经济可持续发展的原则，采用影子价格、社会折现率等国民经济评价参数，从国民经济全局的角度出发，考察工程项目的经济合理性。国民经济评价指标包括经济内部收益率和经济净现值。社会风险分析是对可能影响项目的各种社会因素进行识别和排序，选择影响面大、持续时间长，并且容易导致较大矛盾的社会因素进行预测，分析可能出现这种风险的社会环境和条件。

工程项目风险评价，一般可按下列步骤进行：确定项目风险评价标准；确定评价时的工程项目风险水平；将工程项目单个风险水平和单个评价标准、整体评价标准和整体风险水平进行比较，进而确定它们是否在可接受的范围之内，或者考虑采取什么样的风险应对措施。对工程项目风险进行评价，基本的方法有综合评分法、层次分析法、模糊分析法、风险图法、PERT 法等。

不确定性分析主要包括盈亏平衡分析、敏感性分析和概率分析三种。盈亏平衡分析主要需要计算盈亏平衡点。敏感性分析的一般步骤为：确定分析指标；选定不确定因素，并设定它们的变化范围；计算因素变动对分析指标影响的数量结果；确定敏感因素；结合确定性分析进行综合评价。概率分析是研究各种不确定因素按一定概率值变动时，对项目方案经济评价指标影响的一种定量分析方法。概率分析的关键是确定各种不确定因素变动的概率。

复习思考题

4-1 什么是可行性研究？为什么要进行可行性研究？可行性研究的基本内容有哪些？

4-2 可行性研究的基本工作步骤是什么？其中最关键的是哪几步？

4-3 常用的市场调查方法有哪些？它们各有什么优缺点？

4-4 常用的预测方法有哪些？在实际中怎样选用其进行预测？

4-5 可行性研究报告的主要内容包括哪些？

4-6 投资估算可分为哪几个阶段的估算？其在不同阶段的估算内容有什么不同？

4-7 投资估算编制方法有哪几种？各适合在什么情况下选用？

4-8 建设投资估算的费用是怎样划分的？

4-9 流动资金的基本组成怎样？

4-10 投资估算审查的要点有哪些？怎样进行估算审查？

4-11 什么是资金的时间价值？单利法和复利法计算有什么区别？

4-12 如何用现金流量图来表示一个项目的现金流量情况？

4-13 环境影响评价的定义是什么？为什么要进行环境影响评价？

4-14 环境影响大纲的主要内容有哪些？

4-15 环境标准是指什么？制定环境标准需要注意什么？

4-16 进行财务评价时，要遵循哪些基本原则？

4-17 财务评价的基本指标有哪些？它们有什么含义？

4-18 进行国民经济评价时，要有哪些前提？影子价格和一般价格有什么不同？

4-19 国民经济评价和财务评价的异同有哪些？

4-20 什么是社会评价？社会评价的主要内容有哪些？

4-21 进行风险评价的目的是什么？怎样进行风险评价？有哪些方法可供选择？

4-22 敏感性分析的步骤是什么？

4-23 概率分析有哪些常用方法？

4-24 拟建一个水利工程项目，第一年投资 1 000 万元，第二年又投资 2 000 万元，第三年再投资 1 500 万元。从第四年起，连续 8 年每年的销售收入为 3 000 万元，经营成本为2 300万元，项目在期末的残值为 700 万元。要求：画出现金流量图。

4-25 从甲企业取得贷款，年利率为 16%，计息周期为年。从乙企业取得贷款，年利率为 15%，计息周期为季度。试比较向哪个企业取得贷款较为有利。

4-26 某项目投资 100 万元，计划在 8 年内全部收回投资，若已知年利率为 8%，问该项目每年平均净收益至少应达到多少？并画出其资金流程图。

4-27 某企业 5 年后需要一笔 50 万元的资金用于固定资产的更新改造，如果年利率为 5%，问从现在开始该企业每年应存入银行多少钱？

4-28 某项目采用分期借款的方式，连续 5 年每年末向银行借款 150 万元，如果银行借款年利率为 8%，按季计算，问截至第 5 年年末，该项目累计借款是多少？

4-29 一位朋友想开餐馆，问你借 10 000 元，并许诺在此后三年间分别支付 2 000 元、4 000 元、7 000 元，用于支付 10 000 元借款。假使同期的资金的机会成本为 10%，问：你借还是不借？

4-30 某项目设计年生产能力为 10 万台，计划总投资为 1 200 万元，预计产品价格为 35 元/台，年经营成本为 140 万元，方案寿命期为 10 年，预计残值收入为 80 万元，i_c 为 10%，就投资额、产品价格影响因素对该投资方案作敏感性分析。

4-31 中国—东南亚航线上的某 3 000 t 级船舶，每年大约营运 25 个航次，平均运费收入为每吨 200 元，年总成本为 1 125 万元，其中船舶折旧费为 380 万元，燃油费为 300 万元，港口费为 150 万元，船员工资为 75 万元，保险费为 50 万元，维修、备件费为 120 万元，管理费为 50 万元，年营业税为年营业收入的 3%，试计算盈亏平衡点。

第五章　建设工程设计阶段的投资控制

第一节　提高设计经济合理性的途径

一、执行设计标准

设计标准是国家经济建设的重要技术规范，是进行工程建设勘察、设计、施工及验收的重要依据。各类建设设计部门制定与执行相应不同层次的设计标准规范，对于提高项目设计阶段的投资控制水平是十分必要的。

（一）设计标准的作用

（1）对建设工程规模、内容、建造标准进行控制。

（2）保证工程的安全性和预期的使用功能。

（3）提供设计所必需的指标、定额、计算方法和构造措施。

（4）为降低工程造价、控制工程投资提供方法和依据。

（5）减少设计工作量、提高设计效率。

（6）促进建筑工业化、装配化，加快建设速度。

（二）设计标准化的要求

正确理解和运用设计标准是做好设计阶段投资控制工作的前提，其基本要求如下：

（1）充分了解工程设计项目的使用对象、规模、功能要求，选择相应的设计标准及规范作为依据，合理确定项目等级和面积分配、功能分区以及材料、设备、装修标准和单位面积造价的控制指标。

（2）根据建设地点的自然、地质、地理、物资供应等条件和使用功能，制定合理的设计方案，明确方案应遵循的标准规范。

（3）施工图设计前应检查是否符合标准及规范的规定。

（4）当各层次标准出现矛盾时，应以上级标准或管理部门的为准。在使用功能方面应遵守上限标准（不超标），在安全、卫生等方面应注意下限标准（不降低要求）。

（5）当遇特殊情况难以执行标准及规范，特别是涉及安全、卫生、防火、环保等问题时，应取得当地有关管理部门的批准或认可。

二、推行标准设计

工程标准设计通常指在工程设计中，可在一定范围内通用的标准图、通用图和复用图，一般统称为标准图。在工程设计中采用标准设计可促进工业化水平、加快工程进度、节约材料、降低建设投资。据统计，采用标准设计一般可加快设计进度 1 ~ 2 倍，节约建设投资 10% ~ 15%。

（一）标准设计的特点

（1）以图形表示为主，对操作要求和使用方法进行文字说明。

（2）具有设计、施工、经济标准各项要求的综合性。

（3）设计人员选用后可直接用于工程建设，具有产品标准作用。

（4）对地域、环境的适应性要求强，地方性标准较多。

（5）除特殊情况可作少量修改外，一般情况设计人员不得自行修改标准设计。

（二）标准设计的分类

（1）国家标准设计，指在全国范围内需要统一的标准设计。

（2）部级标准设计，指在全国各行业范围内需要统一的标准设计，应由主编单位提出并报告主管部门审批颁发。

（3）省、市、自治区标准设计，指在本地区范围内需要统一的标准设计，由主编单位提出并报省、市、自治区主管基建的综合部门审批颁发。

（4）设计单位自行制定的标准设计，是指在本单位范围内需要统一，在本单位内部使用的设计技术原则、设计技术规定，由设计单位批准执行，并报上一级主管部门备案。

（三）标准设计一般要求

标准设计覆盖范围很广，重复建造的建筑类型及生产能力相同的企业、单独的房屋构筑物均应采用标准设计或通用设计。在设计阶段投资控制工作中，对不同用途和要求的建筑物，应按统一的建筑模数、建筑标准、设计规范、技术规定等进行设计。若房屋或构筑物整体不便定型化，应将其中重复出现的建筑单元、房间和主要的结构节点构造，在构配件标准化的基础上定型化。建筑物和构筑物的柱网、层高及其他构件参数尺寸应力求统一化，在基本满足使用要求和修建条件的情况下，尽可能具有通用互换性。

（四）推广标准设计的意义

（1）加快提供设计图纸的速度、缩短设计周期、节约设计费用。

（2）可使工艺定型，易提高工人技术水平，易使生产均衡，提高劳动生产率和节约材料，有利于较大幅度地降低建设投资。

（3）可加快施工准备和定制预制构件等项工作，并能使施工速度大大加快，既有利于保证工程质量，又能降低建筑安装工程费用。

（4）按通用性条件编制、按规定程序审批，可供大量重复使用，做到既经济又优质。

（5）贯彻执行国家的技术经济政策，密切结合自然条件和技术发展水平，合理利用资源和材料设计，考虑施工、生产、使用和维修的要求，便于工业化生产。

三、推行限额设计

（一）限额设计的含义

限额设计就是按批准的投资估算控制初步设计，按批准的初步设计总概算控制施工图设计。即将上阶段设计审定的投资额和工程量先行分解到各专业，然后分解到各单位工程和分部工程。各专业在保证使用功能的前提下，按分配的投资限额控制设计，严格控制技术设计和施工图设计的不合理变更，以保证总投资限额不被突破。

（二）限额设计的目标设置

将上一阶段审定的投资额作为下一设计阶段控制的总体目标。将该项总体限额目标层层分解后，确定各专业、各工种或各分部分项工程的分项目标。该项工作中，提高投资估算的合理性与准确性是进行限额设计目标设置的关键环节，特别是各专业、各单位工程或分部分项工程如何合理划分，分解到的限额数量的多少，设计指标制定的高低等都将约束项目投资目标的实现，都将会对项目的建造标准、使用功能、工程质量等产生影响。

限额设计体现了设计标准、规模、原则的合理确定和有关概算基础资料的合理取定，是衡量勘察设计工作质量的综合标志，应将其作为提高设计质量工作的管理目标。

最终实现设计阶段投资控制的目标，必须对设计工作的各个环节进行多层次的控制与管理，同时实现对设计规模、设计标准、工程量与概算指标等各个方面的多维控制。

（三）限额设计控制工作的主要内容

限额设计贯穿于项目可行性研究、初步勘察、初步设计、详细勘察、技术设计、施工图设计各个阶段，而在每一个阶段中贯穿于各个专业的每一道工序。在每个专业、每项设计中都应将限额设计作为重点工作内容，明确限额目标，实行工序管理。各专业限额设计的实现是限额目标得以实现的重要保证。限额设计控制工作包括如下内容。

1. 重视初步设计的方案选择

初步设计应为多方案比较选择的结果，是项目投资估算的进一步具体化。在初步设计开始时，项目总设计师应将可行性研究报告的设计原则、建设方案和各项控制经济指标向设计人员交底，对关键设备、工艺流程、总图方案、主要建筑和各项费用指标要提出技术经济比选方案，要研究实现可行性研究报告中投资限额的可能性，特别要注意对投资有较大影响的因素，并将任务与规定的投资限额分专业下达到设计人员，促使设计人员进行多方案比选。如果发现重大设计方案或某项设计指标超出经批准的可行性研究报告中的投资限额，应及时反映并提出解决的方法。不应待概算编出后发现超投资再压低投资，或减项目、减设备，直到影响设计进度，造成设计上的不合理，给施工图设计埋下超出限额的隐患。

在初步设计限额设计中，各专业设计人员应强化控制建设投资意识，在拟定设计合同、技术方案和选择设备材料过程中应先掌握工程的参考造价与工程量，严格按照限额设计所分解的投资额和控制工程量进行设计，并以单位工程为考核单元，事先做好专业内部平衡调整，提出节约投资的措施，力求将造价和工程量控制在限额范围之内。

如因采用新技术、新设备、新工艺确能降低运行成本，又符合“安全、可靠、经济、适用、符合国情”的原则而使工程投资有所增加，或因可行性研究深度不够造成初步设计阶段修改方案而增加投资，应对其进行技术经济综合评价，经必要审查并获得通过后由总设计师在投资分解时解决。

2. 严格控制施工图预算

施工图设计是指导工程建设的主要文件，是设计单位的最终产品。限额设计控制就是将施工图预算严格控制在批准的设计概算范围以内并有所节约。

施工图设计必须严格按照批准的初步设计确定的原则、范围、内容、项目和投资额进行。施工图阶段限额设计的重点应放在初步设计工程量控制方面，控制工程量一经审定，即作为施工图设计工程量的最高限额，不得突破。

当初步设计受外界条件限制时，如地质报告、工程地质、设备和材料的供应、协作条件、物资采购供应价格变化以及人们的主观认识的局限性等，往往会造成施工图设计阶段乃至在建筑施工过程中的局部修改、变更，可能引起已经确认的概算价值的变化，这种正常的变化在一定范围内允许，但须经核算与调整。当建设规模、产品方案、工艺方案、工艺流程或设计方案发生重大变更时，原初步设计已失去指导施工图设计的意义，此时必须重新编制或修改初步设计文件，另行编制或修改初步概算应报原审批单位审批。

3. 加强设计变更管理

除必须进行的设计变更，任何人员无权擅自更改设计。若预料到将要发生变更，则设计变更越早越好。若在设计阶段变更，只需修改图纸，其他费用尚未发生，损失有限；若在采购阶段变更，则不仅要修改图纸，还须重新采购设备和材料；若在施工期间发生变更，除发生上述费用外，已建工程还可能被拆除，势必造成重大变更损失。

为做好限额设计控制工作，应建立健全相应的设计管理制度，尽可能将设计变更控制在设计阶段。对影响工程造价的重大设计变更，需进行由多方人员参加的技术经济论证，获得有关管理部门批准后方可进行，使建设投资得到有效控制。

四、设计方案优选

设计方案选择就是通过对工程设计方案的经济分析，从若干设计方案中选出最佳方案的过程。由于设计方案的经济效果不仅取决于技术条件，而且受不同地区的自然条件和社会条件的影响，设计方案选择时，须综合考虑各方面因素，对方案进行全方位技术经济分析与比较，还须结合当时当地的实际条件，选择功能完善、技术先进、经济合理的设计方案。

设计方案选择最常用的方法是比较分析方法。下面以两个建筑设计方案为例分析比较设计方案选择的具体过程。

【例 5-1】 某住宅工程项目设计为 6 层单元式住宅，现有如下两个备选方案供选择。

方案一：砖混结构，1 梯 3 户，由 3 个单元组成，共 54 户。建筑面积 3 949.62 m^2（含 1/2 阳台面积）。浅埋砖砌条形基础。按该地区建筑节能降效有关规定要求，外墙为 240 厚砖墙，内做保温层。内墙为 240 厚砖墙。结构按 8 度抗震设防设计，沿外墙和内墙、纵墙的楼板处及基础处均设圈梁，沿外墙的拐角及内外墙的交接处均设构造柱。现浇钢筋混凝土楼板。

方案二：将砖混结构改为内浇外砌结构体系。经设计人员核定，内横墙厚度为 140 mm，内纵墙厚度为 160 mm，选 C20 混凝土。其他部位的做法、选材及建筑标准均与方案一相同。

解 1. 根据两个方案建立对比条件，进行技术经济分析与比较

(1) 平面技术经济指标。因方案一与方案二的外墙做法相同，建筑面积不变，但方案二的内墙厚度减薄，所以增加了使用面积。其对比如表 5-1 所示。

表 5-1　平面技术经济指标对比

结构类型	建筑面积(m^2)		使用面积(m^2)		使用系数(%)	使用面积净增	
	总面积	每户	总面积	每户		m^2	增加率(%)
砖混	3 949.62	73.14	2 797.20	51.80	70.82		
内浇外砌	3 949.62	73.14	2 881.98	53.37	72.97	84.78	3.03

从表 5-1 可以看出，在保持方案一的平面布局、使用功能不变的原则上，方案二由于内墙厚度减薄，增加使用面积 84.78 m^2，每户平均增加 1.57 m^2，增加率为 3.03%。

(2)造价。按当时当地市场价格计算，方案一的概算总值为 4 108 494 元(含基础、设备、电气，下同)，每平方米建筑面积折合 1 040.23 元；方案二概算总值为 4 272 695 元，每平方米建筑面积折合 1 081.80 元。如按使用面积计算，每平方米造价方案一为 1 468.79 元，方案二为 1 482.56 元。如表 5-2 所示。

表 5-2　方案造价比较　　(单位:元)

结构类型	概算总值	每平方米造价					
		按建筑面积计算			按使用面积计算		
		每平方米面积折合	差额	差率(%)	每平方米面积折合	差额	差率(%)
砖混	4 108 494	1 040.23			1 468.79		
内浇外砌	4 272 695	1 081.80	41.57	4	1 482.56	13.77	0.94

按每平方米建筑面积计算，方案二比方案一高 41.57 元，约高 4%。如按使用面积计算，每平方米高 13.77 元，约高 0.94%，大大缩小了两者的差距。

(3)综合比较。从平面技术经济指标和造价两个因素的分析比较看，方案二增加使用面积较多，增加造价较少。

2. 将其他有关费用计入后进行比较

按该地区有关规定，砖混结构住宅每平方米建筑面积需交 14 元黏土砖限制使用费，内浇外砌结构需交 7 元。方案一计交 55 295 元，方案二计交 27 647 元，计入该项费用后的造价比较如表 5-3 所示。

表 5-3　计入费用后造价比较　　(单位:元)

结构类型	黏土砖限制使用费	计入使用费后概算总值	按建筑面积计算			按使用面积计算		
			每平方米面积折合	差额	差率(%)	每平方米面积折合	差额	差率(%)
砖混	55 295	4 163 789	1 054.23			1 488.56		
内浇外砌	27 647	4 300 342	1 088.80	34.57	3.28	1 492.15	3.59	0.24

将实心黏土砖限制使用费计入后，两者的差距又进一步缩小。按建筑面积计算，方案二由未计入该项费用前的 4% 降至 3.28%。按使用面积计算，由原来的 0.94% 降至

0.24%。综合比较后的结果是：每户增加使用面积 1.57 m^2，多投入 252.45 元，综合经济效果较好。

3. 经济效益分析

(1) 当每平方米建筑面积的售价为 4 000 元时，折算后使用面积售价的经济效益如表 5-4 所示。

表 5-4 使用面积售价的经济效益

结构类型	建筑面积（m^2）	使用面积（m^2）	建筑面积售价（元/m^2）	售价总值（元）	折合使用面积售价（元/m^2）
砖混	3 949.62	2 797.20	4 000	15 798 480	5 647.96
内浇外砌	3 949.62	2 881.98	4 000	15 798 480	5 481.81

在总售价不变情况下，方案二还可降低单方售价。按使用面积计价方法计算，方案二的每平方米使用面积售价比方案一低 166.15 元，即低 2.94%。

(2) 在单方售价不变的情况下，按使用面积计价的总售价值的对比如表 5-5 所示。

表 5-5 总售价比较

结构类型	建筑面积（m^2）	单方售价（元）	总售价（元）	比较	
				差额（元）	差率（%）
砖混	2 797.20	5 647.96	15 798 474		
内浇外砌	2 881.98	5 647.96	16 277 308	478 834	3.09

单方使用面积售价不变，方案二的全楼总售价比方案一多 478 834 元，约多收入 3.09%，经济效益可观。

4. 综合评价

综合上述分析，在同等级、同标准的情况下，将砖混结构方案改为内浇外砌结构方案，平均每户可增加使用面积 1.57 m^2，多投入 252.45 元。如作为商品房，在原单方使用面积售价不变的情况下，全楼可多 3.09% 收益，能收到较好的经济效益。

第二节 价值工程

一、价值工程原理

(一) 价值工程的含义

价值工程是通过各相关领域的协作，对所研究对象的功能与成本进行系统分析，不断创新，旨在提高所研究对象价值的思想方法和管理技术，简称为 VE。这里“价值”的定义可以用公式表示

$$V = \frac{F}{C} \tag{5-1}$$

式中　V——价值；

F——功能；

C——成本或费用。

价值工程的定义包括以下几方面的含义：

(1)价值工程的性质属于一种“思想方法和管理技术”。

(2)价值工程的核心内容是对“功能与成本进行系统分析”和“不断创新”。

(3)价值工程的目的旨在提高产品的“价值”。若把价值的定义结合起来，应理解为旨在提高功能与成本的比值。

(4)价值工程通常是由多个领域协作而开展的活动。

(二)价值工程的特点

1. 以使用者的功能需求为出发点

价值工程出发点的选择应满足使用者对功能的需求。

2. 对所研究对象进行功能分析，并系统研究功能与成本之间的关系

对价值工程功能进行分析的技术内容特别丰富，既要辨别必要功能或不必要功能、过剩功能或不足功能，又要计算出不同方案的功能量化值，还要考虑功能与其载体的有分有合问题。通过对功能与成本进行比较，形成比较价值的概念和量值。由于功能与成本关系的复杂性，必须用系统的观点和方法对其进行深入研究。

3. 致力于提高价值的创造性活动

提高功能与成本的比值是一项创造性活动，要有技术创新。提高功能或降低成本，都必须创造出新的功能载体或者创造新的载体加工制造的方法，否则，提高价值只是一句空话。

4. 有组织、有计划、有步骤地开展工作

开展价值工程活动的过程涉及各个部门的各方面人员。在他们之间，要沟通思想、交换意见、统一认识、协调行动，要步调一致地开展工作。

(三)价值工程的一般工作程序

开展价值工程活动一般分为4个阶段、12个步骤，如表5-6所示。

表5-6　价值工程的一般工作程序

阶段	步骤	应回答的问题
准备阶段	1. 对象选择 2. 组成价值工程小组 3. 制定工作计划	VE的对象是什么？
分析阶段	4. 收集整理信息资料 5. 功能系统分析 6. 功能评价	该对象的用途是什么？ 成本和价值是多少？
创新阶段	7. 方案创新 8. 方案评价 9. 提案编写	是否有替代方案？ 新方案的成本是多少？能否满足要求？
实施阶段	10. 审批 11. 实施与检查 12. 成果鉴定	

二、价值工程主要工作内容

(一)对象选择

1. 对象选择的一般原则

选择价值工程对象时一般应遵循以下两条原则:一是优先考虑企业经营上迫切要求改进的主要产品,或是对国计民生有重大影响的项目;二是对企业经济效益影响大的产品(或项目)。具体包括以下几方面:

(1)设计方面。选择结构复杂、体大量重、技术性能差、能源消耗高、原材料消耗大或稀有、贵重的奇缺产品。

(2)施工生产方面。选择产量大、工序烦琐、工艺复杂、工装落后、返修率高、废品率高、质量难以保证的产品。

(3)销售方面。选用用户意见大、退货索赔多、竞争力差、销售量下降或市场占有率低的产品。

(4)成本方面。选择成本高、利润低的产品或在成本构成中比重大的产品。

2. 对象选择的方法

对象选择的方法有很多,每种方法有各自的优点和适应性。

(1)经验分析法。又称因素分析法,是一种定性分析的方法,即凭借开展价值工程活动人员的经验和智慧,根据对象选择应考虑的因素,通过定性分析来选择对象的方法。其优点是能综合、全面地考虑问题且简便易行,不需特殊训练,特别是在时间紧迫或信息资料不充分的情况下,利用此法较为方便;缺点是缺乏定量依据,分析质量受工作人员的工作态度和知识经验水平的影响较大。若本方法与其他定量方法相结合使用,往往能取得较好的效果。

(2)百分比法。即按某种费用或资源在不同项目中所占的比重大小来选择价值工程对象的方法。

(3)ABC 分析法。运用数量统计分析原理,按局部成本在总成本中比重的大小选择价值工程对象。一般来说,企业产品的成本往往集中在少数关键部件上。在选择对象产品或部件时,为便于抓重点,把产品(或部件)种类按成本大小顺序划分为 A、B、C 三类。部件数量占 10% ~15% 、成本占 70% ~80% 的为 A 类;部件数量占 15% ~20% 、成本占 10% ~20% 的为 B 类;部件数量占 60% ~80% 、成本占 5% ~10% 的为 C 类。

ABC 分析法的优点在于简单易行,能抓住成本中的主要矛盾。但企业在生产多品种产品,且各品种之间不一定表现出均匀分布规律时须用其他方法。该方法的缺点是有时部件虽属 C 类,但功能却较重要,有时因成本在部件或要素项目之间分配不合理,则会发生遗漏或顺序推后而未被选上。这种情况可通过结合运用其他分析方法来避免。

(4)强制确定法。该方法在选择价值工程对象、功能评价和方案评价中都可以使用。在对象选择中,通过对每个部件与其他各部件的功能重要程度进行逐一对比打分,相对重要的得 1 分,不重要的得 0 分,即 01 法。以各部件功能得分占总分的比例确定功能评价系数,根据功能评价系数和成本系数确定价值系数。

$$\text{部件功能系数}\ F_i = \frac{\text{某部件的功能得分值}}{\text{全部部件功能得分值}} \tag{5-2}$$

$$\text{部件成本系数}\ C_i = \frac{\text{该部件目前成本}}{\text{全部部件成本}} \tag{5-3}$$

$$\text{部件价值系数}\ V_i = \frac{\text{部件功能评价系数}}{\text{部件成本系数}} \tag{5-4}$$

当 $V_i < 1$ 时，部件 i 作为 VE 对象；当 $V_i = 1$ 时，不作为 VE 对象；当 $V_i > 1$ 时，视情况而定。

（二）信息资料的收集

明确收集资料的目的，确定资料的内容和调查范围，有针对性地收集信息。收集信息资料的首要目的就是要了解活动的对象，明确价值工程对象的范围，信息资料有利于帮助价值工程人员统一认识、确保功能、降低物耗。只有在有充分的信息作为依据的基础上，才能创造性地运用各种有效手段，正确地进行对象选择、功能分析和创新方案。

不同价值工程对象所需收集的信息资料内容不尽相同，一般包括市场信息、用户信息、竞争对手信息、设计技术方面的信息、制造及外协方面的信息、经济方面的信息、本企业的基本情况、国家和社会方面的情况等。收集信息资料是一项周密而系统的调查研究活动，应有计划、有组织、有目的地进行。

收集信息资料的方法通常有：①面谈法，通过直接交谈收集信息资料；②观察法，通过直接观察 VE 对象收集信息资料；③书面调查法，将所需资料以问答形式预先归纳为若干问题，然后通过资料问卷的回答来取得信息资料。

（三）功能系统分析

功能系统分析是价值工程活动的中心环节，具有明确用户的功能要求、对功能进行分析研究、可靠实现必要的功能三个方面的作用。功能系统分析中的功能定义、功能整理、功能计算紧密衔接，有机地结合为一体，三者的作用和相互关系如表 5-7 所示。

表 5-7　功能系统分析步骤

分析步骤	分析目的	分析类型	回答问题
功能定义	部件的功能本质	功能单元的定性分析	它的功能是什么
↓	↓	↓	↓
功能整理	功能之间的相互关系	功能相互关系的定性分析	它的目的或手段是什么
↓	↓	↓	↓
功能计算	必要功能的价值标准	单元功能的量化	它的功能是多少

（四）功能评价

功能评价是根据功能系统图，在设计方案的同一级的各功能之间计算并比较各功能价值的大小，从而寻找功能和成本在量上不匹配的具体改进目标。

功能评价的步骤为：

（1）确定功能系数（F_i）。

（2）确定成本系数（C_i）。

(3)确定价值系数(V_i)。

(4)确定方案目标成本(功能评价值, C')。

方案目标成本的估算方法有三种:

①理论计算法。根据工程技术公式和设计规范等确定实现功能的成本,在将要实现的必要功能所设想的可能采用的方案的基础上,对各种方案的总费用进行比较,从中选出成本最低的作为目标成本。

②经验估算法。经验估算法是由有经验的专家根据用户的要求,对实现某一产品功能的几个方案依据经验进行成本估算,取各方案中成本值最低的作为目标成本。

③功能评价系数法。根据功能与成本的匹配原则,按功能评价系数把产品的目标成本分配到每一个功能上,作为各功能的评价值。

$$某功能的目标成本(C'_i) = 方案目标成本(C) \times 该功能的功能系数(F_i) \quad (5\text{-}5)$$

$$某功能的成本降低期望值(\Delta C_i) = 某功能的目前成本(C_1) - 某功能的目标成本(C'_i) \quad (5\text{-}6)$$

(5)确定价值工程改进对象。当 $\Delta C_i > 0$ 时,说明实际成本偏高,可能存在功能过剩,甚至是多余功能;当 $\Delta C_i < 0$ 时,说明实际成本偏低,有可能造成功能存在不足,应适当增加成本。需要注意的是,在实际评定时,往往还应结合具体情况进行深入分析。

(五)方案创新的技术方法

方案创新的方法很多,都强调发挥人的聪明才智,积极地进行思考,设想出技术经济效果更好的新方案。下面为常用的两种方法。

1. 头脑风暴法

头脑风暴法原指精神病人的胡思乱想,后转意为无约无束、自由奔放地思考问题的方法。具体步骤如下:

(1)组织对本问题有经验的专家召开会议。

(2)会议鼓励对本问题自由讨论,相互不指责批判。

(3)希望提出大量方案。

(4)结合他人意见提出设想。

2. 哥顿法

哥顿法是会议主持人将拟解决的问题抽象后提出,与会人员讨论并充分发表看法,等待适当时机,会议主持人再将原问题提出继续讨论的方法。

(六)方案评价与提案编写

方案评价就是从众多的备选方案中选出价值最高的可行方案。方案评价可分为概略评价和详细评价,均包括技术评价、经济评价和社会评价等方面的内容。将这三个方面联系起来进行权衡,则称为综合评价。技术评价是对方案功能的必要性及必要程度和实施的可能性进行分析评价;经济评价是对方案实施的经济效果进行分析评价;社会评价是对方案给国家和社会带来影响与后果的分析评价;综合评价又称价值评价,是根据以上三个方面评价内容,对方案价值大小所做的综合评价。

为争取决策部门的理解和支持,使提案获得批准,要有侧重地撰写出具有充分说服力的提案书(表)。提案编写应扼要阐明提案的内容,如改善对象的名称及现状、改善的原因及效果、改善后方案将达到的功能水平与成本水平、功能的满足程度、试验途径和办法以及必要的测试数据等。提案应具有说服力，使决策者理解并采纳。

三、价值工程的应用

某建设项目由业主经过设计竞赛的方式，选择了三种设计方案作为候选方案，各候选设计方案对比项目如下所述。

A 方案：结构方案为大柱网框架轻墙体系，采用预应力大跨度叠合楼板，墙体材料采用多孔砖及移动式可拆装式分室隔墙，窗户采用单框双玻璃塑网窗，造价为 1 800 元/m^2。

B 方案：结构方案基本同 A 方案，窗户采用单框双玻璃空腹钢窗，造价为 1 600 元/m^2。

C 方案：结构方案采用砖混结构体系，采用现浇混凝土楼板，墙体材料采用标准黏土砖，窗户采用单玻璃空腹塑钢窗，造价为 1 400 元/m^2。

各设计方案各功能的重要性系数及各方案的功能得分见表 5-8。

表 5-8　各功能的重要性系数及各方案的功能得分

方案功能	功能重要性系数	方案功能得分		
		A	B	C
结构体系	0.25	10	10	8
模板类型	0.05	10	10	9
墙体材料	0.25	8	9	7
面积系数	0.35	9	8	7
窗户类型	0.10	9	7	8

问题：

(1) 简述用价值工程原理得出提高产品价值的途径。

(2) 试用价值工程原理选择最优设计方案。

(3) 针对所选的最优方案，试用强制确定法，利用表 5-9 数据选择需要进行分析的功能项目对象。

表 5-9　各功能评分值及其目前成本

序号	功能项目	功能评分	目前成本(万元)
1	桩基础工程	20	1 800
2	地下室工程	24	2 000
3	主体结构工程	56	5 200

(4) 按限额设计要求，最优方案的目标成本额为 8 650 万元。试分析各功能项目的目标成本及其可能降低的额度，并确定成本改进顺序。

解　(1) 提高价值的途径包括：

功能提高,成本不变;功能不变,成本下降;功能大幅度提高,成本稍有提高;功能提高,成本下降;功能下降,成本大幅度下降。

(2)选择最优设计方案。

①根据题意,利用式(5-3)计算成本系数,计算结果见表5-10。

表5-10 成本系数计算

方案名称	造价(元/m^2)	成本系数
A	1 800	0.375 0
B	1 600	0.333 3
C	1 400	0.291 7
合计	4 800	1.000 0

②根据表5-8数据,利用式(5-2)计算功能系数,计算结果见表5-11。

表5-11 功能系数计算

功能因素	重要系数	方案功能得分加权值		
		A	B	C
F_1	0.25	2.5	2.5	2.0
F_2	0.05	0.5	0.5	0.45
F_3	0.25	2.0	2.25	1.75
F_4	0.35	3.15	2.8	2.45
F_5	0.10	0.9	0.7	0.8
方案加权总分		9.05	8.75	7.45
功能系数		0.358 4	0.346 5	0.295 0

③利用式(5-4)计算各方案的价值系数,计算结果见表5-12,由于B方案的价值系数最大,根据价值工程原理,B方案为最优方案。

表5-12 价值系数计算

方案名称	功能系数	成本系数	价值系数	优选
A	0.358 4	0.375 0	0.955 7	
B	0.346 5	0.333 3	1.039 6	最优
C	0.295 0	0.291 7	1.011 3	

(3)针对B方案的功能项目,根据表5-9和强制确定法的计算方法,得出主体结构工程的价值系数<1,故作为价值工程的分析对象。计算结果见表5-13。

表 5-13　分析对象选择

序号	功能	功能评分	功能系数	成本	成本系数	价值系数
1	桩基础工程	20	0.200 0	1 800	0.200 0	1.000 0
2	地下室工程	24	0.240 0	2 000	0.222 2	1.080 1
3	主体结构工程	56	0.560 0	5 200	0.577 8	0.969 2
合计		100	1.000 0	9 000	1.000 0	

(4)按式(5-5)、式(5-6),针对 B 方案的功能项目进行成本改进排序分析,计算结果见表 5-14。

表 5-14　各功能项目成本改进顺序分析表

序号	功能项目	功能系数	目前成本(万元)	目标成本(万元)	应降低额(万元)
1	桩基础工程	0.200 0	1 800	1 730	70
2	地下室工程	0.240 0	2 000	2 076	-76
3	主体结构工程	0.560 0	5 200	4 844	356

由表 5-14 可以看出,主体结构工程的实际成本大于目标成本 356 万元,应首先对其成本进行改进。至于地下室工程和桩基础工程哪个排序在前,应根据具体情况来定,如地下室工程能在保证功能的前提下降低成本,则可以不列为价值工程改进对象,但如果不能保证其功能,则优先选择地下室工程进行分析。

方案总分中,功能评价系数分数越高说明方案越满足功能要求,据此计算的价值系数也就越大越好。因此,B 方案为最佳方案。

第三节　设计概算的编制与审查

一、设计概算的内容和作用

(一)设计概算的内容

设计概算是在初步设计或扩大初步设计阶段,由设计单位按照设计要求概略地计算拟建工程从立项开始到交付使用全过程所发生的建设费用的文件,是设计文件的重要组成部分。在报请审批初步设计或扩大初步设计时,作为完整的技术文件必须附有相应的设计概算。

设计概算分为单位工程概算、单项工程综合概算、建设工程总概算三级。其编制内容及相互关系如图 5-1 所示。单位工程概算分为建筑单位工程概算和设备及安装单位工程概算两大类,是确定单项工程中单位工程建设费用的文件,是编制单位工程综合概算的依据。其中,各单位建筑工程概算分为一般土建工程概算、给水排水工程概算、采暖工程概算、通风工程概算、电气照明工程概算、特殊构筑物工程概算。设备及安装工程概算分为机械设备及安装工程概算、电气设备及安装工程概算。

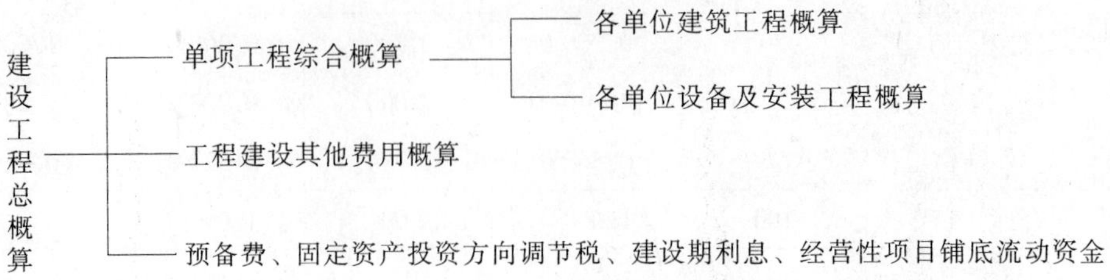

图 5-1　设计概算的编制内容及相互关系

单项工程综合概算是确定一个单项工程所需建设费用的文件，是根据单项工程内各专业单位工程概算汇总编制而成的。单项工程综合概算的组成内容如图 5-2 所示。

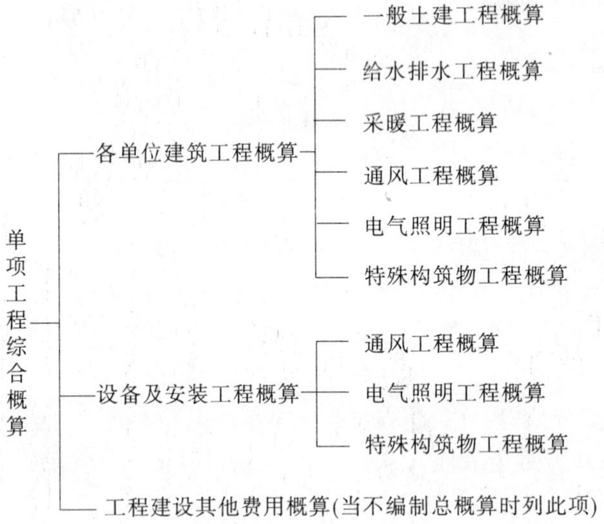

图 5-2　单项工程综合概算的组成内容

建设工程总概算是确定整个建设工程从立项到竣工验收全过程所需费用的文件。它由各单项工程综合概算以及工程建设其他费用和预备费概算等汇总编制而成。建设工程总概算的组成内容如图 5-3 所示。

(二)设计概算的作用

1. 国家确定和控制基本投资、编制基本建设计划的依据

初步设计及总概算按规定程序报请有关部门批准后即为建设工程总投资的最高限额，不得任意突破，如须突破需报审批部门批准。

2. 设计方案经济评价与选择的依据

设计人员根据设计概算进行设计方案技术经济分析，多方案评价并优选方案，以提高工程项目设计质量和经济效果。同时，设计概算为下阶段施工图设计确定了投资控制的目标。

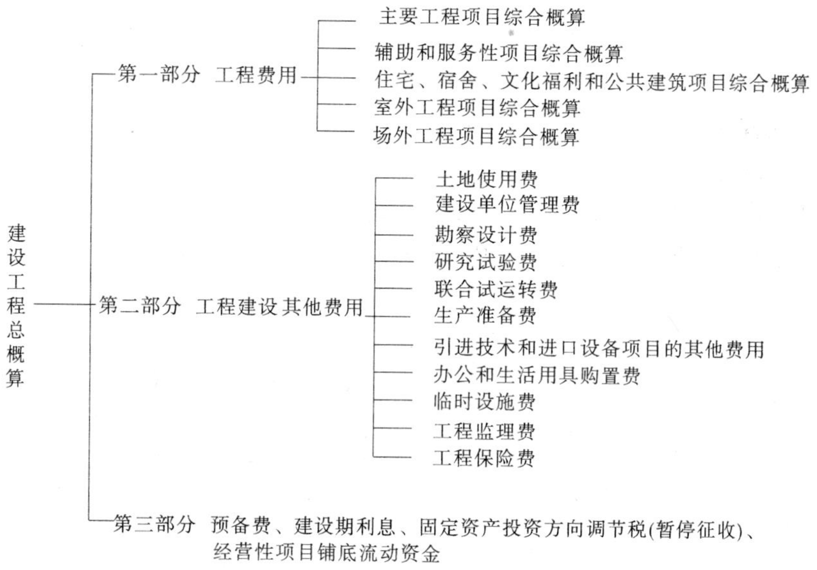

图 5-3　建设工程总概算的组成内容

3. 实行建设工程投资包干的依据

在进行概算包干时,单项工程综合概算及建设工程总概算是投资包干指标商定和确定的基础,尤其经上级主管部门批准的设计概算或修正概算,是主管单位和包干单位签订包干合同、控制包干数额的依据。

4. 基本建设核算、"三算"对比、考核建设工程成本和投资经济效果的依据

设计概算是建设单位进行项目核算、建设工程"三算"对比、考核项目工程成本和投资经济效果的重要依据。

二、设计概算的编制方法

设计概算是从最基本的单位工程概算编制开始逐级汇总而成的。

(一)设计概算的编制依据和编制原则

1. 设计概算的编制依据

设计概算的编制依据是:①经批准的有关文件、上级有关文件、指标;②工程地质勘测资料;③经批准的设计文件;④水、电和原材料供应情况;⑤交通运输情况及运输价格;⑥地区工资标准、已批准的材料预算价格及机械台班价格;⑦国家或省市颁发的概算定额或概算指标、建安工程间接费定额、其他有关取费标准;⑧国家或省市规定的其他工程费用指标、机电设备价目表;⑨类似工程概算及技术经济指标。

2. 设计概算的编制原则

编制设计概算应掌握如下原则:①应深入现场进行调查研究;②结合实际情况合理确定工程费用;③抓住重点环节、严格控制工程概算造价;④应全面完整地反映设计内容。

（二）建筑单位工程概算、设备及安装工程概算的编制方法

1. 建筑单位工程概算的编制方法

编制建筑单位工程概算一般有扩大单价法、概算指标法两种形式，可根据编制条件、依据和要求的不同适当选取。

1）扩大单价法

首先根据概算定额编制扩大单位估价表（概算定额基价）。扩大单位估价表是确定单位工程中各扩大分部分项工程或完整的结构构件所需全部材料费、人工费、施工机械使用费之和的文件。计算公式为

$$\begin{aligned}\text{概算定额基价} &= \frac{\text{概算定额}}{\text{单位材料费}} + \frac{\text{概算定额}}{\text{单位人工费}} + \frac{\text{概算定额}}{\text{单位施工机械使用费}} \\ &= \Sigma\left(\frac{\text{概算定额中}}{\text{材料消耗量}} \times \frac{\text{材料预}}{\text{算价格}}\right) + \Sigma\left(\frac{\text{概算定额中}}{\text{人工工日消耗量}} \times \frac{\text{人工工}}{\text{资单价}}\right) + \\ &\quad \Sigma\left(\frac{\text{概算定额中施工}}{\text{机械台班消耗量}} \times \frac{\text{机械台班}}{\text{费用单价}}\right)\end{aligned} \tag{5-7}$$

将扩大分部分项工程的工程量乘以扩大单位估价进行计算。其中，工程量的计算必须按定额中规定的各个分部分项工程内容，遵循定额中规定的计量单位、工程量计算规则及方法来进行。完整的编制步骤如下：

（1）根据初步设计图纸和说明书，按概算定额中划分的项目计算工程量。有些无法直接计算的零星工程，如散水、台阶、厕所蹲台等，可根据概算定额的规定，按主要工程费用的百分率（一般为5% ~8%）计算。

（2）根据计算的工程量套用相应的扩大单位估价，计算出材料费、人工费、施工机械使用费三者之和。

（3）根据有关取费标准计算措施费、间接费、利润和税金。

（4）将上述各项费用累加，其和为建筑工程概算造价。

采用扩大单价法编制建筑工程概算比较准确，但计算较烦琐。具备一定的设计基础知识、熟悉概算定额时才能弄清分部分项的扩大综合内容，才能正确计算扩大分部分项的工程量。同时在套用扩大单位估价表时，若所在地区的工资标准及材料预算价格与概算定额不符，则需要重新编制扩大单位估价表或测定系数加以修正。

当初步设计达到一定深度、建筑结构比较明确时，可采用这种方法编制建筑工程概算。

2）概算指标法

由于设计深度不够等原因，对一般附属、辅助和服务工程等项目，以及住宅和文化福利工程项目或投资比较小、比较简单的工程项目，可采用概算指标法编制概算。

用概算指标法编制概算的方法有如下两种：

当设计对象的结构特征符合概算指标的结构特征时，可直接用概算指标法编制概算。

（1）用概算指标计算出直接费，然后编制概算。其具体步骤如下：

①计算人工费、材料费、施工机械使用费，即直接工程费。

根据概算指标中每100 m^2 建筑面积或每1 000 m^3 建筑体积的人工和材料消耗指标，

结合本地的工资标准、材料预算价格计算人工费和材料费。

$$人工费 = 概算指标规定的工日数 \times 人工单价 \tag{5-8}$$

$$材料费 = 主要材料费 + 其他材料费 \tag{5-9}$$

其中：

$$主要材料费 = \sum(概算指标的主要材料用量 \times 地区材料预算价格) \tag{5-10}$$

$$其他材料费 = \sum(主要材料费 \times 其他材料占主要材料费百分比) \tag{5-11}$$

有的地区可直接从概算指标中查出其他材料费，而施工机械使用费则在概算指标中直接查找。汇总上述费用，即得概算指标直接工程费

$$概算指标直接工程费 = 人工费 + 材料费 + 施工机械使用费(元/100\ m^2 或元/1\ 000\ m^3) \tag{5-12}$$

②计算单位直接工程费。单位直接工程费根据概算直接工程费进行计算。

$$单位直接工程费 = 概算指标直接费/100(或 1\ 000)(元/m^2 或元/m^3)$$

③计算措施费、间接费、利润、税金及概算单价。各项费用计算方法与用概算定额编制概算相同，概算单价为各项费用之和。

④计算单位工程概算价值。

$$概算价值 = 单位工程建筑面积或建筑体积 \times 概算单价 \tag{5-13}$$

⑤计算技术经济指标。

(2)根据基价调整系数计算概算指标调整后基价，然后编制概算。其编制步骤如下：

①计算调整后基价。

$$调整后基价 = 概算指标规定的基价 \times 基价调整系数 \tag{5-14}$$

式中，基价调整系数按本地区规定执行。

②计算单位工程直接工程费。

$$直接工程费 = 单位工程建筑面积或建筑体积 \times 调整后基价 \tag{5-15}$$

③计算单位工程概算价值。

根据所计算的措施费、间接费、利润、税金确定单位工程概算价值和技术经济指标，计算方法同前。

另外，用修正概算指标编制单位工程概算。

当设计对象结构特征与概算指标的结构特征局部有差别时，可用修正概算指标，再根据已计算的建筑面积或建筑体积乘以修正后的概算指标及单位价值，计算出工程概算价值。

概算指标修正方法的基本步骤如下：

(1)根据概算指标算出每平方米建筑面积或每立方米建筑体积的直接工程费(方法同前)。

(2)换算与设计不符的结构构件价值，即

$$换出(入)结构构件价值 = 换出(入)结构构件工程量 \times 相应概算定额的地区单价/100(或 1\ 000)(元/m^2 或元/m^3) \tag{5-16}$$

其中，构件工程量从工程量指标中查出。

(3)求出修正后的单位直接工程费。

$$单位直接工程费修正值 = 原概算指标单位直接工程费 - 换出结构构件价值 + 换入结构构件价值 \quad (5\text{-}17)$$

【例 5-2】 某住宅工程建筑面积为 4 200 m^2,按概算指标计算出每平方米建筑面积的土建单位直接工程费为 1 200 元。因概算指标的基础埋深和墙体厚度与设计规定的不同,需要对概算单价进行修正。

解 修正情况如表 5-15 所示。表中各数据对应的是以 100 m^2 建筑面积为单位的。

表 5-15 建筑概算指标修正表

序号	概算定额编号	结构构件名称 一般土建工程	单位	数量	单价(元)	合价(元)	说明
		换出部分:					
		带形毛石基础 A	m^3	18.00	480.20	8 643.60	
		砖外墙 A	m^2	52.00	580.40	30 180.80	
		合计				38 824.40	
		换入部分:					
		带形毛石基础 B	m^3	19.80	480.20	9 507.96	
		砖外墙 B	m^2	61.50	580.40	35 694.60	
		合计				45 202.56	
		单位直接工程费修正指标	1 200 - 38 824.40/100 + 45 202.56/100 = 1 263.78(元/m^2)				

求出修正后的单位直接工程费后再按编制单位工程概算的方法编制出一般土建工程概算。

修正概算指标法还可用另一种方法,即从原工料数量和机械使用费中换出与设计对象不同的结构构件的工料数量和机械使用费。该方法是直接修正概算指标中的工料数量和机械使用费,从而按概算指标和地区预算价格与修正单价的工作一次计算即可完成。

2. 设备及安装工程概算的编制

设备及安装工程分为机械设备及安装工程和电气设备及安装工程两部分。设备及安装工程的概算由设备购置费和安装工程费两部分组成。

1)设备购置概算的编制方法

设备购置费由设备原价和设备运杂费组成,详见第二章第二节设备购置费的构成和计算。

2)设备安装工程概算的编制

(1)预算单价法。当初步设计有详细设备清单时,可直接按预算单价(预算定额单价)编制设备安装工程概算。根据计算的设备安装工程量,乘以安装工程预算单价,经汇总求得。

用预算单价法编制概算,计算比较具体,精确度较高。

(2)扩大单价法。当初步设计的设备清单不完备,或仅有成套设备的质量时,可采用主体设备、成套设备或工艺线的综合扩大安装单价编制概算。

(3)概算指标法。当初步设计的设备清单不完备、概算指标形式不全,无法采用预算单价法和扩大单价法时,可采用概算指标编制概算。概算指标形式较多,概括起来主要可按以下几种指标进行计算。

①按占设备价值的百分比(安装费率)的概算指标计算。

$$设备安装费 = 设备原价 \times 设备安装费率 \tag{5-18}$$

②按每吨设备安装费的概算指标计算。

$$设备安装费 = 设备总吨数 \times 每吨设备安装费(元/t) \tag{5-19}$$

③按座、台、套、组、根或功率等为计量单位的概算指标计算。如工业炉按每台安装费指标计算安装费,冷水箱按每组安装费指标计算安装费等。

④按设备安装工程每平方米建筑面积的概算指标计算。设备安装工程有时可按不同的专业内容(如通风、动力、管道等)采用每平方米建筑面积的安装费用概算指标计算安装费。

(三)单项工程综合概算的编制

综合概算是以单项工程为编制对象,确定建成后可独立发挥作用的建筑物或构筑物所需全部建设费用的文件,由该单项工程内各单位工程概算书汇总而成。

综合概算书是工程项目总概算书的组成部分,是编制总概算时的基础文件,一般由编制说明和综合概算表两个部分组成。

1. 编制说明

编制说明主要包括以下几项内容:

(1)编制依据;

(2)编制方法;

(3)主要材料和设备的数量;

(4)其他有关问题。

2. 综合概算表

综合概算表的填写如表5-16所示。

3. 技术经济指标的计算

综合概算的技术经济指标应根据综合概算价值和相应的计量单位计算。计量单位的选择应能反映该单项工程的特点,具有代表性,如年产量、设备质量(t)等。

(四)总概算的编制

总概算是以整个工程项目为对象,确定项目从立项开始,到竣工交付使用整个过程的全部建设费用的文件。它由各单项工程综合概算及其他工程和费用概算综合汇编而成。

1. 总概算书的内容

总概算书一般由编制说明、总概算表及所含综合概算表、其他工程和费用概算表组成。

(1)工程概况:说明工程建设地址、建设条件、期限、名称、产量、品种、规模、功用及厂外工程的主要情况等。

表 5-16　综合概算表

工程项目名称：

单项工程名称：

序号	综合概算编号	工程或费用名称	概算价值（万元）						技术经济指标			占投资总额的比例（%）	说明
			建筑工程费	装饰工程费	设备购置费	工器具及生产家具购置费	其他费用	合计	单位	数量	单位价值（元）		
1	2	3	4	5	6	7	8	9	10	11	12	13	14
		一、建筑工程											
	6-1	土建工程									×	×	
	6-2	给水工程									×	×	
	6-3	排水工程									×	×	
	6-4	采暖工程									×	×	
	6-5	电气照明工程									×	×	
		…											
		小计									×	×	
		二、设备及安装工程											
	6-6	机械设备及安装工程									×	×	
	6-7	电气设备及安装工程									×	×	
		小计									×	×	
	6-8	三、工器具及生产家具购置费				×					×	×	
		总计				×					×	×	

审核：　　　　　　　　核对：　　　　　　　　编制：　　　　　　　　年　　月　　日

（2）编制依据：说明设计文件、定额、价格及费用指标等依据。

（3）编制范围：说明总概算书包括与未包括的工程项目和费用。

（4）编制方法：说明采用何种方法编制等。

（5）投资分析：分析各项工程费用所占比重、各项费用构成、投资效果等。此外，还要与类似工程比较，分析投资高低的原因，以及论证该设计是否经济合理。

（6）主要设备和材料数量：说明主要机械设备、电气设备及主要建筑材料的数量。

（7）其他有关问题：说明在编制概算文件过程中存在的其他有关问题。

2. 总概算表的编制方法

将各单项工程综合概算及其他工程和费用概算等汇总，即为工程项目总概算。

（1）按总概算组成的顺序和各项费用的性质，将各个单项工程综合概算及其他工程和费用概算汇总列入总概算表，如表 5-17 所示。

表 5-17　总概算表

工程项目：

总概算价值：　　　　　　　　　　　　　　　　　　　　其中回收金额：

序号	总概算表编号	工程或费用名称	概算价值(万元)						技术经济指标			占投资总额的比例(%)	说明
			建筑工程费	装饰工程费	设备购置费	工器具及生产家具购置费	其他费用	合计	单位	数量	单位价值(元)		
1	2	3	4	5	6	7	8	9	10	11	12	13	14
		第一部分　工程费用											
		一、主要生产工程项目											
		××厂房	×	×	×	×					×	×	
		××厂房				×		×	×	×	×	×	
		…											
		小计				×					×	×	
		二、辅助生产项目											
		机修车间				×					×	×	
		木工车间	×	×	×	×		×	×	×	×	×	×
		…											
		小计				×					×	×	
		三、公用设施工程项目											
		变电所									×	×	
		锅炉房	×	×	×			×	×	×	×	×	
		…											
		小计									×	×	
		四、生活、福利、文化教育及服务项目											
		职工住宅									×	×	
		办公楼	×					×	×	×			
						×					×	×	
		…											
		小计				×					×	×	
		第一部分工程费用合计				×							
		第二部分　其他工程和费用项目											
		土地征购费											
0		勘察设计费					×	×					
		…											
		第二部分其他工程和费用合计											
		第一、二部分工程费用总计				×							
1		预备费											
2		建设期利息					×	×					
3		固定资产投资方向调节税											
4		铺底流动资金				×							
5		总概算价值											
6		其中：回收金额				×							
7		投资比例(%)											

审核：　　　　　　　核对：　　　　　　　编制：　　　　　　　年　　月　　日

(2)将工程项目和费用名称及各项数值填入相应各栏内,然后按各栏分别汇总。

(3)以汇总后总额为基础,按取费标准计算预备费用、建设期利息、固定资产投资方向调节税(暂停征收)、铺底流动资金。

(4)计算回收金额。回收金额是指在整个基本建设过程中所获得的各种收入,如原有房屋拆除所回收的材料和旧设备等的变现收入,试车收入大于支出部分的价值等。回收金额的计算方法应按地区主管部门的规定执行。

(5)计算总概算价值。

$$\text{总概算价值} = \text{第一部分费用} + \text{第二部分费用} + \text{预备费} + \text{建设期利息} + \text{固定资产投资方向调节税} + \text{铺底流动资金} - \text{回收金额} \quad (5\text{-}20)$$

(6)计算技术经济指标。整个项目的技术经济指标应选择有代表性和能说明投资效果的指标填列。

(7)投资分析。为了对基本建设投资分配、构成等情况进行分析,应在总概算表中计算出各项工程和费用投资占总投资的比例,在表的末栏计算出每项费用的投资占总投资的比例。

三、设计概算的审查

(一)设计概算审查的意义

(1)有利于合理分析投资资金、加强投资计划管理。设计概算编制得偏高或偏低,都会影响投资计划的真实性,影响投资资金的合理分配。进行设计概算审查是遵循客观经济规律的需要,通过审查可以提高投资的准确性与合理性。

(2)有助于促进概算编制人员严格执行国家有关概算的编制规定和费用标准,提高概算的编制质量。

(3)有助于促进设计的技术先进性与经济合理性的统一。概算中的技术经济指标,是概算水平的综合反映,合理、准确的设计概算是技术经济协调统一的具体体现。

(4)合理、准确的设计概算可使下阶段投资控制目标更加科学合理,堵塞了投资制品或突破投资的漏洞,缩小了概算与预算之间的差距,可提高项目投资的经济效益。

(二)审查的主要内容

1. 审查设计概算的编制依据

(1)合法性审查。采用的各种编制依据必须经过国家或授权机关的批准,符合国家的编制规定。未经过批准的不得以任何借口采用,不得强调特殊理由擅自提高费用标准。

(2)时效性审查。对定额、指标、价格、取费标准等各种依据,都应根据国家有关部门的现行规定执行。对颁发时间较长、已不能全部适用的应按有关部门规定的调整系数执行。

(3)适用范围审查。各主管部门、各地区规定的各种定额及其取费标准均有其各自的适用范围,特别是各地区的材料预算价格区域差别较大,在审查时应给予高度重视。

2. 单位工程设计概算构成的审查

1)建筑工程概算的审查

(1)工程量审查。根据初步设计图纸、概算定额、工程量计算规则的要求进行审查。

（2）采用的定额或指标的审查。审查定额或指标的使用范围、定额基价、指标的调整、定额或指标缺项的补充等。其中，审查补充的定额或指标时，其项目划分、内容组成、编制原则等须与现行定额水平相一致。

（3）材料预算价格的审查。以耗用量最大的主要材料作为审查的重点，同时着重审查材料原价、运输费用及节约材料运输费用的措施。

（4）各项费用的审查。审查各项费用所包含的具体内容是否重复计算或遗漏，取费标准是否符合国家有关部门或地方规定的标准。

2）设备及安装工程概算的审查

设备及安装工程概算审查的重点是设备清单与安装费用的计算。

（1）标准设备原价。应根据设备被管辖的范围，审查各级规定的统一价格标准。

（2）非标准设备原价。除审查价格的估算依据、估算方法外，还要分析研究非标准设备估价准确度的有关因素及价格变动规律。

（3）设备运杂费审查。需注意：①设备运杂费率应按主管部门或省、自治区、直辖市规定的标准执行；②若设备价格中已包括包装费和供销部门手续费，不应重复计算，应相应降低设备运杂费率。

（4）进口设备费用的审查。应根据设备费用各组成部分及国家设备进口、外汇管理、海关、税务等有关部门不同时期的规定进行。

（5）设备安装工程概算的审查，除编制方法、编制依据外，还应注意审查：①采用预算单价或扩大综合单价计算安装费时的各种单价是否合适、工程量计算是否符合规则要求、是否准确无误；②当采用概算指标计算安装费时采用的概算指标是否合理、计算结果是否达到精度要求；③审查所需计算安装费的设备数量及种类是否符合设计要求，避免某些不需要的安装费计入在内。

3. 综合概算和总概算的审查

（1）审查概算的编制是否符合国家经济建设方针、政策的要求，根据当地自然条件、施工条件和影响造价的各种因素，实事求是地确定项目总投资。

（2）审查概算文件的组成。①概算文件反映的内容是否完整、工程项目确定是否满足设计要求、设计文件内的项目是否遗漏、设计文件外的项目是否列入；②建设规模、建筑结构、建筑面积、建筑标准、总投资是否符合设计文件的要求；③非生产性建设工程是否符合规定的要求，结构和材料的选择是否进行了技术经济比较、是否超标等。

（3）审查总图设计和工艺流程。①总图布置是否符合生产和工艺要求、场区运输和仓库布置是否优化或进行方案比较、分期建设的工程项目是否统筹考虑、总图占地面积是否符合规划指标和节约用地的要求；②工程项目是否按生产要求和工艺流程合理安排，主要车间生产工艺是否合理。

（4）审查经济效果。概算是设计的经济反映，除对投资进行全面审查外，还要审查建设周期、原材料来源、生产条件、产品销路、资金回收和盈利等效益指标。

（5）审查项目的环保。设计项目必须满足环境改善及污染整治的要求，对未作安排或漏列的项目，应按国家规定要求列入项目内容并计入总投资。

（6）审查其他具体项目。①审查各项技术经济指标是否经济合理；②审查建筑工程费用;③审查设备和安装工程费;④审查各项其他费用。特别注意要落实以下几项费用:土地补偿和安置补助费,按规定列入的临时工程设施费用,施工机构迁移费和大型机具进退场费。

(三)审查的方式

设计概算审查一般采用集中会审的方式进行。由会审单位分头审查,然后集中研究、共同定案;或组织有关部门成立专门审查班子,根据审查人员的业务专长分组,将概算费用进行分解,分别审查,最后集中讨论定案。

设计概算审查是一项复杂而细致的技术经济工作,审查人员既应懂得有关专业技术知识,又应具有熟练编制概算的能力,一般情况下可按如下步骤进行。

1. 概算审查的准备

概算审查的准备工作包括了解设计概算的内容组成、编制依据和方法,了解建设规模、设计能力和工艺流程;熟悉设计图纸和说明书,掌握概算费用的构成和有关技术经济指标,明确概算各种表格的内涵,收集概算定额、概算指标、取费标准等有关规定的文件资料等。

2. 进行概算审查

根据审查的主要内容,分别对设计概算的编制依据、单位工程设计概算、综合概算、总概算进行逐级审查。

3. 进行技术经济对比分析

利用规定的概算定额或指标以及有关的技术经济指标与设计概算进行分析对比,根据设计和概算列明的工程性质、结构类型、建设条件、费用构成、投资比例、占地面积、生产规模、建筑面积、设备数量、造价指标、劳动定员等与国内外同类型工程规模进行对比分析,找出其与同类型项目的主要差距。

4. 调查研究

对概算审查中发现的问题要在对比分析、找出差距的基础上深入现场进行实际调查研究。了解设计是否经济合理,概算编制依据是否符合现行规定和施工现场实际,有无扩大规模、多估投资或预留缺口等情况,并及时核实概算投资。当当地没有同类型的项目而不能进行对比分析时,可向国内同类型企业进行调查,收集资料,作为审查的参考。经过会审决定的定案问题应及时调整概算,并经原批准单位下发文件。

5. 积累资料

对审查过程中发现的问题要逐一理清,对建成项目的实际成本和有关数据资料等进行收集并整理成册,为今后审查同类工程概算和国家修订概算定额提供依据。

第四节　施工图预算的编制与审查

一、施工图预算的两种计价模式

从传统意义上讲,施工图预算是指在施工图设计完成以后,按照政府制定的预算定额、费用定额和其他取费文件等编制的单位工程或单项工程预算价格的文件;从现实意义上讲，只要是按照施工图纸以及计价所需的各种依据在工程实施前所计算的工程价格，均可以称为施工图预算价格，该施工图预算价格可以是按照政府统一规定的预算单价、取费标准、计价程序计算得到的计划中的价格，也可以是根据企业自身的实力和市场供求及竞争状况计算的反映市场的价格。实际上，这体现了两种不同的计价模式。按照预算造价的计算方式和管理方式的不同，施工图预算可以划分为两种计价模式，即传统计价模式和工程量清单计价模式。

（一）传统计价模式

我国的传统计价模式是采用国家、部门或地区统一规定的定额和取费标准进行工程造价计价的模式，通常也称为定额计价模式。由于清单计价模式中也要用到消耗定额，为避免造成歧义，此处将定额计价模式称为传统计价模式。传统计价模式是我国长期使用的一种施工图预算编制方法。

在传统计价模式下，由国家制定工程预算定额，并且规定间接费的内容和取费标准。建设单位和施工单位均先根据预算定额中规定的工程量计算规则、定额单位计算工程直接费，再按照规定的费率和取费标准计取间接费、利润和税金，汇总得到工程造价。其中，预算定额既包括了消耗量标准，又含有单位估价。

虽然传统计价模式对我国建设工程的投资计划管理和招标起到过很大的作用，但也存在着一些缺陷。传统计价模式的工、材、机消耗量是根据“社会平均水平”综合测定的，取费标准是根据不同地区价格水平平均测算，企业自主报价的空间很小，不能结合项目具体情况、自身技术管理水平和市场价格自主报价，也不能满足招标人对建筑产品质优价廉的要求。同时，由于工程量计算由招标投标的各方单独完成，计价基础不统一，不利于招标工作的规范。在工程完工后，工程结算烦琐，易引起争议。

（二）工程量清单计价模式

工程量清单计价模式是指按照工程量清单规范规定的全国统一工程量计算规则，由招标人提供工程量清单和有关技术说明，投标人根据企业自身的定额水平和市场价格进行计价的模式。

二、施工图预算的作用

（一）施工图预算对建设单位的作用

（1）施工图预算是施工图设计阶段确定建设工程项目造价的依据，是设计文件的组成部分。

（2）施工图预算是建设单位在施工期间安排建设资金计划和使用建设资金的依据。建设单位按照施工组织设计、施工工期、工程施工顺序、各个部分预算造价安排建设资金计划，以确保资金正确有效使用，保证项目建设顺利进行。

（3）施工图预算是招标投标的重要基础，目前在一些非国有投资项目的招标中，施工图预算仍然是标底编制的依据。同时，现阶段工程量清单计价基础资料系统还没有建立起来，特别是投标企业还没有自己的企业定额，这样，预算定额、预算编制模式和方法也是工程量清单的编制依据。对于建设单位来说，有些项目标底的编制仍以施工图预算为基础来编制，标底通常是在施工图预算的基础上考虑工程特殊施工措施费、工程质量要求、目标工期、招标工程的范围、自然条件等因素而构成。

(4)施工图预算是拨付进度款及办理结算的依据。

(二)施工图预算对施工单位的作用

(1)施工图预算是确定投标报价的依据。在竞争激烈的建筑市场,施工单位需要根据施工图预算造价,结合企业的投标策略,确定投标报价。

(2)施工图预算是施工单位进行施工准备的依据,是施工单位在施工前组织材料、机具、设备及劳动力供应的重要参考,是施工单位编制进度计划、统计完成工作量、进行经济核算的参考依据。施工图预算的工、料、机分析,为施工单位材料购置、劳动力及机具和设备的配备提供参考。

(3)施工图预算是控制施工成本的依据。根据施工图预算确定的中标价格是施工企业收取工程款的依据,企业只有合理利用各项资源,采取技术措施、经济措施和组织措施降低成本,将成本控制在施工图预算以内,才能获得良好的经济效益。

(三)施工图预算对其他方面的作用

(1)对于工程咨询单位而言,尽可能客观、准确地为委托方做出施工图预算,是其业务水平、素质和信誉的体现。

(2)对于工程造价管理部门而言,施工图预算是监督检查执行定额标准、合理确定工程造价、测算造价指数及审定招标工程标底的重要依据。

三、施工图预算的编制依据

(一)经批准和会审的施工图设计文件及有关标准图集

施工图纸须经主管部门批准,由业主、设计单位参加图纸会审并签署“图纸会审纪要”。通过施工图设计文件及有关标准图集,项目建设场地的工程地质勘查和地形地貌测量图纸等资料,可熟悉编制对象的工程性质、内容、构造等工程情况。

(二)施工组织设计

施工组织设计是编制施工图预算的重要依据之一,通过它可充分了解各分部分项工程的施工方法、施工进度计划、施工机械的选择、施工平面图的布置及主要技术措施等内容,是传统计价中工程量计算和定额套用的依据,也是工程量清单计价中计取措施费的依据。

(三)与施工图预算计价模式有关的计价依据

所采用的预算计价模式不同,预算编制依据也不同。根据所采用的计价模式,需要相应的计价依据。若采用传统计价模式,则需要预算定额、地区单位估价表、费用定额和相应的工程量计算规则等计价依据。若采用工程量清单计价模式,则需要人、材、机的市场价格,有关分部分项工程的综合指导价和《建设工程工程量清单计价规范》(GB 50500—2008)中规定的相关工程量计算规则等计价依据。

(四)经批准的设计概算文件

经批准的设计概算文件是控制工程拨款或贷款的最高限额,也是控制单位工程预算的主要依据。如果施工图预算确定的投资总额超过设计概算,须补充做调整设计概算,并经原批准机构批准后方可实施。

（五）预算工作手册

预算工作手册是编制预算必备的工具书之一，主要有各种常用数据、计算公式、金属材料的规格、单位质量等项内容。查用预算手册可以加快预算编制速度。

四、施工图预算的编制方法

《建筑工程施工发包与承包计价管理办法》（中华人民共和国建设部令第107号）第五条规定：施工图预算、招标标底和投标报价由成本、利润和税金构成。其编制可以采用工料单价法和综合单价法两种计价方法。工料单价法是传统计价模式采用的计价方式，综合单价法是工程量清单计价模式采用的计价方式。

（一）工料单价法

工料单价法是指以分部分项工程单价为直接工程费单价，以分部分项工程量乘以对应分部分项工程单价后的合计为单位工程直接工程费，直接工程费汇总后另加措施费、间接费、利润、税金生成工程承发包价。

按照分部分项工程单价产生方法的不同，工料单价法又可以分为预算单价法和实物法。

1. 预算单价法

预算单价法就是用地区统一单位估价表中各分项工料预算单价乘以相应的各分项工程的工程量，求和后得到包括人工费、材料费和机械使用费在内的单位工程直接工程费。措施费、间接费、利润和税金可根据统一规定的费率乘以相应的计取基础求得。将上述费用汇总后得到单位工程的施工图预算。

预算单价法编制施工图预算的基本步骤如下：

（1）准备资料，熟悉施工图纸。

准备施工图纸、施工组织设计、施工方案、现行建筑安装工程定额、取费标准、统一工程量计算规则和地区材料预算价格等各种资料。在此基础上，详细了解施工图纸，全面分析工程各分部分项工程，充分了解施工组织设计和施工方案，注意影响费用的关键因素。

（2）计算工程量。

工程量计算一般按如下步骤进行：

①根据工程内容和定额项目，列出需计算工程量的分部分项工程；

②根据一定的计算顺序和计算规则，列出分部分项工程量的计算式；

③根据施工图纸上的设计尺寸及有关数据，代入计算式进行数值计算；

④对计算结果的计量单位进行调整，使之与定额中相应的分部分项工程计量单位保持一致。

（3）套预算单价，计算直接工程费。

核对工程量计算结果后，利用地区统一单位估价表中的分项工程预算单价，计算出各分项工程合价，汇总求出单位工程直接工程费。

单位工程直接工程费计算公式如下

$$单位工程直接工程费 = \sum (分项工程量 \times 预算单价) \tag{5-21}$$

计算直接工程费时需注意以下几项内容：

①当分项工程的名称、规格、计量单位与预算单价或单位估价表中所列内容完全一致时,可以直接套用预算单价;

②当分项工程的主要材料品种与预算单价或单位估价表中规定材料不一致时,不可以直接套用预算单价,需要按实际使用材料价格换算预算单价;

③当分项工程施工工艺条件与预算单价或单位估价表不一致而造成人工、机械的数量增减时,一般调量不换价;

④当分项工程不能直接套用定额、不换算和调整时,应编制补充单位估价表。

(4)编制工料分析表。

根据各分部分项工程项目实物工程量和预算定额项目中所列的用工及材料数量,计算各分部分项工程所需人工及材料数量,汇总后算出该单位工程所需各类人工、材料的数量。

(5)按计价程序计取其他费用,并汇总造价。

根据规定的税率、费率和相应的计取基础,分别计算措施费、间接费、利润和税金。将上述费用累计后与直接工程费进行汇总,求出单位工程预算造价。措施费、间接费、利润和税金的计取程序见本书第二章第二节。

(6)复核。

对项目填列、工程量计算公式、计算结果、套用的单价、采用的取费费率、数字计算、数据精确度等进行全面复核,以便及时发现差错,及时修改,提高预算的准确性。

(7)编制说明、填写封面。

编制说明主要应写明预算所包括的工程内容范围、依据的图纸编号、承包方式、有关部门现行的调价文件号、套用单价需要补充说明的问题及其他需说明的问题等。封面应写明工程编号,工程名称,预算总造价和单方造价,编制单位名称、负责人和编制日期,以及审查单位名称、负责人和审查日期等。

预算单价法的编制步骤如图 5-4 所示。

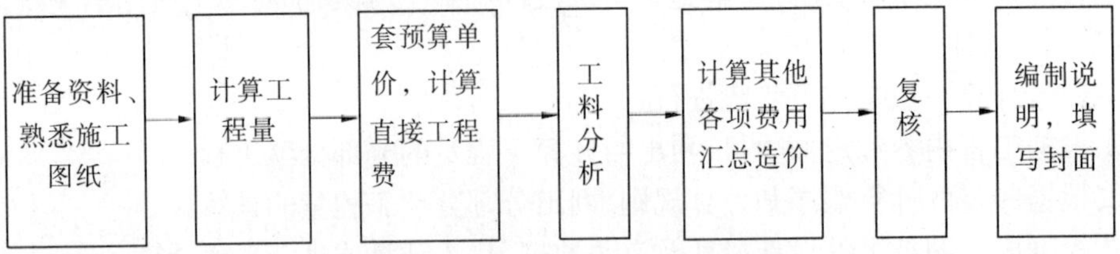

图 5-4　预算单价法的编制步骤

2. 实物法

实物法编制施工图预算是指按工程量计算规则和预算定额确定分部分项工程的人工、材料、机械消耗量后,按照资源的市场价格计算出各分部分项工程的工料单价,以工料单价乘以工程量汇总得到直接工程费,再按照市场行情计算措施费、间接费、利润和税金等,汇总得到单位工程费用。实物法中单位工程直接工程费的计算公式为

$$\text{单位工程直接工程费} = \sum(\text{分部分项工程量} \times \text{分部分项工程工料单价}) \quad (5\text{-}22)$$

$$\text{分部分项工程工料单价} = \sum(\text{材料预算定额用量} \times \text{当时当地材料预算价格}) + \sum(\text{人工预算定额用量} \times \text{当时当地人工工资单价}) + \sum(\text{施工机械预算定额台班用量} \times \text{当时当地机械台班单价}) \tag{5-23}$$

通常采用实物法计算预算造价时，在计算出分部分项工程的人工、材料、机械消耗量后，先按类相加求出单位工程所需的各种人工、材料、施工机械台班的消耗量，再分别乘以当时当地各种人工、材料、机械台班的实际单价，求得人工费、材料费和施工机械使用费，并汇总求和。

实物法编制施工图预算的步骤具体为：

（1）准备资料、熟悉施工图纸。

全面收集各种人工、材料、机械当时当地的实际价格，应包括不同品种、不同规格的材料预算价格，不同工种、不同等级的人工工资单价，不同种类、不同型号的机械台班单价等。要求获得的各种实际价格应全面、系统、真实、可靠。具体可参照预算单价法相应步骤的内容。

（2）计算工程量。

本步骤的内容与预算单价法相同，此处不再赘述。

（3）套用消耗定额，计算人、材、机消耗量。

定额消耗量中的“量”在相关规范和工艺水平未有较大突破性变化之前具有相对稳定性，据此确定符合国家技术规范和质量标准要求，并反映当时施工工艺水平的分项工程计价所需的人工、材料、施工机械的消耗量。

根据预算人工定额所列各类人工工日的数量，乘以各分项工程的工程量，计算出各分项工程所需各类人工工日的数量，统计汇总后确定单位工程所需的各类人工工日消耗量。同理，根据材料预算定额、机械预算台班定额分别确定出工程各类材料消耗数量和各类施工机械台班数量。

（4）计算并汇总人工费、材料费、机械使用费。

根据当时当地工程造价管理部门定期发布的或企业根据市场价格确定的人工工资单价、材料预算价格、施工机械台班单价分别乘以人工、材料、机械消耗量，汇总即为单位工程人工费、材料费和机械使用费。计算公式为

$$\text{单位工程直接工程费} = \sum(\text{工程量} \times \text{材料预算定额用量} \times \text{当时当地材料预算价格}) + \sum(\text{工程量} \times \text{人工预算定额用量} \times \text{当时当地人工工资单价}) + \sum(\text{工程量} \times \text{施工机械预算定额台班用量} \times \text{当时当地机械台班单价}) \tag{5-24}$$

（5）计算其他各项费用，汇总造价。

对于措施费、间接费、利润和税金等的计算，可以采用与预算单价法相似的计算程序，只是有关的费率是根据当时当地建筑市场供求情况予以确定。将上述单位工程直接工程

费与措施费、间接费、利润和税金等汇总即为单位工程造价。

(6)复核。

检查人工、材料、机械台班的消耗量计算是否准确,有无漏算、重算或多算;套取的定额是否正确;检查采用的实际价格是否合理。其他内容可参考预算单价法相应步骤的介绍。

(7)编制说明、填写封面。

本步骤的内容和方法与预算单价法相同。

实物法的编制步骤如图5-5所示。

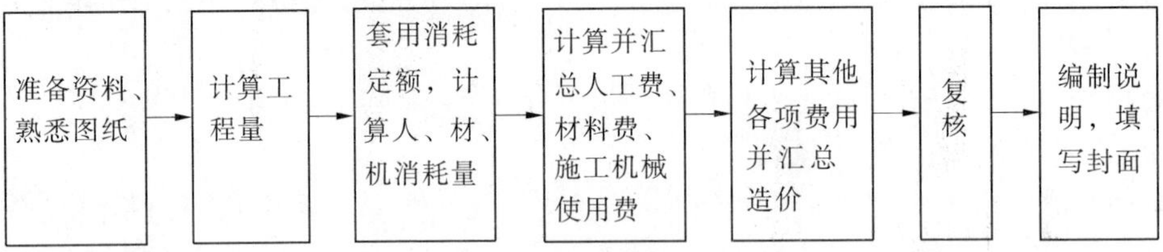

图5-5　实物法的编制步骤

实物法编制施工图预算的步骤与预算单价法基本相似,但在具体计算人工费、材料费和机械使用费及汇总三种费用方面有一定区别。实物法编制施工图预算所用人工、材料和机械台班的单价都是当时当地的实际价格,编制出的预算可较准确地反映实际水平,误差较小,适用于市场经济条件波动较大的情况。由于采用该方法需要统计人工、材料、机械台班消耗量,还需收集相应的实际价格,因而工作量较大、计算过程烦琐。

(二)综合单价法

综合单价是指分部分项工程单价。按照单价综合内容的不同,综合单价可分为全费用综合单价和部分费用综合单价。

1.全费用综合单价

全费用综合单价即单价中综合了直接工程费、措施费、管理费、规费、利润和税金等,以各分项工程量乘以综合单价的合价汇总后,就生成工程承发包价。

2.部分费用综合单价

我国目前实行的工程量清单计价采用的综合单价是部分费用综合单价。部分费用综合单价是指完成一个规定计量单位的分部分项工程量清单项目或措施清单项目所需的人工费、材料费、施工机械使用费和企业管理费与利润,以及一定范围内的风险费用。以各分项工程量乘以部分费用综合单价的合价汇总,再加上项目措施费、规费和税金后,生成工程承发包价。

五、施工图预算的审查

(一)施工图预算审查的内容

施工图预算审查的重点是工程量计算是否准确,定额套用、各项取费标准是否符合现行规定或单价计算是否合理等。审查的具体内容如下。

1.审查工程量

审查工程量内容包括:是否按照规定的工程量计算规则计算工程量,编制预算时是否考虑了施工方案对工程量的影响，定额中要求扣除项或合并项是否按规定执行，工程计量单位是否与要求的计量单位一致。

2. 审查单价

套用预算单价时，各分部分项工程的名称、规格、计量单位和所包括的工程内容是否与定额一致，有单价换算时，换算的分项工程是否符合定额规定及换算是否正确。

采用实物法编制预算时，预算单价是否反映了市场供需状况和市场趋势。

3. 审查其他的有关费用

采用预算单价法计算造价时，审查的主要内容有：是否按本项目的性质计取费用，有无高于取费标准；间接费的计取基础是否符合规定；利润和税金的计取基础与费率是否符合规定，有无多算或重算。

(二)施工图预算审查的步骤

1. 审查前准备工作

(1)熟悉施工图纸。施工图纸是编制与审查预算的重要依据，必须全面熟悉了解。

(2)根据预算编制说明，了解预算包括的工程范围，如配套设施、室外管线、道路，以及会审图纸后的设计变更等。

(3)弄清所用单位估价表的适用范围，收集并熟悉相应的单价、定额资料。

2. 选择审查方法、审查相应内容

工程规模、繁简程度不同，编制施工图预算的繁简和质量就不同，则应选择适当的审查方法进行审查。

3. 整理审查资料并调整方案

综合整理审查资料，同编制单位交换意见，定案后编制调整预算。经审查，若发现差错，应与编制单位协商，统一意见后进行相应增加或核减的修正。

(三)施工图预算审查的方法

1. 逐项审查法

逐项审查法又称全面审查法，即是按定额顺序或施工顺序，对各项工程细目逐项全面详细审查的一种方法。其优点是全面、细致，审查质量高、效果好；缺点是工作量大，时间较长。这种方法适合于一些工程量较小、工艺比较简单的工程。

2. 标准预算审查法

标准预算审查法就是对利用标准图纸或通用图纸施工的工程，先集中力量编制标准预算，以此为准来审查工程预算的一种方法。按标准图纸施工的工程，一般上部结构和做法相同，只是根据现场施工条件或地质情况不同，仅对基础部分做局部改变。凡这样的工程，以标准预算为准，对局部修改部分单独审查即可，不需逐一详细审查。该方法的优点是时间短、效果好、易定案；缺点是适用范围小，仅适用于采用标准图纸的工程。

3. 分组计算审查法

分组计算审查法就是把预算中有关项目按类别划分为若干组，利用同组中的一组数据审查分项工程量的一种方法。这种方法首先将若干分部分项工程按相邻且有一定内在联系的项目进行编组，利用同组分项工程间具有相同或相近计算基数的关系，审查一个分项工程数，由此判断同组中其他几个分项工程的准确程度。如一般的建筑工程，可将底层建筑面积编为一组,先计算底层建筑面积或楼(地)面面积,从而得知楼面找平层、天棚抹灰的工程量等,依次类推。该方法的特点是审查速度快、工作量小。

4. 对比审查法

对比审查法是当工程条件相同时,用已完工程的预算或未完但已经过审查修正的工程预算对比审查拟建工程的同类工程预算的一种方法。采用该方法一般须符合下列条件:

(1)拟建工程与已完或在建工程预算采用同一施工图,但基础部分和现场施工条件不同,则相同部分可采用对比审查法。

(2)工程设计相同,但建筑面积不同,两个工程的建筑面积之比与两个工程各分部分项工程量之比大体一致。此时,可按分项工程量的比例,审查拟建工程各分部分项工程的工程量,或用两个工程每平方米建筑面积造价、每平方米建筑面积的各分部分项工程量对比进行审查。

(3)两个工程面积相同,但设计图纸不完全相同,则相同的部分,如厂房中的柱子、层架、层面、砖墙等,可进行工程量的对照审查。对不能对比的分部分项工程可按图纸计算。

5. "筛选"审查法

"筛选"审查法是能较快发现问题的一种方法。建设工程虽面积和高度不同,但其各分部分项工程的单位建筑面积指标变化却不大。将这样的分部分项工程加以汇集、优选,找出其单位建筑面积工程量、单价、用工的基本数值,归纳为工程量、价格、用工三个单方基本指标,并注明基本指标的适用范围。用这些基本指标来筛选各分部分项工程,对不符合条件的应进行详细审查,若审查对象的预算标准与基本指标的标准不符,就应对其进行调整。

"筛选"审查法的优点是简单易懂,便于掌握,审查速度快,便于发现问题,但对问题出现的原因尚需继续审查。该方法适用于审查住宅工程或不具备全面审查条件的工程。

6. 重点审查法

重点审查法就是抓住施工图预算中的重点进行审核的方法。审查的重点一般是工程量大或者造价较高的各种工程、补充定额、计取的各种费用(计费基础、取费标准)等。重点审查法的优点是突出重点,审查时间短、效果好。

本章小结

设计阶段的投资控制是建设全过程投资控制的重点。据分析,设计费用一般只相当于建设工程全程(包括工程造价和工程交付使用后的经常性开支费用)的1%以下,但正是这小于1%的设计费用对工程总投资的影响度占75%~95%。显然,工程投资的控制关键在于施工前的投资决策和设计阶段,而在项目做出投资决策后,控制工程总投资的关键在于设计阶段,而工程投资控制的有效手段是将技术与经济相结合。

本章首先介绍了提高设计经济合理性的途径,接着阐述了价值工程理论在设计阶段投资控制的工作原理,介绍了设计概算的编制方法与审查方法、施工图预算的编制方法与审查方法。设计阶段的投资控制要切实落实勘察设计单位技术经济责任制,积极推行限额设计。

复习思考题

5-1 设计标准化的作用是什么？项目实施过程中如何推广应用？

5-2 项目在设计阶段推广标准设计具有哪些实际意义？

5-3 限额设计的目标如何设置？其控制工作的内容有哪些？

5-4 如何对设计方案进行经济性比较？

5-5 什么是价值工程？价值工程的特点是什么？工作步骤有哪些？在设计阶段如何开展价值工程活动？

5-6 设计概算包括哪些类别和内容？编制的方法及各自的适用范围有哪些？

5-7 单位工程设计概算、单位工程综合概算、工程项目总概算的审查内容包括哪些？

5-8 设计概算审查的步骤有哪些？

5-9 施工图预算的作用及其编制的内容和依据是什么？

5-10 如何用预算单价法、实物法编制单位工程施工图预算？

5-11 为什么要对施工图预算进行审查？审查的具体内容有哪些？

5-12 施工图预算审查的步骤是什么？方法有哪些？

第六章　建设工程施工招标阶段的投资控制

第一节　建设工程承包合同价格分类

《建筑工程施工发包与承包计价管理办法》第十二条规定："合同价可采用以下方式：

（一）固定价。合同总价或者单价在合同约定的风险范围内不可调整。

（二）可调价。合同总价或者单价在合同实施期内，根据合同约定的办法调整。

（三）成本加酬金。

《建筑工程施工发包与承包计价管理办法》第十三条规定："发承包双方在确定合同价时，应当考虑市场环境和生产要素价格变化对合同价的影响。"

一、固定合同价

固定合同价是指合同中确定的工程合同价在实施期间不因价格变化而调整的价格。固定合同价可分为固定合同总价和固定合同单价两种。

（一）固定合同总价

固定合同总价是指承包整个工程的合同价款总额已经确定，在工程实施中不再因物价上涨而变化。所以，固定合同总价应考虑价格风险因素，也需在合同中明确规定合同总价包括的范围。这类合同价可以使发包人对工程总开支做到大体心中有数，在施工过程中可以更有效地控制资金的使用。但对承包人来说，要承担较大的风险，如物价波动、气候条件、地质地基条件及其他意外风险等，因此合同价款一般会高些。在合同执行过程中，承发包双方均不能以工程量、设备和材料价格、工资等的变动为理由，提出对合同总价调值的要求。因此，作为合同总价计算依据的设计图纸、说明、规定以及规范需对工程作出详尽的描述，承包方要在投标时对一切费用上升的因素作出估计，并将其包含在投标报价之中。所以，对于合同工期较短，如工期在一年以内的工程，规模较小、技术不太复杂的中小型工程，以及设计深度已经达到施工图设计要求、工程设计图纸完整齐全而且项目范围与工程量计算依据确切的工程，都比较适用固定总价订立招标投标双方的合同。

（二）固定合同单价

固定合同单价是指合同中确定的各项单价在工程实施期间不因价格变化而调整，而在每月（或每阶段）工程结算时，根据实际完成的工程量结算，在工程全部完成时以竣工图的工程量最终结算工程总价款。

采用这种计价方式的合同时，发包方只需向承包方给出发包工程的有关分部分项工程以及工程范围，不对工程量作任何规定。即在招标文件中仅给出工程内各个分部分项工程一览表、工程范围和必要的注意事项说明，而不必提供实物工程量。承包方在投标时，只需要对这类给定范围的分部分项工程做出报价即可，合同实施过程中按实际完成的工程量进行结算。因此，这种合同计价方式主要适用于没有施工图纸，工程量不明，却急需开工的紧迫工程，如设计单位来不及提供正式施工图纸，或者虽有施工图纸但由于某些原因不能比较准确地计算工程量等的情况。当然，发包方必须对工程范围的划分作出明确的规定，以保证承包方能够合理地确定工程单价。

二、可调合同价

（一）可调总价

可调总价一般是以设计图纸及规定、规范为基础，在报价及签约时，按招标文件中的要求和当时的物价计算合同总价。合同中确定的工程合同总价在实施期间可随价格变化而调整。发包人和承包人在签订合同时，以招标文件的要求及当时的物价计算出合同总价。如果在执行合同期间，由于通货膨胀引起成本增加达到某一限度，合同总价则作相应调整。但合同总价是一个相对固定的价格，在合同执行过程中，只是在合同条款中增加调价条款，如果出现通货膨胀这一不可预见的费用因素，合同总价就按照合同中约定的调价条款作出相应的调整。比起固定总价合同，可调总价合同对于合同实施中出现的风险做了分摊，发包方承担了通货膨胀的风险，而合同实施中实物工程量、成本和工期因素等的其他各种风险就由承包方来予以承担。因此，可调总价合同一般适用于工期较长（如1年以上）的项目。

（二）可调单价

合同单价可调一般在工程招标文件中规定。在合同中签订的单价，根据合同约定的条款，如在工程实施过程中物价发生变化等，可作调整。有的工程在招标或签约时，因某些不确定性因素而在合同中暂定某些分部分项工程的单价，在工程结算时，再根据实际情况和合同约定对合同单价进行调整，确定实际结算单价。

关于可调价格的调整方法，常用的有以下几种：

（1）主要材料按工料法计算价差，其他材料按系数计算价差。

主要材料按施工图预算计算的用量和竣工当月当地工程造价管理机构公布的材料结算价或信息价与基价对比计算差价。其他材料按当地工程造价管理机构公布的竣工调价系数计算方法计算差价。

（2）按主材计算价差。

发包人在招标文件中列出需要调整价差的主要材料及其基期价格（一般采用当时当地工程造价管理机构公布的信息价或结算价），工程竣工结算时按竣工当时当地工程造价管理机构公布的材料信息价或结算价，与招标文件中列出的基期价格比较计算材料差价。

（3）按工程造价管理机构公布的竣工调价系数及调价计算方法计算差价。

（4）调值公式法。

调值公式一般包括固定部分、材料部分和人工部分三项。当工程规模和复杂性增大时，公式也会变得复杂。调值公式一般如下

$$P = P_0\left(a_0 + a_1\frac{A}{A_0} + a_2\frac{B}{B_0} + a_3\frac{C}{C_0} + \cdots\right) \tag{6-1}$$

式中　P——调值后的工程价格；

P_0 ——合同价款中工程预算进度款；

a_0 ——固定要素的费用在合同总价中所占的比重，这部分费用在合同支付中不能调整；

a_1、a_2、a_3 …——各项变动要素的费用（如人工费、钢材费用、水泥费用、运输费用等）在合同总价中所占比重，$a_0 + a_1 + a_2 + a_3 + \cdots = 1$；

A_0、B_0、C_0 …——签订合同时与 a_1、a_2、a_3 … 对应的各种费用的基期价格指数或价格；

A、B、C…—— 在工程结算月份与 a_1、a_2、a_3 …对应的各种费用的现行价格指数或价格。

各部分费用在合同总价中所占的比重在许多标书中要求承包人在投标时即提出，并在价格分析中予以论证。也有的由发包人在招标文件中规定一个允许范围，由投标人在此范围内选定。

（5）实际价格结算法。

实际价格结算法指在有些地区规定对钢材、木材、水泥等三大材料的价格按实际价格结算的方法，工程承包人可凭发票按实报销。此法操作方便，但也容易导致承包人忽视降低成本。为避免副作用，地方建设主管部门要定期公布最高结算限价，同时合同文件中应规定发包人有权要求承包人选择更廉价的供应来源。

以上几种方法究竟采用哪一种，应按工程价格管理机构的规定，经双方协商后在合同的专用条款中约定。

三、成本加酬金合同价

这类合同价是指由业主向承包人支付工程项目的实际成本，并按事先约定的某一种方式支付一定的酬金。工程实施过程中产生的直接成本费用由发包方给付，再按照合同条款中约定的方式另外支付给承包方相应的报酬。

在这类合同中，业主需承担项目实际发生的一切费用，因此也就承揽了项目的全部风险。而承包人由于无风险，其报酬往往也较低。这类合同的缺点是发包方对工程总造价不易控制，承包人也往往不注意降低项目成本。这类合同主要适用于以下项目：需要立即开展工作的项目，如地震后的救灾工作；新型的工程项目或工程内容及技术指标；未确定的项目；风险很大的项目等。

合同中确定的工程合同价，其工程成本部分按现行计价计算，酬金部分则按工程成本乘以通过竞争确定的费率计算，将两者相加，确定出合同价。一般分为以下几种形式。

（一）成本加固定百分比酬金确定的合同价

这种合同价是指发包人对承包人支付的人工费、材料费和施工机械使用费、措施费、施工管理费等按实际直接成本全部据实补偿，同时按照实际直接成本的固定百分比付给承包人一笔酬金，作为承包方的利润，其计算公式如下

$$C = C_a(1 + P) \qquad (6\text{-}2)$$

式中 C ——总造价；

C_a——实际发生的工程成本；

P——固定的百分数。

从式(6-2)中可以看出,总造价 C 将随工程成本 C_a 的增加而增加,显然不能鼓励承包商关心缩短工期和降低成本,因而对建设单位是不利的。现在这种承包方式已很少被采用。

(二)成本加固定酬金确定的合同价

这种合同价是工程成本实报实销,但酬金是事先商定的一个固定数目,计算公式为

$$C = C_a + F \tag{6-3}$$

式中 C——总造价;

C_a——实际发生的工程成本;

F——酬金,通常按估算的工程成本的一定百分比确定,数额是固定不变的。

这种承包方式虽然不能鼓励承包商关心降低成本,但从尽快取得酬金出发,承包商将会关心缩短工期,这是其可取之处。为了鼓励承包单位更好地工作,也有在固定酬金之外,再根据工程质量、工期和降低成本情况另加奖金的。在这种情况下,奖金所占比例的上限可大于固定酬金,以充分发挥奖励的积极作用。

(三)目标成本加奖罚确定的合同价

在仅有初步设计和工程说明书即迫切要求开工的情况下,可根据粗略估算的工程量和适当的单价表编制概算,作为目标成本;随着详细设计逐步具体化,工程量和目标成本可加以调整,另外规定一个百分数作为酬金。最后结算时,如果实际成本高于目标成本并超过事先商定的界限(如5%),则减少酬金;如果实际成本低于目标成本(也有一个幅度界限),则增加酬金。用公式表示如下

$$C = C_a + P_1 C_0 + P_2 (C_0 - C_a) \tag{6-4}$$

式中 C_0——目标成本;

P_1——基本酬金百分数;

P_2——奖罚百分数;

其他符号意义同前。

这种承包方式可以促使承包商关心降低成本和缩短工期,而且目标成本是随设计的进展而加以调整才确定下来的,故建设单位和承包商双方都不会承担太大风险,这是其可取之处。当然也要求建设单位和承包商的代表都应具有比较丰富的经验并掌握充分的信息。

(四)成本加浮动酬金确定的合同价

这种承包方式要经过双方事先商定工程成本和酬金的预期水平。如果实际成本恰好等于预期水平,工程造价就是成本加固定酬金;如果实际成本低于目标成本,则增加酬金;如果实际成本高于目标成本,则减少酬金。

这三种情况可用如下公式表示

$$\left.\begin{aligned} C &= C_a + F \quad & (C_a = C_0) \\ C &= C_a + F + \Delta F \quad & (C_a < C_0) \\ C &= C_a + F - \Delta F \quad & (C_a > C_0) \end{aligned}\right\} \tag{6-5}$$

式中 F——酬金;

ΔF——酬金增减部分,可以是一个百分数,也可以是一个固定的绝对数;

其他符号意义同前。

采用这种承包方式，通常规定，当实际成本超支而减少酬金时，以原定的固定酬金数额为减少的最高限度。也就是在最坏的情况下，承包人将得不到任何酬金，但不必承担赔偿超支的责任。

从理论上讲，这种承包方式既对承发包双方都没有太多的风险，又能促使承包商关心降低成本和缩短工期。但在实践中准确地估算目标成本比较困难，目标成本在达到70%以上的精度才较为理想，所以要求承发包双方具有丰富的经验并掌握充分的信息。

四、影响合同计价方式选择的因素

在工程实践中，采用哪一种合同计价方式，是选用总价合同、单价合同还是成本加酬金合同，是采用固定价还是可调价方式，应根据建设工程的特点，发包方对筹建工作的设想，对工程费用、工期和质量的要求等，综合考虑后再进行确定。

（一）项目的复杂程度

规模大且技术复杂的工程项目，承包风险较大，各项费用不易估算准确的，不宜采用固定总价合同；可以将有把握的部分采用固定总价合同，估算不准的部分采用单价合同或成本加酬金合同。有时，在同一工程中采用不同的合同形式，是业主和承包商合理分担工程实施中不确定风险因素的有效办法。

（二）工程设计工作的深度

工程招标时所依据的设计文件的深度，即工程范围内的明确程度和预计完成工程量的准确程度，经常是选择合同计价方式时应考虑的重要因素。因为招标图纸和工程量清单的详细程度是否能让投标人合理报价，取决于已完成的设计工作的深度。

（三）工程施工的难易程度

如果施工中有较大部分采用新技术和新工艺，当发包方和承包方在这方面过去都没有经验，且在国家颁布的标准、规范、定额中又没有可作为依据的标准时，为了避免投标人盲目地提高承包价格或由于对施工难度估计不足而导致承包亏损，不宜采用固定总价合同，较为保险的做法是选用成本加酬金合同。

（四）工程进度要求的紧迫程度

在招标过程中，对一些紧急工程，如灾后恢复工程、要求尽快开工且工期较短的工程等，可能仅有实施方案，还没有施工图纸，因此不可能让承包商报出合理的价格。此时，采用成本加酬金合同比较合理，可以以邀请招标的方式选择有信誉、有能力的承包商及早开工。

第二节　建设工程招标投标价格

一、建设工程招标投标计价方法

《建筑工程施工发包与承包计价管理办法》第五条规定：招标标底和投标报价由成本、利润和税金构成。

《建设工程工程量清单计价规范》（GB 50500—2008）第4.2.1条规定，国有资金投资的建设项目应实行工程量清单招标，并应编制招标控制价。招标控制价由分部分项工程费、措施项目费、其他项目费、规费和税金组成，同时应包括招标文件中要求投标人承担的风险费用。

标底不同于投标人报价，二者虽然都必须充分考虑工程技术复杂程度、施工工艺方法、工程量大小、施工条件优劣、市场竞争激烈程度等情况，但投标人报价是以自身拥有的施工设备、技术优势和管理水平确定人工、材料、机械的消耗数量，以自己的采购优势确定材料预算价格，以自己的管理水平确定各项取费费率，即投标人报价是体现具体施工企业工效和管理水平的竞争价格；而标底是按社会平均先进工效和管理水平编制的价格。

根据建设部2001年11月发布的第107号部令《建筑工程施工发包与承包计价管理办法》的规定，发包与承包价的计算方法分为工料单价法和综合单价法。

工料单价法是以分部分项工程量乘以单价后的合计为直接工程费，直接工程费以人工、材料、机械的消耗量及其相应价格确定。直接工程费汇总后另加间接费、利润、税金生成总价，其计算程序分为以直接费为计算基础、以人工费和机械费为计算基础、以人工费为计算基础三种。

综合单价法是以分部分项工程单价为全费用单价，全费用单价综合计算后生成，其内容包括直接工程费、间接费、利润和税金（措施费也可按此方法生成全费用价格）。

各分项工程量乘以综合单价的合价汇总后，生成工程承发包价。

二、建设工程招标投标价格

《中华人民共和国招标投标法》规定，建设工程招标投标定价程序，是由招标人编制招标文件，投标人进行报价竞争，中标人中标后与招标人通过谈判签订合同，以合同价格为建设工程价格的定价方式。

（一）标底价格

招标标底是招标人自行编制或委托具有编制标底资格和能力的中介机构代理编制的招标项目的预期价格。标底是我国工程招标中的一个特有概念，世界银行与亚洲开发银行视“标底”为“估算成本”，世界贸易组织称“标底”为“合同估价”，我国台湾将“标底”称为“底价”。

招标工程的标底是进行评标和决标工作的重要依据，是审核报价、评标、决标的标准，因此标底是否准确直接影响工程项目招标工作的成败。招标单位以标底为基础，结合其他要求，以浮动形式选择投标企业的合理报价，确定建筑产品发包造价，有利于控制工程造价，提高投资效益。经过审定的标底，不低于建造招标工程所需的活劳动和物化劳动的最低消耗量，在保证工程质量、工期要求的条件下合理确定。因此，既可避免招标单位片面压价，又可防止投标单位盲目投低标甚至投机报价，导致施工中出现资金短缺、偷工减料等现象。准确的标底是工程质量可靠的经济保证。标底反映定期建设招标工程的社会平均劳动水平，投标报价则反映投标单位的个别劳动水平，它应该接近于社会平均劳动水平，也就是报价应该等于或略高、略低于标底。因此，国家可以根据标底对建筑产品的发包价格进行有效的监督。另外，在合同执行过程中，当发包方和承包方之间发生索赔争议时，标底可作为解决索赔争议的重要参考依据之一。招标设计应在初步设计之后进行，一般情况下，各个标的的标底总和不应超过相应的执行概算。

应该指出，当前招标工程的标底大多数是在施工图预算的基础上确定的，但它不完全等同于施工图预算。因为，要编制一个合理的标底还必须在此基础上考虑以下因素：

(1)标底必须符合目标工期的要求，对提前工期所采取的措施因素应有所反映，即按提前工期的天数给出必要的赶工费。

(2)标底必须保证满足招标方的质量要求，对高于国家施工验收规范的质量因素应有所反映。

(3)标底要适应建筑材料市场价格的变化因素，可列出清单，随同招标文件，供投标参考，并在编制标底时考虑材料价差方面的因素。

(4)标底应合理考虑招标工程的自然地理条件因素，将由于自然条件导致施工不利因素而增加的费用计入标底价格内。

(二)投标报价

投标报价是承包商采取投标方式承揽工程项目时，计算和确定承包工程的投标总价格。报价是进行工程投标的核心，是招标人选择中标者的主要依据，也是业主和投标人进行合同谈判的基础。投标报价是影响投标人投标成败的关键，因此正确合理地计算和确定投标报价非常重要。

编制投标报价书是在投标人向招标人递送资格预审文件获得通过或认可，并接到投标邀请书和购买招标文件后才开始的一项工作。它是投标文件的主要组成部分，是反映投标人商业竞争能力的主要文件。

编制投标报价之前要认真研究招标文件以及工程量清单，根据企业自己编制的企业定额作为编制投标报价的主要依据，以满足《中华人民共和国招标投标法》中"能够最大限度地满足招标文件中规定的各种综合评价标准"或"能够满足招标文件的实质性要求"的规定。

(三)评标定价

经初步评审合格的投标文件，评标委员会应当根据招标文件中确定的评标标准和方法，对其技术部分和商务部分作进一步评审、比较。评标方法包括经评审的最低投标价法、综合评估法或者法律、行政法规允许的其他评标方法。

中标价必须是经评审的最低报价，但不得低于成本。成本的界定方法有两种：一是招标标底扣除招标人拟允许投标人获得的利润(或类似工程的社会平均利润水平统计资料)；二是把计算标底时的直接工程费和间接费相加便可得出成本。如果不设标底，在评标时，只能由评标委员会的专家根据报价的情况，把低报价而其施工组织设计中又无具体措施的，作为低于成本的报价投标者予以剔除。

中标者的报价，即为决标价，即签订合同的价格依据。

第三节　招标工程标底价格的编制

一、标底价格的概念

工程项目招标标底文件，是对一系列反映招标人对招标工程交易预期控制要求的文字说明、数据、指标、图表的统称,是有关标底的定性要求和定量要求的各种书面表达形式。其核心内容是一系列数据指标。由于工程交易最终主要是用价格或酬金来体现的,所以在实践中,工程项目招标标底文件主要是指有关标底价格的文件。

招标标底是招标人自行编制或委托具有编制标底资格和能力的中介机构代理编制的招标项目的预期价格,并非交易价格。

我国现行法规没有对招标的工程项目是否需编制标底进行统一的规定。有的地方则要求招标工程必须编制标底,且须经建设行政主管部门或其授权单位审查批准。标底通常由业主委托监理工程师或咨询工程师进行编制,也可由设计单位代编。编制的时间一般在发布招标公告或发出邀请函之后进行,它是在工程师概算的基础上进一步制定出来的。主要是考虑由于编制招标文件及标底的时间,在正常情况下一般要比编制工程师概算的时间晚(如1个月左右)。所以,在编制标底时,应当考虑此期间的一些情况的变化,如新技术、新方法、新设备的采用与推行,设计方案的某些变化,市场情况的变化等;同时,在进一步对工程师概算详细核查的基础上,对其中存在的某些疏漏(如工程量表中的漏项、失误之处)加以适当的补充、修改或删除,从而得出更为合理和更符合实际的标底。

二、标底价格的编制原则、依据和步骤

(一)标底价格的编制原则

(1)根据国家规定的统一工程项目划分、统一计量单位、统一计算规则以及施工图纸、招标文件,并参照国家编制的基础定额和国家、行业、地方规定的技术标准、规范,以及生产要素市场的价格,确定工程量和计算标底价格。

(2)标底的计价内容、计算依据应与招标文件的规定完全一致。

(3)标底价格应尽量与市场的实际变化相吻合。标底价格作为建设单位的预期控制价格,应反映和体现市场的实际变化,尽量与市场的实际变化相吻合,要有利于开展竞争和保证工程质量,让承包商有利可图。

标底中的市场价格可参考有关建设工程价格信息服务机构及社会发布的价格行情。在标底编制实践中,为把握这一原则,需注意以下几点:

(1)要根据设计图纸及有关资料、招标文件,参照政府或政府有关部门规定的技术及经济标准、定额及规范,确定工程量和编制标底。如使用新材料、新技术、新工艺的分项工程,没有定额和价格规定的,可参照相应定额或由招标人提供统一的暂定价或参考价,也可以由甲乙双方按市场价格行情确定的价格计算。

(2)标底价格应由成本、利润、税金等组成,一般应控制在批准的总概算或修正、调整概算及投资包干的限额内。

(3)标底价格应考虑人工、材料、设备、机械台班等价格变动因素,还应包括不可预见费(特殊情况)、预算包干费、赶工措施费、施工技术措施费、现场因素费、保险以及采用固定价格的工程的风险金等,工程质量要求优良的还应增加相应的优质、优价的费用。

在主要材料和设备的计划价格与市场价格相差较大的情况下,材料价格应按确定的供应方式分别计算,并明确价差的处理办法。招标工程的工期,应按国家和地方制定的工期定额与计划投资安排的工期合理确定。如招标人要求缩短工期的,可适当计取加快进

度措施费。标底中的工期计算,应执行国家工期定额。如给定工期比国家工期定额缩短达一定比例(如20%或20%以上)的,在标底中应计算赶工措施费。

(4)招标人不得因投资原因故意压低标底价格。

(5)一个工程只能编制一个标底,并在开标前保密。

(6)编审分离和回避,承接标底编制业务的单位及其标底编制人员,不得参与标底审定工作;负责审定标底的单位及其人员,也不得参与标底编制业务;受委托编制标底的单位,不得同时承接投标人的投标文件编制业务。

(二)标底价格的编制依据

工程项目招标标底受多方面因素的影响,如项目划分、设计标准、材料价差、施工方案、定额、取费标准、工程量计算准确程度等。综合考虑可能影响标底的各种因素,编制标底时应遵循的依据主要有以下几点:

(1)工程基础定额和国家、行业、地方规定的技术标准规范。

(2)国家公布的统一工程项目划分、统一计量单位、统一计算规则。

(3)招标文件,包括招标交底纪要。

(4)招标人提供的由有相应资质的单位设计的施工图及相关说明。

(5)经政府批准的取费标准和其他特殊要求。

(6)要素市场价格和地区预算材料价格。

(7)有关技术资料。

在上述各种标底编制的依据中,在实践中要求遵循的程度并不都是一样的。有的不允许有出入,如对招标文件、设计图纸及有关资料等,各地一般都规定编制标底时必须作为依据。如深圳市规定,标底和投标报价应按照招标书提供的工程实物量清单以综合单价形式编制。有的则允许有出入,如对技术、经济标准定额和规范等,各地一般规定编制标底时应作为参照。

(三)标底价格的编制步骤

标底的编制分为三个阶段,即准备阶段、编制阶段和汇总阶段。

1.准备阶段

(1)项目初步研究。为了编制出准确、真实、合理的标底,必须认真阅读招标文件和图纸,尤其是招标文件商务条款中的投标须知、专用合同条款、工程量清单及说明,技术条款中的施工技术要求、计量与支付及施工材料要求,招标人对已发出的招标文件进行澄清、修改或补充的书面资料等。初步研究的主要工作步骤为:从工程量清单的全部条目中累计出同类工程的工程量,从而得到本项目各类主要工程的合计工程量;用"粗估的"或"综合的"单价来匡算这些主要工程量的造价,从而得到整个项目及其各类主要工作的匡算价格;列出材料、设备数量及规格,向厂家发出询价单。

(2)现场勘察。了解工程布置、地形条件、施工条件、料场开采条件、场内外交通运输条件等。

(3)编写标底编制大纲。通常标底编制大纲包括:标底编制原则和依据,计算基础价格的基本条件和参数,计算标底工程单价所采用的定额、标准和有关取费数据,编制、校审人员安排及计划工作量,标底编制进度及最终标底的提交时间。

(4)调查和收集基础资料。收集工程所在地的劳资、材料、税务、交通等方面的资料，向有关厂家收集设备价格资料；收集工程中所应用的新技术、新工艺、新材料的有关价格计算方面的资料。

2. 编制阶段

(1)计算基础单价。基础单价包括人工预算单价，材料预算价格，施工用电、风、水单价，砂石料预算价格，施工机械台时费以及设备预算价格等。

(2)分析取费费率和确定相关参数。

(3)计算标底工程单价。根据施工组织设计确定的施工方法，计算标底工程单价。

3. 汇总阶段

(1)汇总标底。按工程量清单格式逐项填入工程单价和合价，汇总分组工程标底和标底总价。

(2)分析标底的合理性。明确招标范围，分析本次招标的工程项目和主要工程量，并与初步设计的工程项目和工程量进行比较，再将标底与审批的初步设计概算作比较分析，分析标底的合理性，调整不合理的单价和费用。

三、标底文件的主要内容

一般来说，工程项目施工招标标底文件由标底报审表和标底正文两部分组成。

（一）标底报审表

标底报审表是招标文件和标底正文内容的综合摘要，通常包括以下主要内容：

(1)招标工程综合说明。包括招标工程的名称、报建建筑面积、结构类型、建筑物层数、设计概算或修正概算总金额、施工质量要求、定额工期、计划工期、计划开工及竣工时间等，必要时要附上招标工程（单项工程、单位工程等）一览表。

(2)标底价格。包括招标工程的总造价、单方造价，钢材、木材、水泥等主要材料的总用量及其单方用量。

(3)招标工程总造价中各项费用的说明。包括对包干系数、不可预见费用、工程特殊技术措施费等的说明，以及对增加或减少的项目的审定意见和说明。

（二）标底正文

标底正文是详细反映招标人对工程价格、工期等的预期控制数据和具体要求的部分。一般包括以下内容：

(1)总则。主要说明标底编制单位的名称，持有的标底编制资质等级证书，标底编制的人员及其执业资格证书，标底具备的条件，编制标底的原则和方法，标底的审定机构，对标底的封存、保密要求等内容。

(2)标底诸要求及其编制说明。主要说明招标人在方案、质量、期限、价金、方法、措施等诸方面的综合性预期控制指标或要求，并要阐释其依据、包括和不包括的内容、各有关费用的计算方法等。

在标底诸要求中，要注意明确各单项工程、单位工程、室外工程的名称、建筑面积、方案要点、质量、工期、单方造价（或技术经济指标）以及总造价，明确钢材、木材、水泥等的总用量及单方用量，甲方供应的设备、构件与特殊材料的用量，明确分部直接费、分项直接费、其他直接费、工资及主材的调价、企业经营费、利税取费等。在标底编制说明中,要特别注意对标底价格的计算说明。

(3)施工方案及现场条件。主要说明施工方法给定条件、工程建设地点现场条件、临时设施布置及临时用地表等。对临时设施布置,招标人应提交一份施工现场临时设施布置图表并附文字说明,说明临时设施、加工车间、现场办公、设备及仓储、供电、供水、卫生、生活等设施的情况和布置。

四、标底表格

(1)采用工料单价法编制标底(见表6-1)。

(2)采用综合单价法编制标底(见表6-2)。

表6-1 工料单价法标底表格

建设单位		工程名称		报建建筑面积(m^2)		层数		结构类型	
标底价格编制单位		编制人员		报审时间	年 月 日	工程类别			

报送标底价格	建筑面积(m^2)			审定标底价格	建筑面积(m^2)		
	项目	单方价(元/m^2)	合价(元)		项目	单方价(元/m^2)	合价(元)
	直接费合计				直接费合计		
	间接费				间接费		
	利润				利润		
	其他费				其他费		
	税金				税金		
	标底价格总价				标底价格总价		
	主要材料总量	钢材(t)	木材(m^3) 水泥(t)		主要材料总量	钢材(t)	木材(m^3) 水泥(t)

审定意见			审定说明	
增加项目 小计________元		减少项目 小计________元		
审定人		复核人	审定单位盖章	审定时间 年 月 日

表 6-2 综合单价法标底表格

<table>
<tr><td>建设单位</td><td></td><td>工程名称</td><td></td><td>报建建筑面积(m^2)</td><td></td><td>层数</td><td></td><td>结构类型</td><td></td></tr>
<tr><td>标底价格编制单位</td><td></td><td>编制人员</td><td></td><td>报审时间</td><td colspan="2">年 月 日</td><td>工程类别</td><td colspan="2"></td></tr>
<tr><td rowspan="7">报送标底价格</td><td colspan="2">建筑面积(m^2)</td><td colspan="2"></td><td rowspan="7">审定标底价格</td><td colspan="2">建筑面积(m^2)</td><td colspan="2"></td></tr>
<tr><td>项目</td><td>单方价(元/m^2)</td><td colspan="2">合价(元)</td><td>项目</td><td>单方价(元/m^2)</td><td colspan="2">合价(元)</td></tr>
<tr><td>报送标底价格</td><td></td><td colspan="2"></td><td>审定标底价格</td><td></td><td colspan="2"></td></tr>
<tr><td>主要材料</td><td>单方用量</td><td colspan="2">总用量</td><td>主要材料</td><td>单方用量</td><td colspan="2">总用量</td></tr>
<tr><td>钢材(t)</td><td></td><td colspan="2"></td><td>钢材(t)</td><td></td><td colspan="2"></td></tr>
<tr><td>木材(m^3)</td><td></td><td colspan="2"></td><td>木材(m^3)</td><td></td><td colspan="2"></td></tr>
<tr><td>水泥(t)</td><td></td><td colspan="2"></td><td>水泥(t)</td><td></td><td colspan="2"></td></tr>
<tr><td colspan="5">审定意见</td><td colspan="5">审定说明</td></tr>
<tr><td colspan="3">增加项目
小计________元</td><td colspan="3">减少项目
小计________元</td><td colspan="4"></td></tr>
<tr><td>审定人</td><td></td><td>复核人</td><td></td><td colspan="2">审定单位盖章</td><td colspan="2">审定时间</td><td colspan="2">年 月 日</td></tr>
</table>

五、标底价格的编制

（一）标底编制的方法

（1）以施工图预算为基础的标底。这是当前我国建设工程施工招标较多采用的标底编制方法。其特点是根据施工详图和技术说明，按工程预算定额规定的分部分项工程子目，逐项计算工程量，套用定额单价（或单位估价表）确定直接费，再按规定的取费标准确定临时设施费、环境保护费、文明施工费、安全施工费、夜间施工增加费等费用以及利润，还要加上材料调价系数和适当的不可预见费，汇总后即为工程预算，也就是标底的基础。如果拆除旧建筑物，场地"三通一平"以及某些特殊器材采购也在招标范围之内，则应在工程预算之外再增加相应的费用，才构成完整的标底。

（2）以工程概算为基础的标底。其编制程序与以施工图预算为基础的标底大体相同，所不同的是采用工程概算定额，分部分项工程子目作适当的归并与综合，使计算工作有所简化。采用这种方法编制的标底，通常适用于扩大初步设计阶段或技术设计阶段，即进行招标的工程。在施工图阶段招标,也可按施工图计算工程量,按概算定额和单价计算直接费,既可提高计算结果的准确性,又能减少计算工作量,节省时间和人力。

(3)以扩大综合定额为基础的标底。它是由以工程概算为基础的标底发展而来的,其特点是在工程概算定额的基础上,将措施费、间接费以及法定利润都纳入扩大的分部分项单价内,可使编制工作进一步简化。

(4)以平方米造价包干为基础的标底。此种方法主要适用于采用标准图大量建造的住宅工程。一般做法是由地方主管部门对不同结构体系的住宅造价进行测算分析,制定每平方米造价的包干标准,在具体工程招标时,再根据装修、设备情况进行适当调整,确定标底单价。考虑到基础工程因地基条件不同而有很大差别,平方米造价多以工程的正负零以上为对象,基础和地下室工程仍以施工图预算为基础编制标底,二者之和才构成完整的标底。

(二)标底编制方法的具体应用

在工程招标标底编制实践中,对工程造价计价可以实行“控制量、指导价、竞争费”的办法,其具体做法如下:

(1)根据施工图预算计算工程量。

(2)人工费和机械费按定额计算。

(3)材料价格采用市场指导价。采用市场指导价和现行定额编制标底,材差费用很大,约占定额直接费的30%。由甲方定价供应的材料不宜多,主要是钢材、木材、水泥,也可以包括混凝土空心板、钢门窗、玻璃等材料。其单价、品类在各招标文件中明确,约占材差总额的50%以下,最高不宜超过70%;其余材料,如砖、石、石子、砂、白灰、油漆、化工、五金及装饰材料等,由投标人按市场调节价自行定价或采购,不找差价;有些特殊材料,也可采取甲方看货乙方采购的办法。乙方自采材料材差约占50%,最低不宜低于30%。甲方定价供应材料和乙方自采材料大于所采用定额中材料预算价格的差价,可以作为含税价差(不计其他任何费用)计入标价。

编制高级装饰工程招标标底,可以采用“定额量、市场价、竞争费率”一次包定的方式,不执行季度竣工调价系数。其具体做法如下:

(1)按设计图纸概算定额确定主材量、人工工日。

(2)材料价格、工资单价均按市场价格计算,辅料部分价格自行调整。

(3)机械费按定额的机械费及历次调整机械费乘以1.2系数计算。

(4)其他费用可根据自身优势浮动。

(5)实行土建工程总包时,建设单位要求将其中的装饰工程分离出来发包给装饰施工公司的,应按分包总造价2%~5%的比例给总包单位,增加计取现场施工管理费用,列入总包工程造价,并相应计取税金和政府规定的有关基金。

编制外商投资工程标底,可以采用以下方法:

(1)根据施工图或扩充设计(招标图)计算工程量,按概算定额的项目划分和工程量计算规则(以轴线、层高为主的虚方量)计算;补充项目也应与概算定额的口径相一致;钢筋用量必须按图“抽筋”后调整定额用量。

(2)经过市场询价,确定人工、材料及设备的市场单价。

(3)人工费、材料费等以市场价格计算,机械费按规定系数调整,其他材料(次材)用一个综合系数来调整一个单位工程的全部次要材料费。工程单价采用定额单价先算出直接费,然后调整工、料、机差价的办法编制。

(4)计算各项费用,包括间接费、计划利润及税金等。

(5)其他包干费如技术措施费、分包工程施工交叉作业费(即总包管理费)及风险系数等,应根据有关规定及工程的现场情况及工期等合理确定。

(6)标底总价的确定。上述各项之和即为标底总价。标底总价一般以人民币计价,也可用美元等外币计价。

六、标底价格的审定

建设工程招标标底的审定是一个颇有争议的问题。有些人认为,标底既为招标人设定,则无需再送他人审定,但实际上,各地一般都规定标底要报经有关部门审定。

(一)标底审定的含义

建设工程招标标底的审定,是指政府有关主管部门对招标人已编制完成的标底进行的审查认定。招标人编制完成标底后,应按有关规定将标底报送有关主管部门审定。标底审定是一项政府职能,是政府对招标投标活动进行监管的重要体现。能以自己名义行使标底审定职能的组织,即是标底的审定主体。

(二)标底审定的程序

建设工程招标标底的审定,一般按以下要求进行。

1. 标底送审

(1)送审时间。关于标底送审时间,在实践中有两种做法:一种是在开始正式招标前,招标人应当将编制完成的标底和招标文件等一起报送招标投标管理机构审查认定,经招标投标管理机构审查认定后方可组织招标;另一种是在投标截止日期后、开标之前,招标人应将标底报送招标投标管理机构审查认定,未经审定的标底一律无效。

(2)送审时应提交的文件资料。招标人申报标底时应提交的有关文件资料主要包括:工程施工图纸、施工方案或施工组织设计、填有单价与合价的工程量清单、标底价格计算书、标底价格汇总表、标底价格审定书(报审表)、采用固定价格的工程的风险系数测算明细,以及现场因素、各种施工措施测算明细、材料设备清单等。

2. 进行标底审定交底

招标投标管理机构在收到招标标底后应及时进行审查认定工作。一般来说,对结构不太复杂的中小型工程招标标底应在 7 天以内审定完毕,对结构复杂的大型工程招标标底应在 14 天以内审定完毕,并在上述时限内进行必要的标底审定交底。

当然,在实际工作中,各种招标工程的情况是十分复杂的,在标底审定的实践中,应根据工程的规模大小和难易程度,确定合理的标底审定时限。一般的做法是划定几个时限档次,如 3 ~5 天、5 ~ 7 天、7 ~ 10 天、10 ~ 15 天、20 ~ 25 天等,最长不宜超过一个月(30 天)。

3. 对经审定的标底进行封存

标底自编制之日起至公布之日止应严格保密。标底编制单位、审定机构必须严格按规定密封保存,开标前不得泄露。经审定的标底即为工程招标的最终标底。未经招标投标管理机构同意,任何单位和个人无权变更标底。开标后,对标底有异议的,可以书面提出异议,由招标投标管理机构复审,并以复审的标底为准。标底允许调整的范围,一般只限于重大设计变更(指结构、规模、标准的变更)、地基处理(指基础垫层以下需要处理的部分),这时均按实际发生进行结算。

(三)标底审定的原则和内容

标底的审定原则和标底的编制原则是一致的,标底的编制原则也就是标底的审定原则。这里需要特别强调的是编审分离原则。实践中,编制标底和审定标底必须严格分开,不准以编代审、编审合一。

审定标底是政府主管部门一项重要的行政职能。招标投标管理机构审定标底时,主要审查以下内容:

(1)工程范围是否符合招标文件规定的发包承包范围。

(2)工程量计算是否符合计算规则,有无错算、漏算和重复计算。

(3)使用定额、选用单价是否准确,有无错选、错算和换算的错误。

(4)各项费用、费率的使用及计算基础是否准确,有无使用错误,多算、漏算和计算错误。

(5)标底总价计算程序是否准确,有无计算错误。

(6)标底总价是否突破概算或批准的投资计划数。

(7)主要设备、材料和特种材料数量是否准确,有无多算或少算。

七、标底的保密

标底的编制过程和标底必须保密,一个工程只能编制一个标底。标底的编制审查人员应在标底编制审查完成之后及时封存,直至开标。任何单位和个人不得强制招标人报审标底,或干预其审定标底。

八、招标文件案例

《中华人民共和国招标投标法》规定:招标人应当根据招标项目的特点和需要编制招标文件。招标文件应当包括招标项目的技术要求、对投标人资格审查的标准、投标报价要求和评标标准等所有实质性要求与条件以及拟签订合同的主要条款。国家对招标项目的技术、标准有规定的,招标人应当按照其规定在招标文件中提出相应的要求。

招标项目需要划分标段、确定工期的,招标人应当合理划分标段、确定工期,并在招标文件中载明。《中华人民共和国招标投标法》规定:招标文件不得要求或者标明特定的生产供应者以及含有倾向或者排斥潜在投标人的其他内容。

下面以一具体案例对招标文件进行讲述。

××水利枢纽工程

RCC 主坝工程施工招标文件

××水利开发有限责任公司

年　　月

招标文件

第一章　投标人须知

一、投标人须知前附表
二、投标人须知
(一)总则
1. 工程说明
2. 招标范围及工期
3. 资金来源
4. 投标人资格要求
5. 招标文件发放
6. 踏勘现场
(二)招标文件
7. 招标文件的组成
8. 招标文件的澄清
9. 招标文件的修改
(三)投标文件
10. 投标文件的组成
11. 投标文件格式
12. 投标报价
13. 投标货币
14. 投标有效期
15. 投标担保
16. 投标人的替代方案
17. 投标文件的份数和签署
(四)投标
18. 投标文件的装订、密封和标记
19. 投标文件的提交
20. 投标文件提交的截止时间
21. 迟交的投标文件
22. 投标文件的补充、修改与撤回
(五)开标
23. 开标
24. 投标文件的有效性
(六)评标
25. 评标委员会与评标
26. 评标原则

27. 投标文件的澄清
28. 投标文件的评审
(七)合同授予
29. 中标通知书
30. 签订合同
(八)投标费用

第二章　评标办法(综合评估法)

第三章　合同条款

通用条款
专用条款
一、词语定义及合同文件
1. 合同文件及解释顺序
2. 语言文字和适用法律、标准及规范
3. 图纸
二、双方一般权利和义务
4. 工程师
5. 项目经理
6. 发包人工作
7. 承包人工作
三、施工组织设计和工期
8. 进度计划
9. 工期延误
四、质量与验收
10. 隐蔽工程和中间验收
11. 工程试车
五、安全施工
12. 安全文明施工
六、合同价款与支付
13. 合同价款及调整
14. 工程量的确认
15. 工程款支付
七、材料设备供应
16. 发包人供应材料设备
17. 承包人采购材料设备
八、工程变更
18. 工程变更条款
九、竣工验收与结算

19. 竣工验收
20. 结算方式
十、违约、索赔和争议
21. 违约
22. 争议
十一、其他
23. 工程分包
24. 不可抗力
25. 保险
26. 担保
27. 合同份数
28. 补充条款
合同协议书

第四章　工程建设标准

工程建设标准

第五章　图纸

第六章　工程量清单

一、工程量清单说明
二、投标报价说明
三、工程量清单

第七章　投标文件参考格式

一、投标函
二、投标函附录
三、法定代表人身份证明
四、授权委托书
五、投标保证金
六、已标价工程量清单
七、施工组织设计
八、资格审查资料、投标人基本情况表

第四节　工程投标报价的计算

投标报价是指承包商根据招标文件中规定的各种要求，计算、确定和报送招标工程投标总价格的活动。业主把承包商的报价作为主要标准来选择中标者，同时报价也是业主和承包商就工程标价进行承包合同谈判的基础，直接关系到承包商投标的成败。报价是进行工程投标的核心。报价过高会失去承包机会，而报价过低虽然得标，但会给工程带来亏本的风险。因此，报价过高或过低都不可取，如何做出合适的投标报价，是投标者能否中标的最关键的问题。

一、投标报价计算的原则

投标报价是承包工程的一个决定性环节,投标价格的计算是工程投标的重要工作,是投标文件的主要内容。招标人把投标人的投标报价作为主要标准来选择中标者,中标价也是招标人和投标人就工程进行承包合同谈判的基础。因此,要做出合理的报价,必须做到以下几点:

(1)以招标文件中设定的承发包双方的责任划分,作为考虑投标报价费用项目和费用计算的基础;根据工程承发包模式考虑投标报价的费用内容和计算深度。

(2)以施工方案、技术措施等作为投标报价计算的基本条件。

(3)以反映企业技术和管理水平的企业定额作为计算人工、材料和机械台班消耗量的基本依据。

(4)充分利用现场考察、调研成果、市场价格信息和行情资料,编制基价,确定报价方法。

(5)涉及价格的计算方法要科学严谨,简明适用。

二、投标报价工作的主要内容

明确了报价范围和报价的内容要求,应进一步进行以下工作,为报价奠定坚实的基础。

(1)熟悉施工方案。了解本单位在投标项目上的工期和进度安排,准备采用的施工方法和主要机械设备,以及现场临时设施等。

(2)核算工程量。通常可对招标文件中的工程量清单进行重点抽查。抽查时,可选工程数量多、对总造价影响大的项目,按设计图纸和工程量计算规则计算,将计算结果与工程量清单所列数值进行核对。

(3)选用工、料、机械消耗定额。国内工程投标报价,原规定以造价管理部门统一制定的概预算定额为依据。工程数量核算基本无误之后,即可根据分部分项工程的内容选用相应的工、料、机械消耗定额,作为确定直接费的依据。但是,在社会主义市场经济体制下,从理论上讲,建筑业企业投标可以自主报价,不一定受统一定额的制约,这才有利于技术进步和促进竞争。随着改革的深入和现代企业制度的建立,某些历史悠久的建筑业大型企业,利用自己的信息资源和人力资源优势,编制反映自身技术和经营管理水平的消耗定额(企业内部定额),作为提高竞争力的重要手段之一,在投标报价中取代统一定额,是难以避免的发展趋势。

(4)确定分部分项工程单价。应按统一的计算方法计算工程量,按统一的定额确定工、料、机械消耗水平;造价管理部门根据市场变化情况发布价格信息,作为确定工、料、机械单价的依据;造价管理部门发布的费率则作为投标单位报价的参考,具体的费率水平可由投标单位根据自身的情况自主确定,以提高竞争力。这就向国际通行的按统一方法计算工程量,投标单位自主确定消耗定额、单价和费率的报价方法接近了一步。

(5)确定措施费、间接费费率和利润率。通常前两项以直接工程费或人工费为基础;利润率则以直接费与间接费之和为基础,分别确定一个适当的百分数。根据企业自身的技术和经营管理水平,并考虑投标竞争的形势,可以有适当的伸缩余地。

完成上述基础工作之后,经过报价决策分析,做出报价决策,即可编制报价单。为了满足报价决策的要求，熟练的报价人员还可运用某些报价技巧。

三、投标报价的策略

投标报价策略又称投标技巧，是指在投标报价中采用的让招标人可以接受，中标后又能获得更多利润的投标手段，也是一种投标艺术。投标企业应善于运用投标技巧，提高其在招标投标中取胜的可能性。

(一)采用不平衡报价法

不平衡报价法是指一个工程项目的投标报价，在总价基本确定后，合理调整内部各个子项目的报价，以期既不影响总报价，又能在中标后可以获得较好的经济效益。

不平衡报价法的应用一定要建立在对工程量表中工程量仔细核对分析的基础上。同时，要注意在合理的范围或幅度内提高或降低单价，以免引起业主反感，甚至导致废标。

(1)能够早日结算的项目，如前期措施费、基础工程、土石方工程等可以报得较高，以利资金周转；后期工程项目的报价可适当降低。

(2)经过工程量核算，预计今后工程量会增加的项目，单价适当提高，这样在最终结算时可多赚钱，而将来工程量有可能减少的项目，单价可适当降低，工程结算时损失不大。

但是，上述两种情况要统筹考虑，即对于清单工程量有错误的早期工程，如果工程量不可能完成而有可能降低的项目，则不能盲目抬高单价，要具体分析后再定。

(3)设计图纸不明确，估计修改后工程量要增加的，可以抬高单价，而工程内容说不清楚的，则可以降低一些单价。

(4)暂定项目又叫任意项目或选择项目，对这类项目要作具体分析。因这一类项目要开工后由发包人研究决定是否实施，由哪一家投标人实施。如果工程不分包，只由一家投标人施工，则其中肯定要施工的单价可高些，不一定要施工的则应该低些。如果工程分包，该暂定项目也可能由其他投标人施工，则不宜报高价，以免抬高总报价。

(5)单价包干的合同中，招标人要求有些项目采用包干报价时，宜报高价。一则这类项目多半有风险，二则这类项目在完成后可全部按报价结算，即可以全部结算回来。其余单价项目则可适当降低。

(6)有时招标文件要求投标人对工程量大的项目报“清单项目报价分析表”，投标时可将单价分析表中的人工费及机械设备费报得较高，而材料费报得较低。这主要是为了在今后补充项目报价时，可以参考选用“清单项目报价分析表”中较高的人工费和机械费，而材料则往往采用市场价，因而可获得较高的收益。

(7)在议标时，投标人一般都要压低标价。这时应该首先压低那些工程量少的单价，这样即使压低了很多单价，总的标价也不会降低很多，而给发包人的感觉却是工程量清单上的单价大幅度下降，投标人很有让利的诚意。

(8)在其他项目费中要报工日单价和机械台班单价的，可以高些，以便在日后招标人用工或使用机械时可多盈利。对于其他项目中的工程量要具体分析，是否报高价及高多少要有一个限度，不然会抬高总报价。

(二)多方案报价法

对于某些招标文件，若要求过于苛刻，则可采用多方案报价法对付，即先按原招标文件报一个价，然后提出若干对某些条件作些修改可降低报价，报另一个较低的价，以此来吸引业主。

（三）修改设计法

投标者有时在研究招标文件时发现，原招标文件的设计和施工方案不尽合理，则投标者可提出更合理的方案吸引业主，同时提出一个和该方案相适应的报价，以供业主比较。当然，一般这种新的设计和施工方案的总报价要比原方案的报价低。

关于修改设计，具体有几种不同的处理办法：

(1)改正设计错误，显示投标企业的雄厚技术实力，在相同报价下能够增强竞争力。

(2)改进设计，在原设计功能不变的情况下，降低工程造价。以原设计内容为准编制一个报价，再以修改后的设计为准编制一个报价，同时报出，以期比较。

(3)改进设计，保持工程造价不变，大大改善设计功能。这一方面可以显示投标单位的技术力量，另一方面直接提高了投资效益，等于间接节约了投资，降低了工程造价。

应用修改设计法时，一定要对招标方案进行投标报价，另附修改后的“建议方案”，以引起招标单位重视，否则会造成废标。

（四）突然降价法

报价是一件保密的工作，但是对手往往会通过各种渠道、手段来刺探情报，因此用此法可以在报价时迷惑竞争对手。如装作不准备投标，或准备报高价，或有意泄露一些虚假信息等，在投标截止日期前突然投标，并压低报价，使对手措手不及。

利用这种方法时，一定要考虑好降价的幅度，在投标时根据所掌握的竞争对手的信息进行分析判断，正确决策，确定合理的投标报价方案。

（五）优惠条件法

在投标时，根据所掌握的招标单位的信息，结合企业的实际能力，提出对招标单位有吸引力、在众多投标者中有竞争力的优惠条件，以此来增加中标机会。

优惠条件主要有：

(1)提出垫支工程款、不收预付工程款，工程开工一段时间内不收工程价款，或按比例减收工程款，以缓解招标单位的筹资困难。

(2)解决主要材料、主要设备的采购问题。有些招标单位采购工程所需的主要材料、设备有困难，投标单位就以帮助其解决困难为优惠条件。

(3)协助招标单位进行三大目标控制。有些招标项目的建设单位技术、管理力量薄弱，对做好工程项目的三大目标控制工作心中无数，希望得到帮助。

投标单位针对这种情况，可以在标书中提出帮助其进行三大目标控制和其他工程管理工作的计划，以解其忧。

(4)提出工期优惠。在一些招标项目中，工期要求特别紧急，按正常工期施工，则招标单位觉得时间太长；向前赶工，又会大大增加造价。在这种情况下，经验丰富、实力雄厚的投标企业就可以在标书中提出既能满足招标单位的工期要求，又不增加工程造价的条件，并附上详细计划，以吸引招标单位。

（六）先亏后盈法

对于大型分期建设的工程，在第一期工程投标时，可以将部分间接费分摊到第二期工程中去，并减少利润以争取中标。这样在第二期工程投标时，凭借第一期工程的经验、临时设施以及创立的信誉，比较容易拿到第二期工程。如第二期工程遥遥无期，则不可以这样考虑。

（七）逐步升级法

在邀请招标或议标方式中，投标单位可以利用竞争对手少或没有竞争对手的优势，先报出较低报价，然后在反复的协商、洽谈过程和拟订施工合同的过程中，提出种种制约施工的因素或其他对投标单位不利的因素，并借故要求加价，逐步升级，最后协商成功时的发包造价，已远远高于开始时的报价。

四、投标文件案例

投标书一般由商务标和综合标两部分组成，也有的分为商务标、技术标和综合标三部分。

（一）商务标

商务标主要包括投标函及投标函附表、银行出具的投标保函、法定代表人资格证书、法定代表人委托书、对招标文件的合同协议条款的确定和响应、投标单位及个人的有关资格证明材料、分部分项工程量价格表或投标预算书。

（1）投标函及投标函附表。招标文件中通常有规定的投标函格式，投标人只需按规定的格式填写必要的数据和签字即可，以表明投标人对各项基本保证的确认。确认的内容包括工期和开工日期、工程质量标准、总报价金额、接受投标后提供履约保证等。

（2）投标保函。须按招标文件中所附的格式由业主同意的银行开出。

（3）法定代表人资格证书。包括法定代表人的法人资格证书和身份证复印件。这是法人的身份证明，是必须向招标人提供的。

（4）法定代表人委托书。这是法定代表人授权委托代理人代理其投标的依据。

（5）对招标文件的合同协议条款的确定和响应。这是对招标人及招标文件的一种承诺。

（6）投标单位及个人的有关资格证明材料。投标单位必须如实提供这些证明材料，内容包括企业营业执照、企业资质证书、行业安全资格证书、外来驻本地企业注册登记证、安全生产认可证及其他如建设网会员证、协会会员证等。

（7）分部分项工程量价格表或投标预算书。一般要求在招标文件所附的工程量表原件上填写单价和总价，每页均有小计，并有最后的汇总价。工程量表的每一数字需认真校核，并签字确认。投标预算书基本按照施工图预算书的格式编写，但不必那么详细。

（二）综合标

综合标主要包括施工项目组织机构的设置、项目班子的配备及人员情况、投标承诺及对招标文件的确认和响应措施（初步的施工组织设计）及企业近几年的业绩等。

（1）项目班子的配备及人员情况。包括对投标工程将配备的项目班子的基本情况介绍，项目组织机构图，主要施工人员及业绩一览表，项目经理的职责、介绍、资质、工作经历与业绩，项目技术负责人的资质和简历，项目质检员、安全员、材料员、预算员的资质和简历等。

（2）投标承诺及对招标文件的确认和响应措施。包括工期承诺以及处罚措施、施工进度计划图（以横道图居多）、工程质量承诺及处罚措施、工程质量保修承诺及处罚措施等。

（3）企业近几年的业绩。包括投标企业近几年合同的履约情况、业绩一览表、质量管理体系认证情况、采用新技术新工艺的情况、近几年获得的荣誉证书、近几年整体形象评价、法人荣誉证书等。

下面以一案例对投标文件进行介绍。

×××立交桥景观工程/　　标段

施工招标

投 标 文 件

投标人：　　四川××公司　　（盖单位章）

委托代理人：＿＿＿＿＿＿＿＿（签字）

二〇〇九年××月××日

目　录

1　投标书
1.1　投标报价书
1.2　投标报价书附录
1.3　投标保函
1.4　法定代表人资格证书
1.5　授权委托书
2　工程量清单
2.1　投标报价说明
2.2　投标报价汇总
2.3　工程量清单格式
3　投标辅助资料
3.1　单价分析表
3.2　总价承包项目分解表
3.3　分组工程报价组成表
3.4　价格指数和权重表
3.5　计日工表
3.6　拟投入本合同工作的施工队伍简要情况表
3.7　拟投入本合同工作的主要人员表
3.8　拟投入本合同工作的主要施工设备表
3.9　劳动力计划表
3.10　资金流估算表
3.11　主要材料和水、电需用量计划表
3.12　分包情况表
3.13　施工技术文件及其他投标资料表
4　施工组织设计
4.1　工程概况
4.2　施工条件
4.3　施工方法及技术措施
4.4　施工进度计划及保证措施
4.5　施工组织及平面布置
4.6　质量保证措施
4.7　安全生产保证措施
4.8　文明施工
4.9　后勤保障

4.10　竣工验收

5　资格审查资料

5.1　投标人基本情况表

5.2　近期完成的类似工程情况表

5.3　正在施工的和新承接的工程情况表

5.4　财务状况表

本章小结

为适应社会主义市场经济体制的要求，加强对工程建设项目的管理，维护工程建设市场秩序，需要以招标投标的方式来达到控制建设工期、保证工程质量、降低工程造价和提高投资效率的目的。招标投标活动应当遵循公开、公平、公正和诚实信用的原则，禁止违法行为。一般说来，招标投标需经过招标、投标、开标、评标与定标等程序。

招标单位在确定招标方式后，即可自行或委托代理机构按照规定编写招标文件。施工招标文件包括投标人须知、合同条件、协议书、履约保函、技术条款、投标报价书和授权书格式、工程量清单、投标辅助资料、资格审查资料、图纸等内容。制定标底是编制招标文件的一项重要工作内容。

施工企业根据招标文件的内容要求编制投标文件，投标文件是投标企业素质、技术水平、管理水平的综合体现。招标单位通常把投标企业的投标报价作为选择中标者的主要依据。投标企业应善于运用投标报价策略，提高其在招标投标中取胜的可能性。

复习思考题

6-1　简述建设工程承包合同价格的分类。

6-2　简述编制招标工程标底价格的原则和依据。

6-3　简述编制标底价格的步骤。

6-4　简述投标报价计算的原则。

6-5　简述投标报价的策略。

第七章 建设工程施工阶段的投资控制

第一节 施工阶段投资目标控制

决策阶段、设计阶段和招标阶段的投资控制工作，使工程建设规划在达到预先功能要求的前提下，其投资预算数也达到最优程度，这个最优程度的预算数的实现，取决于建设工程施工阶段投资控制工作。监理工程师在施工阶段进行投资控制的基本原理是把计划投资额作为投资控制的目标值，在工程施工过程中定期进行投资实际值与目标值的比较，通过比较发现并找出实际支出额与投资控制目标值之间的偏差，分析产生偏差的原因，采取有效措施加以控制，以保证投资控制目标的实现（参见图 1-1）。其间日常的核心工作是工程计量与支付，同时工程变更和索赔对工程支付的影响最大，也应引起足够的重视。

一、施工阶段投资控制的工作流程

建设工程施工阶段涉及的面广，涉及的人员很多，与投资控制有关的工作也很多，我们不能逐一加以说明，只能对实际情况加以适当简化。图 7-1 为施工阶段投资控制的工作流程图。

二、资金使用计划的绘制

投资控制的目的是确保投资目标的实现。因此，监理工程师必须编制资金使用计划，合理地确定投资控制目标值，包括投资的总目标值、分目标值、各详细目标值。如果没有明确的投资控制目标，就无法进行项目投资实际支出值与目标值的比较，不能进行比较就不能找出偏差，不知道偏差程度，就会使控制措施缺乏针对性。在确定投资控制目标值时，应有科学的依据。如果投资目标值与人工单价、材料预算价格、设备价格及各项有关费用和各种取费标准不适应，那么投资控制目标便没有实现的可能，则控制也是徒劳的。

由于人们对客观事物的认识有个过程，以及人们在一定时间内所拥有的经验和知识有限，因此对工程项目的投资控制目标应辩证地对待，既要维护投资控制目标的严肃性，也要允许对脱离实际的既定投资控制目标进行必要的调整。调整并不意味着可以随意改变项目投资目标值，而必须按照有关的规定和程序进行。

（一）资金使用计划的编制对工程造价的重要影响

建设工程周期长、规模大、造价高，施工阶段又是资金投入量最直接、量最大、效果最明显的阶段。施工阶段资金使用计划的编制与控制在整个建设管理中处于重要的地位，它对于工程造价有着重要的影响，表现在以下几点：

（1）通过编制资金使用计划，合理地确定造价控制目标值，包括造价的总目标值、分目标值、各详细目标值，为工程造价的控制提供依据，并为资金的筹集与协调打下基础。

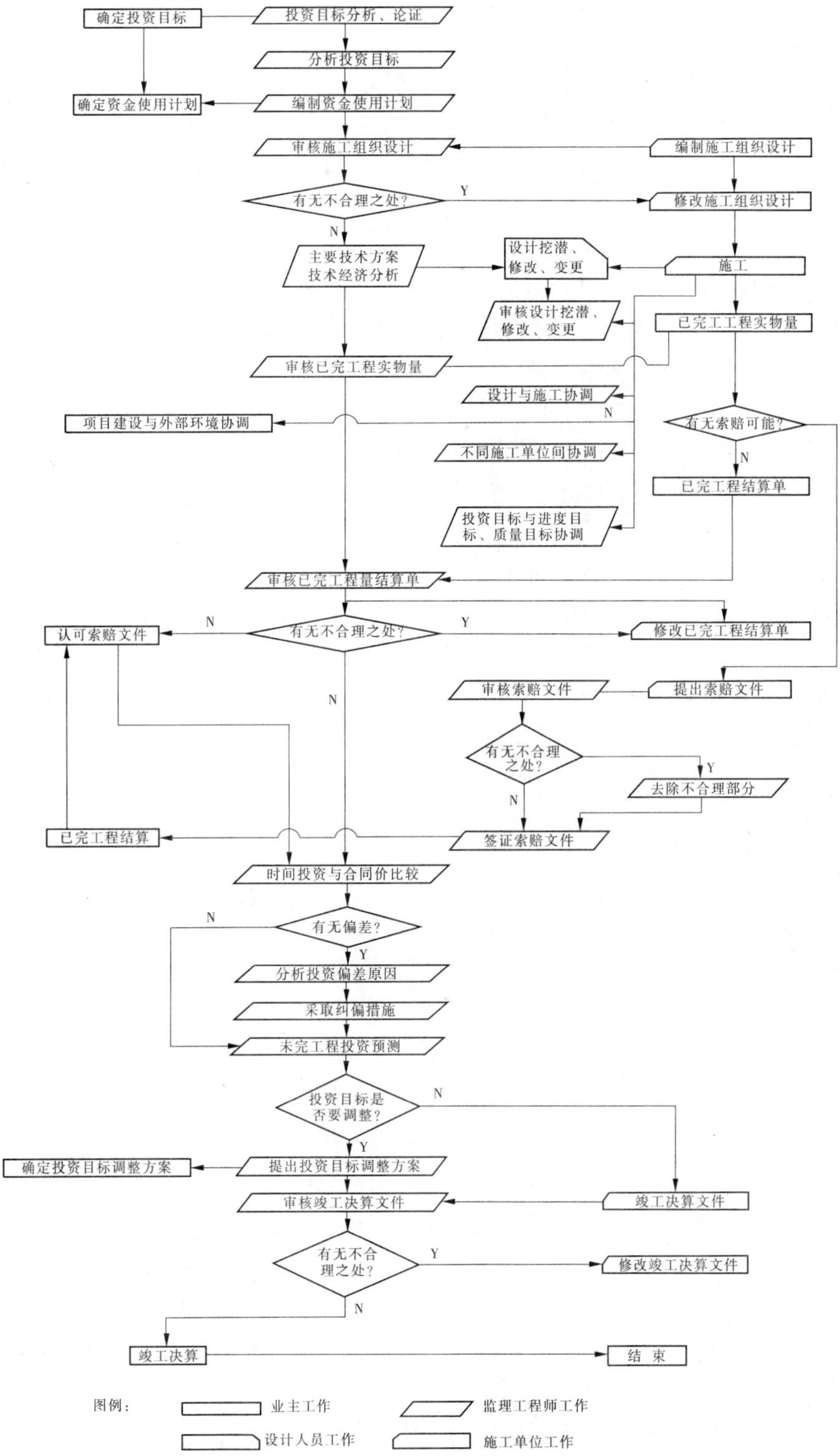

图 7-1　施工阶段投资控制的工作流程

有了明确的目标值后，就能将工程实际支出与目标值进行比较，找出偏差，分析原因，采取措施纠正偏差。

(2)通过资金使用计划的编制，可以对未来工程项目的资金使用和进度控制进行预测，消除不必要的资金浪费和进度失控，也能够避免在今后工程项目中由于缺乏依据而进行轻率判断所造成的损失，减少盲目性，让现有资金充分发挥作用。

(3)在建设项目的实施过程中，通过资金使用计划的严格执行，可以有效地控制工程造价上升，最大限度地节约投资，提高投资效益。

(4)对脱离实际的工程造价目标值和资金使用计划，应在科学评估的前提下，允许修订和修改，使工程造价更加趋于合理，从而保障建设单位和承包人各自的合法利益。

(二)资金使用计划的编制方法

1.投资目标的分解

在编制资金使用计划过程中，最重要的步骤就是项目投资目标的分解。根据投资控制目标和要求的不同，投资目标的分解可以分为按投资构成分解、按子项目分解、按时间进度分解三种类型。

1)按投资构成分解的资金使用计划

工程项目的投资主要分为建筑安装工程投资、设备及工器具购置投资和工程建设其他投资。由于建筑工程和安装工程在性质上存在着较大的差异，投资的计算方法和标准也不尽相同，因此在实际操作中往往将建筑工程投资和安装工程投资分解开来。这样，工程项目投资的总目标就可以按图7-2分解。

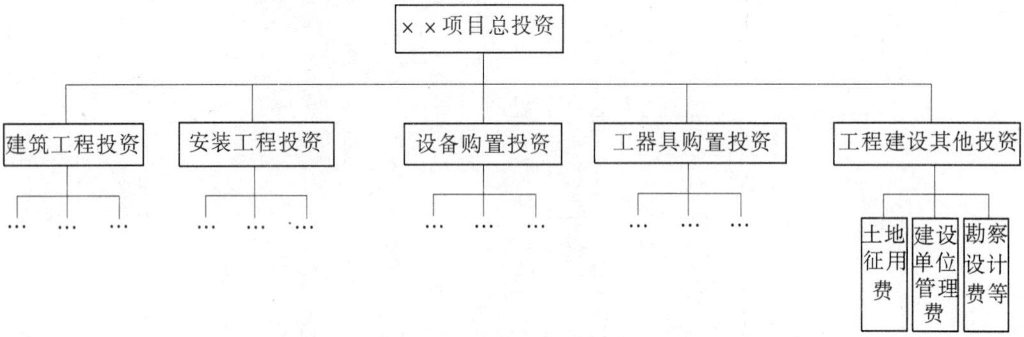

图7-2　按投资构成分解目标

图7-2中的建筑工程投资、安装工程投资、工器具购置投资可以进一步分解。另外，在按项目投资构成分解时，可以根据以往的经验和建立的数据库来确定适当的比例，必要时也可以作一些适当的调整。例如：如果估计所购置的设备大多包括安装费，则可将安装工程投资和设备购置投资作为一个整体来确定它们所占的比例，然后根据具体情况决定细分或不细分。按投资构成来分解的方法比较适合于有大量经验数据的工程项目。

2)按子项目分解的资金使用计划

大中型工程项目通常是由若干单项工程构成的，而每个单项工程包括了多个单位工程，每个单位工程又是由若干个分部分项工程构成的，因此首先要把项目总投资分解到单项工程和单位工程中，如图7-3所示。

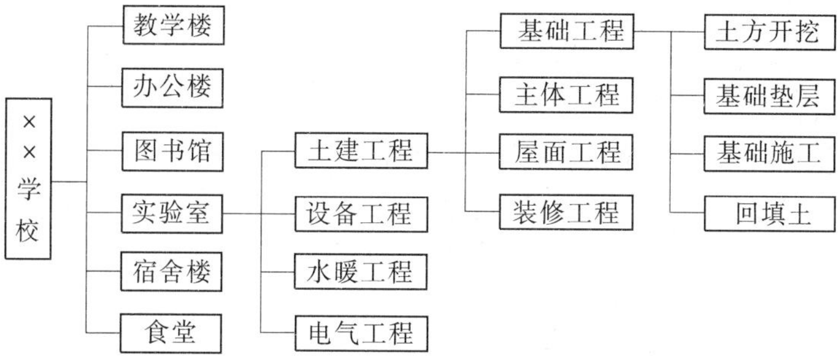

图 7-3　子项目分解目标

一般来说，由于概算和预算大都是按照单项工程和单位工程来编制的，所以将项目总投资分解到各单项工程和单位工程是比较容易的。需要注意的是，按照这种方法分解项目总投资，不能只是分解建筑工程投资、安装工程投资和设备及工器具购置投资，还应该分解项目的其他投资。但项目其他投资所包含的内容既与具体单项工程或单位工程直接有关，也与整个项目建设有关，因此必须采取适当的方法将项目其他投资合理地分解到各个单项工程和单位工程中。最常用也最简单的方法就是，按照单项工程的建筑安装工程投资和设备及工器具购置投资之和的比例分摊，但其结果可能与实际支出的投资相差甚远。因此，实践中一般应对工程项目的其他投资的具体内容进行分析，将其中确实与各单项工程和单位工程有关的投资分离出来，按照一定比例分解到相应的工程内容上，其他与整个项目有关的投资则不分解到各单项工程和单位工程上。

另外，对各单位工程的建筑安装工程投资还需要进一步分解，在施工阶段一般可分解到分部分项工程。

3）按时间进度分解的资金使用计划

工程项目的投资总是分阶段、分期支出的，资金应用是否合理与资金的时间安排有密切关系。为了编制项目资金使用计划，并据此筹措资金，应尽可能减少资金占用和利息支出，有必要将项目总投资按其使用时间进行分解。

编制按时间进度的资金使用计划，通常可利用控制项目进度的网络图进一步扩充而得。即在建立网络图时，一方面确定完成各项工作所需花费的时间，另一方面同时确定完成这一工作的合适的投资支出预算；在实践中，将工程项目分解为既能方便地表示时间，又能方便地表示投资支出预算的工作是不容易的，通常如果项目分解程度对时间控制合适的话，则对投资支出预算可能分配过细，以至于不可能对每项工作确定其投资支出预算；反之亦然。因此，在编制网络计划时应在充分考虑进度控制对项目划分要求的同时，还要考虑确定投资支出预算对项目划分的要求，做到二者兼顾。

以上三种编制资金使用计划的方法并不是相互独立的。在实践中，往往是将这几种方法结合起来使用，从而达到扬长避短的效果。例如，将按子项目分解项目总投资与按投资构成分解项目总投资两种方法相结合，横向按子项目分解，纵向按投资构成分解，或相反。这种分解方法有助于检查各单项工程和单位工程投资构成是否完整，有无重复计算或缺项；同时还有助于检查各项具体投资支出的对象是否明确或落实，并且可以从数字上校核分解的结果有无错误。或者还可将按子项目分解项目总投资目标与按时间进度分解项目总投资目标结合起来，一般是纵向按子项目分解，横向按时间进度分解。

2. 资金使用计划的形式

1）按子项目分解得到的资金使用计划表

在完成工程项目投资目标分解后，接下来就要具体地分配投资，编制工程分项的投资支出计划，从而得到详细的资金使用计划表。其内容一般包括工程分项编码、工程内容、计量单位、工程数量、综合单价、本分项总计等，如表 7-1 所示。

表 7-1 资金使用计划表

序号	工程分项编码	工程内容	计量单位	工程数量	综合单价	本分项总计	说明

在编制资金使用计划时，要在项目总的方面考虑总的预备费，也要在主要的工程分项中安排适当的不可预见费，避免在具体编制资金使用计划时可能发现个别单位工程或工程量表中某项内容的工程量计算有较大出入，使原来的投资估算失实，并在项目实施过程中应尽可能地对其采取一些措施。

2）时间—投资累计曲线

通过对项目投资目标按时间进度进行分解，在网络计划基础上，可获得项目进度计划的横道图，并在此基础上编制资金使用计划。其表示方式有两种：一种是在总体控制时标网络图上表示，见图 7-4；另一种是利用时间—投资累计曲线（S 形曲线）表示，见图 7-5。

时间—投资累计曲线的绘制步骤如下：

（1）确定工程项目进度计划，编制进度计划的横道图。

（2）根据每单位时间内完成的实物工程量或投入的人力、物力和财力，计算单位时间（月或旬）的投资，在时标网络图上按时间编制投资支出计划，如图 7-4 所示。

（3）计算规定时间 t 内计划累计完成的投资额，其计算方法为：各单位时间计划完成的投资额累加求和，可按下式计算

$$Q_t = \sum_{n=1}^{t} q_n \tag{7-1}$$

式中 Q_t——某时间 t 内计划累计完成的投资额；

q_n——单位时间 n 内计划完成的投资额；

t——某规定计划时刻。

（4）按各规定时间的 Q_t 值，绘制 S 形曲线，如图 7-5 所示。

每一条 S 形曲线都对应某一特定的工程进度计划。因为，在进度计划的非关键路线中存在许多有时差的工序或工作，因而 S 形曲线必然包络在由全部工作都按最早时间开始和全部工作都按最迟必须开始时间开始的曲线所组成的“香蕉图”（见图 7-6）内，建设单位可根据编制的投资支出预算来合理安排资金，同时建设单位也可以根据筹措的建设资金来调整 S 形曲线，即通过调整非关键路线上的工作的最早开工时间或最迟开工时间，力争将实际的投资支出控制在计划范围内。

一般而言，所有工作都按最迟开始时间开始，对节约建设单位的建设资金贷款利息是有利的，但同时，也降低了项目按期竣工的保证率。因此，造价工程师必须合理地确定投

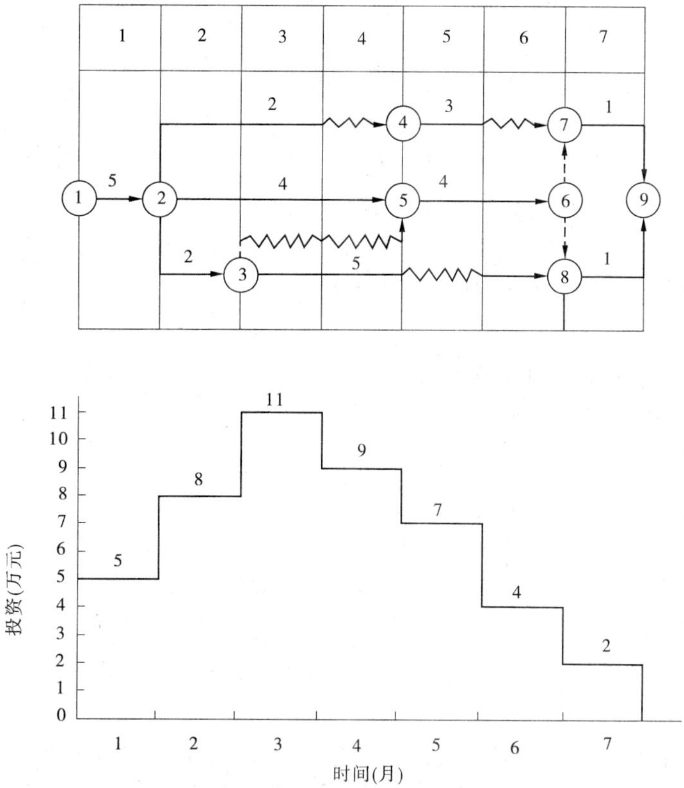

注:图中每根箭线上方数值为该工作每月计划报表。

图 7-4　某工程时标网络计划及按月编制的资金使用计划　(单位:万元)

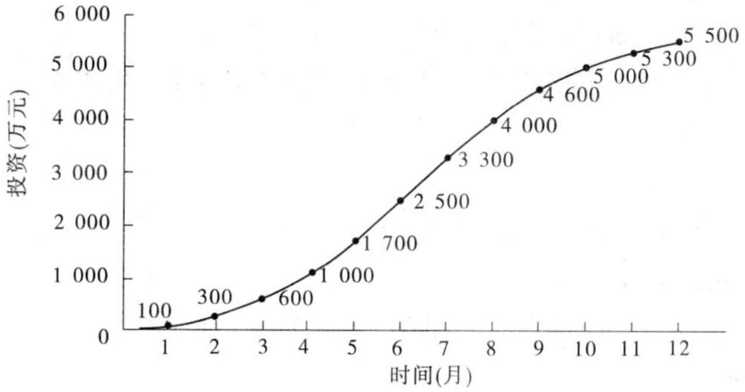

图 7-5　时间—投资累计曲线(S 形曲线)

资支出计划,达到既节约投资支出,又能控制项目工期的目的。

3)综合分解资金使用计划表

将投资目标的不同分解方法相结合,会得到比前者更为详尽、有效的综合分解资金使用计划表。综合分解资金使用计划表一方面有助于检查单项工程和单位工程的投资构成是否合理,有无缺陷或重复计算;另一方面也可以检查各项具体投资支出的对象是否明确和落实,并可校核分解的结果是否正确。

三、施工阶段投资控制的措施

众所周知，施工阶段是实现建设工程价值的主要阶段，也是资金投入量最大的阶段。因此，在实践中，往往把施工阶段作为工程投资控制的重要阶段。施工阶段工程投资控制的主要任务是通过工程预付款控制，工程变更费用控制，预防并处理好费用索赔，挖掘节约工程造价潜力来使实际发生的费用不超过计划投资。

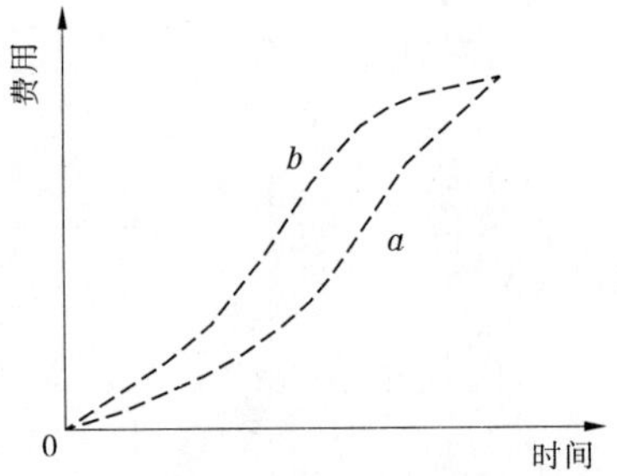

a—所有工作按最迟开始时间开始的曲线；
b—所有工作按最早开始时间开始的曲线

图 7-6　投资计划值的香蕉图

施工阶段工程投资控制应从技术、经济、组织和合同等多个方面采取措施。

（一）技术措施

（1）严格控制设计变更，并对设计变更进行技术经济分析和审查。

（2）进一步寻找通过完善设计、施工工艺、材料和设备管理等多方面挖潜节约投资的途径，组织“三查四定”（即查漏项、查错项、查质量隐患及定人员、定措施、定完成时间、定质量验收），对查出的问题进行整改，组织审核降低造价的技术措施。

（3）加强设计交底和施工图会审工作，把问题解决在施工之前。

（二）经济措施

（1）对已完成的实物工程量进行计量或复核，对未完成工程量进行预测。

（2）对预付工程款、工程进度款、工程结算、备料款和预付款的合理回扣时间的审核、签证。

（3）在施工实施的过程中进行投资跟踪、动态控制和分析预测，对投资目标计划值按费用构成、工程构成、实施阶段、计划进度进行分解。

（4）定期向监理负责人和建设单位提供投资控制报表、投资支出计划与实际分析对比。

（5）编制施工阶段详细的费用支出计划，依据投资计划的进度要求编制，并控制其执行和复核付款账单，编制资金筹措计划和分阶段到位计划。

（6）及时办理和审核工程结算。

（7）制定行之有效的节约投资的激励机制和约束机制。

（三）组织措施

（1）建立项目监理的组织保证体系，在项目监理班子中落实从投资控制方面进行投资跟踪、现场监督和控制的人员，明确任务和职责，如发布工程变更指令，对已完工程的计量，支付款复核，设计挖潜复查，处理索赔事宜，进行投资计划值和实际值比较，投资控制的分析与预测，报表的数据处理，资金筹措和编制资金使用计划等。

（2）编制本阶段投资控制详细工作流程图。

（3）每项任务需有人检查，规定确切的完成日期并提出质量上的要求。

（四）合同措施

（1）参与处理索赔事宜时以合同为依据。

（2）参与合同的修改、补充、管理工作，并分析研究合同条款对投资控制的影响。

（3）监督、控制、处理工程建设中的有关问题时以合同为依据。

第二节　工程计量

一、工程计量的重要性

（一）计量是控制项目投资支出的关键环节

工程计量是指根据设计文件及承包合同中关于工程量计算的规定，项目监理机构对承包商申报的已完成工程的工程量进行的核验。合同条件中明确规定：工程量表中开列的工程量是该工程的估算工程量，不能作为承包商应予完成的实际和确切的工程量。因为工程量表中的工程量是在编制招标文件时，在图纸和规范上估算的工程量，不能作为结算工程价款的依据，而必须通过项目监理机构对已完的工程进行计量。经过项目监理机构计量确定的数量是向承包商支付任何款项的凭证。

（二）计量是约束承包商履行合同义务的手段

计量不仅是控制项目投资支出的关键环节，同时也是约束承包商履行合同义务、强化承包商合同意识的手段。FIDIC 合同条件规定：业主对承包商的付款，是以工程师批准的付款证书为依据的，工程师对计量支付有充分的批准权和否决权。对于不合格的工作和工程，工程师可以拒绝计量。同时，工程师通过按时计量，可以及时掌握承包商工作的进展情况和工程进度。当工程师发现工程进度严重偏离计划目标时，可要求承包商及时分析原因、采取措施、加快进度。因此，在施工过程中，项目监理机构可以通过计量手段，控制工程按合同进行。

二、工程计量的程序

（一）《建设工程施工合同（示范文本）》（GF—1999—0201）约定的程序

按照《建设工程施工合同（示范文本）》（GF—1999—0201）规定，工程量计算的一般程序是：承包人应按专用条款约定的时间，向工程师提交已完工程的报告，工程师接到报告后 7 天内按设计图纸核实已完工程量，并在计量前 24 小时通知承包人，承包人为计量提供便利条件并派人参加。承包人收到通知后不参加计量，计量结果有效，作为工程价款支付的依据。工程师收到承包人报告后 7 天内未进行计量，从第 8 天起，承包人报告中开列的工程量即视为已被确认，作为工程价款支付的依据。工程师不按约定时间通知承包商，使承包商不能参加计量，计量结果无效。对承包商超出设计图纸范围和因承包商原因造成返工的工程量，工程师不予计量。

（二）建设工程监理规范规定的程序

（1）承包单位统计经专业监理工程师质量验收合格的工程量，按施工合同的约定填报工程量清单和工程价款支付申请表。

（2）专业监理工程师进行现场计量，按施工合同的约定审核工程量清单和工程价款支付申请表，并报总监理工程师审定。

(3)总监理工程师签署工程价款支付证书,并报建设单位。

(三)FIDIC 施工合同约定的工程计量程序

按照 FIDIC 施工合同第 56 条的约定,当监理工程师要求计量工程的任何部分时,应向承包商代表发出通知,承包商代表应:

(1)及时参加或另派一名合格代表,协助监理工程师进行计量工作。

(2)提供监理工程师要求的任何具体材料。

如果承包商未能到场或未派代表参加,监理工程师(或其代表)所做的单方面计量应作为对工程该部分的准确计量,予以认可。除合同另有规定外,凡需根据记录进行计量的永久工程,此类记录应由工程师准备。承包商根据约定或提出要求时,应到场与工程师对记录进行检查和协商,达成一致约定后不同意该记录,和(或)不签字表示同意,承包商应向工程师发出通知,说明认为该记录不准确的部分。工程师收到通知后,应审查该记录,进行确认或更改。如果承包商被要求检查记录后 14 天,没有发出此类通知,该记录应作为准确予以认可。

在某些情况下,也可由承包商在监理工程师的监督和管理下,对工程的某些部分进行计量。

三、工程计量的依据

工程计量的依据一般有质量合格证书、工程量清单前言、技术规范中的"计量支付"条款和设计图纸。也就是说,计量时必须以这些资料为依据。

(一)质量合格证书

对于承包商已完工程,并不是全部进行计量,而是质量达到合同标准的已完工程才予以计量。所以,工程计量必须与质量监督紧密配合,经过专业工程师检验,工程质量达到合同规定的标准后,由专业工程师签署报验申请表(质量合格证书),只有质量合格的工程才予以计量。所以说,质量监督是计量的基础,计量又是质量监督的保障,通过计量支付,可强化承包商的质量意识。

(二)工程量清单前言和技术规范

工程量清单前言和技术规范是确定计量方法的依据。因为工程量清单前言和技术规范的"计量支付"条款规定了清单中每一项的计量方法,同时还规定了按规定的计量方法确定的单价所包括的工作内容和范围。

例如,某高速公路技术规范计量支付条款规定:所有道路工程、隧道工程和桥梁工程中路面工程按各种结构类型及各层不同厚度分别汇总,以图纸所示或工程师指示为依据,按经工程师验收的实际完成数量,以"m^2"为单位分别计量。计量方法是根据路面中心线的长度乘以图纸所表明的平均宽度,再加单独测量的岔路、加宽路面、喇叭口和道路交叉口处的面积,以"m^2"为单位计量。除工程师书面批准外,凡超过图纸要求的任何宽度、长度、面积或体积均不予以计量。

(三)设计图纸

单价合同以实际完成的工程量进行结算,但被工程师计量的工程数量并不一定是承包商实际施工的数量。计量的几何尺寸要以设计图纸为依据,工程师对承包商超出设计图纸要求增加的工程量和自身原因造成返工的工程量,不予计量。

例如:在京津塘高速公路施工监理中,灌注桩的计量支付条款中规定按照图纸以延长米计量,其单价包括所有材料及施工的各项费用,根据这个规定,如果承包商做了35 m,而桩的设计长度为30 m,则只计算30 m,业主按30 m付款。承包商多做了5 m灌注桩所消耗的钢筋及混凝土材料,业主不予补偿。

未经监理人员质量验收合格的工程量,或不符合施工合同规定的工程量,监理人员应拒绝该部分的工程款支付申请。

四、工程计量的方法

监理工程师一般只对以下三方面的工程项目进行计量:工程量清单中的全部项目、合同文件中规定的项目、工程变更项目。

根据FIDIC合同条件的规定,一般可按照以下方法进行计量。

(一)均摊法

所谓均摊法,就是对清单中的某些项目的合同价款,按合同工期进行平均计量。例如:为监理工程师提供宿舍、保养测量设备、保养气象记录设备、维护工地清洁和整洁等,这些项目都有个共同的特点,即每月均有发生,所以可以采用均摊法进行计量支付。例如:保养气象记录设备,每月发生的费用是相同的,如本项合同款额为2 000元,合同工期为20个月,则每月计量,支付的款项为:2 000元/20月=100元/月。

(二)凭据法

所谓凭据法,就是按照承包商提供的凭据进行计量支付。如建筑工程保险费、第三方责任保险费、履行保证金等项目,一般按凭据法进行计量支付。

(三)估价法

所谓估价法,就是按合同文件的规定,根据工程师估算的已完成的工程价值支付。如为工程师提供办公设施和生活设施,为工程师提供用车,为工程师提供测量设备、天气记录设备、通信设备等项目。这类清单项目往往要购买几种仪器设备,当承包商对于某一项清单项目中规定购买的仪器设备不能一次购进时,则需采用估价法进行计量支付。其计量过程如下:

(1)按照市场的物价情况,对清单中规定购置的仪器设备进行估价。

(2)按下式计量支付金额

$$F = A\frac{B}{D} \tag{7-2}$$

式中 F——计量支付的金额;

A——清单所列该项的合同金额;

B——该项实际完成金额;

D——该项全部仪器设备的总估算价格。

从式(7-2)可知:

(1)该项实际完成金额B必须按估算各种设备的价格计算,它与承包商购进的价格无关。

(2)估算的总价与合同工程量清单的款额无关。

当然,估价的款额与最终支付的款额无关,最终支付的款额总是合同清单中的款额。

(四)断面法

断面法主要用于取土坑和填筑路堤土方的计量。对于填筑土方的工程,一般规定计量的体积为原地面线与设计断面所构成的体积。采用这种方法计量,在开工前承包商测绘出原地形的断面,并需经工程师检查,作为计量的依据。

(五)图纸法

按图纸进行计量的方法,称为图纸法。在工程量清单中,许多项目采取按照设计图纸所示的尺寸进行计量,如混凝土构造物的体积、钻孔桩的桩长等。

(六)分解计量法

所谓分解计量法,就是将一个项目根据工序或部位分解为若干子项,对已完成的各子项进行计量支付。这种计量方法主要是为了解决一些包干项目和较大的工程项目的支付时间过长,影响承包商的资金流动等问题。

第三节　工程变更价款的确定

在工程项目的实施过程中,由于多方面的情况变更,经常会出现工程量变化和施工进度变化,以及发包方与承包商在执行合同中的争执等许多问题。这些问题的产生,一方面是由于勘察设计工作不细,以致在施工过程中发现很多招标文件中没有考虑或估算不准确的工程量,因而不得不改变施工项目和增减工程量;另一方面是由于发生不可预见的事件,如自然原因或社会原因引起的停工或工期拖延等。由于工程变更所引起的工程量的变化、承包商的索赔等,都有可能使项目投资超出原来的预算投资,监理工程师必须严格予以控制,密切注意其对未完成工程投资支出的影响及对工期的影响。

工程变更是指施工过程中出现了与签订合同时预计条件不一致的情况,而需要改变原定施工承包范围内的某些工作内容。工程变更主要包括设计变更、进度计划变更、施工条件变更、工程量清单中未包括“新增工程”等。大部分的变更往往需经设计单位发出相应图纸和说明后方可变更,即最终表现为设计变更,所以变更可分为设计变更和其他变更两大类。

(1)设计变更。

设计变更常常包括更改工程有关部分的标高、基线、位置、尺寸,增减合同中约定的工程量,改变有关工程的施工时间和顺序,其他有关工程变更需要的附加工作。在施工中如果发生设计变更,将对施工进度产生很大的影响,容易造成投资失控,因此应尽量减少设计变更。对必须变更的,应先做工程量和造价分析,国家严禁通过设计变更扩大建设规模,增加或减少内容,提高或降低标准。变更超过原设计标准建设规模时,发包人应经过规划管理部门和其他有关部门重新审查批准,并有原设计单位提供变更相应的图纸和说明后，方可发出变更通知。

（2）其他变更。

合同履行中除设计变更外，其他能够导致合同内容变更的都属于其他变更。例如：发包人要求变更工程质量标准，双方对工期要求的变化；施工条件和环境的变化导致施工机械与材料的变化等。

一、项目监理机构对工程变更的管理

（一）项目监理机构处理工程变更的程序

（1）设计单位对原设计存在的缺陷提出的工程变更，应编制设计变更文件；建设单位或承包单位提出的变更，应提交总监理工程师，由总监理工程师组织专业监理工程师审查。审查同意后，应由建设单位转交原设计单位编制设计变更文件。当工程变更涉及安全、环保等内容时，应按规定经有关部门审定。

（2）项目监理机构应了解实际情况并收集与工程变更有关的资料。

（3）总监理工程师必须根据实际情况、设计变更文件和其他有关资料，按照施工合同的有关条款，在指定专业监理工程师完成下列工作后，对工程变更的费用和工期做出评估：

①确定工程变更项目与原工程项目之间的类似程度和难易程度；

②确定工程变更项目的工程量；

③确定工程变更的单价和总价。

（4）总监理工程师应就工程变更费用及工期的评估情况与承包单位和建设单位进行协调。

（5）总监理工程师签发工程变更单。工程变更单应包括工程变更要求、工程变更说明、工程变更费用和工期、必要的附件等内容，有涉及变更文件的工程变更应附设计文件。

（6）项目监理机构根据项目变更单监督承包单位实施。

（二）项目监理机构处理工程变更的要求

项目监理机构在工程变更的质量、费用和工期方面取得建设单位授权后，总监理工程师应按施工合同规定与承包单位进行协商，经协商一致后，总监理工程师应将协商结果向建设单位通报，并由建设单位与承包单位在变更文件上签字。

在项目监理机构未能就工程变更的质量、费用和工期方面取得建设单位授权时，总监理工程师应协助建设单位与承包单位进行协商，并达成一致。

在建设单位和承包单位未能就工程变更的费用等方面达成协议时，项目监理机构应提出 1 个暂定的价格，作为临时支付工程款的依据。该工程款最终结算时，应以建设单位与承包单位达成的协议作为依据。在总监理工程师签发工程变更单之前，承包单位不得实施工程变更。未经总监理工程师审查同意而实施的工程变更，项目监理机构不得予以计量。

二、我国现行工程变更价款的确定方法

(一)工程变更后合同价款的确定程序

(1)在工程变更确定后14天内,工程变更涉及工程价款调整的,由承包人向发包人提出,经发包人审核同意后调整合同价款。

(2)工程变更确定后14天内,如承包人未提出变更工程价款报告,则发包人可根据所掌握的资料决定是否调整合同价款和调整的具体金额。重大工程变更涉及工程价款变更报告和确认的时限由发包人、承包人双方协商确定。

(3)收到变更工程价款报告的一方,应在收到之日起14天内予以确认或提出协商意见,自变更工程价款报告送达之日起14天内,对方未确认也未提出协商意见时,视为变更工程价款报告已被确认。

(4)确认增(减)的工程变更价款作为追加(减)合同价款与工程进度款同期支付。

(5)承包人自身原因导致的工程变更,承包人无权要求追加合同价款。

(二)工程变更项目价款的确定方法

《建设工程施工合同(示范文本)》(GF—1999—0201)约定的工程变更价款的确定方法如下:

(1)合同中已有适用于变更工程的价格,按合同已有的价格变更合同价款。

(2)合同中只有类似于变更工程的价格,可以参照类似价格变更合同价款。

(3)合同中没有适用或类似于变更工程的价格,由承包商提出适当的变更价格,经监理工程师确认后执行。

1.采用合同中工程量清单的单价和价格

合同中工程量清单的单价和价格由承包商投标时提供,用于变更工程,容易被业主、承包商及监理工程师所接受,从合同意义上讲也是比较公平的。

采用合同中工程量清单的单价和价格有几种情况:一是直接套用,即从工程量清单上直接拿来用;二是间接套用,即依据工程量清单,通过换算后采用;三是部分套用,即是依据工程量清单,取其价格中的一部分使用。

例如:某合同钻孔桩的工程情况是,直径为1.0 m的共计长1 501 m,直径为1.2 m的共计长8 178 m,直径为1.3 m的共计长2 017 m。原合同规定选择直径为1.0 m的钻孔桩做静载破坏试验。显然,如果选择直径为1.2 m的钻孔桩做静载破坏试验对工程更具有代表性和指导意义,因此监理工程师决定变更。但在原工程量清单中仅有直径为1.0 m静载破坏试验的价格,没有直接或其他可套用的价格供参考。经过认真分析,监理工程师认为,钻孔桩做静载破坏试验的费用主要由两部分构成,一部分为试验费用,另一部分为桩本身的费用,而试验方法及设备并未因试验桩直径的改变而发生变化。因此,可认为试验费用没有增减,费用的增减主要来自由钻孔桩直径变化而引起的桩本身的费用的变化。直径为1.2 m的普通钻孔桩的单价在工程量清单中就可以找到,且地理位置和施工条件相近。因此,采用直径为1.2 m的钻孔桩做静载破坏试验的费用为:直径为1.0 m静载破坏试验费+直径为1.2 m的钻孔桩的清单价格。

2. 协商单价和价格

协商单价和价格是基于合同中没有或者有但不合适的情况而采用的一种方法。由双方协商，按照协商一致的价格执行；如果无法协商一致，可以由工程造价部门调解，如果双方或者一方无法接受，则应当按照合同纠纷的解决方法解决。

例如：某合同路堤土方工程完成后，发现原设计在排水方面考虑不周，为此业主同意在适当位置增设排水管涵。在工程量清单上有100多道类似管涵，但承包商却拒绝直接从中选择适合的作为参考依据。理由是变更设计提出时间较晚，其土方已经完成并准备开始路面施工，新增工程不但打乱了其进度计划，而且二次开挖土方难度较大，特别是重新开挖用石灰土处理过的路堤，与开挖天然表土不能等同。监理工程师认为承包商的意见可以接受，不宜直接套用工程量清单中的管涵价格。经与承包商协商，决定采用工程量清单上的几何尺寸、地理位置等条件相近的管涵价格作为新增工程的基本单价，但是其中的“土方开挖”一项在原报价基础上按某个系数予以适当提高，提高的费用叠加在基本单价上，构成新增工程价格。

三、FIDIC合同条件下工程的变更与估价

（一）FIDIC合同条件版本介绍

FIDIC合同条件是目前世界上运用最广泛、影响最大的国际通用合同之一，并且已成为国际土木建筑行业的具有国际权威的标准范本。FIDIC合同条件常用的有三个版本，第一个是1977年的第三版，第二个是1988年的第四次修订版，第三个就是最近出版的1999年版第一版。它包括以下四份新的合同文体：

（1）施工合同条件。

（2）永久设备和设计—建造合同条件。

（3）EPC/交钥匙项目合同条件。

（4）合同的简短格式。

在FIDIC编制的合同条件中，以施工合同条件影响最大、应用最广。在本章的以下内容中，如果没有特别指明，FIDIC合同条件仅指FIDIC施工合同条件。

在实际项目上选用哪个版本，本非是版本越新越好，往往是根据具体情况决定的，而且使用者的立场和出发点在版本的选择上起着重要作用。学习FIDIC合同关键是要掌握FIDIC合同的思维方式和处理问题的原则，这是解决实际问题的精髓。

（二）工程变更

1. 变更内容

根据FIDIC施工合同条件（1999年第一版）的约定，在颁发工程接收证书前的任何时间，工程师均可通过发布指示或要求承包商提交建议书的方式，提出变更。承包商应遵守并执行每项变更，除非承包商立即向工程师发出通知，说明（附详细根据）承包商难以取得变更所需的货物。工程师接到此类通知后，应取消、确认或改变原指示。每项变更可包括：

（1）合同中包括的任何工作内容的数量的改变（但此类改变不一定构成变更）。

为了便于合同管理，当事人双方应在专用条款内约定工程量变化的幅度，变化较大的

可以调整单价的百分比(视工程具体情况,可在15% ~25%范围内确定)。

(2)任何工作内容的质量或其他特性的改变。

(3)任何部分工程的标高、位置和尺寸的变化。

(4)删除任何合同约定的工作内容。

省略的工作应是不再需要的工程,不允许用变更指令的方法将承包范围内的工作变更给其他承包商实施。

(5)进行永久工程所必需的任何附加工作、永久设备、材料供应或其他服务,包括任何联合竣工检验、钻孔和其他检验以及勘察工作。

除非得到工程师指示或批准了变更,承包商不得对永久工作作任何改变和修改。

2. 变更程序

根据FIDIC施工合同条件(1999年第一版)的约定,在颁发工程接收证书前的任何时间,工程师可以通过发布变更指示或要求承包商递交建议书的任何一种方式提出变更。

1)指示变更

工程师在业主授权范围内根据施工现场的实际情况,在确属需要时有权发布变更指示。指示的内容应包括详细的变更内容、变更工程量、变更项目的施工技术要求和有关部门文件图纸,以及变更处理的原则。

2)要求承包商递交建议书后再确定的变更

(1)工程师将计划变更事项通知承包商,并要求他递交实施变更的建议书。

(2)承包商应尽快予以答复。承包商依据工程师的指示递交实施变更的说明,包括对实施工作的计划及说明、对进度计划作出修改的建议、对变更估价的建议、提出变更费用的要求。若承包商由于非自身原因无法执行此项变更,承包商应立刻通知工程师。

(3)工程师作出是否变更的决定,尽快通知承包商。

(4)承包商在等待答复期间,不应延误任何工作。

①承包商提出的变更建议书,只能作为工程师决定是否实施变更的参考。除工程师作出指示或批准以总价方式支付的情况外,每一项变更应依据计量工程量进行估价和支付。

②变更估价。

工程师对每一项工作的估价应与合同双方协商并尽力达成一致。如果未能达成一致,工程师应按照合同规定在考虑到实际情况后做出公正的决定。工程师应将每一项协议或决定向双方发出通知,并附有具体的证明材料。

③估价原则。

A. 变更工作在工程量表中有同种工作内容的单价,以该单价计算变更工程费用;

B. 工程量表中虽列有同类工作的单价或价格,但对具体变更工作而言已不适用,则应在原单价或价格的基础上制定合理的单价或价格;

C. 变更工作的内容在工程量表中没有同类工作的单价或价格,应按照与合同单价或价格相一致的原则,确定新的单价或价格。

④可以调整合同工作单价的原则。

具备以下条件时,允许对某一项工作的单价或价格加以调整:

A. 此项工作实际测量的工程量比工程量表或其他报表中规定的工程量的变动大于10%；

B. 工程量的变更与对该项工作规定的具体单价的乘积超过了接受的合同款额的0.01%；

C. 由此工程量的变更直接造成该项工作每单位工程量费用的变动超过1%。

【例7-1】 某项工作发包方提出的估计工程量为1 500 m^3，合同中规定工程单价为16元/m^3，实际工程量超过10%时，调整单价，单价为15元/m^3，结束时实际完成工程量1 800 m^3，则该项工作工程款为多少元？

解 $1\ 500\times(1+10\%)=1\ 650(m^3)$

$1\ 650\times16+(1\ 800-1\ 650)\times15=28\ 650$(元)

（三）工程变更的估价

除非合同中另有规定，工程师通过FIDIC施工合同条件（1999年第一版）第12.1款和第12.2款商定或确定测量方法及适宜的费率与价格，对各项工作的内容进行估价，再按FIDIC第3.5款商定或确定合同价格。

各项工作内容的适宜费率或价格，应为合同对此类工作内容规定的费率或价格，如合同中无此项内容，应取类似工作的费率或价格。但在以下情况下，宜对有关工作内容采用新的费率或价格。

1. 第一种情况

（1）如果此类工作实际测量的工程量比工程量表或其他报表中规定的工程量的变动大于10%。

（2）工程量的变化与该项工作规定的费率的乘积超过了中标合同金额的0.01%。

（3）由此工程量的变化直接造成该项工作单位成本的变动超过1%。

（4）该项工作不是合同中规定的“固定费率项目”。

2. 第二种情况

（1）此类工作是根据变更与调整的指示进行的。

（2）合同中没有规定此项工作的费率或价格。

（3）由于该项工作与合同中的任何工作没有类似的性质或不在类似的条件下进行，故没有一个规定的费率或价格适用。

特别强调的是，这个调价只适用于超出±10%（±15%）的部分，并以超出部分为调整基数。

每种新的费率或价格应考虑以上描述的有关事项对合同中相关费率或价格加以合理调整或提出。如果没有相关的费率或价格，应根据实施该工作的合理成本和合理利润，并考虑其他相关事项后提出。

工程师应在商定或确定适宜费率或价格前，确定用于其中付款证书的临时费率或价格。

【例7-2】 在工程量清单中C20混凝土的工程量为1 200 m^3，承包商在报价单中对此填报的单价为600元/m^3，后来由于工程变更，实际完成的C20混凝土数量为1 800 m^3，经工程师和承包商协商，新的混凝土单价为500元/m^3，试对该项工程进行变更估算。

解 原工程量报价 $1\ 200\times600=720\ 000$(元)

分析原工程量增加10%后工程量 $1\ 200\times(1+10\%)=1\ 320(m^3)$

超出的工程量 $1\ 800-1\ 320=480(m^3)$

该项变更工程估算值 $1\ 320\times600+480\times500=1\ 032\ 000$(元)

但对删减原定工作后(或当出现工程师的指示多为削减工程量,亦即不管汇总最终形成负数时)承包商的补偿问题也应给予考虑。当工程师发布删减工作的变更指示后承包商不再实施部分工作,合同价款中包括的直接费部分没有受到损害,但摊销在该部分的间接费、税金和利润则实际不能合理回收。其抗辩的理由是:随着实际工作量的减少,造成其按原标价对应工作量而已投入的人力、物力和机械设备等出现了意外闲置,施工组织安排被迫打乱并不断随之进行相应调整,因此增大了管理费的摊销比例,减少了预期利润的绝对值,所以仍应获得额外的费用补偿。因此,承包商可以就其损失向工程师发出通知并提供具体的证明资料,工程师与合同双方协商后确定一笔补偿金额加入到合同价内。如果双方不能达成一致意见,则工程师的决定是最终决定,由此可以反映工程师的权力之大及其重要性所在。因此,承包商必须注意与工程师建立良好的合作关系,注意加强沟通与交流,做好相互的协调工作。因为在一定的原则下,对工程变更的评估有很大的浮动空间,这将直接影响到承包商的实际利益。

由此也知,承包商在投标报价时,一定不要降低变更指示中可能经常使用的材料价格或单价,否则在以后的变更报价中会处处被动。另外,既然工程的变更也可以是承包商提出并被接纳的合理建议(须工程师书面确认),这就给承包商提供了一个创收的途径,承包商可根据自身的需要,从施工的角度对工程报价单中价格较低的工程内容多提一些好的变更建议。再者就是承包商还可以从合同文件中去发现和创造发布变更指令的机会,其中最常见的就是找漏项。

漏项一般分两类:一类是明显的,就是遗漏的部分是一个整体,显然它的发现比较容易,如在图纸中有的工程内容,在工程量清单中却遗漏了,这就足以构成一个实际的变更;另一类是隐形的,即遗漏的是一个整体中的一部分,这种遗漏是根据标准计量法(或规范)的规定来确定的,也就是说,在标准计量法中规定的一个分项工作内容以外的部分必须是要单独列出的。隐形变更的发现是钻了合同的空子,往往是一个意外的收获。有经验的承包商会经常在项目施工中努力发掘这两类漏项。

(四)按计日工的标准发出工程变更

对于一些小的或附带性的工作,监理工程师可以指示按计日工实施变更。这时,工作应当按照在合同中的计日的工作计划表进行估计。

第四节 索赔控制

索赔是工程承包合同履行中,当事人一方因对方不履行或不完全履行既定的义务,或者由于对方的行为使权利人受到损失时,要求对方补偿损失的权利。索赔是工程承包中经常发生并随处可见的正常现象。由于施工现场条件、气象条件的变化,施工进度的变化,以及合同条款、规范、标准文件和施工图纸的变更、差异、延误等因素的影响,工程承包中不可避免地出现索赔，进而导致项目的投资发生变化。因此，索赔的控制将是建设工程施工阶段投资控制的重要手段。

在实际工作中，索赔是双向的，既包括承包人向发包人提出的索赔，也包括发包人向承包人提出的索赔。但在工程实践中，发包人索赔数量较小，而且处理方便，可以通过冲账、扣拨工程款、扣保修金等方式实现对承包人的索赔；而承包人对发包人的索赔则比较困难一些。通常情况下，索赔是指在合同实施过程中，承包人（施工单位）对非自身原因造成的损失而要求发包人给予补偿的一种权利要求。常把发包人对承包人提出的索赔称为反索赔。

索赔的性质属于经济补偿行为，而不是惩罚。索赔成立必须具备以下三个条件：

（1）索赔事件的发生非承包商的原因。如由于发包人违约，发生应由发包人承担责任的特殊风险或遇到不利的自然灾害等情况。

（2）索赔事件的发生确实使承包商蒙受了损失。

（3）索赔事件发生后，承包商在规定的时间范围内，按照索赔的程序，提交了索赔意向书及索赔报告。

一、常见的索赔内容

（一）承包商向业主的索赔

1. 不利的自然条件与人为障碍引起的索赔

不利的自然条件是指施工中遭遇的实际自然条件比招标文件中所描述的更为困难和恶劣，是一个有经验的承包商无法预测的不利的自然条件与人为障碍，导致了承包商必须花费更多的时间和费用，在这种情况下，承包商可以向业主提出索赔要求。

一般来说，在招标文件中规定，由业主提供有关该项工程的勘察所取得的水文及地表以下的资料。但在合同中往往写明承包商在提交标书前，已对现场和周围环境及与之有关的可用资料进行了考察和检查，包括地表以下条件及水文和气象条件。承包商应对自己对上述资料的解释负责。但合同中经常还有另一条：在施工过程中，承包商如果遇到了现场气候条件以外的外界障碍或条件，在他看来这些障碍或条件是一个有经验的承包商无法预见的，则承包商应就此向监理工程师提供有关通知，并将一份副本呈交业主。收到此类通知后，如果监理工程师认为这类障碍或条件是一个有经验的承包商无法合理预见的，在与业主和承包商适当协商以后，应给予承包商延长工期和费用补偿的权利，但不包括利润。以上两条并存的合同文件，往往是承包商同业主及监理工程师各执行一端争议的缘由所在。

例如：某承包商投标获得一项铺设管道工程，根据标书中介绍的情况算标。工程开工后，当挖掘深 7.5 m 的坑时，遇到了严重的地下渗水，不得不安装抽水系统，并开动了达35 日之久，承包商对不可预见的额外成本要求索赔。但监理工程师根据承包商投标时业主已承认认真考察过现场并了解现场情况，包括地表地下条件和水文条件等，认为安装抽水机是承包商自己的事，拒绝补偿任何费用。承包商则认为这是业主提供的地质资料不实造成的。监理工程师则解释为，地质资料是真实的，钻探是在 5 月中旬进行，这意味着是在旱季季尾，而承包商的挖掘工程是在雨季中期进行的，承包商应预先考虑到会有一较高的水位，这种风险不是不可预见的，因此拒绝索赔。

2. 工程中人为障碍引起的索赔

在施工过程中，如果承包商遇到了地下构筑物或文物，如地下电缆、管道和各种装置等，只要是图纸上并未说明的，承包商应立即通知监理工程师，并共同讨论处理方案。如果导致工程费用增加，承包商即可提出索赔。这种索赔发生争议较少。由于地下构筑物和文物等确属是有经验的承包商难以合理预见的人为障碍，一般情况下，因遭遇人为障碍而要求索赔的数额并不太大，但闲置机器而引起的费用是索赔的主要部分。如需要减少突发障碍的影响，监理工程师应要求承包商详细编制工作计划，以便在必须停止一部分工作时，有其他工作可做。当未预知的情况所产生的影响不可避免时，监理工程师应立即与承包商就解决问题的方法和有关费用达成协议，给予工期延长和成本补偿。如果办不到的话，可发出变更命令，并确定合适的费率和价格。

【例7-3】 某工程项目在基础开挖过程中，发现古墓，承包商及时报告了监理工程师，由于进行考古挖掘，承包商提出如下索赔：

(1)由于挖掘古墓，承包商停工15天，要求业主顺延工期15天。

(2)由于停工，在现场的一台挖掘机闲置，要求业主索赔费用为

$$1\,000\text{ 元/台班}\times 15\text{ 台班}=1.5(\text{万元})$$

(3)由于停工，人员窝工损失为

$$60\text{ 元/工日}\times 15\text{ 日}\times 30\text{ 工}=2.7(\text{万元})$$

问：如何处理承包商的各项索赔？

解 认可工期顺延15天，同意补偿部分机械闲置费用。机械闲置台班单价按租凭台班费或机械折旧费计算，不应按台班费1 000元/台班计算，具体单价在合同中约定。

同意补偿部分人工窝工损失，不应按工日单价计算，具体窝工人工单价按合同约定计算。

3. 工程变更引起的索赔

在工程施工过程中，由于工地上不可预见的情况、环境的改变，或为了节约成本等，在监理工程师认为必要时，可以对工程或任何部分的外形、质量或数量作出变更。任何此类变更，承包商均不应以任何方式使合同作废或无效。但如果监理工程师确定的工程变更单价或价格不合理，或缺乏说服承包商的依据，则承包商有权就此向业主进行索赔。

4. 工期延期的索赔

工期延期的索赔通常包括两个方面：一是承包商要求延长工期；二是承包商要求偿付由于非承包商原因导致工程延期而造成的损失。一般这两方面的索赔报告要求分别编制。因为工期和费用索赔并不一定同时成立。例如：由于特殊恶劣气候等原因承包商可以要求延长工期，但不能要求补偿；也有些延误时间并不影响关键路线的施工，承包商可能得不到延长工期的承诺。但是，如果承包商能提出证据说明其延误造成的损失，就有可能有权获得这些损失的补偿。有时两种索赔可以混在一起，既可以要求延长工期，又有权获得这些损失的补偿。

1)工期索赔

承包商提出工期索赔，通常是由于下述原因引起的：

(1)合同文件的内容出错或互相矛盾。

(2)监理工程师在合理的时间内未曾发出承包商要求的图纸和指示。

(3)有关放线的资料不准。

(4)不利的自然条件。

(5)在现场发现化石、钱币、有价值的物品或文物。

(6)额外的样本与试验。

(7)业主和监理工程师命令暂停工程。

(8)业主未能按时提供现场。

(9)业主违约。

(10)业主风险。

(11)不可抗力。

由于以上原因要求延长工期,只要承包商能提出合理的证据,一般可获得监理工程师及业主的同意,有的还可索赔损失。

2)延期产生的费用索赔

以上提出的工期索赔中,凡属于客观原因造成的延期,属于业主也无法预见到的情况,如特殊反常天气等,承包商可得到延长工期,但得不到费用补偿。凡纯属业主方面的原因造成延期,不但应给承包商延长工期,还应给予费用补偿。

5.加速施工费用的索赔

一项工程可能遇到各种意外的情况或由于工程变更而必须延长工期,但由于业主的原因(如该工程已经出售给买主,需按议定时间呈交买主),坚持不给延期,迫使承包商加班赶工来完成工程,从而导致工程成本的增加。如何确定加速施工产生的附加费用,合同双方可能差距很大。因为影响附加费款额的因素很多,如投入的资源量,提前完工天数,加班津贴,施工新单价等。解决这一问题建议采用“奖金”的办法,鼓励承包商克服困难,加速施工。即规定当某一分部工程或分部分项工程每提前完工1天,发给承包商奖金若干。这种支付方式的优点是:不仅促使承包商早日建成工程,早日投入运行,而且计价方式简单,避免了计算加速施工、延长工期、调整单价等许多容易扯皮的烦琐计算和讨论。

6.业主不正当地终止工程而引起的索赔

由于业主不正当地终止工程,承包商有权要求补偿损失,其数额是承包商在被终止工程中的人工、材料、机械设备的全部支出,以及各项管理费用、保险费、贷款利息、保函费用的支出(减去已结算的工程款),并有权要求赔偿其盈利损失。

7.物价上涨引起的索赔

物价上涨是各国市场的普遍现象,尤其在一些发展中国家。由于物价上涨,人工费和材料费不断增长,引起了工程成本的增加。如何处理物价上涨引起的合同价调整问题,常用的办法有以下三种。

1)对固定总价合同不予调整

其适用于工期短、规模小的工程。

2)按价差调整合同价

在工程结算时,对人工费及材料费的价差,即现行价格与基础价格的差值,由业主向

承包商补偿。即

(1)材料价调整

$$材料价调整数=(现行价格-基础价格)\times材料数量 \tag{7-3}$$

(2)人工费调整

$$人工费调整数=(现时工资-基础工资)\times(实际工作小时数+加班工作小时数\times加班工资增加率) \tag{7-4}$$

(3)对管理费及利润不进行调整。

3)用调价公式调整合同价

在每月结算工程进度款时,利用合同文件中的调价公式,计算人工、材料等的调整数。

8. 法律、货币及汇率变化引起的索赔

1)法律改变引起的索赔

如果在基准日期(投标截止日期前的28天)以后,由于业主国家或地方的任何法规、法令、政令或其他法律或规章发生了变更,导致了承包商成本增加。对承包商由此增加的开支,业主应予以补偿。

2)货币及汇率变化引起的索赔

如果在基准日期以后,工程施工所在国政府或其授权机构对支付合同价格的一种或几种货币实行货币限制或货币汇兑限制,则业主应补偿承包商因此而受到的损失。

如果合同规定将全部或部分款额以一种或几种外币支付给承包商,则这项支付不应受上述指定的一种或几种外币与工程施工所在国货币之间的汇率变化的影响。

9. 拖延支付工程款的索赔

如果业主在规定的应付款时间内未能按工程师的任何证书向承包商支付应支付的款额,承包商可在提前通知业主的情况下,暂停工作或减缓工作速度,并有权获得任何误期的补偿和其他额外费用的补偿(如利息)。FIDIC合同规定,利息以高出支付货币所在国中央银行的贴现率加3%的年利率进行计算。

10. 业主的风险

1)FIDIC合同条件对业主风险的定义

业主的风险是指:

(1)战争、敌对行动(不论宣战与否)、入侵、外敌行动。

(2)工程所在国国内的叛乱、恐怖主义、革命、暴动、军事政变或篡夺政权,或内战。

(3)承包商人员及承包商和分包商的其他雇员以外的人员在工程所在国国内的暴乱、骚动或混乱。

(4)工程所在国国内的战争军火、爆炸物资、电离辐射或放射性引起的污染,但可能由承包商使用此类军火、炸药、辐射或放射性引起的除外。

(5)由音速或超音速飞行的飞机或飞行装置所产生的压力波。

(6)除合同规定外业主使用或占有的永久工程的任何部分。

(7)由业主人员或业主对其负责的其他人员所做的工程任何部分的设计。

(8)不可预见的或不能合理预期一个有经验的承包商已采取适宜预防措施的任何自然力的作用。

2）业主风险的后果

如果上述业主风险列举的任何风险达到对工程、货物，或承包商文件造成损失、损害的程度，承包商应立即通知工程师，并应按照工程师的要求，修正此类损失或损害。

如果因修正此类损失或损害使承包商遭受延误和（或）招致增加费用，承包商应进一步通知工程师，并根据承包商的索赔的规定，有权要求：

（1）根据竣工时间的延长的规定，如果已经竣工或将受到延误，对任何此类延误给予延长期；

（2）任何此类成本应计入合同价格，给予支付。如有业主的风险的第6项和第7项的情况，还应包括合理的利润。

11. 不可抗力

1）FIDIC 合同条件对不可抗力的定义

不可抗力是指某种异常事件或情况：

（1）一方无法控制的。

（2）该方在签订合同前，不能对之进行合理准备的。

（3）发生后，该方不能合理避免或克服的。

（4）不能主要归因他方的。

只要满足上述（1）、（2）项的条件，不可抗力可以包括但不限于下列各种异常事件或情况：

（1）战争、敌对行动（不论宣战与否）、入侵、外敌行为。

（2）叛乱、恐怖主义、革命、暴动、军事政变或篡夺政权，或内战。

（3）承包商人员和承包商的其他雇员以外的人员的骚动、喧闹、混乱、罢工或停工。

（4）战争军火、爆炸物资、电离辐射或放射性污染，但可能因承包商使用此类军火、炸药、辐射或放射性引起的除外。

（5）自然灾害，如地震、飓风、台风或火山活动。

2）不可抗力的后果

如果承包商因不可抗力，妨碍其履行合同规定的任何义务，使其遭受延误和（或）招致增加费用，承包商有权根据承包商的索赔的规定要求：

（1）根据竣工时间的延长的规定，如果已经竣工或将受到延误，对任何此类延误给予延长期。

（2）如果是不可抗力的定义中第（1）、（2）项所述的事件或情况，并且第（2）~（4）项所述事件或情况发生在工程所在国，对任何此类费用应给予支付。

3）处理原则

因不可抗力事件导致延误的工期顺延，费用由双方按以下原则承担：

（1）工程本身的损害、因工程损害导致第三方人员伤亡和财产损失以及运至施工场地用于施工的材料与待安装的设备的损害，由发包人承担。

（2）发包人、承包人人员伤亡由其所在单位负责，并承担相应费用。

（3）承包人机械设备损坏及停工损失，由承包人承担。

（4）停工期间，承包人应工程师要求留在施工场地的必要管理人员及保卫人员的费用由发包人承担。

(5)工程所需清理、修理费用,由发包人承担。

综合以上几种情况,常见的几种施工索赔处理见表7-2。

表7-2　索赔原因与处理

索赔原因	责任者	处理原则	索赔结果
工程变更	业主、工程师	工程期延、补偿费用	工期 + 费用
业主拖延工程款	业主	工程期延、补偿费用	工期 + 费用
施工中遇到文物、构筑物	业主	工程期延、补偿费用	工期 + 费用
工期延误	业主	工程期延、补偿费用	工期 + 费用
异常恶劣气候、天灾等不可抗力	客观原因	工程期延、费用不补	工期
业主不正当终止合同	业主	补偿损失	费用

【例7-4】　某工程项目,业主与承包人按《建设工程施工合同(示范文本)》(GF—1999—0201)签订了工程施工合同,甲乙双方分别办理了人身及财产保险。工程施工过程中发生了几十年未遇的强台风,造成了工期及经济损失,承包商向工程师提出如下索赔要求:

(1)由于台风,造成承包方多人受伤,承包方支出医疗及修养补偿费用1.32万元,要求业主给予赔偿。

(2)由于施工现场施工机械损坏,用去修理费0.89万元,要求业主给予赔偿。

(3)由于现场停工,造成的设备租赁费用及人工窝工2.041万元,要求业主给予赔偿。

(4)由于台风,造成部分已建且已验收的分部分项工程损失,用去修复处理费用4.75万元,要求业主给予赔偿。

(5)由于清理灾后现场工作,需要费用1.3万元,要求业主给予赔偿。

(6)造成现场停工5天,要求业主顺延工期5天。

问:如何处理以上各项承包商提出的索赔要求?

解　(1)承包方人员受伤费用不予认可,由承包商承担。

(2)机械损坏的修理费用索赔不予认可。

(3)停工期间的设备租赁费及人员窝工费不予认可。

(4)已建工程损坏的修复费用应由业主给予赔偿。

(5)灾后清理现场的工作费用应由业主承担。

(6)停工5天,相应顺延。

表7-3为FIDIC施工合同条件(1999年第一版)中承包商可引用的索赔条款。工程项目的索赔管理人员应能熟练应用合同条款来论证自己的索赔权,这些条款以及标出的索赔内容、补偿事项是相当明确和具体的。

(二)业主向承包商的索赔

由于承包商不履行或不完全履行约定的义务,或者由于承包商的行为使业主受到损失时，业主为了维护自己的利益，可向承包商提出索赔，这种索赔称为反索赔。常见的业主反索赔有以下几个方面。

表 7-3　FIDIC 施工合同条件（1999 年第一版）中承包商可引用的索赔条款

序号	合同条款	条款主要内容	索赔内容
1	1.3	通信交流	$T+C+P$
2	1.5	文件的优先次序	$T+C+P$
3	1.8	文件有缺陷或技术性错误	$T+C+P$
4	1.9	延误的图纸或指标	$T+C+P$
5	1.13	遵守法律	$T+C+P$
6	2.1	业主未能提供现场	$T+C+P$
7	2.3	业主人员引起的延误、妨碍	$T+C$
8	3.3	工程师的指示	$T+C+P$
9	4.7	因工程师数据差错，放线错误	$T+C+P$
10	4.10	业主应提供现场数据	$T+C+P$
11	4.12	不可预见的物质条件	$T+C$
12	4.20	业主设备和免费供应的材料	$T+C$
13	4.24	发现化石、硬币或有价值的文物	$T+C$
14	5.2	指定分包商	$T+C+P$
15	7.4	工程师改变规定试验细节或附加试验	$T+C+P$
16	8.3	进度计划	$T+C+P$
17	8.4	竣工时间的延长	$T+C+P$
18	8.5	当局造成的延长	T
19	8.9	暂停施工	$T+C$
20	10.2	业主接受或使用部分工程	$C+P$
21	10.3	工程师对竣工试验干扰	$T+C+P$
22	11.8	工程师指令承包商调查	$C+P$
23	12.3	工作测出的数量超过工程量表的 10%	$T+C+P$
24	12.4	删减	C
25	13	工程变更	$T+C+P$
26	13.7	法规改变	$T+C$
27	13.8	成本的增减	C
28	14.8	延误的付款	$T+C+P$
29	15.5	业主终止合同	$C+P$
30	16.1	承包商暂停工作的权利	$T+C+P$
31	16.4	终止时的付款	$T+C+P$
32	17.4	业主的风险	$T+C+P$
33	18.1	当业主为应投保方而未投保时	C
34	19.4	不可抗力	$T+C$
35	20.1	承包商的索赔	$T+C+P$

注：T—工期；C—成本；P—利润。

1. 工期延误索赔

在工程项目的施工过程中，由于多方面的原因，往往使竣工日期拖后，影响到业主对该工程的利用，给业主带来经济损失，按惯例，业主有权对承包商进行索赔，即由承包商支付误期损害赔偿费。承包商支付误期损害赔偿费的前提是：这一工期延误的责任在于承包商。施工合同中的误期损害赔偿费，通常是由业主在招标文件中确定的。业主在确定误期损害赔偿费的费率时，一般要考虑以下因素：

(1)业主盈利损失。

(2)由于工程拖期而引起的贷款利息增加。

(3)工程拖期带来的附加监理费。

(4)由于工程拖期不能使用，继续租用原建筑物或租用其他建筑物的租赁费。

至于误期损害赔偿费的计算方法，在每个合同文件中均有具体规定。一般按每延误一天赔偿一定的款额计算，累计赔偿额一般不超过合同总额的5%～10%。

2. 质量不满足合同要求索赔

当承包商的施工质量不符合合同的要求，或使用的设备和材料不符合合同规定，或在缺陷责任期未满以前未完成应该负责修补的工程时，业主有权向承包商追究责任，要求补偿所受的经济损失。如果承包商在规定的期限内未完成缺陷修补工作，业主有权雇佣他人来完成工作，由此发生的成本和利润由承包商负担。如果承包商自费修复，则业主可索赔重新检验费。

3. 承包商不履行的保险费用索赔

如果承包商未能按照合同条款指定的项目投保，并保证保险有效，业主可以投保并保证保险有效，业主所支付的必要的保险费可在应付给承包商的款项中扣回。

4. 对超额利润的索赔

如果工程量增加很多，使承包商预期的收入增大，因工程量增加承包商并不增加任何固定成本，合同价应由双方讨论调整，收回部分超额利润。

由于法规的变化导致承包商在工程实施中降低了成本，产生了超额利润，应重新调整合同价格，收回部分超额利润。

5. 对指定分包商的付款索赔

在承包商未能提供已向指定分包商付款的合理证明时，业主可以直接按照监理工程师的证明书，将承包商未付给指定分包商的所有款项(扣除保留金)付给这个分包商，并从应付给承包商的任何款项中如数扣回。

6. 业主合理终止合同或承包商不正当地放弃工程的索赔

如果业主合理地终止承包商的承包，或者承包商不合理放弃工程，则业主有权从承包商手中收回由新的承包商完成工程所需的工程款与原合同未付部分的差额。

二、索赔费用的计算

(一)索赔费用的组成

索赔费用的主要组成部分同工程款的计价内容相似。按我国现行规定，建安工程合同价包括直接工程费、间接费、计划利润和税金。我国的这种规定，同国际上通行的做法还不完全一致。按国际惯例，建安工程合同价一般包括直接费、间接费和利润。直接费包括人工费、材料费和施工机械使用费。间接费包括工地管理费、保险费、利息、总部管理费等。一般承包商可索赔的具体费用内容如图 7-7 所示。

- 可索赔的费用
  - 直接费
    - 人工费
    - 材料费
    - 施工机械使用费
  - 分包费
  - 间接费
    - 工地管理费
    - 保函手续费
    - 保险费
    - 临时设施费
    - 咨询费
    - 交通设施费
    - 总部管理费
    - 代理费
    - 利息
    - 税金
    - 其他
      - 管理人员工资
      - 通信费
      - 办公费
      - 差旅费
      - 职工福利费
  - 利润

图 7-7　承包商可索赔的具体费用内容

从原则上说，承包商有索赔权利的工程成本增加，都是可以索赔的费用。这些费用都是承包商为了完成额外的施工任务而增加的开支。但是，对于不同原因引起的索赔，承包商可索赔的具体费用内容是不完全一样的。哪些内容可索赔，要按照各项费用的特点、条件进行分析论证。现概述如下。

1. 人工费

人工费包括施工人员的基本工资、工资性质的津贴、加班费、奖金以及法定的安全福利等费用。对于索赔费用中的人工费部分而言，人工费是指完成合同之外的额外工作所花费的人工费用，由于非承包商责任的工效降低所增加的人工费用，超过法定工作时间加班劳动，法定人工费增长以及非承包商责任工程延误导致的人员窝工费和工资上涨费等。

【例 7-5】　人工费索赔款额的计算。

某承包商对一项 10 000 延长米的木窗帘盒装修工程进行承包，在他的报价中说明，计划用工 2 498 工日，即工效为 2 498 工日/10 000 m = 0. 249 8 工日/m。每工日工资按 40 元计，共计报价人民币 99 920 元。

在装修过程中，由于业主供应木料不及时，影响了承包商的工作效率，完成 10 000 延长米的木窗帘盒的装修工作实际用 2 700 工日，由于工期拖延，导致工资上涨，实际支付工资按43元/工日计，共实际支付116 100元。

在这项承包工程中，承包商遇到了非承包商原因造成的工期延长和工资提高的损失。在索赔报告中，试分析计算人工费的索赔。

解 实际用工 2 700工日　　计划用工 2 498工日

实际支付工资 43元/工日　　计划工资 40元/工日

2 700 × 43=116 100（元）　　2 700 × 40=108 000（元）　　2 498 × 40=99 920（元）

实际成本　　计划成本

由于工资提高增加开支　　由于工效降低增加开支

116 100−108 000=8 100（元）　　108 000−99 920=8 080（元）

两项造成成本增加

8 100+8 080=16 180（元）

这项成本增加是业主方面原因造成的，故业主同意予以补偿。

2. 材料费

材料费的索赔包括：

（1）由于索赔事项材料实际用量超过计划用量而增加的材料费。

（2）由于客观原因材料价格大幅度上涨。

（3）由于非承包商责任工程延误导致的材料价格上涨和超期储存费用。

材料费中应包括运输费、仓储费，以及合理的损耗费用。如果由于承包商管理不善，造成材料损坏失效，则不能列入索赔计价。

3. 施工机械使用费

施工机械使用费的索赔包括：

（1）由于完成额外工作增加的机械使用费。

（2）非承包商责任工效降低增加的机械使用费。

（3）由于业主或监理工程师原因导致机械停工的窝工费。窝工费的计算，如是租赁设备，一般按实际租金和调进调出费的分摊计算；如是承包商自有设备，一般按台班折旧费计算，而不能按台班费计算，因台班费中包括了设备使用费。

4. 分包费

分包费索赔指的是分包商的索赔费，一般也包括人工、材料、机械使用费的索赔。分包商的索赔应如数列入总承包商的索赔款总额以内。

5. 工地管理费

索赔款中的工地管理费是指承包商完成额外工程、索赔事项工作以及工期延长期间的工地管理费，包括管理人员工资、办公费、交通费等。但如果对部分工人窝工损失索赔，因其他工程仍然进行，可能不予计算工地管理费索赔。

6. 利息

在索赔款额的计算中，经常包括利息。利息的索赔通常发生于下列情况：

(1)拖期付款的利息。

(2)由于工程变更和工程延期增加投资的利息。

(3)索赔款的利息。

(4)错误扣款的利息。

至于这些利息的具体利率应是多少，在实践中可采用不同的标准，主要有这样几种：

(1)按当时的银行贷款利率。

(2)按当时的银行透支利率。

(3)按合同双方协议的利率。

(4)按中央银行贴现率加3%。

7. 总部管理费

索赔款中的总部管理费主要是指工程延误期间所增加的管理费。这项索赔款的计算，目前没有统一的方法。在国际工程施工索赔中，总部管理费的计算有以下几种：

(1)按照投标书中总部管理费的比例(3%～8%)计算

$$\text{总部管理费} = \text{合同中总部管理费比率} \times (\text{直接费索赔款额} + \text{工地管理费索赔款额等}) \tag{7-5}$$

(2)按照公司总部统一规定的管理费比率计算

$$\text{总部管理费} = \text{公司管理费比率} \times (\text{直接费索赔款额} + \text{工地管理费索赔款额等}) \tag{7-6}$$

(3)以工程延期的总天数为基础，计算总部管理费的索赔额，计算公式如下

$$\text{对某一工程提取的管理费} = \text{同期内公司的总管理费} \times \frac{\text{该公司的合同额}}{\text{同期内公司的总合同额}} \tag{7-7}$$

$$\text{该公司的每日管理费} = \frac{\text{该公司向总部上缴的管理费}}{\text{合同实施天数}} \tag{7-8}$$

$$\text{索赔的总部管理费} = \text{该公司的每日管理费} \times \text{工程延期的天数} \tag{7-9}$$

8. 利润

一般来说，由于工程范围的变更、文件有缺陷或技术性错误、业主未能提供现场等引起的索赔，承包商可以列入利润。但对于工程暂停的索赔，由于利润通常是包括在每项实施的工程内容的价格之内的，而延误工期并未影响削减某些项目的实施而导致利润减少，所以一般监理工程师很难同意在工程暂停的费用索赔中加进利润损失。

索赔利润的款额计算通常与原报价单中的利润百分率保持一致，即在成本的基础上，增加原报价单中的利润率，作为该项索赔款的利润。

(二)索赔费用的计算方法

1. 实际费用法

实际费用法又称为实际成本法，是承包商以某项索赔工作的实际成本为依据，向业主

要求费用补偿。实际费用法是工程索赔计算时最常用的一种方法。这种方法的计算原则是,以承包商为某项索赔工作所支付的实际开支为根据,向业主要求费用补偿。

用实际费用法计算时,在直接费的额外费用部分的基础上,再加上应得的间接费和利润,即是承包商应得的索赔金额。由于实际费用法所依据的是实际发生的成本记录或单据,所以在施工过程中,系统而准确地积累记录资料是非常重要的。

2. 总费用法

总费用法即总成本法,就是当发生多次索赔事件以后,重新计算该工程的实际总费用,实际总费用减去投标报价时的估算总费用,即为索赔金额,即

$$索赔金额=实际总费用-投标报价估算总费用 \tag{7-10}$$

在计算索赔款时,只有当实际费用法难以采用时,才使用总成本法。采用总成本法时一般要具备以下条件:

(1)由于该项索赔在施工时的特殊性质,难以或不可能精确计算出承包商损失的款额,即额外费用。

(2)承包商对工程项目的报价(即投标时的估算总费用)是比较合理的。

(3)已开支的实际总费用经过逐项审核,认为是比较合理的。

(4)承包商对已发生的费用增加没有责任。

(5)承包商有较丰富的工程施工管理经验和能力。

在施工索赔中,不少人对采用该方法计算索赔费用持批评态度,因为实际发生的总费用中可能包括了承包商的原因,如施工组织不善、工效太低、浪费材料而增加的费用,同时投标报价估算的总费用却因为想中标而过低。因此,采用总费用法计算索赔款,往往会遇到较多困难。总费用法只有在难以采用实际费用法时才应用,并在国际工程施工索赔中保留它的位置。这主要是因为对于某些索赔事项,要精确计算出索赔款项是很困难的,有时甚至是不可能的。在这种情况下,逐项核实已开支的实际总费用,取消不合理的部分,然后减去报价时的估算费用,仍可以比较合理地进行索赔款的计算。

3. 修正的总费用法

修正的总费用法是对总费用法的改进,即在总费用计算的原则上,去掉一些不合理的因素,使其更合理。

修正的内容如下:

(1)将计算索赔款的时段局限于受到外界影响的时间,而不是整个施工期。

(2)只计算受影响时段内的某项工作所受影响的损失,而不是计算该时段内所有施工工作所受的损失。

(3)与该项工作无关的费用不列入总费用中。

(4)对投标报价费用重新进行核算。按受影响时段内该项工作的实际单价进行核算,乘以实际完成的该项工作的工程量,得出调整后的报价费用。

(5)在受影响时段内受影响的某项工程施工中,使用的人工、设备、材料等资源均有可靠的记录资料,如工程师的施工日志、现场施工记录等。

按修正后的总费用计算索赔金额的公式如下:

$$索赔金额=某项工作调整后的实际总费用-该项工作调整后的报价费用 \tag{7-11}$$

修正的总费用法与总费用法相比，有了实质性的改进，它的准确程度已接近于实际费用法。

【例 7-6】 某高速公路由于业主高架桥修改设计，监理工程师下令承包商暂停工程 1 个月。试分析在这种情况下，承包商可索赔哪些费用？

解 可索赔如下费用：

(1) 人工费。对于不可辞退的工人，索赔人工窝工费，应按人工工日成本计算；对于可以辞退的工人，可索赔人工上涨费。

(2) 材料费。可索赔超期储存费用或材料价格上涨费。

(3) 施工机械使用费。可索赔机械窝工费或机械台班上涨费。自有机械窝工费一般按台班折旧费索赔，租赁机械一般按实际租金和调进调出的分摊费计算。

(4) 分包费用。指由于工程暂停分包商向总包商索赔的费用。总包商向业主索赔应包括分包商向总包商索赔的费用。

(5) 工地管理费。由于全面停工，可索赔增加的工地管理费。可按日计算，也可按直接成本的百分比计算。

(6) 保险费。可索赔延期 1 个月的保险费。按保险公司保险费率计算。

(7) 保函手续费。可索赔延期 1 个月的保函手续费。按银行规定的保函手续费率计算。

(8) 利息。可索赔延期 1 个月增加的利息支出。按合同约定的利率计算。

(9) 总部管理费。由于全面停工，可索赔延期增加的总部管理费。可按总部规定的百分比计算。如果工程只是部分停工，监理工程师可能不同意总部管理费的索赔。

4. 分项法

分项法是按每个索赔事件所引起损失的费用项目分别分析计算索赔值的一种方法，是工程索赔计算中最常用的一种方法。

第五节 工程结算

一、工程价款的结算

(一) 工程价款的主要结算依据和方式

1. 工程价款结算依据

工程价款结算应按合同约定办理，合同未作约定或约定不明的，发、承包双方应依照下列规定与文件协商处理：

(1) 国家有关法律、法规和规定。

(2) 国务院建设行政主管部门，省、自治区、直辖市或有关部门发布的工程造价计价标准及计价办法等有关规定。

(3) 建设项目的合同、补充协议、变更签证和现场签证，以及经发、承包人认可的其他有效文件。

(4) 其他可依据的材料。

2. 工程价款结算方式

按现行规定，工程价款结算可以根据不同情况采取多种方式。

1）按月结算

实行月末和月中预支，月终结算，竣工后清算的方法。跨年度竣工的工程，在年终进行工程盘点，办理年度结算。我国现行的建筑安装工程价款结算中，相当一部分实行这种按月结算的方法。

2）竣工后一次结算

建设项目或单项工程全部建设安装工程建设期在12个月以内，或者工程承包合同价值在100万元以下的，可以实行工程价款每月月中预支，竣工后一次结算。

3）分段结算

对于当年开工但不能当年竣工的单项工程或单位工程，可以按照工程的实际进度，划分不同的阶段进行结算。具体的分段划分标准，可以由业主和承包商在施工合同中约定。如某业主与承包商在施工合同中约定如下：

（1）基础工程完成后，拨付工程款的20%。

（2）主体工程完成后，拨付工程款的30%。

（3）装修工程完成后，拨付工程款的20%。

（4）屋面工程完工后，拨付工程款的10%。

（5）工程竣工验收后，拨付工程款的15%。

实行竣工后一次结算和分段结算的工程，当年结算的工程款应与分年度的工作量一致，年终不另清算。

4）目标结款方式

目标结款方式即在工程合同中，将承包工程的内容分解成不同的控制界面，以业主验收控制界面作为支付工程价款的前提条件。也就是说，将合同中的工程内容分解成不同的验收单元，当承包商完成单元工程内容并经业主（或其委托人）验收后，业主支付构成单元工程内容的工程价款。

在目标结款方式下，承包商要想获得工程价款，必须按照合同约定的质量标准完成界面内的工程内容；要想尽早获得工程价款，则必须充分发挥自己的组织实施能力，在保证质量的前提下，加快施工进度。当承包商拖延工期时，则业主推迟付款，增加承包商的财务费用、运营成本，降低承包商的收益，客观上使承包商因延迟工期而遭受损失；同样，当承包商积极组织施工，提前完成控制界面内的工程内容时，承包商可提前获得工程价款，增加承包商收益，客观上使承包商因提前工期而增加了有效利润。同时，因承包商在界面内质量达不到合同约定的标准而业主不予验收，承包商也会因此而遭受损失。可见，目标结款方式实质上是运用合同手段、财务手段对工程的完成进行主动控制。

目标结款方式中，对控制界面的设定应明确描述，以便于量化和质量控制，同时要适应项目资金的供应周期和支付频率。

5）结算双方约定的其他结算方式

施工企业在采用按月结算工程价款方式时，要先取得各月实际完成的工程数量，并按照工程预算定额中的工程直接费预算单价、间接费用定额和合同中采用的利税率，计算出已完工程造价。实际完成的工程数量，由施工单位根据有关资料计算，并编制已完工程月报表，然后按照发包单位编制已完工程月报表，将各个发包单位的本月已完工程造价汇总反映。再根据已完工程月报表编制工程价款结算账单，与已完工程月报表一起分送发包单位和经办银行，据以办理结算。

施工企业在采取分段结算工程价款方式时，要在合同中规定工程部位完工的月份，根据已完工程部位的工程数量计算已完工程造价，按发包单位编制已完工程月报表和工程价款结算账单。

对于工期较短、能在年度内竣工的单项工程或小型建设项目，可在工程竣工后编制工程价款结算账单，按合同中的工程造价一次结算。

工程价款结算账单是办理工程价款结算的依据。工程价款结算账单中所列应收工程款应与随同附送的已完工程月报表中的工程造价相符，工程价款结算账单除应列明应收工程款外，还应列明应扣预收工程款、预收备料款、发包单位供给材料价款等应扣款项，算出本月实收工程款。

为保证工程按期收尾竣工，工程在施工期间，不论工程长短，其结算工程款，一般不得超过承包工程价值的95%，结算双方可以在5%的幅度内协商确定尾款比例，并在工程承包合同中说明。施工企业如已向发包单位出具履约保函或有其他保证的，可以不留工程尾款。

已完工程月报表和工程价款结算账单的格式见表7-4、表7-5。

表7-4　已完工程月报表

发包单位名称：　　　　　　　　　　　　　　　　　　　　　　　　　　（单位：元）

单项工程和单位工程名称	合同造价	建筑面积	开、竣工日期		实际完成数		备注
			开工日期	竣工日期	至上月（期）止已完工程累计	本月（期）已完工程	

施工企业：　　　　　　　　　　　　　　　　　　　　　编制日期：　　年　月　日

表7-5　工程价款结算账单

发包单位名称：　　　　　　　　　　　　　　　　　　　　　　　　　　（单位：元）

单项工程和单位工程名称	合同造价	本月（期）应收工程款	应扣款项			本月（期）实收工程款	尚未归还	累计已收工程款	备注
			合计	预收工程款	预收备料款				

施工企业：　　　　　　　　　　　　　　　　　　　　　编制日期：　　年　月　日

（二）工程预付款

工程预付款是建设工程施工合同订立后由发包人按照合同约定，在正式开工前预先支付给承包人的工程款。它是施工准备和所需要材料、结构件等流动资金的主要来源，国内习惯上又称为预付备料款。工程预付款的具体事宜由发、承包双方根据建设行政主管部门的规定，结合工程款、建设工期和包工包料情况在合同中约定。

《建设工程施工合同（示范文本）》（GF—1999—0201）中，对有关工程预付款作了如下约定：实行工程预付款的，双方应当在专用条款内约定发包人向承包人预付工程款的时间和数额，开工后按约定的时间和比例逐次扣回。预付时间应不迟于约定的开工日期前7天。发包人不按约定预付，承包人在约定预付时间7天后向发包人发出要求预付的通知，发包人收到通知后仍不能按要求预付的，承包人可在发出通知后7天停止施工，发包人应从约定应付之日起向承包人支付应付款的贷款利息，并承担违约责任。

工程预付款仅用于承包方支付施工开始时与本工程有关的动员费用。如承包方滥用此款，发包方有权收回。在承包方向发包方提交金额等于预付款数额（发包方认可的银行开出）的银行保函，发包方按规定的金额和规定的时间向承包方支付预付款，发包方全部扣回预付款之前，该银行保函将一直有效。当预付款被发包方扣回时，银行保函金额相应递减。

工程预付款额度，各地区、各部门的规定不完全相同，主要是保证施工所需材料和构件的正常储备。一般是根据施工工期、建安工作量、主要材料和构件费用占建安工作量的比例以及材料储备周期等因素经测算来确定。

1. 在合同条件中约定

发包人根据工程的特点、工期长短、市场行情、供求规律等因素，招标时在合同条件中约定工程预付款的百分比。

2. 公式计算法

公式计算法是根据主要材料（含结构件等）占年度承包工程总价的比重，材料储备定额天数和年度施工天数等因素，通过公式计算预付备料款额度的一种方法。

其计算公式是

$$\text{工程预付款数额}=\frac{\text{工程总价}\times\text{材料比重}(\%)}{\text{年度施工天数}}\times\text{材料储备定额天数} \tag{7-12}$$

$$\text{工程预付款比例}=\frac{\text{工程预付款数额}}{\text{工程总价}}\times 100\% \tag{7-13}$$

其中，年度施工天数按365日历天计算；材料储备定额天数由当地材料供应的在途天数、加工天数、整理天数、供应间隔天数、保险天数等因素确定。

【例7-7】 设某单位住宅楼施工图预算造价为250万元，计划工期为320天，预算价值中的材料费占65%，材料储备期为100天，试计算甲方应向乙方预付备料款的金额。

解 甲方应向乙方预付备料款为

$$250\times 0.65/320\times 100=50.78(\text{万元})$$

（三）工程预付款的扣回

发包人支付给承包人的工程预付款的性质是预支。随着工程进度的推进，拨付的工程进度款数额不断增加，工程所需主要材料、构件的用量逐渐减少，原已支付的预付款应以抵扣的方式予以陆续扣回。扣款的方法有以下几点。

（1）从未施工工程尚需的主要材料及构件的价值相当于工程预付款数额时扣起，从每次中间结算工程价款中，按材料及构件比重扣抵工程价款，至竣工之前全部扣清。因此，确定起扣点是工程预付款起扣的关键。

确定工程预付款起扣点的依据是：未完施工工程所需主要材料和构件的费用，等于工程预付款的数额。

工程预付款起扣点可按下式计算

$$T = P - M/N \tag{7-14}$$

式中 T——起扣点，即工程预付款开始扣回的累计完成工程金额；

P——承包工程合同总额；

M——工程预付款数额；

N——主要材料、构件所占比重。

【例 7-8】 某工程合同总额 200 万元，工程预付款为 24 万元，主要材料、构件所占比重为 60%，问起扣点为多少万元？

解 按起扣点公式计算

$$T = 200 - 24/60\% = 160(\text{万元})$$

则当工程完成 160 万元时，木项工程预付款开始起扣。

(2)扣款的方法也可以在承包方完成金额累计达到合同总价的一定比例后(双方合同约定)，由承包方开始向发包方还款，发包方从每次应付给承包方的金额中扣回工程预付款，发包方至少在合同规定的完工期前将工程预付款的总计金额逐次扣回。发包方不按规定支付工程预付款，承包方依《建设工程施工合同(示范文本)》(GF—1999—0201)的规定享有权利。

(3)由发包人和承包人通过洽商，用合同的形式予以确定，采用等比率或等额分次扣清。

在实际经济活动中，情况比较复杂，有些工程工期较短，就无须分期扣回；有些工程工期较长，如跨年度施工，预付款可以不扣或少扣，并于次年按预付款调整，多退少补。具体地说，跨年度工程，预计次年承包工程价值大于或相当于当年承包工程价值，可以不扣回当年的预付款；如小于当年承包工程价值，应按实际承包工程价值进行调整，在当年扣回部分预付款，并将未扣回部分转入次年，直到竣工年度，再按上述办法扣回。

①工程预付款的起扣造价。

工程预付款的起扣造价是指工程预付款起扣时的工程造价。也就是说，工程进行到什么地方，就应该开始起扣工程预付款。应当说，当未完工程所需要的材料费，正好等于工程预付款时开始起扣，即未完工程材料费等于工程预付款。

$$\text{未完工程材料费} = \text{未完工程造价} \times \text{材料费比重} \tag{7-15}$$

$$\text{未完工程造价} = \text{工程预付款}/\text{材料费比重} \tag{7-16}$$

$$\text{起扣造价} = \text{工程总造价} - \text{未完工程造价} \tag{7-17}$$

②工程预付款的起扣时间。

工程预付款的起扣时间是指工程预付款起扣时的工程进度。

$$\text{工程预付款的起扣进度} = \text{工程预付款的起扣造价}/\text{工程总造价} \times 100\% \tag{7-18}$$

(四)工程进度款

施工企业在施工过程中,根据合同约定的结算方式,按逐月、形象进度或控制界面,按已经完成的工程量计算各项费用,向业主办理工程款结算的过程,叫工程进度款结算,也叫中间结算。

1. 工程进度款的组成

财政部制定的《企业会计准则——建造合同》中对合同收入的组成内容进行了解释。合同收入包括两部分内容。

(1)合同中规定的初始收入,即建造承包商与客户在双方签订的合同中最初商定的合同总金额,它构成了合同收入的基本内容。

(2)因合同变更、索赔、奖励等构成的收入,并不构成合同双方在签订合同时已在合同中商定的合同总金额,而是在执行合同过程中由于合同变更、索赔、奖励等原因而形成的追加收入。

施工企业在结算工程价款时,应计算已完工程的工程价款。由于合同中的工程造价,是施工企业在工程投标时中标的标函中的标价,它往往在施工图预算的工程预算价值上下浮动。因此,已完工程的工程价款,不能根据施工图预算中的工程预算价值计算,只能根据合同中的工程造价计算。为了简化计算手续,可先计算工程合同造价与工程预算成本的比率,再根据这个比率乘以已完工程预算成本,得到已完工程价款,其计算公式如下

$$\text{某项工程已完工程价款} = \text{该项工程已完工程预算成本} \times \frac{\text{该项工程合同造价}}{\text{该项工程预算成本}} \tag{7-19}$$

式中,该项工程预算成本为该项工程施工图预算中的总预算成本,该项工程已完工程预算成本是根据实际完成工程量和相应的预算(直接费)单价与间接费定额算得的预算成本。如预算中间接费定额包括管理费用和财务费用,要先将间接费定额中的管理费用和财务费用调整出来。

如某项目工程的预算成本为 965 000 元,合同造价为 1 203 600 元,当月已完工程预算成本为 130 850 元,则当月已完工程价款 = 130 850 × 1 203 600/965 000 = 163 203(元)。

至于合同变更收入,包括因发包单位改变合同规定的工程内容或合同规定的施工条件变动等原因,调整工程造价而形成的工程结算收入。如某项办公楼工程,原设计为钢窗,后发包方要求改为铝合金窗,并同意增加合同变更收入 20 万元,则这项合同变更收入可在完成铝合金窗安装后与其他已完工程价款一起结算,作为工程结算收入。

索赔款,是因发包方或第三方的原因造成、由施工企业向发包方或第三方收取的用于补偿不包括在合同造价中的成本的款项。如某施工企业与电力公司签订一份工程造价为 2 000万元的建造水电站的承包工程合同,规定建设期是 2003 年 3 月 ~2006 年 8 月,发电机由发包方采购,于 2005 年 8 月交付施工企业安装。该项合同在执行过程中,由于发包方在 2006 年 1 月才将发电机运抵施工现场,延误了工期。经协商,发包方同意支付延误工期款 30 万元,这 30 万元就是因发生索赔款而形成的收入,也因在工程价款结算时作为工程结算收入。

奖励款，是指工程达到或超过规定的标准时，发包方同意支付给施工企业的额外款项。如某施工企业与城建公司签订一项合同造价为3 000万元的工程承包合同，建设一条高速公路。合同规定建设期为2004年1月4日～2006年6月30日，在合同执行中于2006年3月工程已基本完工，工程质量符合设计要求，有望提前3个月通车，故城建公司同意向施工企业支付提前竣工奖35万元。这35万元就是因发生奖励款而形成的收入，也应在工程价款结算时作为工程结算收入。

2. 工程进度款支付的程序

施工企业在施工过程中，按逐月(或形象进度、控制界面等)完成的工程数量计算各项费用，向建设单位办理工程进度款的支付。

《建设工程施工合同(示范文本)》(GF—1999—0201)关于工程款的支付也作出了相应的规定：在确认计算结果后14天内，发包人应向承包人支付工程款(进度款)。发包人超出约定的支付时间不支付工程款(进度款)，承包人可向发包人发出要求付款的通知，发包人接到承包人通知后仍不能按要求付款，可与承包人协商签订延期付款协议，经承包人同意后可延期支付。协议应明确延期支付的时间和从计量结果确认后第15天起计算应付款的贷款利息。发包人不按合同约定支付工程款(进度款)，双方又未达成延期付款协议，导致施工无法进行的，承包人可停止施工，由发包人承担违约责任。

以按月结算为例，现行的中间结算办法是，施工企业在旬末或月中向建设单位提出预支工程款账单，预支一旬或半月的工程款，月中再提出工程款结算账单和已完工程月报表，收取当月工程价款，并通过银行进行结算。按月进行结算，要对现场已施工完毕的工程进行逐一清点，资料提出后要交监理工程师和建设单位审查签证。为简化手续，多年来采用的办法是以施工企业提出的统计进度月报表为支取工程款的凭证，即通常所称的工程进度款。工程进度款的支付步骤如下：

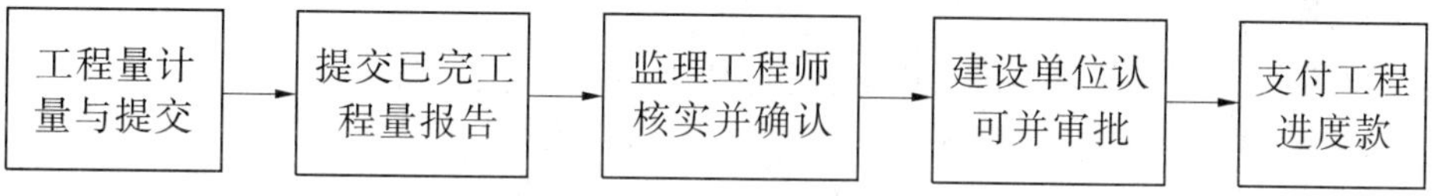

3. 工程进度款的计算

工程进度款的计算主要涉及两个方面：一是工程量的计量，二是单价的计算。

1)工程量的计量

根据有关规定，工程量的计量应按如下步骤进行：

(1)承包方应按约定时间，向工程师提交已完工程量的报告。工程师接到报告后7天内按设计图纸核实已完工程量(以下称计量)，并在计量前24小时通知承包方，承包方为计量提供便利条件并派人参加。承包方不参加计量，发包方自行进行，计量结果有效，作为工程价款支付的依据。

(2)工程师收到承包方报告后7天内未进行计量，从第8天起，承包方报告中开列的工程量即视为已被确认，作为工程价款支付的依据。工程师不按约定时间通知承包方，使承包方不能参加计量的，计量结果无效。

(3)工程师对承包方超出设计图纸范围和(或)因自身原因造成返工的工程量，不予计量。

2)单价的计算方法

单价的计算方法,主要根据由发包人和承包人事先约定的工程价格的计价方法决定。目前,我国工程价格的计价方法可以分为工料单价法和综合单价法两种。所谓工料单价法,是指单位工程分部分项的单价为直接成本单价,按现行计价定额的人工、材料、机械的消耗量及其预算价格确定,其他直接成本、间接成本、利润、税金等按现行计算方法计算。所谓综合单价法,是指单位工程分部分项工程量的单价是全部费用单价,既包括直接成本,也包括间接成本、利润、税金等一切费用。二者在选择时,既可采取可调价格的方式,即工程价格在实施期间可随价格变化而调整,也可采取固定价格的方式,即工程价格在实施期间不因价格变化而调整,在工程价格中已考虑价格风险因素并在合同中明确了固定价格所包括的内容和范围。实践中采用较多的是可调工料单价法和固定综合单价法。

3)工程价格的计价方法

可调工料单价法和固定综合单价法在分项编号、项目名称、计量单位、工程量计算方面是一致的,都可按照国家或地区的单位工程分部分项进行划分、排列,包含了统一的工作内容,使用统一的计量单位和工程量计算规则。所不同的是,可调工料单价法将工、料、机再配上预算价作为直接成本单价,其他直接成本、间接成本、利润、税金分别计算;因为价格是可调的,其材料等费用在竣工结算时按工程造价管理机构公布的竣工调价系数或按主材计算差价,或主材用抽料法计算,次要材料按系数计算差价而进行调整。固定综合单价法是包含了风险费用在内的全费用单价,故不受时间价值的影响。由于两种计价方法的不同,工程进度款的计算方法也不同。

4)工程进度款的计算

当采用可调工料单价法计算工程进度款时,在确定已完工程量后,可按以下步骤计算工程进度款:

(1)根据已完工程量的项目名称、分项编号、单价得出合价。

(2)将本月所完成全部项目合价相加,得出直接费小计。

(3)按规定计算其他直接费、现场经费、间接费、利润。

(4)按规定计算主材差价或差价系数。

(5)按规定计算税金。

(6)累计本月应收工程进度款。

用固定综合单价法计算工程进度款比用可调工料单价法更方便、省事,工程量得到确认后,只要将工程量与综合单价相乘得出合价,再累加即可完成本月工程进度款的计算工作。

4. 工程进度款的支付要求

工程进度款的支付,一般按当月实际完成工程量进行结算,工程竣工后办理竣工结算。在工程竣工前,承包人收取的工程预付款和工程进度款的总额一般不超过合同总额(包括工程合同签订后经发包人签证认可的增减工程款)的95%,其余5%尾款,在工程竣工结算时除保修金外一并清算。

国家工商行政管理总局、建设部颁布的《建设工程施工合同(示范文本)》(GF—

1999—0201)中对工程进度款支付作了如下详细规定：

(1)工程款(进度款)在双方确认计量结果后14天内,发包方应向承包方支付工程款(进度款)。按约定时间发包方应扣回的预付款,与工程款(进度款)同期结算。

(2)符合规定范围的合同价款的调整,工程变更调整的合同价款及其他条款中约定的追加合同价款,应与工程款(进度款)同时调整支付。

(3)发包方超过约定的支付时间不支付工程款(进度款),承包方可向发包方发出要求付款的通知,发包方收到承包方通知后仍不能按要求付款,可与承包方协商签订延期付款协议,经承包方同意后可延期支付。协商须明确延期支付时间和从发包方计量结果确认后第15天起计算应付款的贷款利息。

(4)发包方不按合同约定支付工程款(进度款),双方又未达成延期付款协议,导致施工无法进行的,承包方可停止施工,由发包方承担违约责任。

(5)工程进度款支付时,要考虑工程保修金的预留,以及在施工过程中发生的安全施工方面的费用、专利技术及特殊工艺涉及的费用、文物和地下障碍物涉及的费用等。

【例7-9】 某建筑工程承包合同总额为600万元,主要材料及结构件金额占合同总额的62.5%,预付备料款额度为25%,预付款扣款的方法是以未施工工程尚需的主要材料及构件的价值相当于预付款数额时起扣,从每次中间结算工程价款中,按材料及构件比重抵扣工程价款。保留金为合同总额的5%。2002年上半年各月实际完成合同价值如表7-6所示。问如何按月结算工程款。

表7-6 各月实际完成合同价值 (单位:万元)

2月	3月	4月	5月(竣工)
100	140	180	180

解 (1)预付备料款=600×25%=150(万元)。

(2)求预付备料款的起扣点。即开始扣回预付备料款时的合同价值=600-150/62.5%=360(万元)。

当累计完成合同价值为360万元后,开始扣预付款。

(3)2月完成合同价值100万元,结算100万元。

(4)3月完成合同价值140万元,结算140万元,累计结算工程款240万元。

(5)4月完成合同价值180万元,到四月份累计完成合同价值420万元,超过了预付备料款的起扣点。

4月应扣回的预付备料款=(420-360)×62.5%=37.5(万元)。

4月结算工程款=180-37.5=142.5(万元),累计结算工程款382.5万元。

(6)5月完成合同价值180万元,应扣回预付备料款=180×62.5%=112.5(万元);应扣5%的预留款=600×5%=30(万元)。

5月结算工程款=180-112.5-30=37.5(万元),累计结算工程款420万元,加上预付备料款150万元,共结算570万元。预留合同总额的5%作为保留金。

(五)工程保留金(尾留款或保修金)

按照有关规定,工程项目总造价中应预留出一定比例的尾留款作为质量保修费用即

保修金(又称保留金或尾留款),待工程项目保修期结束后拨付。有关保留金应如何扣除,一般有两种做法:

(1)保留金的扣除可以从发包方向承包方第一次支付的工程进度款开始,按月扣留,扣留的比例一般为月产值的某一百分比(合同约定),一般为10%,累计扣留至合同价格的某一百分比(投标书附录中规定金额),一般为合同价的5%。

(2)从承包商的竣工结算款中一次性扣除合同价的5%,这是目前国内最常用的方式。

工程施工期间,不论工期长短,结算款一般不应超过工程合同价格的95%,合同双方可以在合同价款5%的幅度内协商具体的保留金比例,并在工程施工合同中注明。承包商已向业主出具维修期保函或其他保证的,可以不扣保留金。

保留金的返还:发包人在质量保修期后14天内,将剩余保留金和利息返还承包商。

(六)竣工结算

1. 竣工结算的概念

竣工结算是指一个单位工程或单项工程完工,经业主及工程质量监督部门验收合格,在交付使用前由施工单位根据合同价格和实际发生的增加或减少费用的变化等情况进行编制,并经业主或其委托方签认的,以表达该项工程最终造价为主要内容,作为结算工程价款依据的经济文件。

竣工结算也是建设项目建筑安装工程中的一项重要经济活动。正确、合理、及时地办理竣工结算,对于贯彻国家的方针、政策、财经制度,加强建设资金管理,合理确定、筹措和控制建设资金,高速优质完成建设任务,具有十分重要的意义。

2. 工程竣工结算方式

工程竣工结算分为单位工程竣工结算、单项工程竣工结算和建设项目竣工总结算。

3. 工程竣工结算编审

(1)单位工程竣工结算由承包人编制,发包人审查;实行总承包的工程,由具体承包人编制,在总(承)包人审查的基础上,发包人审查。

(2)单项工程竣工结算或建设项目竣工总结算由总(承)包人编制,发包人可直接进行审查,也可以委托具有相应资质的工程造价咨询机构进行审查。政府投资项目,由同级财政部门审查。单项工程竣工结算或建设项目竣工总结算经发、承包人签字盖章后有效。

承包人应在合同约定期限内完成项目竣工结算编制工作,未在规定期限内完成的并且提不正当理由延期的,责任自负。

4. 工程竣工结算审查期限

单项工程竣工后,承包人应在提交竣工验收报告的同时,向发包人递交竣工结算报告及完整的结算资料。发包人应按以下规定时限进行核对(审查)并提出审查意见。工程竣工结算报告金额审查时间如下:

(1)500万元以下。从接到竣工结算报告和完整的竣工结算资料之日起20天。

(2)500万~2 000万元。从接到竣工结算报告和完整的竣工结算资料之日起30天。

(3)2 000万~5 000万元。从接到竣工结算报告和完整的竣工结算资料之日起45天。

(4)5 000 万元以上。从接到竣工结算报告和完整的竣工结算资料之日起60天。

建设项目竣工总结算在最后一个单项工程竣工结算审查确认后15天内汇总,送发包人后30天内审查完成。

5. 工程竣工结算的程序

工程竣工结算是指施工企业按照合同规定的内容全部完成其所承包的工程,经验收质量合格,并符合合同要求后,向发包单位进行的最终工程价款结算。

《建设工程施工合同(示范文本)》(GF—1999—0201)中对竣工结算作了详细规定:

(1)工程竣工验收报告经发包方认可后28天内,承包方向发包方递交竣工结算报告及完整的结算资料,双方按照协议书约定的合同价款及专用条款约定的合同价款调整内容,进行工程竣工结算。

(2)发包方收到承包方递交的竣工结算报告及结算资料后28天内进行核实,给予确认或者提出修改意见。发包方确认竣工结算报告后通知经办银行向承包方支付工程竣工结算价款。承包方收到竣工结算价款后14天内将竣工工程交付发包方。

(3)发包方收到竣工结算报告及结算资料后28天内无正当理由不支付工程竣工结算价款的,从第29天起按承包方同期向银行贷款利率,支付拖欠工程价款的利息,并承担违约责任。

(4)发包方收到竣工结算报告及结算资料后28天内不支付工程竣工结算价款的,承包方可以催告发包方支付结算价款。发包方在收到竣工结算报告及结算资料后56天内仍不支付的,承包方可以向发包方协议将该工程折价,也可由承包方申请人民法院将该工程依法拍卖,承包方就该工程折价或者拍卖的价款优先受偿。

(5)工程竣工验收报告经发包方认可后28天内,承包方未能向发包方递交竣工结算报告及完整的结算资料,造成工程竣工结算不能正常进行或工程竣工结算价款不能及时支付,发包方要求交付工程的,承包方应当交付;发包方不要求交付工程的,承包方承担保管责任。

(6)发包方和承包方对工程竣工结算价款发生争议时,按争议的约定处理。在实际工作中,当年开工、当年竣工的工程,只需办理一次性结算。跨年度的工程,在年终办理一次年终结算,将未完工程结转到下一年度,此时竣工结算等于各年度结算的总和。

计算工程价款竣工结算的一般公式为

$$\text{竣工结算工程价款} = \text{预算(或概算)或合同价款} + \text{施工过程中预算或合同价款调整数额} - \text{预付及已结算工程价款} - \text{保修金} \quad (7\text{-}20)$$

6. 索赔价款结算

发、承包人未能按合同约定履行自己的各项义务或发生错误,给另外一方造成经济损失的,由受损方按合同约定提出索赔,索赔金额按合同约定支付。

7. 合同以外零星项目工程价款结算

发包人要求承包人完成合同以外零星项目,承包人应在接受发包人要求的7天内就用工数量和单价、机械台班数量和单价、使用材料和金额等向发包人提出施工签证,发包人签证后施工,如发包人未签证,承包人施工后发生争议的,责任由承包人自负。

8. 工程价款结算争议处理

(1)工程造价咨询机构接受发包人或承包人委托,编审工程竣工结算,应按合同约定和实际履约事项认真办理,出具的竣工结算报告经发、承包人双方签字后生效。当事人一方对报告有异议的,可对工程结算中有异议部分,向有关部门申请咨询后协商处理,若不能达成一致,双方可按合同约定的争议或纠纷解决程序办理。

(2)发包人对工程质量有异议,已竣工验收或已竣工未验收但实际投入使用的工程,其质量争议按该工程保修合同执行;对已竣工未验收且未实际投入使用的工程以及停工、停建工程的质量争议,应当就有争议部分的竣工结算暂缓办理,双方可就有争议的工程委托有资质的检测鉴定机构进行检测,根据检测结果确定解决方案,或按工程质量监督机构的决定执行,其余部分的竣工结算依照约定办理。

(3)当事人对工程造价发生合同纠纷时,可通过下列办法解决:①双方协商解决;②按合同条款约定的办法提请调解;③向有关仲裁机构申请仲裁或向人民法院起诉。

9. 工程价款结算管理

(1)工程竣工后,发、承包人双方应及时办理工程竣工结算,否则,工程不得交付使用,有关部门不予办理权属登记。

(2)发包人与中标的承包人不按照招标文件和中标的承包人的投标文件订立合同的,或者发包人、中标的承包人背离合同实质性内容另行订立协议,造成工程价款结算纠纷的,另行订立的协议无效,由建设行政主管部门责令改正,并按《中华人民共和国招标投标法》第五十九条进行处罚。

(3)接受委托承接有关工程结算咨询业务的工程造价咨询机构应具有工程造价咨询单位资质,其出具的办理拨付工程价款和工程结算的文件,应当由造价工程师签字,并应加盖执业专用章和单位公章。

10. 工程竣工结算的审查

竣工结算要有严格的审查,一般从以下几个方面入手。

1)核对合同条款

首先,应核对竣工工程内容是否符合合同条件的要求,工程是否竣工验收合格,只有按合同要求完成全部工程并验收合格才能竣工结算;其次,应按合同规定的结算方法、计价定额、取费标准、主材价格和优惠条款等,对工程竣工结算进行审核,若发现合同开口或有漏洞,应请建设单位与施工单位认真研究,明确结算要求。

2)检查隐蔽验收记录

所有隐蔽工程均需进行验收,2 人以上签证;实行工程监理的项目应经监理工程师签证确认。审核竣工结算时应核对隐蔽工程施工记录和验收签证,手续完整,工程量与竣工图一致方可列入结算。

3)落实设计变更签证

设计修改变更应有原设计单位出具设计变更通知单和修改的设计图纸、校审人员签字并加盖公章,经建设单位和监理工程师审查同意、签证;重大设计变更应经原审批部门审批,否则不应列入结算。

4)按图核实工程量

竣工结算的工程量应依据竣工图、设计变更单和现场签证等进行核算，并按国家统一规定的计算规则计算工程量。

5)执行定额单价

结算单价应按合同约定或招标规定的计价定额与计价原则执行。

6)防止各种计算误差

工程竣工结算子目多、篇幅大，往往有计算误差，应认真核算，防止因计算误差多计或少算。

(七)工程保修金

工程项目总造价中应预留一定比例的尾款作为质量保修金，待工程项目保修期结束后拨付。工程保修金一般为施工合同价款的3%，并在专用条款中具体规定。发包人在质量保修期后14天内，将剩余保修金和利息返还承包商。

保修金扣除有两种方法：

(1)当工程进度款拨付累计额达到该建筑安装工程造价的一定比例时，停止支付。预留的一定比例的剩余尾款作为保修金。

(2)保修金的扣除也可以从发包方向承包方第一次支付的工程进度款开始，在每次承包商应得到的工程款中扣留投标书中规定金额作为保修金，直至保修金总额达到投标书中规定的限额。如某项目合同规定，保修金每月按进度款的5%扣留，若第1个月完成产值100万元，则扣留5%的保修金后，实际支付：$100-100\times5\%=95$(万元)。

二、FIDIC施工合同条件下工程费用的支付

(一)工程支付的范围和条件

1. 工程支付的范围

FIDIC施工合同条件所规定的工程支付的范围主要包括两部分，如图7-8所示。

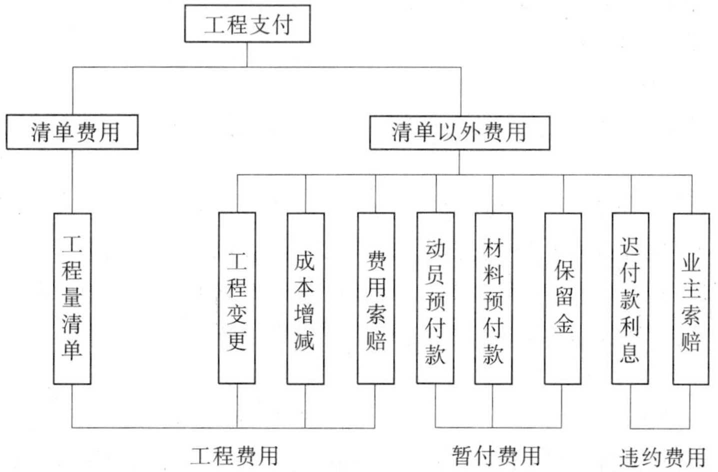

图7-8 FIDIC施工合同条件下工程支付的范围

一部分费用是工程量清单中的费用，这部分费用是承包商在投标时，根据合同条件的

有关规定提出的报价，并经业主认可的费用。

另一部分费用是工程量清单以外的费用，这部分费用虽然在工程量清单中没有规定，但是在合同条件中却有明确的规定。因此，它也是工程支付的一部分。

2. 工程支付的条件

1）质量合格是工程支付的必要条件

支付以工程计量为基础，计量必须以质量合格为前提。所以，并不是对承包商已完的工程全部支付，而只支付其中质量合格的部分，对于工程质量不合格的部分一律不予支付。

2）符合合同条件

一切支付均需要符合合同约定的要求，例如：动员预付款的支付款额要符合标书附录中规定的数量，支付的条件应符合合同条件的规定，即承包商提供履约保函和动员预付款保函之后才予以支付动员预付款。

3）变更项目必须有工程师的变更通知

没有工程师的指示，承包商不得作任何变更。如果承包商没有收到指示就进行变更，则他无理由就此类变更的费用要求补偿。

4）支付金额必须大于期中支付证书规定的最小限额

合同条件约定，如果在扣除保留金和其他金额之后的净额少于投标书附录中规定的期中支付证书的最小限额，工程师没有义务开具任何支付证书。不予支付的金额将按月结转，直至达到或超过最低限额时才予以支付。

5）承包商的工作使工程师满意

为了确保工程师在工程管理中的核心地位，并通过经济手段约束承包商履行合同中规定的各项责任和义务，合同条件充分赋予了工程师有关支付方面的权力。对于承包商申请支付的项目，即使达到以上所述的支付条件，但承包商其他方面的工作未能使工程师满意，工程师可通过任何期中支付证书对他所签发过的任何原有的证书进行任何修正或更改，也有权在任何期中支付证书中删去或减少该工作的价值。

（二）工程支付的项目

1. 工程量清单项目

工程量清单项目分为一般项目、暂列金额和计日工作三种。

1）一般项目

一般项目是指工程量清单中除暂列金额和计日工作外的全部项目。这类项目的支付是以经过监理工程师计量的工程数量为依据，乘以工程量清单中的单价，其单价一般是不变的。这类项目的支付占了工程费用的绝大部分，工程师应给予足够的重视。这类支付的程序比较简单，一般通过签发期中支付证书支付进度款。

2）暂列金额

暂列金额是指包括在合同中，供工程任何部分的施工，或提供货物、材料、设备或服务，或提供不可预料事件之费用的一项金额。这项金额按照工程师的指示可能全部或部分使用，或根本不予动用。没有工程师的指示，承包商不能进行暂列金额项目的任何工作。

没有工程师的指示，承包商不能进行暂列金额项目的任何工作。承包商按照工程师的指示完成的暂列金额项目的费用若能按工程量表中开列的费率和价格估价，则按此估价，否则承包商应向工程师出示与暂列金额开支有关的所有报价单、发票、凭证、账单或收据。工程师根据上述资料，按照合同的约定，确定支付金额。

3)计日工作

计日工作是指承包商在工程量清单的附件中，按工种或设备填报单价的日工劳务费和机械台班费，一般用于工程量清单中没有合适项目，且不能安排大批量的流水施工的零星附加工作。只有当工程师根据施工进展的实际情况，指示承包商实施以日工计价的工作时，承包商才有权获得用日工计价的付款。使用计日工费用的计算一般采用下述方法：

(1)按合同中包括的计日工作计划表中所定项目及承包商在其投标书中所确定的费率和价格计算。

(2)对于清单中没有定价的项目，应按实际发生的费用加上合同中规定的费率计算有关费用。承包商应向工程师提供可能需要的证实所付款额的收据或其他凭证，并且在订购材料之前，向工程师提交订货报价单供他批准。

对这类按计日工作制实施的工程，承包商应在该工程持续进行过程中，每天向工程师提交从事该工作的承包人员的姓名、职业和工时的确切清单，一式两份，以及表明所有该项工程所用的承包商设备和临时工程的标识、型号、使用时间及所用的生产设备和材料的数量与型号。

应当说明，由于承包商在投标时，计日工作的报价不影响他的评标总价，所以一般计日工作的报价较高。在工程施工过程中，监理工程师应尽量少用或不用计日工这种形式，因为大部分采用计日工作形式实施的工程，也可以采用工程变更的形式。

2. 工程量清单以外项目

这部分费用虽然在工程量清单中没有规定，但在合同条件中却有明确的规定。因此，它也是工程支付的一部分。

1)预付款

为了使承包商顺利开展施工的各项准备工作，业主在工程开工前往往预先向承包商支付一笔款额，这种付款称为预付款。业主向承包商支付预付款之前，承包商必须向业主提交预付款保函，以作为获得预付款的担保。预付款保函的价值与预付款的数额相等，并且随着预付款的被扣回而逐渐减少，即预付款保函的价值与剩余的未扣还预付款始终保持等额。在 FIDIC 土木工程施工合同条件中，将预付款分为两大类别。

(1)动员预付款。

当承包商按照合同约定提交一份保函后，业主应支付一笔预付款，作为用于动员的无息贷款。预付款总额、分期预付的次数和时间安排(如次数多于一次)，以及使用的货币和比例，应按投标书附录中的规定。

工程师收到承包商期中付款证书申请规定的报表，以及业主收到：①按照履约担保要求提交的履约担保；②由业主批准的国家(或其他司法管辖区)的实体，以专用条款所附格式或业主批准的其他格式签发的，金额和货币种类与预付款一致的保函后，应发出期中付款证书，作为首次分期预付款。

在还清预付款前，承包商应确保此保函一直有效并可执行，但其总额可根据付款证书列明的承包商付还的金额逐渐减少。如果保函条款中规定了期满日期，而在期满日期前28天预付款未还清时，承包商应将保函有效期延至预付款还清。

预付款应通过付款证书中按百分比扣减的方式付还，除非投标书附录中规定其他百分比。扣减应从确认的期中付款（不包括预付款、扣减款和保留金的付还）累计额超过中标合同金额减去暂列金额后余额的10%时的付款证书开始；扣减应按每次付款证书中的金额（不包括预付款、扣减额和保留金的付还）的25%的摊还比率，并按预付款的货币和比例计算，直到预付款还清。

如果在颁发工程接收证书前，或按照由业主终止、由承包商暂停和终止，或不可抗力的规定终止前，预付款尚未还清，则全部余额应立即成为承包商对业主的到期付款。

(2)材料、设备预付款。

材料、设备预付款一般是指运至工地尚未用于工程的材料设备预付款。对承包商买进并运至工地的材料、设备，业主应支付无息预付款，预付款按材料、设备的某一比例（通常为发票价的80%）支付。在支付材料、设备预付款时，承包商需提交材料、设备供应合同或订货合同的影印件，要注明所供应材料的性质和金额等主要情况；材料已运到工地并经工程师认可其质量和储存方式。材料、设备预付款按合同中的规定从承包商应得的工程款中分批扣除。扣除次数和各次扣除金额随工程性质不同而异，一般要求在合同规定的完工日期前至少3个月扣清，最好是材料、设备一用完，该材料、设备预付款即扣还完毕。

2)保留金

保留金是为了确保在施工阶段，或在缺陷责任期间，由于承包商未能履行合同义务，由业主（或工程师）指定他人完成应由承包商承担的工作所发生的费用。保留金的限额一般为合同总价的5%，从第一次付款证书开始，按投标函附录中标明的保留金百分率乘以当月末已实施的工程价值加上工程变更、法律改变和成本改变应增加的任何款额，直到累计扣留达到保留金的限额。

根据FIDIC施工合同条件（1999年第一版）第14.9条规定，当已颁发工程接收证书时，工程师应确认将保留金的前一半支付给承包商。如果某分项工程或分部工程颁发了接收证书，保留金应按一定比例予以确认和支付。此比例应是该分项工程或分部工程估算的合同价值，除以估算的最终合同价格所得比例的40%。

在各缺陷通知期限的最末一个期满日期后，工程师应立即对应付给承包商保留金未付的余额加以确认。如对某分项工程颁发了接收证书，保留金后一半的比例额在该分项工程的缺陷通知期限期满日期后，应立即予以确认和支付。此比例应是该分项工程的估算合同价值，除以估算的最终合同价格所得比例的40%。

但如果此时尚有任何工作要做，工程师有权在这些工作完成前，暂不颁发这些工作估算费用的证书。

在计算上述的各百分比时，无须考虑法规改变和成本改变所进行的任何调整。

3)工程变更的费用

工程变更也是工程支付中的一个重要项目。工程变更费用的支付依据是工程变更令和工程师对变更项目所确定的变更费用,支付时间和支付方式也是列入期中支付证书予以支付。

4)索赔费用

索赔费用的支付依据是工程师批准的索赔审批书及其计算而得的款额,支付时间则随工程月进度款一并支付。

5)价格调整费用

价格调整费用按照合同条件规定的计算方法计算调整的款额,包括因法律改变和成本改变的调整。

6)迟付款利息

如果承包商没有在按照合同规定的时间收到付款,承包商应有权就未付款额按月计算复利,收取延误期的融资费用。该延误期应从按照合同规定的支付日期算起,而不考虑颁发任何期中付款证书的日期。除非专用条件中另有规定,上述融资费用应以高出支付货币所在国中央银行的贴现率加3%的年利率进行计算,并应用同种货币支付。

承包商应有权得到上述付款,无须正式通知或证明,且不损害他的任何其他权利或补偿。

7)业主索赔

业主索赔主要包括拖延工期的误期损害赔偿费和缺陷工程损失等。这类费用可从承包商的保留金中扣除,也可从支付给承包商的款项中扣除。

(三)工程费用支付的程序

1.合同履行中涉及的几个期限的概念

1)合同工期

合同工期是判定承包商提前或延期竣工的标准。总时间为签订合同内注明的完成全部工程的时间,加上合同履行过程中因非承包商原因导致变更和索赔事件发生后,经工程师批准顺延工期之和。

2)施工期

施工期是承包商的实际施工时间。从工程师按合同约定发布的开工令中指明的应开工之日起,至工程接收证书注明的竣工日止的日历天数为承包商的施工期。

3)缺陷通知期

缺陷通知期即工程保修期,自工程接收证书中写明的竣工日开始,至工程师颁发履约证书的日历天数。

4)有限期

合同条款约定的责任对业主和承包商具有约束力的时间期限,自合同签字起至承包商提交给业主的结清单生效日止。

2.工程支付的报表与证书

在合同履行过程中,承包商需要向工程师提交三类财务报表,即月进度报表、竣工报表及最终报表,工程师相应地要签发三类付款证书,即月付款证书、竣工结算付款证书以及最终付款证书,其中月付款证书和竣工结算付款证书合称为中期付款证书。

工程接收证书是在工程基本竣工时颁发的,工程接收证书的颁发日期与基本竣工日期可能不是同一个日期。所谓基本竣工，是指工程已通过规定的竣工检查，能够按照预定的目的被业主占有或使用，同时还可以存在次要的工程缺陷。工程接收证书的颁发日期是划分承包商与业主对工程照管责任的分界线。基本竣工日期是划分施工期与缺陷责任期的分界线。

1）月进度报表与月进度付款证书

月进度报表是指对每月完成的工程量的核算、结算和支付的报表。承包商在每个月的月末，按工程师规定的格式提交一式六份的月进度报表，详细说明承包商自己认为有权得到的款额，以及包括按照进度报告的规定编制的相关进度报告在内的证明文件。该报表应包括下列项目：

（1）截止到月末已实施的工程和已提出的承包商文件的估算合同价值（包括各项变更，但不包括以下（2）～（7）项所列项目）。

（2）按照合同中因法律改变的调整和因成本改变的调整的有关规定，应增减的任何款额。

（3）至业主提取的保留金额达到投标书附录中规定的保留金限额（如果有）以前，用投标书附录中规定的保留金百分率计算的，对上述款项总额应减少的任何保留金额，即保留金＝[（1）＋（2）]×保留金百分率。

（4）按照合同中预付款的规定，因预付款的支付和付还，应增加和减少的任何款额。

（5）按照合同中拟用于工程的生产设备和材料的规定，因生产设备和材料应增减的任何款额。

（6）根据合同或包括索赔、争端与仲裁等其他规定，应付的任何其他增加或减少额。

（7）所有以前付款证书中确认的减少额。

工程师接到承包商的月报表后，经过审查，应在接到月进度报表的 28 天内签发月进度付款证书。业主接到月进度付款证书后的 28 天内，必须向承包商支付此款项，如果不能按照本时间的规定向承包商付款，应支付利息。

工程接收证书是由工程师颁发给承包商的，同时将副本呈交给业主。承包商应以书面形式请求工程师颁发工程接收证书，并附上一份在缺陷责任期内及时完成任何未完工作的书面保证。工程师在接到承包商上述申请书后的 28 天之内，应颁发工程接收证书或者书面告知承包商，在需完成哪些工作后才能颁发接收证书。工程接收证书可以按区段及分部工程分别颁发。工程接收证书包含三项主要内容，即确认工程已基本竣工、基本竣工的日期、缺陷责任期内应完成项目的一览表。

2）竣工报表与竣工结算付款证书

颁发整个工程接收证书后的 84 天之内，承包商应向工程师递交竣工报表一式六份。应向工程师提交按照工程师批准的格式所编写的证明文件，并详细说明以下几点：

（1）截止到工程接收证书载明的日期，按合同要求完成的所有工作的价值。

（2）承包商认为应支付的任何其他款项，如所要求的索赔款等。

（3）承包商认为根据合同规定将应付给他的任何其他款项的估计款额，估计款额在竣工报表中应单独列出。

工程师收到竣工报表后进行审核，在 28 天内签发竣工结算付款证书。业主收到竣工结算付款证书后应在 28 天之内向承包商付款。工程师应根据对竣工工程量的核算，对承包商其他支付要求的审核，确定应支付而尚未支付的金额，上报业主批准支付。

3）履约证书

履约证书应由工程师在整个工程的最后一个区段缺陷通知期限期满之后 28 天内颁发，这说明承包商已尽其义务完成施工和竣工并修补了其中的缺陷，达到了使工程师满意的程度。至此，承包商与合同有关的实际业务业已完成，但如业主或承包商任一方有未履行的合同义务，合同仍然有效。履约证书发出后 14 天内业主应将履约保证金退还给承包商。

4）最终报表和结清单

承包商在收到履约证书 56 天后，应向工程师提交按照工程师批准的格式编制的最终报表草案并附证明文件，一式六份，详细列出：

（1）根据合同应完成的所有工作的价值。

（2）承包商认为根据合同或其他规定应支付给他的任何其他款额。

若承包商和工程师之间达成一致意见后，则承包商可向工程师提交正式的最终报表，承包商同时向业主提交一份书面结清单，进一步证明最终报表中按照合同应支付给承包商的总金额。如承包商和工程师未能达成一致意见，则工程师可对最终报表草案中没有争议的部分向业主签发期中支付证书。争议留待裁决委员会裁决。

5）最终付款证书

工程师在收到正式最终报表及结清单之后 28 天内，应向业主递交一份最终付款证书，说明：

（1）工程师认为按照合同最终应支付给承包商的款额。

（2）业主以前所有应支付或应得到的款额的收支差额。

如果承包商未申请最终付款证书，工程师应要求承包商提出申请。如果承包商未能在 28 天期限内提交此类申请，工程师应按其公正决定的应支付的此类款额颁发最终付款证书。

在最终付款证书送交业主 56 天内，业主应向承包商进行支付，否则应按投标书附录中的规定支付利息。如果 56 天期满之后再超过 28 天不支付，就构成业主违规。承包商递交最终付款证书后，就不能再要求任何索赔了。

3. 工程价款支付程序

1）承包商提出付款申请

工程费用支付的一般程序是首先由承包商提出付款申请，填报一系列工程师指定格式的月报表，说明承包商认为这个月他应得到的有关款项。

2）工程师审核，编制期中付款证书

工程师在 28 天内对承包商提交的付款申请进行全面审核，修正或删除不合理的部分，计算付款净金额。计算付款净金额时，应扣除该月应扣除的保留金，动员预付款，材料、设备预付款，违约金等。若净金额小于合同规定的期中支付的最小限额，则工程师不需开具任何付款证书。

3）业主支付

业主收到工程师签发的付款证书后，按合同规定的时间支付给承包商。

三、工程价款的动态结算

在经济发展过程中，物价水平是动态、经常不断变化的，有时上涨快，有时上涨慢，有时甚至表现为下降。工程建设项目中合同周期较长的项目，随着时间的推移，经常要受到物价浮动等多种因素的影响，其中主要是人工费、材料费、施工机械费、运费等动态影响。这样就有必要在工程价款结算中充分考虑动态因素，也就是要把多种动态因素纳入到结算过程中认真加以计算，使工程价款结算能够基本上反映工程项目的实际消耗费用。这对避免承包商（或业主）遭受不必要的损失，获得必要的调价补偿，从而维护合同双方的正当权益是十分必要的。

（一）工程款价差调整范围

工程款价差是指建设工程所需的人工、设备、材料费等，因价格变化对工程造价产生的变化值。其调整范围包括建筑安装工程费用、设备及工器具购置费和工程建设其他费用。其中，对建筑安装工程费用中的有关人工费、设备与材料预算价格、施工机械使用费和措施费及间接费的调整规定如下所述。

1. 人工费的调整

建筑安装工程费用中的人工费应按国家有关劳动工资政策、规定及定额人工费的组成内容调整。

2. 设备与材料预算价格的调整

应区别不同的供应渠道、价格形式，以有关主管部门发布的预算价格及执行时间为准进行调整，同时应扣除必要的设备、材料储备期因素。

3. 施工机械使用费的调整

施工机械使用费按规定允许调整的部分（如机械台班费中燃料动力费、人工费、车船使用税及养路费），按有关主管部门规定进行调整。

4. 措施费、间接费的调整

按照国家规定的费用项目内容的要求调整，对于受物价、税收、收费等变化的影响而使企业费用开支增大部分，应适时在修订费用定额中予以调整。对于预算价格变动而产生的价差部分，可作为计取措施费和间接费的基数，但因市场价格或实际价格与预算价格发生的价差部分，不应计取各项费用。

（二）工程价款调整的方法

工程价款调整的方法有工程造价指数调整法、实际价格调整法、按主材计算价差法、调值公式法等。下面分别加以介绍。

1. 工程造价指数调整法

这种方法是甲乙双方采用当时的预算（或概算）定额单价计算出承包合同价，待竣工时，根据合理的工期及当地工程造价管理部门所公布的该月度（或季度）的工程造价指数，对原承包合同价予以调整。

【例 7-10】 某市某建筑公司承建一写字楼，工程合同价款为 600 万元，1995 年 1 月签订合同并开工，1995 年 11 月竣工，合同约定采用工程造价指数调整法予以动态结算。根据该市建筑工程造价指数表知，写字楼 1995 年 1 月的造价指数为 100.02，1995 年 11 月的造价指数为 100.25。求价差调整的款额应为多少？

解 价差调整的款额 = 工程合同价 × 竣工时工程造价指数/签订合同时工程造价指数

$$= 600 \times 100.25 \div 100.02$$

$$= 601.38(\text{万元})$$

2. 实际价格调整法

这种方法也称票据法，即施工企业可凭发票按实报销。在我国，由于建筑材料需市场采购的范围越来越大，有些地区规定对钢材、木材、水泥等三大材的价格采取按实际价格结算的办法。工程承包商可凭发票按实报销，这种方法方便，但由于是实报实销，因而承包商对降低成本不感兴趣，为了避免副作用，造价管理部门要定期公布最高结算限价，同时合同文件中应规定建设单位或监理工程师有权要求承包商选择更廉价的供应来源。

3. 按主材计算价差法

发包人在招标文件中列出需要调整价差的主要材料表示其基期价格（一般采用当时当地工程价格管理机构公布的信息价或结算价），工程竣工结算时按竣工当时当地工程价格管理机构公布的材料信息价或结算价，与招标文件中列出的基期价格比较计算材料价差。

4. 主料按材料计算价差

主要材料按施工图预算计算的用量和竣工当月当地工程价格管理机构公布的材料结算价或信息价与基价对比计算价差。其他材料按当地工程价格管理机构公布的竣工调价系数计算方法计算价差。

5. 竣工调价系数法

按工程价格管理机构公布的竣工调价系数及调价计算方法计算价差。

6. 调值公式法（又称动态结算公式法）

根据国际惯例，对建设工程已完成投资费用的结算，一般采用此法。事实上，绝大多数情况是发包方和承包方在签订的合同中就明确规定了调值公式。

1）利用调值公式进行价格调整的工作程序

第一，确定计算物价指数的品种，一般地说，品种不宜太多，只确立那些对项目投资影响较大的因素，如设备、水泥、钢材、木材和工资等。这样便于计算。

第二，要明确以下两个问题：一是合同价格条款中，应写明经双方商定的调整因素，在签订合同时要写明考核几种物价波动到何种程度才进行调整。一般都在 ±10% 左右。二是考核的地点和时点。地点一般在工程所在地，或指定的某地市场价格；时点指的是某月某日的市场价格。这里要确定两个时点价格，即基准日期的市场价格（基础价格）和与特定付款证书有关的期间最后一天的 49 天前的时点价格。这两个时点就是计算调值的依据。

第三，确定各成本要素的系数和固定系数，各成本要素的系数要根据各成本要素对总造价的影响程度而定。各成本要素的系数之和加上固定系数应该等于 1。

在实行国际招标的大型合同中,监理工程师应负责按下述步骤编制价格调值公式。

(1)分析施工中必需的投入,并决定是选用一个公式,还是选用几个公式。

(2)估计各项投入占工程总成本的相对比重,以及国内投入和国外投入的分配,并决定对国内成本与国外成本是否分别采用单独的公式。

(3)选择能代表主要投入的物价指数。

(4)确定合同价中固定部分和不同投入因素的物价指数的变化范围。

(5)规定公式的应用范围和用法。

(6)如有必要,规定外汇汇率的调整。

2)建筑安装工程费用的价格调值公式

建筑安装工程费用的价格调值公式与材料及设备的调值公式基本相同。它包括固定部分、材料部分和人工部分三项。但因建筑安装工程的规模和复杂性增大,公式也变得更长更复杂。典型的材料成本要素有钢筋、水泥、木材、钢构件、沥青制品等,同样,人工可包括普通工和技术工。调值公式一般为

$$P = P_0(a_0 + a_1 \times A/A_0 + a_2 \times B/B_0 + a_3 \times C/C_0 + a_4 \times D/D_0) \tag{7-21}$$

式中 P——调值后合同价款或工程实际结算款;

P_0——合同价款中工程预算进度款;

a_0——固定要素,代表合同支付中不能调整的部分;

a_1、a_2、a_3、a_4——有关成本要素(如人工费、钢材费、水泥费、运输费等)在合同总价中所占的比重,$a_1 + a_2 + a_3 + a_4 = 1$;

A_0、B_0、C_0、D_0——基准日期与 a_1、a_2、a_3、a_4 对应的各项费用的基期价格指数或价格;

A、B、C、D——与特定付款证书有关的期间最后一天的49天前与 a_1、a_2、a_3、a_4 对应的各成本要素的现行价格指数或价格。

在运用这一调值公式进行工程价款价差调整中要注意如下几点:

(1)固定要素系数通常的取值范围为0.15~0.35。固定要素对调价的结果影响很大,它与调价余额呈反比关系。固定要素相当微小的变化,隐含着在实际调价时很大的费用变动。所以,承包商在调值公式中采用的固定要素取值要尽可能小。

(2)调值公式中有关的各项费用,按一般国际惯例,只选择用量大、价格高且具有代表性的一些典型人工费和材料费,通常是大宗的水泥、砂石料、钢材、木材、沥青等,并用它们的价格指数变化综合代表材料费的价格变化,以便尽量与实际情况接近。

(3)各部分成本的比重系数,在许多招标文件中要求承包方在投标中提出,并在价格分析中予以论证。但也有的是由发包方(业主)在招标文件中即规定一个允许范围,由投标人在此范围内选定。如鲁布革水电站工程的标书即对外币支付项目各费用比重系数范围作了如下规定:外籍人员工资0.10~0.20,水泥0.10~0.16,钢材0.09~0.13,设备0.35~0.48,海上运输0.04~0.08,固定系数0.17,并规定允许投标人根据其施工方法在上述范围内选用具体系数。

(4)调整有关各项费用要与合同条款规定相一致。如签订合同,甲乙双方一般应商定调整的有关费用和因素,以及物价波动到何种程度才进行调整。在国际工程中,一般在

合同原始价的 ±5% 以上才进行调整。如有的合同规定，在应调整金额不超过合同原始价 5% 时，由承包方自己承担；在 5% ~20% 时，承包方负担 10%，发包方（业主）负担 90%；超过 20% 时，则必须另行签订附加条款。

（5）调整有关各项费用应注意地点与时点。地点一般指工程所在地或指定的某地市场价格；时点指的是某月某日的市场价格。这里要确定两个时点价格，即签订合同时某个时点的市场价格（基础价格）和每次支付前的一定时间的时点价格。这两个时点就是计算调值的依据。

（6）确定每个品种的系数和固定要素系数。品种的系数要根据该品种价格对总造价的影响程度而定。各品种系数之和加上固定要素系数应该等于 1。

各部分成本的比重系数在许多标书中要求承包方在投标时即提出，并在价格分析中予以论证。但也有的是由发包方在标书中即规定一个允许范围，由投标人在此范围内选定。因此，监理工程师在编制标书中，要尽可能确定合同价中固定部分和不同投入因素的比重系数与范围，招标时以给投标人留下选择的余地。

【例 7-11】 某工程合同总价为 100 万美元。其组成为：土方工程费 10 万美元，占 10%；砌体工程费 40 万美元，占 40%；钢筋混凝土工程费 50 万美元，占 50%。这三个组成部分的人工费和材料费占工程价款的 85%，人工材料费中各项费用比例如下。

（1）土方工程：人工费 50%，机具折旧费 26%，柴油 24%。

（2）砌体工程：人工费 53%，钢材 5%，水泥 20%，骨料 5%，空心砖 12%，柴油 5%。

（3）钢筋混凝土工程：人工费 53%，钢材 22%，水泥 10%，骨料 7%，木材 4%，柴油 4%。

解 该工程其他费用，即不调值的费用占工程价款的 15%，计算的各项参加调值的费用占工程价款比例如下：

人工费 $(50\% \times 10\% + 53\% \times 40\% + 53\% \times 50\%) \times 85\% \approx 45\%$

钢　材 $(5\% \times 40\% + 22\% \times 50\%) \times 85\% \approx 11\%$

水　泥 $(20\% \times 40\% + 10\% \times 50\%) \times 85\% \approx 11\%$

骨　料 $(5\% \times 40\% + 7\% \times 50\%) \times 85\% \approx 5\%$

柴　油 $(24\% \times 10\% + 5\% \times 40\% + 4\% \times 50\%) \times 85\% \approx 5\%$

机具折旧 $26\% \times 10\% \times 85\% \approx 2\%$

空心砖 $12\% \times 40\% \times 85\% \approx 4\%$

木　材 $4\% \times 50\% \times 85\% \approx 2\%$

不调值费用占工程价款的比例为 15%

具体的人工费及材料费的调值公式为：$P = P_0\left(0.15 + 0.45\frac{A}{A_0} + 0.11\frac{B}{B_0} + 0.11\frac{C}{C_0} + 0.05\frac{D}{D_0} + 0.05\frac{E}{E_0} + 0.02\frac{F}{F_0} + 0.04\frac{G}{G_0} + 0.02\frac{H}{H_0}\right)$

假定该合同的基准日期为 2001 年 1 月 4 日，2001 年 9 月完成的工程价款占合同总价的 10%，有关月报的工资、材料物价指数如表 7-7 所示（注：A、B、C、D…应采用 8 月的物价指数），则 2001 年 9 月的工程款经过调值后为

$$P = P_0(0.15 + 0.45A/A_0 + 0.11B/B_0 + 0.11C/C_0 + 0.05D/D_0 + 0.05E/E_0 + 0.02F/F_0 + 0.04G/G_0 + 0.02H/H_0)$$

$$= 10\% \times 100 \times (0.15 + 0.45 \times 116.0/100.0 + 0.11 \times 187.6/153.4 + 0.11 \times 175.0/154.8 + 0.05 \times 169.3/132.6 + 0.05 \times 192.8/178.3 + 0.02 \times 162.5/154.4 + 0.04 \times 162.0/160.1 + 0.02 \times 159.5/142.7)$$

$$= 11.33(\text{万美元})$$

由此可见，通过调值，2001 年 9 月实得工程款比原价款多 1.33 万美元。

表 7-7　工资、材料物价指数表

费用名称	代号	2001 年 1 月指数	代号	2001 年 8 月指数
人工费	A_0	100.0	A	116.0
钢材	B_0	153.4	B	187.6
水泥	C_0	154.8	C	175.0
骨料	D_0	132.6	D	169.3
柴油	E_0	178.3	E	192.8
机具折旧	F_0	154.4	F	162.5
空心砖	G_0	160.1	G	162.0
木材	H_0	142.7	H	159.5

第六节　投资偏差分析

在确定了投资控制目标之后，为了有效地进行投资控制，监理工程师就必须定期地进行投资计划值与实际值的比较，当实际值偏离计划值时，分析产生偏差的原因，采取适当的纠偏措施，以使投资超支尽可能小。

一、投资偏差的概念

在投资控制中，把投资的实际值与计划值的差异叫做投资偏差，即

$$\text{投资偏差} = \text{已完工程实际投资} - \text{已完工程计划投资} \tag{7-22}$$

其中

$$\text{已完工程计划投资} = \text{已完工程量} \times \text{计划单价}$$

$$\text{已完工程实际投资} = \text{已完工程量} \times \text{实际单价}$$

结果为正，表示投资超支；结果为负，表示投资节约。但是，必须特别指出，进度偏差对投资偏差分析的结果有重要影响，如果不加考虑就不能正确反映投资偏差的实际情况。如某一阶段的投资超支，可能是由于进度超前导致的，也可能是由于物价上涨导致的。所以，必须引入进度偏差的概念。

$$\text{进度偏差}1 = \text{已完工程实际时间} - \text{已完工程计划时间} \tag{7-23}$$

为了与投资偏差联系起来，进度偏差也可表示为

进度偏差 2 = 拟完工程计划投资 − 已完工程计划投资 (7-24)

所谓拟完工程计划投资，是指根据进度计划安排在某一确定时间内所应完成的工程内容的计划投资。即

拟完工程计划投资 = 拟完工程量(计划工程量) × 计划单价 (7-25)

进度偏差为正值，表示工期拖延；进度偏差为负值，表示工期提前。用式(7-24)来表示进度偏差，其思路是可以接受的，但表达并不十分准确。在实际应用时，为了便于工期调整，还需将用投资差额表示的进度偏差转换为所需要的时间。

另外，在进行投资偏差分析时，还要考虑以下几组投资偏差参数。

(一)局部偏差和累计偏差

所谓局部偏差，有两层含义：一层含义是对于整个项目而言，指各单项工程、单位工程及分部分项工程的投资偏差；另一层含义是对于整个项目已经实施的时间而言，是指每一控制周期所发生的投资偏差。累计偏差是一个动态的概念，其数值总是与具体的时间联系在一起，第一个累计偏差在数值上等于局部偏差，最终的累计偏差就是整个项目的投资偏差。

局部偏差的引入，可使项目投资管理人员清楚地了解偏差发生的时间、所在的单项工程，这有利于分析其发生的原因。而累计偏差所涉及的工程内容较多、范围较大，且原因也较复杂，因而累计偏差分析必须以局部偏差分析为基础。从另一方面来看，因为累计偏差分析是建立在对局部偏差进行综合分析的基础上的，所以其结果更能显示出代表性和规律性，对投资控制工作在较大范围内具有指导作用。

(二)绝对偏差和相对偏差

绝对偏差是指投资实际值与计划值比较所得到的差额，绝对偏差的结果很直观，有助于投资管理人员了解项目投资出现偏差的绝对数额，并以此采取一定措施，制定或调整投资支付计划和资金筹措计划。但是，绝对偏差有其不容忽视的局限性。如同样是 1 万元的投资偏差，对于总投资 1 000 万元的项目和总投资 10 万元的项目而言，其严重性显然是不同的。因此，又引入相对偏差这一参数。

相对偏差 = 绝对偏差/投资计划值

= (投资实际值 − 投资计划值)/投资计划值 (7-26)

与绝对偏差一样，相对偏差可正可负，且二者同号。正值表示投资超支，反之表示投资节约。二者都只涉及投资的计划值和实际值，既不受项目层次的限制，也不受项目实施时间的限制，因而在各种投资比较中均可采用。

(三)偏差程度

偏差程度是指投资实际值对计划值的偏离程度，其表达式为

投资偏差程度 = 投资实际值/投资计划值 (7-27)

偏差程度可参照局部偏差和累计偏差分为局部偏差程度和累计偏差程度。注意：累计偏差程度并不等于局部偏差程度的简单相加。以月为一控制周期，则二者公式为

投资局部偏差程度 = 当月投资实际值/当月投资计划值 (7-28)

投资累计偏差程度 = 累计投资实际值/累计投资计划值 (7-29)

将偏差程度与进度结合起来，引入进度偏差程度的概念，则可得到以下公式

进度偏差程度＝已完工程实际时间/已完工程计划时间　　(7-30)

或　　进度偏差程度＝拟完工程计划投资/已完工程计划投资　　(7-31)

上述各组偏差和偏差程度变量都是投资比较的基本内容和主要参数。投资比较的程度越深，为下一步的偏差分析提供的支持就越有力。

二、投资偏差分析的方法

投资偏差分析可采用不同的方法，常用的有横道图法、表格法、曲线法和时标网络图法。

(一)横道图法

用横道图法进行投资偏差分析，是用不同的横道标识已完工程计划投资、拟完工程计划投资和已完工程实际投资，横道的长度与其金额成正比，见图7-9。

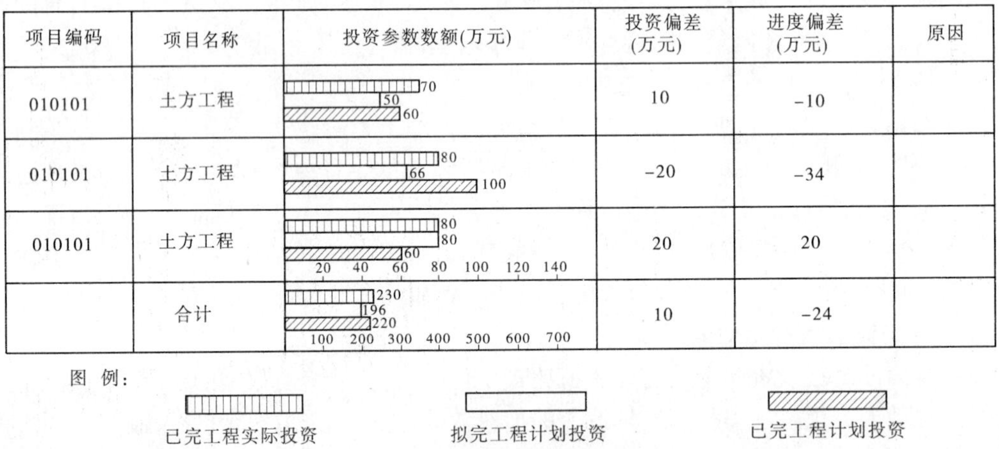

图7-9　投资偏差分析图(横道图法)

横道图法具有形象、直观、一目了然等优点，它能够准确表达出投资的绝对偏差，而且能一眼感受到偏差的严重性。但是，这种方法反映的信息量少，一般在项目的较高管理层应用。

(二)表格法

表格法是进行偏差分析最常用的一种方法。它将项目编码、名称、各投资参数以及投资偏差数综合归纳入一张表格中，并且直接在表格中进行比较。由于各偏差参数都在表中列出，使得投资管理者能够综合地了解并处理这些数据。

用表格法进行偏差分析具有如下优点：

(1)灵活、适用性强。可根据实际需要设计表格，进行增减项。

(2)信息量大。可以反映偏差分析所需的资料，从而有利于投资控制人员及时采取针对性措施，加强控制。

(3)表格处理可借助于计算机，从而节约大量数据处理所需的人力，并大大提高速度。

表 7-8 是利用表格法进行偏差分析的例子。

表 7-8 投资偏差分析表

项目编码	(1)	041	042	043
项目名称	(2)	木门窗安装	钢门窗安装	铝合金门窗安装
单位	(3)			
计划单价	(4)			
拟完工程量	(5)			
拟完工程计划投资	(6) = (4) × (5)	30	30	40
已完工程量	(7)			
已完工程计划投资	(8) = (4) × (7)	30	40	40
实际单价	(9)			
其他款项	(10)			
已完工程实际投资	(11) = (7) × (9) + (10)	30	50	50
投资局部偏差	(12) = (11) − (8)	0	10	10
投资局部偏差程度	(13) = (11) ÷ (8)	1	1. 25	1. 25
投资累计偏差	(14) = ∑(12)			
投资累计偏差程度	(15) = ∑(11) ÷ ∑(8)			
进度局部偏差	(16) = (6) − (8)	0	−10	0
进度局部偏差程度	(17) = (6) ÷ (8)	1	0. 75	1
进度累计偏差	(18) = ∑(16)			
进度累计偏差程度	(19) = ∑(6) ÷ ∑(8)			

(三)曲线法(赢值法)

曲线法是用投资累计曲线(S 形曲线)来进行投资偏差分析的一种方法,见图 7-10。其中,a 表示投资实际值曲线,p 表示投资计划值曲线,两条曲线之间的竖向距离表示投资偏差。

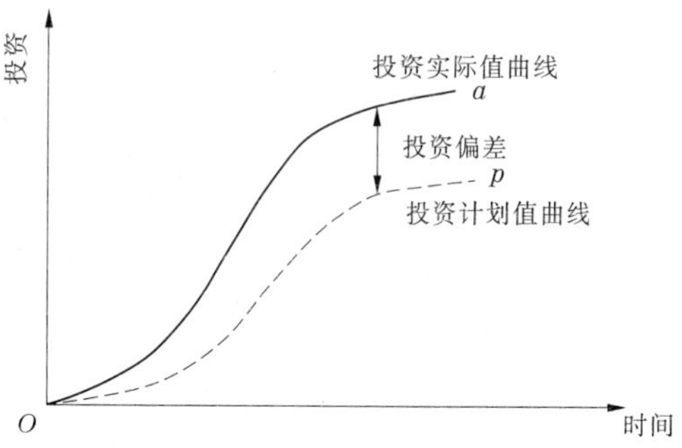

图 7-10 投资计划值与实际值曲线

在用曲线法进行投资偏差分析时,首先要确定投资计划值曲线。投资计划值曲线是与确定的进度计划联系在一起的。同时,也应考虑实际进度的影响,应当引入三条投资参数曲线,即已完工程实际投资曲线 a,已完工程计划投资曲线 b 和拟完工程计划投资曲线 p,见图 7-11。图中曲线 a 与曲线 b 的竖向距离表示投资偏差,曲线 b 与曲线 p 的水平距离表示进度偏差。

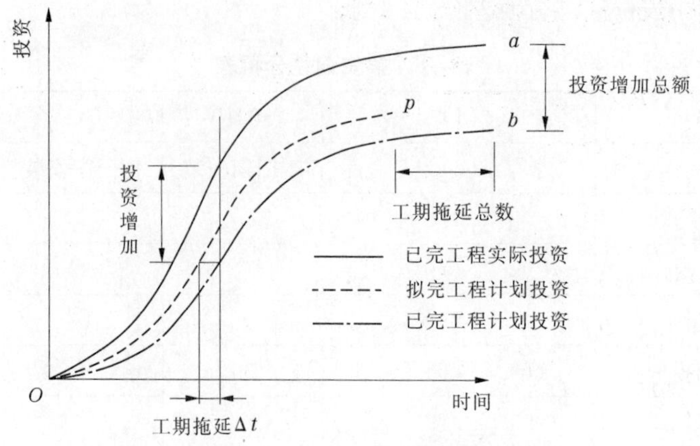

图 7-11　三条投资参数曲线

图 7-11 反映的偏差为累计偏差。用曲线法进行偏差分析同样具有形象、直观的特点,但这种方法很难直接用于定量分析,只能对定量分析起一定的指导作用。

(四)时标网络图法

时标网络图是在确定施工计划网络图的基础上,将施工的实际进度与日历工期相结合而形成的网络图,它可以分为早时标网络图与迟时标计划图。图 7-12 为某工程时标网络计划图。时标网络计划图中的结点位置与以该结点为起点的工序的最早开工时间相对应;图中的实线长度为工序的工作时间;虚线表示对应施工检查日(用▼标示)施工的实施进度;图中箭线上标注的数字可以表示箭线对应工序单位时间的计划投资值。例如,图 7-12 中①→②,即表示该工序每月计划投资 5 万元;对应 4 月有②→③、②→④、②→⑤三项工作列入计划,由以上数字可确定 4 月拟完工程计划投资为 10 万元。图 7-12 下方表格中的第 1 行数字为拟完工程计划投资的逐月累计值,例如图中 4 月为 5 + 5 + 10 +

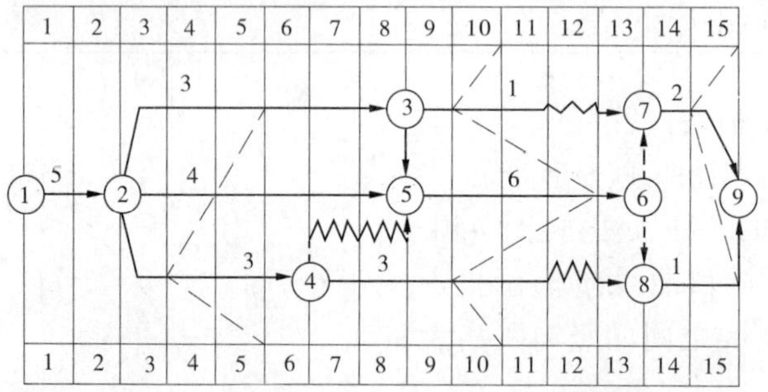

月份	1	2	3	4	5	6	7	8	9	10	11	12	13	14	15
(1)	5	10	20	30	40	50	60	70	80	90	100	106	112	115	118
(2)	5	15	25	35	45	53	61	69	77	85	94	103	112	116	120

注:1. 图中每根箭线上方数值为该工作每月计划投资。
2. 图下方表内(1)栏数值为该工程计划投资累计值;(2)栏数值为该工程已完工程实际投资累计值。

图 7-12　某工程时标网络计划　(单位:万元)

10＝30(万元)；表格中的第二行数字为已完工程实际投资逐月累计值，是表示工程进度实际变化所对应的实际投资值。

在图7-12中如果不考虑实际进度前锋线，可以得到每个月份的拟完工程计划投资。例如，4月有3项工作，投资分别为3万元、4万元、3万元，则4月已完工程计划投资值为10万元。将各个月中数据累计计算即可产生拟完工程计划投资累计值，即图7-12中的表格中(1)栏的数据。(2)栏中的数据为已完工程实际投资，其数据为单独给出。在图中如果考虑实际进度前锋线，可以得到对应月份的已完工程计划投资。

三、偏差原因分析

偏差分析的一个重要目的就是要找出引起偏差的原因，从而有可能采取有针对性的措施，减少或避免相同原因的再次发生。在进行偏差原因分析时，首先应当将已经导致和可能导致偏差的各种原因逐一列举出来。导致不同工程项目产生投资偏差的原因具有一定共性，因而可以通过对已建项目的投资偏差原因进行归纳、总结，为该项目采取预防措施提供依据。

(一)引起偏差的原因

一般来说，产生投资偏差的原因见图7-13。

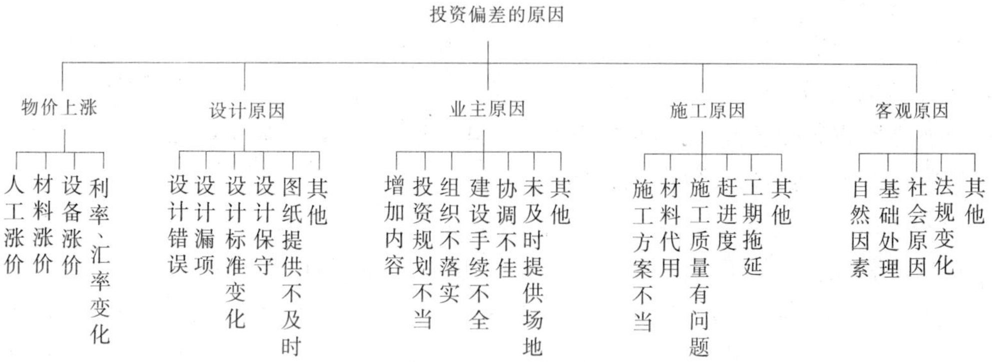

图7-13　产生投资偏差的原因

(二)偏差的类型

偏差分为四种形式，具体如下。

1. 投资增加且工期拖延

这种类型是纠正偏差的主要对象。

2. 投资增加但工期提前

这种情况下要适当考虑工期提前带来的效益。如果增加的资金值超过增加的效益，要采取纠偏措施，若这种收益与增加的投资大致相当甚至高于投资增加额，则不需要采取纠偏措施。

3. 工期拖延但投资节约

这种情况下是否采取纠偏措施要根据实际需要。

4. 工期提前且投资节约

这种情况是最理想的，不需要采取纠偏措施。

四、纠偏

对偏差原因进行分析的目的是有针对性地采取纠偏措施，从而实现投资的动态控制和主动控制。

（一）纠偏对象

纠偏首先要确定纠偏的主要对象，上面介绍的纠偏原因，有些是无法避免和控制的，如客观原因，充其量只能对其中少数原因做到防患于未然，力求减少该原因所产生的经济损失；对于施工原因所导致的经济损失通常是由承包商自己承担的，从投资控制的角度只能加强合同的管理，避免被承包商索赔。所以，这些偏差原因都不是纠偏的主要对象。纠偏的主要对象是业主原因和设计原因造成的投资偏差，纠偏时应综合考虑偏差类型、偏差原因及偏差原因发生的频率和影响程度。

（二）纠偏措施

在确定了纠偏的主要对象之后，就需要采取有针对性的纠偏措施。纠偏可采用组织措施、经济措施、技术措施和合同措施等。

1. 组织措施

组织措施指从投资控制的组织管理方面采取的措施。例如，落实投资控制的组织机构和人员，明确各级投资控制人员的任务、职能分工、权力和责任，改善投资控制工作流程等。组织措施往往被人忽视，其实它是其他措施的前提和保障，而且一般无须增加费用，只有运用得当，才可以收到良好的效果。

2. 经济措施

经济措施包括审核工程量、投资目标分解、资金使用计划、工程变更等。经济措施最易为人们接受，但运用中要特别注意不可把经济措施简单理解为审核工程量及相应的支付价款。应从全局出发来考虑问题，如检查投资目标分解是否合理，投资使用计划有无保障，会不会与施工进度计划发生冲突，工程变更有无必要，是否超标等，解决这些问题往往能起到标本兼治、事半功倍的作用。另外，通过偏差分析和未完工程预测还可以发现潜在的问题，及时采取预防措施，从而取得造价控制的主动权。

3. 技术措施

不同的技术措施往往会有不同的经济效果，因此运用技术措施纠偏时，要对不同的措施方案进行技术经济分析后加以选择。从造价控制的要求来看，技术措施并不都是因为发生了技术问题才加以考虑的，也可以因为出现了较大的投资偏差而加以运用。

4. 合同措施

合同措施在纠偏方面主要指索赔管理。在施工过程中，索赔事件的发生是难免的，在发生索赔事件后，造价工程师要认真审查有关索赔依据是否符合合同规定，索赔计算是否合理等，从主动控制的角度出发，加强日常的合同管理，落实合同规定的责任。

第七节　案例分析

一、案例一

背景：

某建筑公司(乙方)于某年4月20日与某厂(甲方)签订了修建建筑面积为3 000 m^2工业厂房(带地下室)的施工合同。乙方编制的施工方案和进度计划已获监理工程师批准。该工程的基坑开挖土方量为4 500 m^3，假设直接费单价为4.2元/m^3，综合费率为直接费的20%。该基坑施工方案规定：土方工程采用租赁一台斗容量为1 m^3的反铲挖掘机施工(租赁费450元/台班)。甲、乙双方合同约定5月11日开工，5月20日完工。在实际施工中发生了如下几项事件：

(1)因租赁的挖掘机大修，晚开工2天，造成人员窝工10个工日。

(2)施工过程中，因遇软土层，接到监理工程师5月15日停工的指令，进行地质复查，配合用工15个工日。

(3)5月19日接到监理工程师于5月20日复工令，同时提出基坑开挖深度加深2 m的设计变更通知单，由此增加土方开挖量900 m^3。

(4)5月20～22日，因下百年不遇的大雨迫使基坑开挖暂停，造成人员窝工10个工日。

(5)5月23日用30个工日修复冲坏的永久道路，5月24日恢复挖掘工作，最终基坑于5月30日挖掘完毕。

问题：

(1)建筑公司对上述哪些事件可以向业主要求索赔，哪些事件不可以要求索赔，并说明原因。

(2)每项事件工期索赔各是多少天？总计工期索赔是多少天？

(3)假设人工费单价为23元/工日，因增加用工所需的管理费为增加人工费的30%，则合理的费用索赔总额是多少？

(4)建筑公司应向厂方提供的索赔文件有哪些？

参考答案：

问题1

事件1：索赔不成立。因为事件发生原因属承包商自身责任。

事件2：索赔成立。因该施工地质条件的变化是一个有经验的承包商所无法合理预见的。

事件3：索赔成立。这是因设计变更引发的索赔。

事件4：索赔成立。这是因特殊反常的恶劣天气造成工程延误。

事件5：索赔成立。因恶劣的自然条件或不可抗力引起的工程损坏及修复应由业主承担责任。

问题2

事件2:索赔工期5天(5月15~19日)。

事件3:索赔工期2天。

因增加工程量引起的工程延误,按批准的施工进度计划计算。原计划每天完成工程量:4 500/10 =450(m^3)。现增加工程量900 m^3,因此应增加工期为900/450 =2(天)。

事件4:索赔工期3天(5月20~22日)。

因自然灾害造成的工期延误属于工期索赔范畴。

事件5:索赔工期1天(5月23日)。

工程修复导致的工期延长责任由业主承担。

共计索赔工期为5 +2 +3 +1 =11(天)。

问题3

事件2:人工费:15 ×23 =345(元)(注:增加的人工费应按人工费单价计算)。

机械费:450 ×5 =2 250(元)(注:机械窝工,其费用应按租赁计算)。

管理费:345 ×30% =103.5(元)(注:题目中条件为管理费为增加人工费的30%,与机械费等无关)。

事件3:可直接按土方开挖单价计算。

900 ×4.2 ×(1 +20%)=4 536(元)(注:此处与按FIDIC条款计算不一样)。

事件4:费用索赔不成立(注:因自然灾害造成的承包商窝工损失由承包商自行承担)。

事件5:

(1)人工费:30 ×23 =690(元)。

(2)机械费:450 ×1 =450(元)(注:不要忘记此时机械窝工一天)。

(3)管理费:690 ×30% =207(元)。

合计可索赔费用为:345 +2 250 +103.5 +4 536 +690 +450 +207 =8 581.5(元)。

问题4(略)。

二、案例二

背景:

某项工程业主与承包商签订了施工合同,合同中含有两个子项目,工程量清单中A工作工程量为2 300 m^3,B工作工程量为3 200 m^3,经协商合同价A工作为180元/m^3,B工作为160元/m^3。

承包合同规定:

开工前业主应向承包商支付合同价20%的预付款;

业主自第一个月起,从承包商的工程款中,按5%的比例扣留保修金;

当子项目工程实际工程量超过估算工程量的10%时,可进行调价,调整系数为0.9;

动态结算根据市场情况规定价格调整系数平均按1.2计算;

工程师签发月度付款最低金额为25万元;

预付款在最后两个月扣除,每月扣50%。

承包商每月实际完成并经工程师签证确认的工程量如表7-9所示。

表 7-9　某工程每月实际完成并经工程师签证确认的工程量　（单位：m^3）

月份	3	4	5	6
A 工作	500	800	800	600
B 工作	700	900	800	600

问题：

（1）工作预付款是多少？

（2）每月工程量价款、工程师应签证的工程款、实际签发的付款凭证金额各是多少？

参考答案：

（1）预付款金额为

$$(2\ 300 \times 180 + 3\ 200 \times 160) \times 20\% = 18.52（万元）$$

（2）第 1 个月即 3 月

工程量价款为　$500 \times 180 + 700 \times 160 = 20.2$（万元）

应签证的工程款为　$20.2 \times 1.2 \times (1 - 5\%) = 23.028$（万元）

由于合同规定工程师签发的最低金额为 25 万元，故本月工程师不予签发付款凭证。

第 2 个月即 4 月

工程量价款为　$800 \times 180 + 900 \times 160 = 28.8$（万元）

应签证的工程款为　$28.8 \times 1.2 \times (1 - 5\%) = 32.832$（万元）

本月应付款为：32.832 万元。

本月工程师实际签发的付款凭证金额为 $23.028 + 32.832 = 55.86$（万元）

第 3 个月即 5 月

工程量价款为　$800 \times 180 + 800 \times 160 = 27.2$（万元）

应签证的工程款为　$27.2 \times 1.2 \times (1 - 5\%) = 31.008$（万元）

应扣预付款为　$18.52 \times 50\% = 9.26$（万元）

本月应付款为　$31.008 - 9.26 = 21.748$（万元）

因本月应付款金额小于 25 万元，故工程师不予签发付款签证。

第 4 个月即 6 月，A 工作累计完成工程量为 2 700 m^3，比原清单工程量 2 300 m^3 超出 400 m^3，已超过清单工程量的 10%，超出部分其单价应进行调整。

超过清单工程量 10% 的工程量为　$2\ 700 - 2\ 300 \times (1 + 10\%) = 170（m^3）$

A 工作工程量价款为　$(600 - 170) \times 180 + 170 \times 180 \times 0.9 = 10.494$（万元）

B 工作累计完成工程量为 3 000 m^3，比原清单工程量 3 200 m^3 减少 200 m^3，不超过原工程量，其单价不予进行调整。

B 工作工程量价款为　$600 \times 160 = 9.6$（万元）

本月完成 A、B 两项工作工程量价款合计为　$10.494 + 9.6 = 20.094$（万元）

应签证的工程款为　$20.094 \times 1.2 \times (1 - 5\%) = 22.907$（万元）

应扣预付款为　$18.52 \times 50\% = 9.26$（万元）

本月应付款为　$22.907 - 9.26 = 13.647$（万元）

本月工程师实际签发的付款凭证金额为　$21.748 + 13.647 = 35.395$（万元）

三、案例三

背景：

有一单机容量为30万kW的火力发电厂工程项目。建设单位与施工单位签订了单价合同。在施工过程中，施工单位向建设单位的常驻工地代表提出下列费用应由建设单位支付：

(1)职工教育经费。因该工程项目的电动机等是国外进口设备，在安装前，需要对安装操作的人员进行培训，培训经费为2万元。

(2)研究试验费。本工程项目要对铁路专用线的一座跨公路预应力拱桥的模型进行破坏性试验，需要费用9万元，改进混凝土泵送工艺试验费3万元，合计12万元。

(3)临时设施费。为该工程项目的施工搭建的民工临时用房15间，为建设单位搭建的临时办公室4间，分别为3万元和1万元，合计4万元。

(4)施工机械迁移费。施工吊装机械从另一工地调入本工地的费用为1.5万元。

(5)施工降效费。

①根据施工组织设计，部分项目安排在雨季施工，由于采取防雨措施增加费用2万元。

②由于建设单位委托的另一家施工单位进行场区道路施工，影响了本施工单位正常的混凝土浇筑和运输作业，建设单位的常驻工地代表已审批了原计划和降效增加的工日及机械台班数，资料如下：

受影响部分的工程原计划用工2 300工日，计划支出40元/工日；原计划机械台班360台班，综合台班单价为180元/台班。受施工干扰后完成该部分工程实际用工2 900工日，实际支出45元/工日；实际用机械台班410台班，实际支出200元/台班。

问题：

(1)以上各项费用建设单位是否应支付？为什么？

(2)第(5)条②中提出的降效支付要求，人工费、机械费各应补偿多少？

(3)根据建设单位的常驻工地代表绘制的资金使用计划曲线中查出合同执行到第10个月月底时，已完工程实际投资为4 500万元，已完工程计划投资为4 000万元，拟完工程计划投资为3 500万元，试计算出第10个月月底的进度偏差和投资偏差。

参考答案：

(1)①职工教育经费不应支付，该费用已包含在合同价中(或该费用已计入建筑安装工程费用中的间接费)。

②模型破坏性试验费用应支付，该费用未包含在合同价中(或该费用属建设单位应支付的研究使用费)。混凝土泵送工艺改进试验费不应支付，该费用已包含在合同价中(或该费用已计入建筑安装工程费用中的其他直接费)。

③为民工搭建的临时用房费用不应支付，该费用已包含在合同价中(或该费用已计入建筑安装工程费用中的现场经费)。为建设单位搭建的临时办公用房费用应支付，该费用未包含在合同价中(或该费用属建设单位应支付的临建费)。

④施工机械迁移费不应支付，该费用已包含在合同价中(或该费用属于建筑安装工程费中的机械使用费)。

⑤降效①不应支付，属施工单位责任（或该费用已计入建筑安装工程费中的其他直接费）；降效②应支付，该费用属建设单位应给予补偿的费用。

（2）人工费补偿　　（2 900 − 2 300）× 40 = 24 000（元）

机械台班费补偿　　（410 − 360）× 180 = 9 000（元）

（3）合同执行到第 10 个月月底时的进度偏差 = 4 000 − 3 500 = 500（万元），即工期落后。

投资偏差 = 4 500 − 4 000 = 500（万元），即投资超 500 万元。

四、案例四

背景：

某厂房建设场地原为农田。按设计要求在厂房建造时，厂房地坪范围内的耕植土应清除，基础必须埋在老土层下 2.00 m 处。为此，业主在“三通一平”阶段就委托土方施工单位清除了耕植土，并用好土回填压实至一定设计标高，故在施工招标文件中指出，施工单位无须再考虑耕植土问题。然而，开工后，施工单位在开挖基坑时发现，相当一部分基坑开挖深度虽已达到设计标高，但仍未见老土，且在基础和场地范围内仍有一部分深层的耕植土和池塘淤泥等必须清除。

问题：

（1）在工程遇到地基条件与原设计所依据的地质资料不符时，承包商应该怎么办？

（2）根据修改的设计图纸，基础开挖要加深加大。为此，承包商提出了变更工程价格和展延工期的要求。请问承包商的要求是否合理？为什么？

（3）对于工程施工中出现变更工程价款和工期的事件后，甲乙双方需要注意哪些时效性问题？

（4）对合同中未规定的承包商义务，合同实施又必须进行的工作，你认为应如何处理？

参考答案：

（1）第一步，根据《建设工程施工合同示范文本》（GF—1999—0201）的规定，在工程中遇到地基条件与原设计所依据的地质资料不符时，承包商应立即通知甲方，要求对原设计进行变更，并由甲方取得以下批准：超过原设计标准和规模时须经原设计和规划审查部门批准，送原设计单位审查须取得相应的图纸和说明。第二步，在建设工程施工合同规定的时限内，向甲方提出设计变更价款和工期顺延要求。甲方如确认，则调整合同；甲方如不同意，应由甲方在合同规定的时限内，通知乙方就变更价格协商；若协商不成，提请工程造价管理部门裁定。裁定结果如无异议，修改合同；如果仍有异议，按工程承包合同协议的方法处理。

（2）承包商的要求合理。因为工程地质条件的变化不是一个有经验的承包商能够合理预见到的，属于业主风险。基础开挖加深加大必然增加费用和延长工期。

（3）在出现变更工程价款和工期事件之后，主要应注意：

（1）乙方提出变更工程价款和工期事件；

（2）甲方确认的时间；

（3）双方对变更工程价款和工期不能达成一致意见时的解决办法与时间。

(4)可按工程变更处理，其处理程序步骤参见问题(1)的解答。

五、案例五

背景：

某工程项目施工采用了包工包全部材料的固定价格合同。招标文件参考资料中提供的水泥供货地点距工地 4 km。但是开工后，检查水泥质量不符合要求，承包商只得从另一距工地 20 km 的水泥供货地点采购。而在一个关键工作面上又发生了几种原因造成的临时停工：4 月 20 ~ 26 日承包商的施工设备出现了从未出现过的故障；应于 4 月 24 日交给承包商的后续图纸直到 5 月 10 日才交给承包商；5 月 7 ~ 12 日，施工现场下了该季节罕见的特大暴雨，造成了 5 月 11 ~ 14 日该地区的供电全面中断。

问题：

(1)由于水泥供货距离的增大，必然引起费用的增加，承包商经过仔细认真计算后，在业主指令下达的第 3 天，向业主的造价工程师提交了将原用水泥单价每吨提高 5 元的索赔要求。该索赔要求是否合理？为什么？

(2)由于几种情况的暂时停工，承包商在 5 月 15 日向业主提交延长工期 25 天，成本损失费率 2 万元/天(此费率已经造价工程师核准)和利润损失费率 2 000 元/天的索赔要求，共计 55 万元。该索赔费用是否合理？

(3)索赔成立的条件是什么？

(4)若承包商对因业主原因造成窝工损失进行索赔，要求设备窝工损失按台班计算，人工的窝工损失按工日计价是否合理？如不合理应怎样计算？

(5)你认为应该在业主给承包商工程进度款的支付中扣除施工拖期违约损失赔偿金吗？为什么？

参考答案：

(1)因水泥供货地点的变化提出索赔，不能被批准。原因是：

①承包商应对自己就招标文件的解释负责并考虑相关风险；

②承包商应对自己报价的正确性与完备性负责；

③材料的供应情况变化是一个有经验的承包商能够合理预见到的。

(2)可以批准的费用索赔额为 32 万元，原因是：

①4 月 20 ~ 26 日的停工属于承包商应承担的风险，不应考虑承包商的费用索赔要求。

②4 月 27 日 ~ 5 月 10 日的停工是由于业主迟交图纸引起的，为业主应承担的风险，可以索赔，但不应考虑承包商的利润要求。索赔额是：14 天 ×2 万元/天 =28 万元。

③5 月 11 ~ 12 日的特大暴雨属于双方共同的风险，不应考虑承包商的费用索赔要求。

④5 月 13 ~ 14 日的停电属于有经验的承包商无法预见的自然条件变化，为业主应承担的风险，但不应考虑承包商的利润要求。索赔额是：2 天 ×2 万元/天 =4 万元。

(3)承包商的索赔要求成立必须同时具备如下四个条件：

①与合同相比较，已造成了实际的额外费用或工期损失；

②造成费用增加或工期损失的原因不是由于承包商的过失造成的；

③按合同规定不应由承包商承担的风险；

④承包商在事件发生后的规定时间内提出了索赔的书面意向通知。

(4)不合理。窝工闲置的设备按折旧费或停滞台班费或租赁费计价，不包括运转费部分；人工费损失应考虑这部分工作的工人调做其他工作时工效降低的损失费用；一般用工日单价乘以一个测算的降效系数计算这一部分损失，而且只按成本费用计算，不包括利润。

(5)由上述事件引起的工程进度拖延不等于竣工工期的延误。原因是：如果不能通过施工方案的调整将延误的工期补回，将会造成竣工延误，支付中要扣除拖期违约金；如果能够通过施工方案的调整将延误的工期补回，不会造成竣工延误，不产生拖期违约金，支付中不予扣除。

六、案例六

背景：

某业主与承包商签订了某建筑安装工程项目总包施工合同。承包范围包括土建工程和水、电、通风建筑设备安装工程，合同总价为 4 800 万元。工期为 2 年，第 1 年已完成 2 600 万元，第 2 年应完成 2 200 万元。承包合同规定：

(1)业主应向承包商支付当年合同价 25% 的工程预付款。

(2)工程预付款应从未施工工程尚需的主要材料及构配件价值相当于工程预付款时起扣，每月以抵充工程款的方式陆续收回。主要材料及设备费比重按 62.5% 考虑。

(3)工程质量保修金为承包合同总价的 3%，经双方协商，业主从每月承包商的工程款中按 3% 的比例扣留。在保修期满后，保修金及保修金利息扣除已支出费用后的剩余部分退还给承包商。

(4)当承包商每月实际完成的建安工作量少于计划完成建安工作量的 10% 以上(含 10%)时，业主可按 5% 的比例扣留工程款，在工程竣工结算时将扣留工程款退还给承包商。

(5)除设计变更和其他不可抗力因素外，合同总价不作调整。

(6)由业主直接提供的材料和设备应在发生当月的工程款中扣回其费用。

经业主的工程师代表签认的承包商在第 2 年各月计划和实际完成的建安工作量以及业主直接提供的材料、设备价值见表 7-10。

表 7-10 工程结算数据 (单位：万元)

月份	1 ~ 6	7	8	9	10	11	12
计划完成建安工作量	1 100	200	200	200	190	190	120
实际完成建安工作量	1 110	180	210	205	195	180	120
业主直供材料、设备的价值	90.56	35.5	24.4	10.5	21	10.5	5.5

问题：

(1)工程预付款是多少？

(2)工程预付款从几月开始起扣？

(3)1 ~ 6 月以及其他各月工程师代表应签证的工程款是多少？应签发付款凭证金额

是多少？

(4)竣工结算时，工程师代表应签发付款凭证金额是多少？

参考答案：

(1)工程预付款金额为　$2\ 200 \times 25\% = 550$(万元)

(2)工程预付款的起扣点为

$$2\ 200 - 550 \div 62.5\% = 2\ 200 - 880 = 1\ 320(万元)$$

开始起扣工程预付款的时间为8月，因为8月累计实际完成的建安工作量为

$$1\ 110 + 180 + 210 = 1\ 500(万元) > 1\ 320 万元$$

(3)①1～6月：

1～6月应签证的工程款为　$1\ 110 \times (1 - 3\%) = 1\ 076.7$(万元)

1～6月应签发付款凭证金额为　$1\ 076.7 - 90.56 = 986.14$(万元)

②7月：

7月建安工作量实际值与计划值比较，未达到计划值，相差：$(200 - 180) \div 200 = 10\%$。

7月应签证的工程款为　$180 - 180 \times (3\% + 5\%) = 180 - 14.4 = 165.6$(万元)

7月应签发付款凭证金额为　$165.6 - 35.5 = 130.1$(万元)

③8月：

8月应签证的工程款为　$210 \times (1 - 3\%) = 203.7$(万元)

8月应扣工程预付款为　$(1\ 500 - 1\ 320) \times 62.5\% = 112.5$(万元)

8月应签发付款凭证金额为　$203.7 - 112.5 - 24.4 = 66.8$(万元)

④9月：

9月应签证的工程款为　$205 \times (1 - 3\%) = 198.85$(万元)

9月应扣工程预付款为　$205 \times 62.5\% = 128.125$(万元)

9月应签发付款凭证金额为　$198.85 - 128.125 - 10.5 = 60.225$(万元)

⑤10月：

10月应签证的工程款为　$195 \times (1 - 3\%) = 189.15$(万元)

10月应扣工程预付款为　$195 \times 62.5\% = 121.875$(万元)

10月应签发付款凭证金额为　$189.15 - 121.875 - 21 = 46.275$(万元)

⑥11月：

11月建安工程量实际值与计划值比较，未达到计划值，相差：$(190 - 180) \div 190 = 5.26\% < 10\%$，工程款不扣。

11月应签证的工程款为　$180 \times (1 - 3\%) = 174.6$(万元)

11月应扣工程预付款为　$180 \times 62.5\% = 112.5$(万元)

11月应签发付款凭证金额为　$174.6 - 112.5 - 10.5 = 51.6$(万元)

⑦12月：

12月应签证的工程款为　$120 \times (1 - 3\%) = 116.4$(万元)

12月应扣工程预付款为　$120 \times 62.5\% = 75$(万元)

12月应签发付款凭证金额为　$116.4 - 75 - 5.5 = 35.9$(万元)

(4)竣工结算时，工程师代表应签发付款凭证金额为：$180 \times 5\% = 9$(万元)。

七、案例七

背景：

某承包商于某年承包某外资工程项目施工。与业主签订的承包合同的部分内容有：

(1)工程合同价 2 000 万元，工程价款采用调值公式动态结算。该工程的人工费占工程价款的 35%，材料费占 50%，不调值费用占 15%。具体的调值公式为

$$P = P_0 \times (0.15 + 0.35A/A_0 + 0.23B/B_0 + 0.12C/C_0 + 0.08D/D_0 + 0.07E/E_0)$$

式中 A_0、B_0、C_0、D_0、E_0——基期价格指数；

A、B、C、D、E——工程结算日期的价格指数。

(2)开工前业主向承包商支付合同价 20% 的工程预付款，当工程进度款达到合同价的 60% 时，开始从超过部分的工程结算款中按 60% 抵扣工程预付款，竣工前全部扣清。

(3)工程进度款逐月结算，每月月中预支半月工程款。

(4)业主自第一个月起，从承包商的工程价款中按 5% 的比例扣留保修金。工程保修期为一年。

该合同的原始报价日期为当年 3 月 1 日。结算各月的工资、材料物价指数见表 7-11。

表 7-11 各月的工资、材料物价指数

代号	A_0	B_0	C_0	D_0	E_0
3 月指数	100	153.4	154.4	160.3	144.4
代号	A	B	C	D	E
5 月指数	110	156.2	154.4	162.2	160.2
6 月指数	108	158.2	156.2	162.2	162.2
7 月指数	108	158.4	158.4	162.2	164.2
8 月指数	110	160.2	158.4	164.2	162.4
9 月指数	110	160.2	160.2	164.2	162.8

未调值前各月完成的工程情况为：

5 月完成工程 200 万元，其中业主供料部分材料费为 5 万元。

6 月完成工程 300 万元。

7 月完成工程 400 万元，另外由于业主方设计变更，导致工程局部返工，造成拆除材料费损失 1 500 元，人工费损失 1 000 元，重新施工人工、材料等费用合计 1.5 万元。

8 月完成工程 600 万元，另外由于施工中采用的模板形式与定额不同，造成模板增加费用 3 000 元。

9 月完成工程 500 万元，另有批准的工程索赔款 1 万元。

问题：

(1)工程预付款是多少？

(2)确定每月终业主应支付的工程款。

(3)工程在竣工半年后，发生屋面漏水，业主应如何处理此事？

参考答案：

(1)工程预付款　　　　$2\ 000 \times 20\% = 400$(万元)

(2)①工程预付款的起扣点　$T = 2\ 000 - 400 \div 60\% = 1\ 333$(万元)

②每月终业主应支付的工程款如下：

5 月月终支付

$200 \times (0.15 + 0.35 \times 110 \div 100 + 0.23 \times 156.2 \div 153.4 + 0.12 \times 154.4 \div 154.4 + 0.08 \times 162.2 \div 160.3 + 0.07 \times 160.2 \div 144.4) \times (1 - 5\%) - 5 - 200 \times 50\% = 94.08$(万元)

6 月月终支付

$300 \times (0.15 + 0.35 \times 108 \div 100 + 0.23 \times 158.2 \div 153.4 + 0.12 \times 156.2 \div 154.4 + 0.08 \times 162.2 \div 160.3 + 0.07 \times 162.2 \div 144.4) \times (1 - 5\%) - 300 \times 50\% = 148.16$(万元)

7 月月终支付

$[400 \times (0.15 + 0.35 \times 108 \div 100 + 0.23 \times 158.4 \div 153.4 + 0.12 \times 158.4 \div 154.4 + 0.08 \times 162.2 \div 160.3 + 0.07 \times 164.2 \div 144.4) + 0.15 + 0.1 + 1.5] \times (1 - 5\%) - 400 \times 50\% = 200.34$(万元)

8 月月终支付

$600 \times (0.15 + 0.35 \times 110 \div 100 + 0.23 \times 160.2 \div 153.4 + 0.12 \times 158.4 \div 154.4 + 0.08 \times 164.2 \div 160.3 + 0.07 \times 162.4 \div 144.4) \times (1 - 5\%) - 600 \times 50\% - 300 \times 60\% = 123.62$(万元)

9 月月终支付

$[500 \times (0.15 + 0.35 \times 110 \div 100 + 0.23 \times 160.2 \div 153.4 + 0.12 \times 160.2 \div 154.4 + 0.08 \times 164.2 \div 160.3 + 0.07 \times 162.8 \div 144.4) + 1] \times (1 - 5\%) - 500 \times 50\% - (400 - 300 \times 60\%) = 34.74$(万元)

(3)工程在竣工半年后，发生屋面漏水，由于在保修期内，业主应首先通知原承包商进行维修，费用从保修金中支付。如果原承包商不能在约定的时限内派人维修，业主也可委托他人进行修理，费用从保修金中支付。

本章小结

施工阶段的工程造价控制是签订工程承包合同后的投资控制工作。施工阶段投资控制就是把计划投资额作为投资控制的目标值，在工程施工过程中定期进行投资实际值与目标值的比较，通过分析偏差，采取措施达到有效投资控制目标。在施工阶段控制造价时，首先要编制资金使用计划，然后根据资金使用计划进行工程进度款、工程竣工结算的支付；其次调整工程款价差，进行工程价款的核算；最后进行投资偏差分析，采取行之有效的纠偏措施，从而达到控制工程造价的目的。

复习思考题

7-1　简述施工阶段投资控制的目标及其措施。

7-2　简述资金使用计划的编制方法。

7-3　简述工程计量的依据和方法。

7-4　简述工程变更价款的确定要求及其时间限定。

7-5　简述工程价款的主要结算方式。

7-6　简述工程预付款的支付限额。

7-7　建设工程项目工程结算进度款的支付程序是什么?

7-8　工程款价差调整的方法有哪些?

7-9　投资偏差分析的方法有哪些?

7-10　如何分析投资偏差产生的原因?

7-11　某土方工程发包方提出的估计工程量为 1 500 m^3,合同中规定土方工程单价为 18 元/m^3,实际工程量超过估计工程量 10% 时,调整单价为 16 元/m^3,结算时实际完成土方工程量为 1 800 m^3,则土方工程结算款应为多少?

7-12　某建设项目业主与承包商签订了工程施工承包合同,根据合同及其附件的有关条文,对索赔内容有以下规定:

(1)因窝工发生的人工费以 25 元/工日计算,监理方提前一周通知承包方时不以窝工处理,以补偿费支付 4 元/工日。

(2)机械设备台班费:塔吊 300 元/台班,混凝土搅拌机 70 元/台班,砂浆搅拌机 30 元/台班。因窝工而闲置时,只考虑折旧费,按台班费 70% 计算。

(3)因临时停工一般不补偿管理费和利润。在施工过程中发生了以下情况:

①6 月 8～21 日,施工到第七层时因业主提供的模板未到而使一台塔吊、一台混凝土搅拌机和 35 名支模工停工(业主已于 5 月 30 日通知承包方)。

②6 月 10～21 日,因公用网停电停水使进行第四层砌砖工作的一台砂浆搅拌机和 30 名砌砖工停工。

③6 月 20～23 日,因砂浆搅拌机故障而使在第二层抹灰的一台砂浆搅拌机和 35 名抹灰工停工。

问题:承包商在有效期内提出索赔要求时,工程师认为合理的索赔金额应是多少?

7-13　某建筑工程承包合同总额为 300 万元,主要材料及结构件金额占合同总额的 63%,预付备料款额度为 25%,预付款扣款的方法是以未施工工程尚需的主要材料及构件的价值相当于预付款数额时起扣,从每次中间结算工程价款中,按材料及构件比重抵扣工程价款。保留金为合同总额的 5%。各月实际完成合同价值如表 7-12 所示。

表 7-12　各月实际完成合同价值　　(单位:万元)

月份	1	2	3	4	5	6	7	8
完成价值	18	48	42	30	36	30	57	39

问题:

(1)计算预付工程备料款。

(2)计算预付工程备料款起扣时的已完成累计工程造价。

(3)计算施工过程中乙方各月应收取的工程进度款。

(4)计算竣工结算工程价款。

第八章 建设工程竣工决算

第一节 竣工决算概述

一、竣工决算的概念

竣工决算是以实物数量和货币制表为计算单位，综合反映竣工项目从筹建开始到项目竣工交付使用为止的全部建设费用、投资效果和财务情况的总结性文件，是竣工验收报告的重要组成部分。竣工决算是正确核定新增固定资产价值，考核分析投资效果，建立健全经济责任制的依据，是反映建设项目实际造价和投资效果的文件。通过竣工决算，既能够正确反映建设项目实际造价和投资结果，又可以通过与概算、预算的对比分析，考核投资控制的工作成效，为工程建设提供重要的技术经济方面的基础资料，提高未来工程建设的投资效益。

二、竣工决算与竣工结算的区别

竣工决算是建设单位站在财务的角度上，核定的建设工程从筹建开始到竣工交付使用为止所花费的全部实际费用，其作用是作为建设单位办理交付、验收、动用新增各类资产的依据。

竣工结算是承包方对所承包的工程按合同完成后实际所获得的最终工程价款。其作用是作为承包商办理最终结算的依据，也是承包合同终结的凭证，同时也作为建设单位进行竣工决算的主要资料。

三、竣工决算的内容

竣工决算由竣工决算编制说明书、竣工财务决算报表、建设工程竣工图和工程竣工造价对比分析四部分组成。

(一)竣工决算编制说明书

(1)工程建设概况(一般从进度、质量、安全和造价方面进行分析说明)。

(2)工程概(预)算执行情况说明，各项经济技术指标的分析。

(3)设备、工具、器具购置情况的说明。

(4)工程建设其他费用使用情况的说明(包括征地、拆迁费，建设单位管理费，监理费等)。

(5)工程决算编制中有关问题处理的说明。

(6)预留费用使用情况的说明。

(7)工程遗留问题。

(8)造价控制的经验与教训总结。

(9)其他需要说明的事项。

(二)竣工财务决算报表

(1)大、中型建设项目竣工财务决算报表包括建设项目竣工财务决算审批表、建设项目概况表、建设项目竣工财务决算表、建设项目交付使用资产总表。

(2)小型建设项目竣工财务决算总表包括建设项目竣工财务决算审批表、竣工财务决算总表、建设项目交付使用资产明细表。

(三)建设工程竣工图

(1)凡按原设计施工图竣工没有变动的,由施工单位在原施工图上加盖“竣工图”标志后,即作为竣工图。

(2)凡在施工过程中,虽有一般性设计变更,但能将原施工图加以修改补充作为竣工图的,可不重新绘制,由施工单位负责在原施工图(必须是新蓝图)上注明修改的部分,并附以设计变更通知单和施工说明,加盖“竣工图”标志后,作为竣工图。

(3)凡有结构形式改变、施工工艺改变、平面布置改变、项目改变以及其他重大改变,不宜再在原施工图上修改、补充时,应由原设计单位重新绘制改变后的竣工图;施工单位负责在新图上加盖“竣工图”标志,并附以有关记录和说明,作为竣工图。

(4)为了满足竣工验收和竣工决算需要,还应绘制反映竣工工程全部内容的工程设计平面示意图。

(四)工程竣工造价对比分析

工程竣工造价对比分析包括以下内容:

(1)主要实物工程量。

(2)主要材料消耗量。

(3)主要设备、材料的价格。

(4)大型机械设备、吊装设备的台班量。

(5)采取的计价依据及其取费标准。

(6)采取的施工方案和措施。

(7)考核建筑及安装工程费、措施费、间接费、工程建设其他费等的执行情况。

四、竣工决算的编制依据

(1)批准的设计文件,以及批准的概(预)算或调整概(预)算文件。

(2)设计交底或图纸会审纪要。

(3)招标文件、标底(如果有)及与各有关单位签订的合同文件等。

(4)设计变更、现场施工签证等建设过程中的文件及有关支付凭证。

(5)竣工图及各种竣工验收资料。

(6)设备、材料价格依据。

(7)有关本工程建设的国家、地方等政策文件和相关规定。

(8)有关财务核算制度、办法和其他有关资料及文件等。

五、竣工决算的编制步骤

(1)收集、整理和分析有关依据资料。

(2)清理各项财务、债务和结余物资。

(3)对照、核实工程变动情况,重新核实各单位工程、单项工程。

(4)编制建设工程竣工决算说明。

(5)认真填报竣工财务决算报表。

(6)做好工程造价对比分析。

(7)上报主管部门审查。

第二节　新增资产价值的确定

建设项目竣工投入运营后,所花费的总投资形成相应的资产。按照新的财务制度和企业会计准则,新增资产按资产性质可分为固定资产、无形资产、流动资产和其他资产等四大类。

一、新增固定资产

新增固定资产价值是建设项目竣工投产后所增加的固定资产的价值,它是以价值形态表示的固定资产投资最终成果的综合性指标。新增固定资产价值是投资项目竣工投产后所增加的固定资产价值,即交付使用的固定资产价值,是以价值形态表示建设项目的固定资产最终成果的指标。新增固定资产价值的计算是以独立发挥生产能力的单项工程为对象。单项工程经有关部门验收合格后,正式移交生产使用。一次交付生产或使用的工程,一次计算新增固定资产价值;分期分批交付生产或使用的工程,应分期分批计算新增固定资产价值。新增固定资产价值的内容包括:已投入生产或交付使用的建筑、安装工程造价,达到固定资产标准的设备、工器具的购置费用,增加固定资产价值的其他费用。

在计算时应注意以下几种情况:

(1)对于为了提高产品质量、改善劳动条件、节约材料消耗、保护环境而建设的附属辅助工程,只要全部建成,正式验收交付使用后就要计入新增固定资产价值。

(2)对于单项工程中不构成生产系统,但能独立发挥效益的非生产性项目,如住宅、食堂、医务所、托儿所、生活服务网点等,在建成交付使用后计入新增固定资产价值。

(3)凡购置达到固定资产标准不需要安装的设备、工器具,应在交付使用后计入新增固定资产价值。

(4)属于新增固定资产价值的其他投资,应在受益工程交付使用的同时一并计入。

(5)交付使用财产的成本,应按下列内容计算:

①房屋、建筑物、管道、线路等固定资产的成本包括建筑工程成本和待分摊的待摊投资。

②动力设备和生产设备等固定资产的成本包括需要安装设备的采购成本,安装工程成本,设备基础、支柱等建筑工程成本或砌筑锅炉及各种特殊炉的建筑工程成本,应分摊的待摊投资。

③运输设备及其他不需要安装的设备、工具、器具、家具等固定资产一般仅计算采购成本,不计分摊的"待摊投资"。

关于共同费用的分摊方法。新增固定资产的其他费用,如果是属于整个建设项目或两个以上单项工程的,在计算新增固定资产价值时,应在各单项工程中按比例分摊。一般情况下,建设单位管理费按建筑工程、安装工程、需安装设备价值总额作比例分摊,而土地征用费、地质勘查和建筑工程设计费等则按建筑工程造价比例分摊,生产工艺流程系统设计费按安装工程造价比例分摊。

【例 8-1】 某工业建设项目及其总装车间的建筑工程费、安装工程费、需安装设备费以及应摊入费用如表 8-1 所示,计算总装车间新增固定资产价值。

表 8-1 分摊费用计算 (单位:万元)

项目名称	建筑工程费	安装工程费	需安装设备费	建设单位管理费	土地征用费	建筑设计费	工艺设计费
建设单位竣工决算	3 000	600	900	70	80	40	20
总装车间竣工决算	600	300	450				

解 计算如下:

应分摊的建设单位管理费 $=(600+300+450)/(3\ 000+600+900)\times 70=21$(万元)

应分摊的土地征用费 $=600/3\ 000\times 80=16$(万元)

应分摊的建筑设计费 $=600/3\ 000\times 40=8$(万元)

应分摊的工艺设计费 $=600/3\ 000\times 20=4$(万元)

总装车间新增固定资产价值 $=(600+300+450)+(21+16+8+4)=1\ 399$(万元)

二、新增无形资产

根据我国 2001 年颁布的《资产评估准则——无形资产》规定,我国作为评估对象的无形资产通常包括专利权、非专利技术、生产许可证、特许经营权、租赁权、土地使用权、矿产资源勘探权和采矿权、商标权、版权、计算机软件及商誉等。《新会计准则第 6 号——无形资产》对无形资产的规定是:无形资产是指企业拥有或者控制的没有实物形态的可辨认非货币性资产。

(一)无形资产的计算原则

(1)投资者按无形资产作为资本金或者合作条件投入时,按评估确认或合同协议约定的金额计价。

(2)企业自创并依法申请取得的,按开发过程中的实际支出计价。

(3)企业接受捐赠的无形资产,按照发票账单所载金额或者同类无形资产市场价计价。

(4)无形资产计价入账后,应在其有效试用期内分期摊销,即企业为无形资产支出的费用应在无形资产的有效期内得到及时补偿。

(二)无形资产的计算方法

1. 专利权的计价

专利权分为自创和外购两类。自创专利权的价值为开发过程中的实际支出,主要包括专利的研制成本和交易成本。研制成本包括直接成本和间接成本。直接成本是指研制过程中直接投入发生的费用,主要包括材料费用、工资费用、专用设备费、资料费、资讯鉴定费、协作费、培训费和差旅费等;间接成本是指与研制开发有关的费用,主要包括管理费、非专用设备折旧费、应分摊的公共费用及能源费用。交易成本是指在交易过程中的费用支出,主要包括技术服务费、交易过程中的差旅费及管理费、手续费、税金。由于专利权是具有独占性并能带来超额利润的生产要素,因此专利权转让价格不按成本估价,而是按照其所能带来的超额收益计价的。

2. 非专利技术的计价

非专利技术具有使用价值和价值,使用价值是非专利技术本身具有的。非专利技术价值在于非专利技术的使用所能产生的超额获利能力,应在研究分析其直接和间接获利能力的基础上,准确计算出其价值。如果非专利技术是自创的,一般不作为无形资产入账,自创过程中发生的费用,按当期费用处理。对于外购非专利技术,应由法定评估机构确认后再进行估价,其方法往往通过采用收益法进行估价。

3. 商标权的计价

如果商标权是自创的,一般不作为无形资产入账,而将商标设计、制作注册、广告宣传等发生的费用直接作为销售费用计入当期损益。只有当企业购入或转让商标时,才需要对商标权计价。商标权的计价一般根据被许可方新增的收益确定。

4. 土地使用权的计价

根据取得土地使用权的方式不同,土地使用权可以有以下几种计价方式:当建设单位向土地管理部门申请土地使用权并为之支付一笔出让金时,土地使用权作为无形资产核算;当建设单位获得土地使用权是通过行政划拨的,这时土地使用权就不能作为无形资产核算;当将土地使用权有偿转让、出租、抵押、作价入股和投资,按规定补交土地让出价款时,才作为无形资产核算。

三、新增流动资产

新增流动资产是指可以在一年内或者超过一年的一个营业周期内变化或者运用的资产,包括现金、各种存款和其他货币资金、短期投资、存货、应收及预付款项和其他流动资产等。

(1)货币性资金。货币性资金是指现金、各种银行存款及其他货币资金,其中现金是指企业的库存现金,包括企业内部各部门用于周转使用的备用金;各种银行存款是指企业的各种不同类型的银行存款;其他货币资金是指除现金和银行存款外的其他货币资金,根据实际入账价值核定。

(2)应收及预付款项。应收款项是指企业因销售商品、提供劳务等应向购货单位或受益单位收取的款项。预付款项是指企业按照购货合同预付给提供单位的购货或部分款项。应收及预付款项包括应收票据、应收款项、其他应收款、预付款项和待摊费用。一般情况下，应收及预付款项按企业销售商品、产品或提供劳务时的实际成交金额入账核算。

(3)短期投资。短期投资包括股票、债券、基金。股票和债券根据是否可以上市流通可分别采用市场法和收益法确定其价值。

(4)存货。存货是指企业的库存材料、在产品、产成品等。各种存货应当按照取得时的实际成本计价。存货的形成，主要有外购和自制两种途径。外购的存货，按照买价加运输费、装卸费、保险费、途中合理损耗、入库前加工整理、挑选费用以及缴纳的税金等计价；自制存货，按照制造过程中的各项实际支出计价。

四、新增其他资产

新增其他资产是指除新增固定资产、新增无形资产、新增流动资产外的资产。形成新增其他资产原值的费用主要是生产准备费(含职工提前进厂费和培训费)、样品样机购置费和农业开荒费等。

第三节　竣工财务决算的编制方法

一、建设项目竣工财务决算审批表

建设项目竣工财务决算审批表(见表8-2)作为竣工决算时有关部门审批时使用，其格式是按照中央级小型项目审批要求设计的，地方级项目可按审批要求作适当修改，大、中、小型建设项目均按照下列要求填报此表。

表8-2　建设项目竣工财务决算审批表

建设项目法人(建设单位)		建设性质	
建设项目名称		主管部门	
开户银行意见： (盖章) 年　月　日			
专员办审批意见： (盖章) 年　月　日			
主管部门或地方财政部门审批意见： (盖章) 年　月　日			

(1)表中"建设性质"按照新建、改建、扩建、迁建和恢复建设项目等分类填列。

(2)表中"主管部门"是指建设单位的主管部门。

(3)所有建设项目均需经过开户银行签署意见后，按照有关要求进行报批；中央级小型项目由主管部门签署审批意见；中央级大、中型项目报所在地财政监察专员办事机构签署意见后，再由主管部门签署意见报财政部审批；地方级项目由同级财政部门签署审批意见。

已具备竣工验收条件的项目，三个月内应及时填报审批表，如三个月内不办理竣工验收和固定资产移交手续的视同项目已正式投产，其费用不得从基本建设投资中支付，所实现的收入作为经营收入，不再作为基本建设收入管理。

二、大、中型建设项目概况表

大、中型建设项目概况表见表8-3。该表综合反映大、中型项目的基本概况，内容包括该项目总投资、建设起止时间、新增生产力、主要材料消耗、建设成本、完成主要工程量和主要技术经济指标，为全面考核和分析投资效果提供依据，可按下列要求填写：

表8-3　大、中型建设项目概况表

<table>
<tr><td>建设项目（单项工程）名称</td><td></td><td>建设地址</td><td></td><td colspan="2"></td><td rowspan="9">基本建设支出</td><td>项目</td><td>概算（元）</td><td>实际（元）</td><td>备注</td></tr>
<tr><td rowspan="2">主要设计单位</td><td colspan="2" rowspan="2"></td><td rowspan="2">主要施工企业</td><td></td><td></td><td>建筑安装工程投资</td><td></td><td></td><td></td></tr>
<tr><td></td><td></td><td>设备、工具、器具</td><td></td><td></td><td></td></tr>
<tr><td rowspan="2">占地面积</td><td>设计</td><td>实际</td><td rowspan="2">总投资（万元）</td><td>设计</td><td>实际</td><td>待摊投资</td><td></td><td></td><td></td></tr>
<tr><td></td><td></td><td></td><td></td><td>其中：建设单位管理费</td><td></td><td></td><td></td></tr>
<tr><td rowspan="2">新增生产能力</td><td colspan="3">能力（效益）名称</td><td>设计</td><td>实际</td><td>其他投资</td><td></td><td></td><td></td></tr>
<tr><td colspan="3"></td><td></td><td></td><td>待核销基本建设支出</td><td></td><td></td><td></td></tr>
<tr><td rowspan="2">建设起止时间</td><td>设计</td><td colspan="4">从　年　月开工至　年　月竣工</td><td>非经营性项目转出投资</td><td></td><td></td><td></td></tr>
<tr><td>实际</td><td colspan="4">从　年　月开工至　年　月竣工</td><td>合计</td><td></td><td></td><td></td></tr>
<tr><td>设计概算批准文号</td><td colspan="10"></td></tr>
<tr><td rowspan="3">完成主要工程量</td><td colspan="5">建设规模</td><td colspan="5">设备（台、套、t）</td></tr>
<tr><td colspan="3">设计</td><td colspan="2">实际</td><td colspan="2">设计</td><td colspan="3">实际</td></tr>
<tr><td colspan="3"></td><td colspan="2"></td><td colspan="2"></td><td colspan="3"></td></tr>
<tr><td rowspan="2">收尾工程</td><td colspan="3">工程项目、内容</td><td colspan="2">已完成投资额</td><td colspan="2">尚需投资额</td><td colspan="3">完成时间</td></tr>
<tr><td colspan="3"></td><td colspan="2"></td><td colspan="2"></td><td colspan="3"></td></tr>
</table>

(1)建设项目名称、建设地址、主要设计单位和主要施工企业,要按全称填列。

(2)表中各项目的设计、概算、计划等指标,根据批准的设计文件和概算、计划等确定的数字填列。

(3)表中所列新增生产能力、完成主要工程量的实际数据,根据建设单位统计资料和承包人提供的有关成本核算资料填列。

(4)表中基本建设支出是指建设项目从开工起至竣工为止发生的全部基本建设支出,包括形成资产价值的交付使用资产,如固定资产、流动资产、无形资产、其他资产支出,还包括不形成资产价值按照规定应核销的非经营项目的待核销基本建设支出和转出投资。上述支出,应根据财政部门历年批准的"基本建设投资表"中的有关数据填列。按照财政部印发财基字[1988]4号关于《基本建设财务管理若干规定》的通知,需要注意以下几点:

①建筑安装工程投资支出、设备及工器具投资支出、待摊投资支出和其他投资支出工程建设项目的建设成本。

②待核销基本建设支出是指非经营性项目发生的如江河清障、补助群众造林、水土保持、城市绿化、取消项目可行性研究费、项目报废等不能形成资产部分的投资。对于产权归属本单位的,应计入交付使用资产价值。

③非经营性项目转出投资支出是指非经营项目为项目配套的专用设施投资,包括专用道路、专用通信设施、送变电站、地下管道等,其产权不属于本单位的投资支出;对于产权归属本单位的,应计入交付使用资产价值。

(5)表中初步设计和概算批准文号,按最后经批准的日期和文件号填列。

(6)表中收尾工程是指全部工程项目验收后尚遗留的少量收尾工程,在表中应明确填写收尾工程内容、完成时间、这部分工程的实际成本,具体可根据实际情况进行估算并加以说明,完工后不再编制竣工决算。

三、大、中型建设项目竣工财务决算表

竣工财务决算表是竣工财务决算报表的一种,大、中型建设项目竣工财务决算表是用来反映建设项目的全部资金来源和资金占用情况(见表8-4)。它是考核和分析投资结果,落实结余资金,并作为报告上级基本建设支出和基本建设拨款的依据。在编制该表前,应先编制出项目竣工年度财务决算,根据编制出的竣工年度财务决算和历年财务决算编制项目的竣工财务决算表。此表采用平衡表形式,即资金来源合计等于资金支出合计。具体编制方法是:

(1)资金来源包括基本建设拨款、项目资本金、基本建设借款、上级拨入投资借款、企业债务资金、待冲基本建设支出、应付款、未交款以及上级拨入资金和留成收入等。

①项目资本金是指经营性项目按国家有关项目资本金的规定,筹集并投入项目的非负债资金,在项目竣工后,相应转为生产经营企业的国家资本金、法人资本金、个人资本金和外商资本金。

表 8-4　大、中型建设项目竣工财务决算表　　（单位:元）

资金来源	金额	资金占用	金额	补充资料
一、基本建设拨款		一、基本建设支出		1. 基本建设借款期末余额
1. 预算拨款		1. 交付使用资产		
2. 基本建设基金拨款		2. 在建工程		
其中:国债专项资金拨款		3. 待核销基本建设支出		
3. 专项建设基金拨款		4. 非经营性项目转出投资		
4. 进口设备转账拨款		二、应收生产单位投资借款		2. 应收生产单位投资借款期末数
5. 器材转账拨款		三、拨付所属投资借款		
6. 煤代油专用基金拨款		四、器材		
7. 自筹资金拨款		其中:待处理器材损失		
8. 其他拨款		五、货币资金		
二、项目资本金		六、预付及应收款		3. 基本建设结余资金
1. 国家资本		七、有价证券		
2. 法人资本		八、固定资产		
3. 个人资本		固定资产原价		
四、基本建设借款		减:累计折旧		
其中:国债转贷		固定资产净值		
五、上级拨入投资借款		固定资产清理		
六、企业债务资金		待处理固定资产损失		
七、待冲基本建设支出				
八、应付款				
九、未交款				
1. 未缴税金				
2. 其他未交款				
十、上级拨入资金				
十一、留成收入				
合计		合计		

②项目资本公积金是指经营性项目投资者实际缴付的出资额超过其资金的额差、接受捐赠的资产、资本汇率折算差额，在项目建设期间作为资本公积金，项目建成支付使用并办理竣工决算后，转为生产经营企业的资本公积金。

③基本建设收入是基建过程中形成的各项工程建设副产品变价净收入、负荷试车的试运行收入以及其他收入，在表中基本建设收入以实际销售收入扣除销售过程中所发生

的费用和税后的实际纯收入填写。

(2)表中交付使用资产、预算拨款、自筹资金拨款、其他拨款、项目资本金、基本建设投资借款、其他借款等项目,是指自开工建设至竣工的累计数,上述有关指标应根据历年批复的年度基本建设财务决算和竣工年度的基本建设财务决算中资金平衡表相应项目的数字进行汇总填写。

(3)表中其余项目费用办理竣工验收时的结余数,根据竣工年度财务决算中资金平衡表相应的有关项目日期末数填写。

(4)资金支出反映建设项目从开工准备到竣工全过程资金支出的情况,内容包括基本建设之初应收生产单位投资借款和库存固定资产等,资金支出总额应等于资金来源总额。

(5)基本建设结余资金可以按式(8-1)计算

基本建设结余资金 = 基本建设拨款 + 项目资本金 + 项目资本公积金 + 基本建设借款 + 企业债券基金 + 待冲基本建设支出 - 基本建设支出 - 应收生产单位投资借款 (8-1)

四、大、中型建设项目交付使用资产总表

大、中型建设项目交付使用资产总表反映建设项目建成后新增固定资产、流动资产、无形资产和其他资产价值(见表 8-5),作为财产交接、检查投资计划完成情况和分析投资效果的依据。小型项目不编制交付使用资产总表,直接编制交付使用资产明细表,大、中型项目在编制交付使用资产总表的同时,还需编制交付使用资产明细表。大、中型建设项目交付使用资产总表具体编制方法是:

表 8-5 大、中型建设项目交付使用资产总表 (单位:元)

序号	单项工程项目名称	总计	固定资产				流动资产	无形资产	其他资产
			合计	建安工程	设备	其他			
(1)	(2)	(3)	(4)	(5)	(6)	(7)	(8)	(9)	(10)

交付单位: 负责人: 接收单位: 负责人:
盖 章 年 月 日 盖 章 年 月 日

(1)表中各栏目数据根据交付使用明细表的固定资产、流动资产、无形资产、其他资产的各相应项目的汇总数分别填写,表中总计栏的总计数应与竣工财务决算表中的交付使用资产的金额一致。

(2)表中第(3)栏,第(4)栏,第(8)、(9)、(10)栏的合计数,应分别与竣工财务决算表交付使用的固定资产、流动资产、无形资产、其他资产的数据相符。

五、建设项目交付使用资产明细表

建设项目交付使用资产明细表反映交付使用时固定资产、流动资产、无形资产和其他资产及其价值的明细情况(见表8-6),是办理资产交接和接收单位登记资产账目的依据,是使用单位建立资产明细情况、办理资产交接和接收单位登记资产账目的依据,是使用单位建立资产明细账和登记新增资产价值的依据。大、中型和小型建设项目均需编制此表,编制此表时要做到齐全完整、数字准确,各栏目价值应与会计账目中相应科目的数据保持一致。建设项目交付使用资产明细表具体编制方法是:

表8-6 建设项目交付使用资产明细表

<table>
<tr><th rowspan="2">单项工程名称</th><th colspan="3">建设工程</th><th colspan="6">设备、工具、器具、家具</th><th colspan="2">流动资产</th><th colspan="2">无形资产</th><th colspan="2">其他资产</th></tr>
<tr><th>结构</th><th>面积(m²)</th><th>价值(元)</th><th>名称</th><th>规格型号</th><th>单位</th><th>数量</th><th>价值(元)</th><th>设备安装费(元)</th><th>名称</th><th>价值(元)</th><th>名称</th><th>价值(元)</th><th>名称</th><th>价值(元)</th></tr>
<tr><td></td><td></td><td></td><td></td><td></td><td></td><td></td><td></td><td></td><td></td><td></td><td></td><td></td><td></td><td></td><td></td></tr>
<tr><td></td><td></td><td></td><td></td><td></td><td></td><td></td><td></td><td></td><td></td><td></td><td></td><td></td><td></td><td></td><td></td></tr>
<tr><td></td><td></td><td></td><td></td><td></td><td></td><td></td><td></td><td></td><td></td><td></td><td></td><td></td><td></td><td></td><td></td></tr>
<tr><td></td><td></td><td></td><td></td><td></td><td></td><td></td><td></td><td></td><td></td><td></td><td></td><td></td><td></td><td></td><td></td></tr>
<tr><td></td><td></td><td></td><td></td><td></td><td></td><td></td><td></td><td></td><td></td><td></td><td></td><td></td><td></td><td></td><td></td></tr>
</table>

(1)表中建设工程项目应按单项工程名称填列其结构、面积和价值。其中结构按钢结构、钢筋混凝土结构、混合结构等形式填写;面积则按各项实际完成面积填列;价值按交付使用资产的实际价值填写。

(2)表中固定资产部分要在逐项盘点后,根据盘点实际情况填写,工具、器具和家具等低值易耗品可分类填写。

(3)表中流动资产、无形资产、其他资产项目应根据建设单位实际交付的名称和价值分别填列。

六、小型建设项目竣工财务决算总表

小型建设项目竣工财务决算总表见表8-7。由于小型建设项目内容比较简单,因此可将工程概况与财务情况合并编制一张竣工财务决算总表,该表主要反映小型建设项目竣工财务决算表相应指标。

表 8-7　小型建设项目竣工财务决算总表

<table>
<tr><td>建设项目名称</td><td colspan="2"></td><td colspan="2">建设地址</td><td colspan="3"></td><td colspan="2">资金来源</td><td colspan="2">资金运用</td></tr>
<tr><td>初步设计概算批准文号</td><td colspan="7"></td><td>项目</td><td>金额（元）</td><td>项目</td><td>金额流（元）</td></tr>
<tr><td rowspan="4">占地面积</td><td rowspan="2">计划</td><td rowspan="2">实际</td><td rowspan="4">总投资（万元）</td><td colspan="2" rowspan="2">计划</td><td colspan="2" rowspan="2">实际</td><td rowspan="2">一、基本建设拨款
其中：预算拨款</td><td rowspan="2"></td><td>一、交付使用资产</td><td></td></tr>
<tr><td>二、待核销基本建设支出</td><td></td></tr>
<tr><td rowspan="2"></td><td rowspan="2"></td><td>固定资产</td><td>流动资产</td><td>固定资产</td><td>流动资产</td><td>二、项目资本金</td><td></td><td rowspan="2">三、非经营项目转出投资</td><td></td></tr>
<tr><td></td><td></td><td></td><td></td><td>三、项目资本公积金</td><td></td><td></td></tr>
<tr><td rowspan="2">新增生产能力</td><td colspan="2">能力(效益)名称</td><td colspan="2">设计</td><td colspan="3">实际</td><td>四、基本建设借款</td><td></td><td rowspan="2">四、应收生产单位投资借款</td><td></td></tr>
<tr><td colspan="2"></td><td colspan="2"></td><td colspan="3"></td><td>五、上级拨入借款</td><td></td><td></td></tr>
<tr><td rowspan="2">建设起止时间</td><td colspan="2">计划</td><td colspan="5">从　年　月开工
至　年　月竣工</td><td>六、企业债券资金</td><td></td><td>五、拨付所属投资借款</td><td></td></tr>
<tr><td colspan="2">实际</td><td colspan="5">从　年　月开工
至　年　月竣工</td><td>七、代冲基本建设支出</td><td></td><td>六、器材</td><td></td></tr>
</table>

续表 8-7

	项目	概算（元）	实际（元）	八、应付款		七、货币资金	
基建支出	建筑安装工程			九、未付款 其中：未交基本建设收入、未交包干收入		八、预付及应收款	
	设备、工具、器具			十、上级拨入资金		九、有价证券	
	待摊投资 其中：建设单位管理费					十、原有固定资产	
	其他投资			十一、留成收入			
	待核销基本建设支出						
	非经营性项目转出投资						
	合计			合计		合计	

本章小结

竣工决算是建设工程从筹建到竣工投产全过程中的所有实际支出。

竣工决算由竣工决算编制说明书、竣工财务决算报表、建设工程竣工图和工程竣工造价对比分析四部分组成。

新增固定资产的内容包括：已投入生产或交付使用的建筑、安装工程造价、达到固定资产标准的设备、工器具的购置费用，增加固定资产价值的其他费用。

复习思考题

8-1　简述建设工程竣工决算的内容。

8-2　新增固定资产、新增流动资产、新增无形资产价值如何确定？

附录　工程量清单计价的格式

封—1

______________________工程

工程量清单

工程造价

招 标 人:____________________　　　　咨 询 人:____________________

（单位盖章）　　　　　　　　　　　　（单位资质专用章）

法定代表人　　　　　　　　　　　　　法定代表人

或其授权人:____________________　　或其授权人:____________________

（签字或盖章）　　　　　　　　　　　（签字或盖章）

编制人:____________________　　　　复核人:____________________

（造价人员签字盖专用章）　　　　　　（造价工程师签字盖专用章）

编制时间:　　　年　月　日　　　　　复核时间:　　　年　月　日

封—2

______________________工程

招标控制价

招标控制价(小写):______________________________

(大写):______________________________

招 标 人:____________________

(单位盖章)

工程造价

咨 询 人:____________________

(单位资质专用章)

法定代表人

或其授权人:____________________

(签字或盖章)

法定代表人

或其授权人:____________________

(签字或盖章)

编制人:____________________

(造价人员签字盖专用章)

复核人:____________________

(造价工程师签字盖专用章)

编制时间: 年 月 日

复核时间: 年 月 日

封—3

投 标 总 价

招　标　人：______________________________

工 程 名 称：______________________________

投标总价(小写)：______________________________

　　　　(大写)：______________________________

投　标　人：______________________________

(单位盖章)

法定代表人

或其授权人：______________________________

(签字或盖章)

编　制　人：______________________________

(造价人员签字盖专用章)

编 制 时 间：　　年　　月　　日

封—4

______________________工程

竣工结算总价

中标价(小写):____________________(大写):____________________

结算价(小写):____________________(大写):____________________

发包人:______________ 承包人:______________ 工程造价咨询人:______________

(单位盖章)　　(单位盖章)　　(单位资质专用章)

法定代表人或其授权人:__________(签字或盖章)

法定代表人或其授权人:__________(签字或盖章)

法定代表人或其授权人:__________(签字或盖章)

编制人:____________________(造价人员签字盖专用章)

核对人:____________________(造价工程师签字盖专用章)

编制时间:　年　月　日　核对时间:　年　月　日

附表 1　工程项目招标控制价/投标报价汇总表

工程名称：　　　　　　　　　　　　　　　　　　　　　　　　　　第　页　共　页

序号	单项工程名称	金额（元）	其中		
			暂估价（元）	安全文明施工费（元）	规费（元）
合　计					

注：本表适用于工程项目招标控制价或投标报价的汇总。

附表 2　单项工程招标控制价/投标报价汇总表

工程名称：　　　　　　　　　　　　　　　　　　　　　　　　　　第　页　共　页

序号	单项工程名称	金额（元）	其中		
			暂估价（元）	安全文明施工费（元）	规费（元）
合　计					

注：本表适用于单项工程招标控制价或投标报价的汇总。暂估价包括分部分项工程中的暂估价和专业工程暂估价。

附表 3　单位工程招标控制价/投标报价汇总表

工程名称：　　　　　　　　　　　标段：　　　　　　　　　　　第　页　共　页

序号	汇总内容	金额（元）	其中：暂估价（元）
1	分部分项工程		
1.1			
1.2			
1.3			
1.4			
1.5			

续附表 3

序号	汇总内容	金额(元)	其中:暂估价(元)
2	措施项目		
2.1	安全文明施工费		
3	其他项目		
3.1	暂列金额		
3.2	专业工程暂估价		
3.3	计日工		
3.4	总承包服务费		
4	规费		
5	税金		
招标控制价合计=1+2+3+4+5			

注:本表适用于单位工程招标控制价或投标报价的汇总,如无单位工程划分,单项工程也使用本表汇总。

附表 4　工程项目竣工结算汇总表

工程名称:　　　　　　　　　　　　　　　　　　　　　　第　页　共　页

序号	单位工程名称	金额(元)	其中	
			安全文明施工费(元)	规费(元)
合计				

附表 5　单项工程竣工结算汇总表

工程名称:　　　　　　　　　　　　　　　　　　　　　　第　页　共　页

序号	单位工程名称	金额(元)	其中	
			安全文明施工费(元)	规费(元)
合计				

附表6　单位工程竣工结算汇总表

工程名称：　　　　　　　　　　　　　　　　　标段：　　　　　　　　　　　　第　页　共　页

序号	汇总内容	金额(元)
1	分部分项工程	
1.1		
1.2		
1.3		
1.4		
1.5		
2	措施项目	
2.1	安全文明施工费	
3	其他项目	
3.1	专业工程结算价	
3.2	计日工	
3.3	总承包服务费	
3.4	索赔与现场签证	
4	规费	
5	税金	
竣工结算总价合计＝1＋2＋3＋4＋5		

注：如无单位工程划分，单项工程也使用本表汇总。

附表7　分部分项工程量清单计价表

工程名称：　　　　　　　　　　　　　　　　　标段：　　　　　　　　　　　　第　页　共　页

序号	项目编码	项目名称	项目特征描述	计量单位	工程量	金额(元)		
						单价(元)	合价(元)	其中：暂估价
本页小计								
合　　计								

注：根据建设部、财政部发布的《建筑安装工程费用组成》(建标[2003]206号)的规定，计取规费等的使用，可在表中增设其中："直接费"、"人工费"或"人工费＋机械费"。

附表 8 工程量清单综合单价分析表

工程名称：　　　　　　　　　　　　标段：　　　　　　　　　　　第　页　共　页

<table>
<tr><td colspan="2">项目编码</td><td colspan="3"></td><td>项目名称</td><td colspan="2"></td><td>计量单位</td><td colspan="3"></td></tr>
<tr><td colspan="12">清单综合单价组成明细</td></tr>
<tr><td rowspan="2">定额编号</td><td rowspan="2">定额名称</td><td rowspan="2">定额单位</td><td rowspan="2">数量</td><td colspan="4">单价（元）</td><td colspan="4">合价（元）</td></tr>
<tr><td>人工费</td><td>材料费</td><td>机械费</td><td>管理费和利润</td><td>人工费</td><td>材料费</td><td>机械费</td><td>管理费和利润</td></tr>
<tr><td colspan="2">人工单价</td><td colspan="6">小计</td><td></td><td></td><td></td><td></td></tr>
<tr><td colspan="2">元/工日</td><td colspan="6">未计价材料费</td><td colspan="4"></td></tr>
<tr><td colspan="8">清单项目综合单价</td><td colspan="4"></td></tr>
<tr><td rowspan="5">材料费明细</td><td colspan="5">主要材料名称、规格、型号</td><td>单位</td><td>数量</td><td>单价（元）</td><td>合价（元）</td><td>暂估单价（元）</td><td>暂估合价（元）</td></tr>
<tr><td colspan="5"></td><td></td><td></td><td></td><td></td><td></td><td></td></tr>
<tr><td colspan="5"></td><td></td><td></td><td></td><td></td><td></td><td></td></tr>
<tr><td colspan="7">其他材料费</td><td></td><td></td><td></td><td></td></tr>
<tr><td colspan="7">材料费小计</td><td></td><td></td><td></td><td></td></tr>
</table>

注：1. 如不使用省级或行业建设主管部门发布的计价依据，可不填定额项目、编号等。

2. 招标文件提供了暂估单价的材料，按暂估的单价填入表内“暂估单价”栏及“暂估合价”栏。

附表 9 措施项目清单与计价表（一）

工程名称：　　　　　　　　　　　　标段：　　　　　　　　　　　第　页　共　页

序号	项目名称	计算基础	费率（%）	金额（元）
1	安全文明施工费			
2	夜间施工费			
3	二次搬运费			
4	冬、雨季施工			
5	大型机械设备进出场及安拆费			
6	施工排水			
7	施工降水			
8	地上、地下设施和建筑物的临时保护设施			
9	已完工程及设备保护			
10	各专业工程的措施项目			
合计				

注：1. 本表适用于以“项”计价的措施项目。

2. 根据建设部、财政部发布的《建筑安装工程费用组成》（建标［2003］206 号）的规定，“计算基础”可为“直接费”、“人工费”或“人工费＋机械费”。

附表 10　措施项目清单与计价表(二)

工程名称：　　　　　　　　　　　　　　　标段：　　　　　　　　　　　　第　页　共　页

序号	项目编码	项目名称	项目特征描述	计量单位	工程量	金额(元)	
						综合单价	合价
本页小计							
合　计							

注：本表适用于以综合单价形式计价的措施项目。

附表 11　其他项目清单与计价汇总表

工程名称：　　　　　　　　　　　　　　　标段：　　　　　　　　　　　　第　页　共　页

序号	项目名称	计量单位	金额(元)	备注
1	暂列金额			明细详见附表 12
2	暂估价			
2.1	材料暂估价			明细详见附表 13
2.2	专业工程暂估价			明细详见附表 14
3	计日工			明细详见附表 15
4	总承包服务费			明细详见附表 16
5				
6				
合计				

注：材料暂估单价计入清单项目综合单价，此处不汇总。

附表 12　暂列金额明细表

工程名称：　　　　　　　　　　　　　　标段：　　　　　　　　　　　第　页　共　页

序号	项目名称	计量单位	暂定金额(元)	备注
合计				

注:此表由招标人填写,如不能详列,也可只列暂定金额总额,投标人应将上述暂列金额计入投标总价中。

附表 13　材料暂估单价表

工程名称：　　　　　　　　　　　　　　标段：　　　　　　　　　　　第　页　共　页

序号	材料名称、规格、型号	计量单位	单价(元)	备注

注:1. 此表由招标人填写,并在备注栏说明暂估价的材料拟用在哪些清单项目上,投标人应将上述材料暂估单价计入工程量清单综合单价报价中。

2. 材料包括原材料、燃料、构配件以及按规定应计入建筑安装工程造价的设备。

附表 14　专业工程暂估价表

工程名称：　　　　　　　　　　　　　　标段：　　　　　　　　　　　第　页　共　页

序号	工程名称	工程内容	金额(元)	备注
合计				

注:此表由招标人填写,投标人应将上述专业工程暂估价计入投标总价中。

附表 15　计日工表

工程名称：　　　　　　　　　　　标段：　　　　　　　　　　第　页　共　页

编号	项目名称	单位	暂定数量	综合单价	合价
一	人工				
1					
人工小计					
二	材料				
1					
材料小计					
三	施工机械				
1					
施工机械小计					
总计					

注：此表项目名称、暂定数量由招标人填写，编制招标控制价时，单价由招标人按有关计价规定确定；投标时，单价由投标人自主报价，计入投标总价中。

附表 16　总承包服务费计价表

工程名称：　　　　　　　　　　　标段：　　　　　　　　　　第　页　共　页

序号	项目名称	项目价值（元）	服务内容	费率（%）	金额（元）
1	发包人发包专业工程				
2	发包人供应材料				
合计					

附表 17　索赔与现场签证计价汇总表

工程名称：　　　　　　　　　　　标段：　　　　　　　　　　第　页　共　页

序号	签证及索赔项目名称	计量单位	数量	单价（元）	合价（元）	索赔及签证依据
本页小计						—
合计						—

注：签证及索赔依据是指经双方认可的签证单和索赔依据的编号。

附表18　费用索赔申请(核准)表

工程名称：　　　　　　　　　　　　　标段：　　　　　　　　　　　　　编号：

<table>
<tr><td colspan="2">致：____(发包人全称)
根据施工合同条款第______条的约定，由于______________原因，我方要求索赔金额(大写)__________________元，(小写)__________________元，请予核准。
附：1. 费用索赔的详细理由和依据
2. 索赔金额的计算
3. 证明材料

承包人(章)
承包人代表
日　　期</td></tr>
<tr><td>复核意见：
根据施工合同条款第______条的约定，你方提出的费用索赔申请经复核：
□不同意此项索赔，具体意见见附件。
□同意此项索赔，索赔金额的计算，由造价工程师复核。

监理工程师
日　　期</td><td>复核意见：
根据施工合同条款第______条的约定，你方提出的费用索赔申请经复核，索赔金额为(大写)________元，(小写)________元。

造价工程师
日　　期</td></tr>
<tr><td colspan="2">审核意见：
□不同意此项索赔。
□同意此项索赔，与本期进度款同期支付。

发包人(章)
发包人代表
日　　期</td></tr>
</table>

注：1. 在选择栏中的"□"内作标识"√"。

2. 本表一式四份，由承包人填报，发包人、监理人、造价咨询人、承包人各存一份。

附表 19　现场签证表

工程名称：　　　　　　　　　　　　标段：　　　　　　　　　　　　编号：

<table>
<tr><td>施工部位</td><td></td><td>日期</td><td></td></tr>
<tr><td colspan="4">致：____（发包人全称）
根据____（指令人姓名）__年__月__日的口头指令或你方（或监理人）__年__月__日的书面通知，我方要求完成此项工作应支付价款金额为（大写）________________元，（小写）____元，请予核准。
附：1. 签证事由及原因
2. 附图及计算式

承包人（章）
承包人代表
日　　期</td></tr>
<tr><td colspan="2">复核意见：
你方提出的此项签证申请经复核：
□不同意此项签证，具体意见见附件。
□同意此项签证，签证金额的计算，由造价工程师复核。

监理工程师
日　　期</td><td colspan="2">复核意见：
□此项签证按承包人中标的计日工单价计算，金额为（大写）________________元，（小写）____________元。
□此项签证因无计日工单价，金额为（大写）________元，（小写）________元。

造价工程师
日　　期</td></tr>
<tr><td colspan="4">审核意见：
□不同意此项签证。
□同意此项签证，价款与本期进度款同期支付。

发包人（章）
发包人代表
日　　期</td></tr>
</table>

注：1. 在选择栏中的“□”内作标识“√”。

2. 本表一式四份，由承包人在收到发包人（监理人）的口头或书面通知后填写，发包人、监理人、造价咨询人、承包人各存一份。

附表 20　规费、税金项目清单与计价表

工程名称：　　　　　　　　　　　　　标段：　　　　　　　　　　　　　第　页　共　页

序号	项目名称	计算基础	费率(%)	金额(元)
1	规费			
1.1	工程排污费			
1.2	社会保障费			
(1)	养老保险费			
(2)	失业保险费			
(3)	医疗保险费			
1.3	住房公积金			
1.4	危险作业意外伤害保险			
1.5	工程定额测定费			
2	税金	分部分项工程费＋措施项目费＋其他项目费＋规费		
合　计				

注：根据建设部、财政部发布的《建筑安装工程费用组成》（建标[2003]206 号）的规定，“计算基础”可为“直接费”、“人工费”或“人工费＋机械费”。

附表21 工程款支付申请(核准)表

工程名称: 标段: 编号:

致________________________________(发包人全称)

我方于________至________期间已完成了________工作,根据施工合同的约定,现申请支付本期的工程款额(大写)________元,(小写)________元,请予核准。

序号	名称	金额(元)	备注
1	累计已完成的工程价款		
2	累计已实际支付的工程价款		
3	本周期已完成的工程价款		
4	本周期完成的计日工金额		
5	本周期应增加和扣减的变更金额		
6	本周期应增加和扣减的索赔金额		
7	本周期应抵扣的预付款		
8	本周期应扣减的质保金		
9	本周期应增加或扣减的其他金额		
10	本周期实际应支付的工程价款		

承包人(章)

承包人代表

日 期

复核意见:

□与实际施工情况不相符,修改意见见附表。

□与实际施工情况相符,具体金额由造价工程师复核。

监理工程师

日 期

复核意见:

你方提出的支付申请经复核,本期间已完成工程款额为(大写)________元,(小写)____元,本期间应支付金额为(大写)________元,(小写)________元。

造价工程师

日 期

审核意见

□不同意。

□同意,支付时间为本表签发后的15天内。

发包人(章)

发包人代表

日 期

注:1. 在选择栏中的"□"内作标识"√"。

2. 本表一式四份,由承包人填报,发包人、监理人、造价咨询人、承包人各存一份。

参考文献

[1] 中国建设监理协会．建设工程投资控制 2010[M]．北京：知识产权出版社，2009.
[2] 刘晓君．建设项目投资决策理论与方法[M]．北京：中国建筑工业出版社，2009.
[3] 王清祥．建设工程投资控制[M]．北京：中国电力出版社，2009.
[4] 中国水利工程协会．水利工程建设投资控制[M]．北京：中国水利水电出版社，2007.
[5] 陈志华，刘勇．建筑工程经济[M]．北京：中国水利水电出版社，2009.
[6] 张志勇．工程招投标与合同管理[M]．北京：高等教育出版社，2009.
[7] 王勇，陈延辉．项目可行性研究与评估典型案例精解[M]．北京：中国建筑工业出版社，2008.
[8] 上海市教育委员会．工程项目管理[M]．北京：清华大学出版社，2009.
[9] 王雪青．工程估价[M]．北京：中国建筑工业出版社，2006.
[10] 陈建国，高显义．工程计量与造价管理[M]．上海：同济大学出版社，2007.
[11] 唐连珏．简明建筑工程经济资料集[M]．北京：科学出版社，2006.
[12] 丛培经，等．建设工程施工发包承包价格[M]．北京：中国计划出版社，2002.
[13] 徐大图，王雪青，等．工程建设投资控制[M]．北京：知识产权出版社，2000.
[14] 汤振华．监理员专业基础知识[M]．北京：中国建筑工业出版社，2007.
[15] 周召梅，徐凤永．工程造价与招投标[M]．北京：中国水利水电出版社，2008.
[16] 刘昌明，宋会莲．工程招标投标管理[M]．北京：北京大学出版社，2006.
[17] 马楠，韩景玮．建设工程造价管理[M]．北京：清华大学出版社，2006.
[18] 王楠．建设工程造价控制与案例分析[M]．武汉：武汉理工大学出版社，2007.
[19] 毛燕红．建筑工程计价与投资控制[M]．北京：北京理工大学出版社，2009.
[20] 吴现立，冯占红．工程造价控制与管理[M]．武汉：武汉理工大学出版社，2007.